21世纪高等教育标准教材

财经应用写作

（第三版）

主　编　邵龙青
副主编　张绍文

东北财经大学出版社
Dongbei University of Finance & Economics Press
大连

图书在版编目（CIP）数据

财经应用写作／邵龙青主编．—3 版．—大连：东北财经大学出版社，2013.1

（21 世纪高等教育标准教材）

ISBN 978-7-5654-1062-8

Ⅰ．财… Ⅱ．邵… Ⅲ．经济-应用文-写作-高等学校-教材 Ⅳ．H152.3

中国版本图书馆 CIP 数据核字（2012）第 305325 号

东北财经大学出版社出版

（大连市黑石礁尖山街 217 号 邮政编码 116025）

教学支持：（0411）84710309

营 销 部：（0411）84710711

总 编 室：（0411）84710523

网 址：http：//www.dufep.cn

读者信箱：dufep @ dufe.edu.cn

大连力佳印务有限公司印刷 东北财经大学出版社发行

幅面尺寸：172mm×242mm 字数：513 千字 印张：25

2013 年 1 月第 3 版 2013 年 1 月第 9 次印刷

责任编辑：时 博 张晓鹏 魏 巍 韩敌非 王昭元 责任校对：一 心

封面设计：冀贵收 版式设计：钟福建

ISBN 978-7-5654-1062-8

定价：38.00 元

序

1961年，教育部组织全国文科教材编写，中宣部副部长周扬在讲话中说，文科要培养舞文弄墨之徒，就是要求文科学生都具有较高的写作能力。排除感情色彩，舞文弄墨就是要笔杆子，犹如习武的人要刀枪一样。习文和习武有相通之处。这里至少要求熟练，甚至讲点艺术性。

财经应用文写作、司法文书写作、行政公文写作等等，都有各自的特点，但更主要的是共同点，这就是写作能力的基本功。犹如十八般武艺体式各异，但都有共同的武术功底、武术基本功。写作基本功的培养训练，主要靠自己，靠主动自觉有意识地学习养成。教师和教材只起指点迷津或者画龙点睛的作用。我上小学四年级时老师讲评作文批评“未没有下雨以前”的事例，时时提醒我写文章要力求干净，不说不必要、没有用的话。那次作文我写的是“没有下雨以前”，不在老师批评之列，可“没有”两个字明显是多余的。后来教大学写作课的时候，我从来不讲怎样写什么之类，也不讲主题、结构等等。这些，中学老师早就讲过，即使有的同学没有学过，也都容易懂。我希望尽可能对同学有些切实的帮助，能让大多数同学都有收益。我把精力用在三个方面：第一，批改作文要考虑作者的程度，使程度不同的同学都有收获。已经写得不错的同学，尽量在立意或者深度方面作些提示，语言表达方面则挑一些细微的毛病，引导他们向更好方面努力；文字表达没有过关的同学，则主要帮他们疏通文句，引导他们在较短时间内做到通顺清楚。第二，讲评时就命题意图讲普遍的、带有共同性的问题，甚至结合某一篇作文，讲怎样改，尽可能说得比较深刻透彻一些。第三，印发略高于同学水平的范文，重点讲解。写作课是实践课，不但同学要实践，教师也必须实践，只是教师与同学的角度不同。我认为，写作课就应当这样教。写作课的这种教法，20世纪80年代，就跟邵龙青同志有相同的认识。

说到财经应用文写作，我以为有三个显著特点：数字是基础，时效是关键，分析是灵魂。这里以陈云同志1950年1月22日写的《财经旬报》（收入《陈云文选》）为例稍加说明。当时的情况是，中华人民共和国刚刚成立，大陆基本解放，各方面形势发展很快。在物资紧缺的情况下，纸币发行过多，因而造成全国物价猛涨。1949年10月中旬起的两三个月里，担任政务院副总理兼财政经济委员会主任的陈云同志采取了一系列措施，沉重地打击了哄抬物价的投机资本，取得了稳定市场、控制物价的主动权。关于货币发行情况，《财经旬报》说："去年十一月底物价平稳时，发行总额近二万亿元，十二月增发一万亿元，今年一月份已开出支票一万三四千亿元，至十九日实支接近一万亿元。以此计算，五十天中，共增发钞票一倍多。截至目前，发行累计数为四万一千亿元。因此，在物价上反映，十二月上涨百分之十，以十二月底为基期至一月十九日止，全国物价上涨百分之三十。"哪个月钞票发行多少，物价上涨多少，清清楚楚；累计反映出全貌；分阶段比较，变化速度一目了然。这些数字是对钞票发行过多，物价上涨过快的具体表述。这些数字，在当时属于高度机密，如实写出来，供中央主要领导参考。又，"华东、华中地主普遍叫苦，要求尽早土改，因为许多地方的农民实际上少缴甚至不缴租，而地主之公粮负担则不能减少……放在眼前的大问题，是采取什么办法克服因地权不确定而带来的春耕上的危机，即地主无兴趣，农民不下肥"。这段笔墨，言简意赅。在农村收缴公粮问题上说出地主的实际困难，这是陈云同志一贯实事求是、说实话的作风。《财经旬报》属于简报。简报要求准确报告情况，但陈云同志身为主管全国财政经济工作的负责人，在《财经旬报》里表述了对即将到来的春耕的忧虑，则是出于对党的事业的责任心、高瞻远瞩地研究分析的结果。大家可以阅读陈云同志起草的这份简报，细加体味。

《财经应用写作》由教学经验丰富的教师编写，理论讲解扼要，以文体为纲，以范文为本，力求实用，同时又力避赘言琐语。读者阅读教材，并且遵循要求完成练习，将可以花费较少的精力而取得比较多的收益。

胡双宝

编写说明

一、本书是财经类大学应用写作课实用型教材，提供常见应用文体的知识要点和以财经方面为主的典范例文。对大学生使用较多的应用文，如读书笔记、调查报告、演讲稿、财经论文、求职信、申论等，特别是各种财经专用文书，介绍格外详备。

二、应用写作是一门综合性文化基础课。应用写作水平能反映出人的综合素质，特别是能反映出人的思维水平和语言文字水平。有鉴于此，本书列写作基础训练一章，侧重语言文字训练。同时，各章节形式与内容并重，既重视文体格式、语言运用的知识介绍，也重视观察视角、写作思路上的启发指导，启迪习作者追求文体语言形式与思想情感内容的高度完美统一。

三、写作训练是写作知识转化为写作能力的必由之路。本书依据教学经验，在各章后列出难度适中、实用性较强的思考练习题。做题和动笔写作是写作教学的重要环节，教学时应当课上理论体系与课下实践体系并重。

四、书后列出的概念术语，涉及写作的重要理论、规律和技巧，其内涵外延在书中均有明确的阐释，作为知识点，习作者应当切实掌握。

五、本书吸取了近年来我校写作教学改革的成功经验，荟萃了国内外写作研究的最新成果。书中常用文体种类齐全，释说简要，精选的例文具有典型性、多样性、可参照性。本书既可用作教材，又可作为写作时的案上明鉴，供各行业特别是从事财经工作的文职人员撰写应用文时使用。

编　者

第三版前言

参加本书编写的教师多年来一直从事应用写作课的教学，书中汇集了编者近年来应用写作教学的最新经验，荟萃了国内外应用写作研究的最新成果。

本书自2006年出版至今，作为教学实践的产物，受到广大院校师生的重视和认可。国内同行也发表过书评，称这是“一部重理论、讲实效的好教材”（见《东北财经大学学报》）。

在本书第二版修订时，我们曾对局部作了一些调整。经过几年的教学实践，我们有了新的认识。虽然本书有自己的特色和优点，但也存在一些问题。如书中有些文种实际上不常用，有的常用文体没有选入；有的例文篇幅过长、内容陈旧，等等。这期间，我们收到了来自各方的一些关于进一步完善本书的建议。借这次再版的机会，我们对本书作了较大的修订，主要是：增加了十几种常见应用文体，同时删节了部分文体，更换或增补了合计共六十四篇例文，并对全书从内容到文字重新作了审视、讨论和修改润色。

编写一部有理论深度、讲实际效用、具有可读性的新型教材，是我们始终不渝的蕲望。这次修订工作也正是本着这个宗旨进行的，具体来说是“一个出发点，四个追求”。

“一个出发点”就是一切从实用性出发，这是我们这次修订要切实贯彻的原则。例如，从普通读者的实际需要出发，在选择文种上，主要选择基层单位或个人在工作生活中普遍常用的应用文体，而对一些使用面偏窄的文种，如法律文书中的特殊细类则从略。例文也多选取对基层单位或个人更有写作参照价值的范文，而最高权力机关印发的例文则较少采用。对于在校大学生常用的文体，如调查报告、简报、演讲稿、竞职演说、辩论稿、财经论文、博文，毕业时要用到的个人简历、求职信、申论等，介绍力求详备。“思考与练习”的编写，也一律注重实用性。

“四个追求”是我们这次修订的四个规准，即求新、求全、求简、求深。求新：提法新，如汲取了一些应用写作教学研究的新成果；文种新，如将博文首次纳入写作教材；例文新，如尽可能采用近几年来出现的范文。求全：如兼顾多种行业的需求，增补了十一种应用文体。求简：行文力避冗长繁琐，如对写作知识的阐述简明扼要，删节前后相似或重复的内容；例文也力求短小精悍，能显示内容层次格式特征即可。求深：提高理论深度，如探讨应用写作的规律技巧，解析具体篇章，除了从写作学角度作深度阐释外，还借助和运用其他学科的理论，如思维学、语言学（修辞学、语境学）、逻辑学、哲学、文学、心理学、社会学、经济学乃至政治学等学科的相关理论，对所涉话题和内容作简要的解读提示；意立辞生，辞具意显，故炼字即炼意，全书对各种应用文的语言文字运用，均从言简意赅的角度提出了较高的要求，等等。

这次修订是在借鉴广大师生及国内同行的一些具体建议的基础上进行的，所以修订工作目标明确而具体，有对象、有材料、有参照。通过这次修订，我们希望本书能够名副其实，使其不忝受称誉，真正做到实至名归。

本书由邵龙青主编，张绍文副主编，参加编写的有：王军、王岩、王姝、关春芳、李秋、周玮、张文锋、张洪波、韩丽萍（以姓氏笔画为序）。张绍文负责本次修订的例文更新。全书最后由邵龙青定稿。

本书编写和修订过程中，中国语言学家、写作教育家、北京大学出版社编审胡双宝先生始终给予热情的关注，提出了许多中肯的意见，并为本书撰写了精辟的序言，谨在此表示衷心的感谢。

编写中我们参阅了大量国内外相关论文、论著和教材，汲取了对本书有用的观点和资料。作为教材，未能一一列出，在此深表谢意！

谨向关心本书并热忱提出中肯宝贵意见的各院校师生和国内同行致以诚挚的谢意！

由于水平所限，修订后的教材仍可能有不足之处，诚望关注本书的广大师生、专家、学者和同行批评指正。

编者

2013 年 1 月

目录

绪　论 1

一、应用写作的研究对象 1
二、应用写作的地位和作用 4
附：应用写作在美国 5
三、应用写作的特点 7
四、怎样学习应用写作 10
思考与练习 12

第一章　写作基础训练 14

第一节　造句因素 14
第二节　词义辨析 22
第三节　语病与逻辑 28
附：病句的辨析 31
第四节　语境与修辞 33
思考与练习 40

第二章　行政公文 46

第一节　概　说 46
附：公文撰写与修改 65
第二节　公　告 66
第三节　通　告 68

第四节　通　知　70
第五节　通　报　74
第六节　报　告　78
第七节　请　示　82
第八节　批　复　86
第九节　函　88
第十节　会议纪要　93
附录一　国务院关于发布《国家行政机关公文处理办法》的通知　96
附录二　国务院办公厅关于实施《国家行政机关公文处理办法》涉及的几个具体问题的处理意见　102
思考与练习　103

第三章　事务文书　106

第一节　计　划　106
第二节　简　报　114
第三节　调查报告　123
第四节　总　结　129
第五节　会议记录　136
第六节　法规、规章　138
思考与练习　142

第四章　日常应用文　148

第一节　条　据　148
第二节　启　事　150
第三节　海　报　153
第四节　赠　言　155
第五节　书　信　157
第六节　个人简历　165
附：自传、小传　171
第七节　日　记　173
第八节　对　联　177
思考与练习　183

第五章　演说类文体　189

第一节　演讲稿　189
第二节　致　词　195
第三节　开幕词、闭幕词　200

第四节 竞职演说 205
第五节 述职报告 208
第六节 辩论稿 213
思考与练习 216

第六章 财经应用文（一） 218

第一节 经济活动分析报告 218
第二节 市场调查报告 220
第三节 经济预测报告 226
第四节 可行性研究报告 231
第五节 经营决策方案 234
第六节 意向书 238
第七节 协议书 240
第八节 招标书、投标书 244
第九节 经济合同 248
思考与练习 254

第七章 财经应用文（二） 256

第一节 财务分析报告 256
第二节 审计报告 262
第三节 资产评估报告 267
第四节 验资报告 272
第五节 税收分析报告 275
第六节 商品广告 280
第七节 商品说明书 286
第八节 商务函电 287
思考与练习 290

第八章 法律书状 292

第一节 起诉状 292
第二节 答辩状 296
第三节 上诉状 299
第四节 申诉书 301
第五节 授权委托书 305
第六节 经济仲裁申请书 307
思考与练习 309

第九章　新闻报道 310
第一节　消　息 310
第二节　通　讯 319
第三节　新闻评论 326
第四节　编者按 330
第五节　广播稿 332
第六节　电视新闻稿 336
思考与练习 340

第十章　文教应用文 345
第一节　读书笔记 345
附：速读八法 350
第二节　财经论文 351
附：开题报告 356
第三节　申　论 357
附：2012 年中央、国家机关公务员录用考试《申论》试卷（一）省级以上（含副省级）综合管理类 360
第四节　博　客 369
思考与练习 379

写作概念、规律与技巧 381

绪 论

应用写作是一门综合性文化基础课。简单地说，它是研究应用文的结构形式和写作规律的学科。由于应用文与文字同时产生，人们的工作、学习、生活处处都要用到它，社会生活须臾离不开它，所以应用写作在各人文科学中都处于极为重要的地位。近年来，应用写作学越来越受到国内高等教育的重视，并成为高校素质教育的重头戏。

与基础写作不同，应用写作有其特殊的结构形式和写作规律，包括应用写作的共同规律和各种应用文体的特殊规律。这些形式和规律，因应用文体种类繁多而异彩纷呈，内容丰富而蕴涵深厚。

学了应用写作知识不等于就掌握了应用写作技能，将知识转化为技能是一个距离又远又近、操作又易又难的辩证升华过程，尤其要成为大手笔，更不是一蹴而就的易事，而对应用文字的超卓追求，似乎从来就没有过顶峰，因而又使得这门看似通俗平易的应用学科实如沧海无涯，其深邃似至今仍未被发现。

这是一门既古老（人类社会最原始的文字即为应用文字）而又年轻的学科。它涉及众多的人文科学，同时又是有着自己特殊的研究对象、特殊的地位和作用、特殊的性质和规律，乃至特殊的学习方法的学科。下面分别阐述。

一、应用写作的研究对象

（一）什么是应用文

应用文是人们在日常生活、工作和学习中根据实际需要而写的具有相对固定格式的各种文体。属于应用类的文体很多，像我们平常写的书信、条据，工作中写的计划、总结，学习中写的读书笔记、实验报告，行政机关使用的公文等，都是应用文。凡在工作、生活、学习、交际中迎合客观需要而撰制的旨在解决具体实际问题且具有社会约定习惯格式的各种文体，都属于应用文。

（二）应用文的种类

应用文种类繁多，可谓森罗万象。对于应用文，人们从不同角度，作了不同的分类。

1. 有的从社会功能和应用范围角度把现代应用文体划分为四个大类

新闻文体（消息、通讯、特写等）、理论文体（评论、学术论文、工作研究、理论专著、教材）、记传文体（史书、传记、方志、年鉴、回忆录等）、实务文体（主要用于直接处理日常发生的公、私事务，如通用公文、通用事务文书、法规规章文书、专用文书、社会公关文书、日常生活文书等）。

2. 有的从实用出发，把现代应用文体划分为九大类

新闻文体、史传文体、教学文体与学术论文、行政公文、机关事务文书、经济文书、司法文书、日常应用文、对联等。

3. 有的依据文章功能、性质和使用对象的不同，把应用文体分为三大类

机关应用文体、新闻文体、个人应用文体。每一大类中又根据统一的划分标准，分为若干种类别。

4. 有的根据工作性质、内容要求以及使用对象的不同，将现代应用文体划分为三大部类

一是公文文书（行政公文、事务文书）；二是行业专用文书（如经济文书、法律文书、教育科技文书、新闻出版文书、学术文书、外交文书、军事文书等）；三是日常应用文（如书信、电报等）。

横看成岭侧成峰，远近高低各不同。划分出的类别不同，是因为观察的角度不同。不同的分类有助于我们从不同角度更全面地认识对象，犹如大自然中的红玫瑰和紫罗兰等花各呈异彩，散发着不同的芳香，文体分类的多样化也是很自然的现象，我们不能也不宜对不同分类简单地厚此薄彼，或作硬性的统一规定。

上述分类可以说是各有千秋，难定一尊。我们从实用出发，根据应用范围和教学需要，可将应用文体分为八大类：行政公文、事务文书、日常应用文、演说类文体、财经应用文、法律文书、新闻报道、文教应用文。

（三）应用文和其他文体的关系

关于文章体裁，通常分为四大文体，即记叙文、议论文、说明文和应用文。这四大文体虽是并列关系，鼎足而四，但实际上划分时所使用的并不是一个标准，如图 0—1 所示。

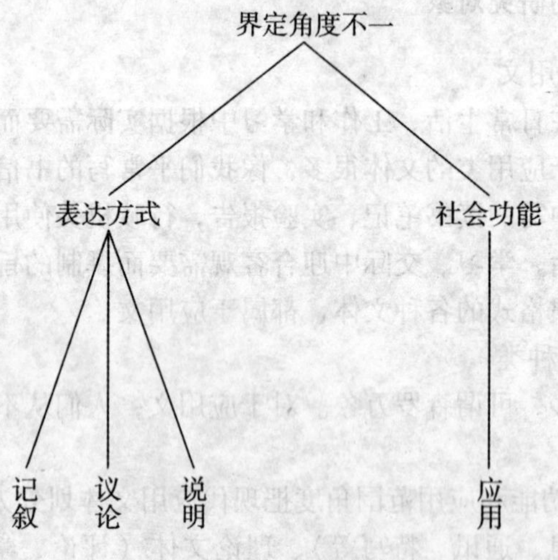

图 0—1　四大文体的关系

记叙文、议论文和说明文是依主要采用哪种表达方式来划分的，而应用文则是依社会功能来划分的。由于划分的标准不一，分出来的子项必然有交叉。例如，传记是记叙文，又是应用文；商品说明书是应用文，又是说明文。从逻辑上来讲，划分出的子项必须互补，而不能交叉。为什么文体划分后一文两属，出现交叉？原因就是划分的标准不一。因此，上述关于文体的四分法是不严格的，即不合逻辑。那

么，为什么明知其不可为而为之呢？原因就是社会的需要、实践的需要。因为应用文太重要了，它的种类繁多，覆盖面广，使用频率高，各行各业都离不开它，必须专门研究，作为一门学科专门进行教学。所以，人们就从社会功能的角度把它从文章的海洋中划分出来，作为一个文体范畴，建立一门学科来专门研究和学习。

（四）应用写作的研究对象

应用写作以应用文为研究对象。那么，它主要研究些什么呢？应用文的重要特征之一就是它的程式性，即各有其格式。因此，研究各种应用文的相对固定格式自然就成为应用写作的研究内容，但界域远不止此。因为格式只是表层的东西，只记住格式还不能写出像样的应用文，应用写作还要研究深层的东西，而这个深层领域，其内容是极为丰富而深邃的。概而言之，这个领域既要研究应用文体的一般特点和写作规律，又要研究各种应用文的具体特点和写作规律。也就是说，既要研究应用文体共性的规律，又要研究应用文体个性的规律。此外，对基础写作规律，也要进行研究，因为基础写作规律不但对应用写作适用，而且是应用写作规律之本。再进一层说，无论是基础写作理论还是应用写作理论，都离不开思维和语言这两个互相依赖的心理因素。这正如清人黄侃所云："作文之术，诚非一二言能尽，然挈其纲领，不外命意修辞二字而已。意立而辞从之以生，辞具而意缘之以显，二者相依，不可或离。"所以，写作思维规律和语言运用规律乃应用写作学所必须研究的更深层的内容。

综上所述，应用写作的研究对象应当包括：

1. 应用文的特点和写作规律（共性特点和规律、个性特点和规律）。今人在这方面成果甚多，古人也有不少有价值的见解。如曹丕就说过："奏议宜雅，书论宜理，铭诔尚实，诗赋欲丽。"①

2. 基础写作规律。这是立意、选材、布局谋篇、遣词造句等的一般规律。今人或概括为意化律、序化律、形化律。这是根本，因为"根深才能叶茂"。正如韩愈在《答李翊书》中所说："根之茂者其实遂，膏之沃者其光晔。"

3. 语言运用规律。从语体上来说，包括口语、书面语的运用；从语言运用层次上来说，包括词语、句子、修辞、文体的运用。此外，还有语言习得规律等。

4. 思维规律。这是探讨思想形成的规律，尤其侧重于写前思维的研究。写作思维涉及人的经验、知识、理论各个方面，与哲学、逻辑、心理等多种学科相关联。

以上四点都是应用写作的研究对象。其中第一方面虽是表层，但在本书中占篇幅居多，第二、三、四方面是深层，其内容除第一章有专述外，还分布于各章节中。由于以上四个方面涉及多种人文科学，诸如语言学、心理学、思维学、文学、哲学、逻辑学、社会学、法学、经济学等，所以应用写作是一门综合性文化基础课，而应用写作能力则是人的各种能力的综合体现。

---

① 《典论·论文》。

二、应用写作的地位和作用

（一）应用写作在国内外的地位

1. 应用写作在国外

应用写作在国外地位较高，受到了应有的重视。这从中西写作理论的主要差异就可窥其一斑。

中西写作理论的差异主要表现在两个方面：第一，西方写作学更重视应用写作，中国写作学更重视文学写作；第二，西方论定读者是写作的决定因素，中国则认为作者是文章的主宰。

西方写作学极其注重应用写作。在西方人的意识里：写作=应用写作（尽管英语中没有“应用写作”一词）。一谈起写作，学生们就会情不自禁地联想到一则幽默新闻：为研制新型直升飞机，军队向社会公开招标。某投标公司为此制作文书的总重量超过了直升飞机的重量；科研人员在研究和发射阿波罗登月舱的过程中撰写的所有文件，叠起来可以从地球排到月球，走一个来回（《技术写作：实用技巧》，1984 年美国莱斯顿出版公司）。他们压根儿不认为律师、医师、经理、公务员的事务写作比文学写作低一等。在西方，应用写作为主的观念早已形成传统，深入人心。

西方重视应用写作的观念在写作教材中得到了集中、典型的体现。在西方写作书体系中，应用写作占了很大的比重。其写作书体系以基础写作为母系统，以商务、法律、新闻、技术、文学等专业写作为子系统，如图 0—2 所示。

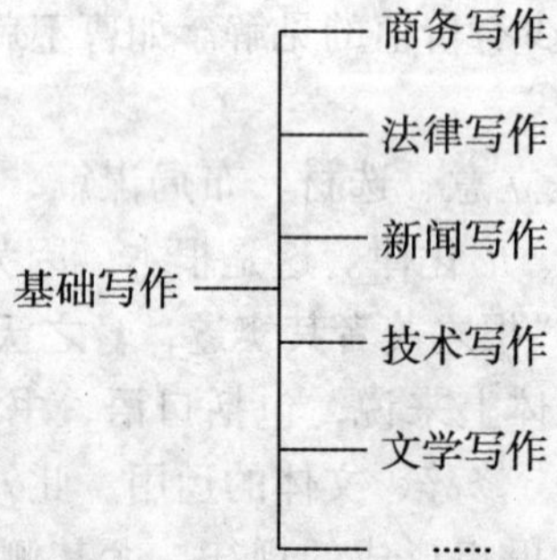

图 0—2 西方应用写作的地位

一目了然，文学只占了一个极小的比重，应用写作占压倒性优势。

对比来看，中国基础写作教材却集中反映了重文学轻实用的观念。中国写作书体系以基础写作为母系统，以文学写作和应用写作为子系统，再以商务、法律、新闻、技术等专业写作为应用写作的子系统，如图 0—3 所示。

从图 0—3 的箭头所示可以看出：文学写作不仅占的比重大，而且它的写作理论还取代了基础写作理论。换言之，就是用文学写作理论来指导一切写作。

西方重实用，必然导致他们关注读者。《技术写作：实用技巧》一书断言：“根据预先确定的读者需要来完成写作任务的观点，可以解决工程技术作者的绝大

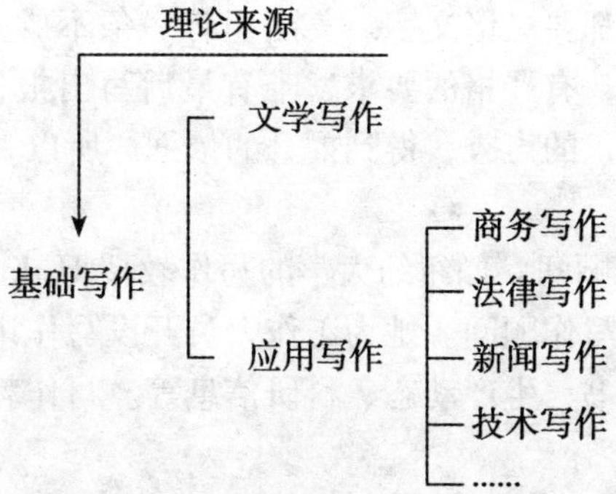

图 0—3 中国应用写作的地位

部分沟通问题。”《作文艺术》（1984 年美国教材出版社）一书指出：“作者选择每一个词时，都要按下列因素来决定：读者和场合……”而《写作行为》（1989 年美国朗顿出版社）中把对话、写作和思维联系起来研究，断定读者的阅读行为不是被动接受，文章的意义是在读者的阅读中生成的。在西方近百种英文写作书中，鲜有不言必称读者的。他们设专节专章研究读者，各抒己见，流派纷纭。从语言学、社会学、心理学、信息学、思维学等方面对读者做了广泛深入的研究。读者是西方写作学的理论核心，是写作理论家、师生、职业作者的指路明灯。

相反，中国写作学则对读者视有如无。中国写作书的核心不是读者，而是作者。几乎没有哪本书不在重要的位置谈作者的人品、学识、素养，像雕刻大师一样，专心致志、精雕细刻地塑造着作者。其要求作者加强思想修养、精通业务、不断扩大信息量、锻炼开拓性思维、学习古今中外的写作知识、掌握电脑写作技术等等。

通过上述比较，可明显看到中西写作理论的侧重点正好相反。对此，国内学者较新的观点是：①相反相成。从研究写作规律的角度看，读者与作者均应成为研究对象，均可从中总结出指导写作的东西，不宜偏废、畸重畸轻，而应使二者相反相成，形成对立中的统一。②应该承认，文学写作在生活中占的比重很小，应用写作则是一种广泛、频繁、量大的直接推动社会运转的最重要的办事工具。所以，文学写作理论不能代替基础写作理论，基础写作理论应该主要来源于应用写作。西方重视读者，其实是对作者提出了更严格的要求。

此外，从国外的应用写作教学状况，也可以看到应用写作在国外的地位。下面是一篇介绍美国应用写作状况的文章摘要，从中可窥一斑。

附：应用写作在美国

一、着重应用，与职业结合

在美国，科技、管理、公务人员必须具备一定的写作才能。他们凡搞一项工作，或传播，或归档，都要见诸文字。美国还有一条不成文的规定，科技、行政、管理人员完成某一任务，有严格的要求，唯有最后写出报告或论文才算真正完成。这样，他们才能得到真正的声誉，得到擢升的依据。所以，美国的各行各业对职业写作十分重视。

（1）公司聘请写作顾问。如纽约大学的写作教授 H. J. 蒂契女士，就是纽约企业管理部门和科技界的写作顾问。她为工作人员开设写作讲座，作专题报告，指导公司人员撰写产品说明书、生产动态、科研信息等。写作教师可以身兼数职，在七八个单位任职。

（2）社会上开办各类不同水平的业余写作学校。根据学员 A、B、C、D 四等程度进行分班，开展教学活动，有针对性地提高学员的写作水平。

（3）组织各种写作学会，开展学术交流活动。在美国，写作学会林立，就科技写作界情况看，有学会 8 个，研究机构 11 个。这些机构一般由大学写作课教授牵头，吸收各类企事业的经理、工程师、会计师参加。

（4）接收在职的外国留学生（青年专家、工程师、医生）到美国专门进行专业写作训练，一般参加春、秋两季的短训研讨会，学习本专业的应用文写作。

二、设置学位，促进写作学科的发展

为了发展写作学科、高水平地培养写作人才，美国各大学都开设了写作课，一般分两个阶段进行。初级阶段叫基础写作，为大学一、二年级学生开设。到高年级，结合论文给学生开设的课程叫高级写作。根据有关材料记载，美国有相当多的大学为 100 多个专业开设专业写作课，毕业后从事专业写作或新闻事业。

美国至少有 20 余所大学或研究所招收应用写作的硕士或博士研究生。如波士顿大学、密执安大学、威斯康星大学等都招收这类研究生，学制 2 ~ 3 年，学习科学概念、写作学、新闻学、技术政策等。学校还授予学位，重质量，不求数量。美国应用写作专业是从 20 世纪 70 年代开始设立的。凡批准招收研究生的大学每年只收 10 ~ 15 名，学习的课程 15 ~ 18 门，总共开设与写作有关的课程 45 门。

理、工、医、农专业的学生写毕业论文有严格的规定，因此他们必须学习写作课程。各大学都成立有毕业生论文指导委员会，编写《硕士、博士论文写作手册》，要求研究生必须熟练掌握写作技巧：①写作前的规划；②搜集精确数据和丰富的资料；③拟订提纲；④起草初稿；⑤制作图表；⑥修改与润饰；⑦最后定稿。无疑，这对各专业硕士、博士写作水平的提高会有很大的帮助。

资料来源　［美］H. J. 蒂契：《科技写作指南》，李孝才等译，西安，西北电讯工程学院（现西安电子科技大学）出版社，1984。

上述材料表明，应用写作教学在西方发达国家中颇受重视，并因此得到较充分的发展。

2. 应用写作在中国

古人对应用写作的意义，已有相当的认识。曹丕《典论·论文》中说："盖文章，经国之大业，不朽之盛事。"其所指的文章就多为应用文。刘勰在《文心雕龙》中说：公文乃"文章之末品，而政务之先急也"。这句话说对了一半，"政务之先急"不错，它强调了公文在国家管理中的极其重要地位，"文章之末品"则不对。《古文观止》是历代文章精品的较好选本，上至东周，下讫明末，选文 220 篇，其中有书、诏、策、疏、谏、表、檄及墓志铭、碑记、祭文等应用文 30 多篇，占了选文的 15% 左右。

在现代，应用写作越来越受到人们的重视，应用写作课在我国高校早已普遍开设，成为基础课、必修课。企业录用人才，也把应用写作能力作为重要考核项目。国内应用写作杂志、应用写作研究机构、应用写作研讨会愈办愈红火。这些都说明应用写作的重要地位和使用价值，已成为愈来愈多的人的共识。

应用写作在国内外的重要地位，是由其显著作用决定的。现代应用写作的功能，从总体上讲是调节人际关系、交流社会信息、解决具体问题、保证社会有序运转、促进人类物质文明建设和精神文明建设的重要手段。当前，国内外不少专家学者把阅读和写作能力称为"第一文化"，把电脑语言称为"第二文化"，第一文化是第二文化的基础。可见，学好应用写作对现代人来讲是非常必要的。

（二）学习应用写作的作用

1. 学习应用写作是交流思想、做好工作的需要

应用写作和日常工作、学习、生活的关系十分密切。学习应用写作，对于愉快地做好工作、卓有成效地交流思想至关重要。我们知道，应用文是人们处理事务、解决问题的一种工具或"常规武器"，掌握这个武器，并能根据实践需要，随时随地写出合格的应用文，将会大大提高工作效率，并能调整和改善生活的节奏。

2. 学习应用写作是开发智能、提高素质的捷径

应用写作不是无病呻吟，不是悠闲文人的舞文弄墨，不是写风花雪月的文章。应用写作是写务实文章，是本之客观、付诸实践的实用文章。它对写作者的素质、智能有种种严格的要求，如尊重客观实际，思维清晰、缜密，处事明快、果决，语言精炼、朴实等。这些要求，都使得应用写作者不能不见贤思齐，加强学习，不能不自觉地调整自己，努力向这些要求看齐。教学实践证明，经过应用写作课的学习，学员普遍都能较大程度地提高自己的上述素质和能力。可以说，应用写作训练是提高人的素质和能力的一条终南捷径。

三、应用写作的特点

和文艺创作不同，应用写作有如下五个特点：

（一）实用性

这是应用写作学科的本质属性，源于应用写作活动即物质实践过程中精神活动的文字表述。王安石提出的"要之以适用为本，不适用，非所以为器也"，正是以

“用”为标准来衡量文章的。刘熙载言：“辞命体，推之即可为一切应用之文……重其辞乃所以重其实也。”这也是强调文章的实用性。

一般来说，人们写各种文章都有其目的，因而都是有用的。所以我们并不一概地否定文学创作的使用价值。比如诗歌就有欣赏价值和认识价值。孔子谈到《诗经》时曾说：“小子何莫学乎诗？诗可以兴（感发志意），可以观（观风俗之兴衰），可以群（群居相切磋），可以怨（怨刺上政），迩之事父，远之事君，多识于鸟兽草木之名。”

那么，为什么把“实用性”说成是应用文独有的特点呢？和上面所说诗歌的使用价值不同，应用文的实用性指的是它的日常应用性，即直接解决事务问题的属性。

和文艺作品不同，应用文不是供人们欣赏和娱乐的，它是直接和日常工作、学习、生活相关的。文艺作品，像小说、诗歌、散文等，一般来说，可写可不写，你想写而且有东西写，那就写，你不想写，或者没什么可写，就不写。就是说，它不太受时间的限制，与工作、学习、生活也不直接发生关系。应用文则不同。应用文总是为了解决和处理工作、学习、生活中的具体问题而写的。比如经济合同，就是合作双方为确定某一合作项目的双方权益而制定的。哪怕是一封信，也是个人为了某一目的而写的。解决问题是应用写作的出发点和归宿。客观提出了要求，让你写你就得写。不写不可以，写得不好也不可以，因为会误事。所以，应用文不是可写可不写，不是写完之后还不知道读者是谁，也不是爱写什么就写什么，而是势在必写，有确定的读者和确定的要求。

应用写作的这个特点，从它在历史上的产生发展过程可以看得更清楚。应用文的产生，由来甚久，远在上古时代，文字尚未发明，先民即以结绳记载事物，表达情意，大事大结，小事小结，多事多结，少事少结，此即最原始之应用文。梁绍壬《两般秋雨庵随笔》记载了这样一个故事，谓某地有一纯情少女，不娴文墨，因男友久无音信，思慕不已，乃画“○∞○）○○○○○○○○”於笺，遣人送给男友，男友不明白，好事者作《圈儿词》以解：“相思欲寄从何寄，画个圈儿替。话在圈儿外，心在圈儿里。我密密加圈，你须密密知侬意。单圈儿是我，双圈儿是你，整圈儿是团圆，破圈儿是别离。还有那说不尽的相思，把一路圈儿圈到底。”这就是该少女的应用文。再举一例，曾国藩有个部将叫鲍超，勇而无文，某次被太平军所围，情势危急，便信手取军旗一面，在鲍字四周画无数圆圈，令使者飞马送至曾处，曾一见，知其意，便派兵驰援，此即鲍超之应用文。由此可见，无论何人，均不能自绝于应用文之外。应用文的产生是为实用而来，应用文的“致用”特点和经典的“载道”、文学的“怡情”特点形成鲜明区别，三者各有其用，难分轩轻。

实用性是应用写作的本质属性和价值尺度。它直接为社会生活服务，离开了实用性，就没有应用写作。

（二）工具性

应用写作被人们视为交际手段和办事工具，故它又有工具的属性。工具性昭示实用性，同时又强调其特殊性，即强调应用文的实用程度和使用价值。应用写作以语言文字为中介，传递各种信息，在社会政治、经济、文化、科技乃至日常生活交往中的各方面都发挥着工具作用。曹丕说文章“乃经国之大业”，刘勰说应用文是“政事之先务”，都是着眼于工具性特点的。进入信息社会，应用文的作用就更大了，它是机关、单位和个人处理事务、沟通关系的重要工具，社会生活的各个领域都离不开它。

（三）时效性

时效性指应用文写作和使用的时限性。

应用文一般都在客观现实规定的有效时间内撰完稿，超过了时限，就失去了它的效用。比如计划、简报、会议纪要等，如果错过了时间，就失去了指导作用或参考作用。有的应用文，如供销合同，时间性特别强，要求在写作上迅速及时，快办快发，不能拖延时日，搞文件旅行，更不能“马后炮”，否则就会造成严重后果。

文艺作品的写作，一般来说不像应用文那样受时间的限制。文艺作品可以从容地写，有感而发，可以搁置几年再拿出来，可以“两句三年得，一吟双泪流”。这和有时“急如星火”的应用写作形成鲜明对比，所以，时效性是应用文区别于文艺文的又一个特点。

（四）程式性

程式性是就应用文的形式而言的。

各种应用文，在其写作的历史长河中，各自形成了相对固定的格式，比如合同的格式、电报的格式、书信的格式等。拿经济合同来说，都要包括合同名称、合同条款、合同结尾、具名和签约时间等。应用文的格式或程式，是适应客观需要而形成的。相对固定的格式，使应用文便于阅读、写作和使用。程式性还使应用文带有庄重的色彩，从而受到人们应有的重视。各种应用文采用什么程式，虽然不完全有其客观必然性，虽然其中带有某种约定俗成性，但格式一旦形成，为社会所通用，就具有权威性，个人不能随意改变它，不能别出心裁，另搞一套。比如写信，收信人的地址、姓名，发信人的地址、姓名，都有一定的规定，如果写的位置不对，该发的信就会被退回来（据北京邮电部门统计，1986 年因信封写得不规范，就有十多万封国际信件被退回广州等地）。和应用文不同，文艺作品则反对程式性。文艺作品的要求是“风行水上，自然成文”，要求构思新颖，摆脱俗套。它的结构原则是“大体须有，定体则无”。历史上的明清时代，科举考试要求作八股文，将文章结构定为八股，一股一股地按程式做。由于规定得太死，束缚了人们的思想，早已被历史所淘汰。文艺作品反对程式化，一个重要的原因在于它是供人们欣赏和娱乐的，这一点与应用写作不同。应用文的宗旨是实用，所以它要求有相对固定的格式。

（五）简明性

简明性是就应用文的语言特点而言的。

简明，包括简洁和明了。简洁，就是篇幅短，字数尽量少，干净利索。因为应用文目的在于实用，所以只要把问题说清楚，读者一目了然，就可以了。孔子说的“辞达而已矣”是修辞原则，用于应用文，最为恰当。应用文不像文艺文那样靠形象感人，不需要添枝加叶，更不能画蛇添足，废话连篇。

美国有位作家叫 Dianna Booher，她兼企业管理顾问负责人，曾讲过这样一个例子：美国某企业的员工，开始写了19页的建议，经过顶头上司审阅，把它删减成1页，交给公司高层决策。不料，这一页文件得到了高层的赏识。由于作者写得精练、切题，获得了18 000美元的奖金。该公司的副总裁在颁奖会上指出：他们对这个简短有力的建议，印象特别深刻。如果这份建议写得过长，他们可能连看也不看。

应用写作应开门见山，长话短说，句式简明，少用描绘，摒弃程式套话，直陈事实梗概，依据事实分析，提出意见办法，从而形成明快、简洁的语言风格。

四、怎样学习应用写作

前面讲过，要写好应用文，必须有基础写作功底，因为根深才能叶茂。那么，怎样才能有这个“功底”呢？叶圣陶先生说常常有人要他谈些作文的秘诀，他说，作文哪有秘诀！这些人“忘了自己去下点真工夫”。什么是“真工夫”？叶老并没有解释。我们体会，这应该包括内容和形式两个方面。内容方面要注意求真意，即明确自己有什么要说而且确实值得说的，把它显明地表达出来，千万不要转文、卖弄，更不要故弄玄虚。

形式方面，即文字表达上要注意准确性，就是说有了好的意思，还必须用准确的语言来表达。这就要求一个词也不能随便用，一处语法错误也不能有。如不认真下一番苦工夫是不能达到这个境地的。

在文字表达上下苦工夫，首先得把自己的思维锻炼得精密而有条理。为什么？因为表达首先是思维问题，是思想认识问题，是思路问题。正如冲洗照片一样，摄入佳景，底片清晰，才能冲洗出好照片。有许多人写文章空话连篇，不但冗长，而且因为说了许多不必要的话，反而把事情说得不明白。究其因，是“很多人没用过工夫来研究毛泽东同志的著作和各种权威的文学和科学著作，没有用研究这些著作来训练自己的思想，使自己的头脑趋于精密和有条理，所以就不能把存在于事物内部的条理正确地在文字上表现出来”（《正确地使用祖国的语言，为语言的纯洁和健康而斗争!》）。这是一段非常精要的论述，我们每个人都可以认真想想，自己是否也“没用过工夫”？如果没有，就应当从现在做起，切实做一做。只要开始这样做了，即“用研究这些著作来训练自己的思想”，用不了多长时间就会收到成效的。

其次还必须注意学习典范文章的用词造句、谋篇布局等等。

上面说的是基础写作上的真功夫，这是应用写作能力的根本。而应用写作又有它的特殊性，要学好应用写作课程，还要注意做到以下三点：

第一，掌握知识要点。阅读教材时，要带着问题去研究，提取知识要点，如各种应用文的性质、作用、使用范围、格式、构成要素、写作要求等。掌握知识要点很重要，比如，掌握了《会议通知》的六要素，再写这类通知就不会有疏漏了。

第二，认真做练习。做练习才能将知识转化为能力。练习题主要有两种：一是给你个材料，让你写篇应用文。这类题目，要根据材料和问题，设身处地地去思考，使你写出的文章切实可用，同时也要注意形式上符合文体要求。二是给你一篇应用文，让你评价或修改，这类题目依赖于你对应用文知识的掌握程度，以及你的洞察力和语感。这里有思想认识问题，也有文字水平问题。

第三，在实践中学习。社会生活离不开应用写作。平时要留心阅读现实生活中的各种应用文，并运用学过的写作知识予以分析和评价。要根据工作、学习、生活的需要，随时随地写各种应用文，只有把应用写作知识运用到生活的各个方面中，产生社会和经济效益，才算真正达到了学习的目的。

勤写之余，还要勤改。胡双宝先生说得好：会改文章才会写文章。修改练习确实是提高写作水平的一个捷径。所有名作家为什么写好了文章还再三地推敲、修改、加工呢？原因就是为了表达得更准确、更恰当。要记住："文章是客观事物的反映。而事物是曲折复杂的，必须反复研究，才能反映得恰当。"（《反对党八股》）

文章如何修改呢？有没有秘诀？修改也没有秘诀。但是要修改好文章就得具备一些条件。具备什么样的条件呢？

第一，要有现代汉语、古代汉语以及逻辑方面的知识，这好比裁缝裁剪衣裤，医生给病人诊病，裁缝掌握了尺子，就可以衡量衣服尺寸大小；医生知道了人体的常态，就可以诊断病人的病情。如果不具备这些方面的知识，就很难发现问题并加以改正了。

第二，要有比较丰富的正确的语感。没有丰富的正确的语感，就很难发现文章中的错误，更谈不上修改。

第三，具体修改时，需注意两点：

一是先反复研读一两遍要改的文章，只有读完一遍，才能知道全文说的是啥，也才能知道大毛病是啥，小毛病是啥，打算怎么改。没有通读全文，看一句改一句，必多不当。

二是修改要因势利导，顺着原作者的意思来改，不可把自己的意思强加于人。为了得到更好的效果，最好先把要改的地方用记号标出来，让原作者改，然后再交修改人改。

第四，需再强调一下的是，应用写作能力是人的综合能力的体现，它与写作者的阅历、经验、教养、理论水平、道德情操、语言文字水平等都有密切关系。所以，要想真正提高应用写作水平，不但要读有字书，还要读无字书，要在更深广的德、智、体全面发展的基础上培养写作能力，使文章的参天大树植根于各方面深厚修养的沃土之中。

思考与练习

一、应用写作的研究对象是什么？为什么说应用写作能力是一种综合性能力？

二、你认为提高应用写作能力的有效途径有哪些？

三、阅读本书第十章第一节（读书笔记）中关于体育运动需苦练基本功的例文，思考：这段话对提高写作能力有什么启发？请写一篇300字左右的读书心得笔记。

四、作文：写一篇自传或自我介绍。

作文训练程序：

1. 阅读几篇自传体短文，如《老舍自传》（见第四章第六节“个人简历”），分析这几篇短文的写作特点。

2. 阅读写作论著中关于自传、自我介绍的写作常识。思考：自传和自我介绍有什么不同？写自传或自我介绍有什么意义？各有哪些写作要求？

3. 回顾自己的经历。思考：自己的阅历与同龄人有什么异同？别人对自己有过哪些评价？以及自己的性格特征，以及自己的教养、经历与自己的性格特征之间的关系。

4. 如果你写一篇自我介绍，你想表达你的哪些性格特征？如果你写一篇自传，你将选择你的哪些经历？用哪些事件来表现它们？试各列出一个提纲。思考：应当怎样进行剪裁才能详略得当，并突出你想表达的主旨？

5. 拟订详细的写作提纲后，要一气呵成地撰写一篇《我的小传》（要求千字左右），或《自我介绍》(500字以内)。要有中心，自传要条理清楚，详略得当；自我介绍要短小精悍，写出自己的特点。要能使熟悉你的人一看就知道写的是你，而不认识你的人读了之后，也能够初步了解你。

6. 请熟悉你的人（父母、兄弟、朋友等）评价你的这篇作文，然后与同学交换作业，互相评改，并详细展开讨论。

7. 教师选出三篇各有特色的自传和自我介绍，请作者在班级带着感情大声朗读自己的作文，其他同学边听边记下感想，写出评议（从思想内容到表达形式）。

8. 组织同学对宣读的作文进行评议，教师作小结。

五、什么是“第一文化”？什么是“第二文化”？请结合实际说明应用写作的地位和价值。

六、分组讨论：什么是写作上的“真功夫”？你认为应当怎样学习应用写作？

七、今人将写作规律概括为意化律、序化律、形化律。意化是形成思想，确立表达主旨；序化是组织材料，安排主次先后顺序；形化是遣词造句，锤炼润色语言。三个环节各有重心，又相互渗透联结。例示如下：

东北财经大学2009年毕业生为答谢母校哺育之恩，拟集资建一石墙，上镌刻先秦诸子语录，以为校园文化增色。语录前要写一篇序文。笔者为此而构思起草成文的过程如下：

1. 意化：概括阐明继承和弘扬中国传统文化的历史价值和现实意义，亦即说明了为什么要建墙镌刻诸子语录。

2. 序化：首句标其目，引领全文；篇终接混茫，意蕴深远。加上中间，整体上起承转合，一气呵成。

3. 形化：篇幅简短，语言凝练。运用骈文形式，呈现整齐美；又要错落有致，兼具变化美；讲究平仄韵律，体现音乐美。

在上述意念确定后，便可以起草撰写了。全文如下：

圣贤嘉言

序文

（起）察古以鉴今，彰往而知来。（承）穿越历史的长河，聆听不灭的木铎。圣贤嘉言之义，历久弥新；伦理德性之泉，滋润心田。（转）有德者必有言，能文者始行远。学究天人之际，略通古今之变。（合）中国传统文化，博大精深，流长源远。其中蕴涵的道德智慧之光，将烛照我们超越自我，走进现在，飞向明天。

子丑年季春　邵龙青撰

2009 年 4 月 23 日

回顾你写过的一篇印象较深的应用性文章。反思其立意、构思、起草过程，分析其意化、序化、形化的具体内容。考察、总结该文的得失、成败，找到适合于自己特点的写作习惯和规律。

八、写作水平与人的阅历、修养等密切相关，古人对此多有论述，下举几例：

1. 孟子曰："我善养吾浩然之气。"今观其文，宽厚宏博，充乎天地之间，称其气之大小。太史公行天下，周览四海名山大川，与燕赵间豪杰交游，故其文疏荡，颇有奇气。

苏辙《上枢密韩太尉书》

2. 行之乎仁义之途，游之乎诗书之源，无迷其途，无绝其源。

3. 气，水也；言，浮物也。水大而物之浮者大小毕浮。气之与言犹是也，气盛则言之短长与声之高下者皆宜。

韩愈《答李翊书》

4. 盖文王拘而演《周易》；仲尼厄而作《春秋》；屈原放逐，乃赋《离骚》；左丘失明，厥有《国语》。

司马迁《报任安书》

……

选择你颇有心得的一段古人写作语录，联系古今实例、个人写作体会及相关理论展开分析阐释，并自拟题目，写一篇小议论文。

第一章　写作基础训练

第一节　造句因素

我们平时说话、写文章，都是通过造句完成的。组词造句时，有许多语言因素参与其中并左右句子的意思，我们把这些能左右句子意思的语言因素统称为造句因素。造句因素有广狭之分，广义造句因素涉及语言的外部因素，即语境因素，本文主要讨论狭义的造句因素，即语言本身的造句因素，包括语音因素、词汇因素、语法因素和语义因素。语言不同，各种造句因素的地位、作用及表现形式亦不同。这种不同，受制于不同语言本身的特点。汉语自身的特点，如语素大多为单音节、基本上没有形态变化、虚词和词序是主要语法手段等，在很大程度上决定了汉语造句因素的特点。考察汉语造句因素，分析歧义现象是一个观察窗口，因为分析引起歧义的原因，就能找到左右句义的因素，因而也就能分析出造句因素。所以，通过分化歧义，来归纳说明汉语造句因素，实为一种简明经济的方法。下面我们就通过考察歧义产生的原因和避免的方法，来分析说明汉语的主要造句因素。

一、语音因素

语音是语言的物质外壳、意义的载体和信息传递的工具。口语表达，即靠有声语言来表情达意，一句话的语气、语调、重音、停顿等不同，其所表达的意思也不同。下面我们着重从重音和语调两个方面加以阐释。

（一）重音

重音是说话或演讲时有意加强某些词语或句子音势的语音现象，运用重音的目的在于显示词语的主次关系。它可以帮助说话者强调某些重要思想的关键成分，产生对比效果。同样一句话，重音的位置不同，表达的意思也就不同。如：

1. 赵大妈的电视机坏了，她想起隔壁邻居李明是个电工，就去敲他的门。

赵：李明，你会不会修电视机?

李：我不会修电视机。

赵：敢情你是会装配电视机?

李：我不会修电视机。

赵：那好，我录音机也坏了，帮我……

赵大妈之所以会误解李明的意思，是因为李明答话的重音所致（画线部分是李明答话时的逻辑重音）。再如：

2. 我又没说你什么。（别人说的，你不要怪到我头上啊。）

我又没说你什么。（我说的不是你，不要误会。）

3. 王五买了一本书。（强调不是借，更不是偷。）

4. 王五买了一本书。（强调不是报纸、不是杂志。）

王五买了一本书。（强调数量是一，而不是二或其他数字。）

5. 他一早晨就写了三封信。（“就”重读，强调写信的数量少；轻读，则强调写信的数量多。）

6. 你怎么还不知道。（“还”重读，表示时间这么长了，你应该知道；轻读，表示别人不知道，你也应该知道。）

上面几组句子正是因为重音的位置不同，所以意义差别很大。可见，重音是左右句子意思的重要因素之一，说话时重音不同，所表达的意思就会不同，甚至完全相反。有时，在表达中为了突出某种特殊的思想感情，把句子的某些词语读得较重些，给人的感受就会有所不同。偷换重音式诡辩就是通过随意变换某些语句的重音位置来偷梁换柱，以达到其诡辩的目的。

（二）句调

有声语言表达出来的思想感情和弦外之音往往是通过巧妙的语调实现的。语调不仅可以强化说话的内容，也可以披露说话者的心态和心境。说话时语句高低升降的变化，就是句调。句调低沉称为“抑”，句调高亢称为“扬”。不同的高低升降变化，所表达的思想感情和内容也就不同。在书面语里，可以用问号、感叹号、句号等表示语句的不同类型和语气，而在口头语言中，只能用不同的句调来表明语句的类型和语气。看下面的例子：

1. 这件事就这么办（。!?）

感叹语气表示决然肯定，疑问语气则表示怀疑和否定。再如：王阳明是明代哲学家，一次，他的一个朋友邀请他到自己家乡讲学，邀请函中有这样的话：

2. 除了良知之外，还有什么可讲的?

因为王阳明每次来，都讲“良知说”，所以他的朋友希望王阳明这次来能讲点别的。但是没有料到王阳明在回信中用了同样的话作答：除了良知外，还有什么可讲的？字面意思相同，语气却是反问。王阳明用同样的话表达的是：“良知”是最紧要的学问，除了良知，还有什么别的是值得讲的？这里左右句子意思的造句因素是句调。

我们还可以举彭端淑《为学》一文中的例子：

3. 贫者语于富者曰：“吾欲之南海，何如?”富者曰：“子何恃而往?”贫者曰：“吾一瓶一钵足矣。”富者曰：“吾数年来欲买舟南下，犹未能也，子何恃而往?”

显然，富者前后两个问句语气不同：前一个是一般疑问语气，要求回答；后一个是反诘语气，表示断然否定的意思，无须回答。这个例子也说明，是一般疑问句还是反问句，不能孤立地看，要放在上下文的语境中才能确定。所以孤立的一个问句，就可能产生歧义。

4. 机械化养鸡适合中国国情么?

这是一个标题，作为孤立的问句，其意思难以断定。作为标题，其一般理解是反问，而反问句往往表示否定的意思。这个标题的意思是机械化养鸡不适合中国国情，而文章恰恰说明机械化养鸡适合中国国情。

二、词汇因素

词语是最基本的造句单位，也是左右句子意思的重要因素之一，构成句子成分的词语的形式或意义不同，句子意思自然不同。所谓构成句子成分的词语不同，可以分为形异义异和形同义异两类，形异义异很容易理解，如“我学习语法”和“他学习语法”中的“我”与“他”便是形异义异的例子。下面我们主要分析构成句子成分的词语形同义异的几种情况。

（一）一词多音

语言中有很多形同实异的成分，一词多音便是其中的一种。看下面的句子：

1. 在会上讨论的同志不要把话说重了。

2. 胡子长成这样子了。

“重”有两个音，“zhòng”或“chóng”，“长”可能读“zhǎng”或“cháng”，词形相同，语音可不同，意义也不同。类似的例子还有：

3. 独自莫凭栏，无限关山，别时容易见时难。流水落花春去也，天上人间！（李煜《浪淘沙》）

这首词中的“莫”可作两种解读：莫 mò 或暮 mù，莫是表示否定的“不要”，“暮”是傍晚的意思，两种意思都说得通，所以自古对此句诠释不一。

（二）一词多义

句子中的词语是一个多义词，且它的两个或几个意思在句子中都解释得通，就会产生歧义。如：

1. 攻乎异端，斯害而已。

“攻”作为动词，可以是“攻治”或者“攻击”的意思，两种解释词性相同，词义不同，从而使得句子有两种意思。

2. 山上有很多杜鹃。

“杜鹃”可以有两种理解：“杜鹃花”或者“杜鹃鸟”。虽然都是名词，但是意义不同。

3. 菜不热了。

“热”在句中可以解释为形容词，也可以解释为动词：“加热”。因词性不同，所以意义不同。

4. 我叫王小虎。

上句中的“叫”作为动词，有两种解释：“召唤”或“名称是”。二者词性相同，词义不同。

以上几个句子都是因为一词多义，使句子产生了歧义。在语言的实际运用中，这样的情况时有发生，因此在表达时应注重结合语境，审慎选词。

（三）代词异指

处于句中特定位置的代词，其所指一般是前面的某个成分，若前面有两个成分，且皆可视为所指，就会产生歧义，代词异指可看做词语形同义异的一种。如：

1. 小张作证说那天他看见李民和自己的妻子在车间干活。

句中“自己”所指是“小张”或者“李民”，可有两种解释，所以句子有歧义。

2. 棺材后面跟着三个妇女——死者的母亲和她的两个女儿。

“她”是指“死者”还是“死者的母亲”，指代有异。

3. 这个观点最近有些文章提出批评，我认为这是对的。

同上，句中“这”存在异指现象，所以使得整个句子在理解上存在歧义。

这些现象是和汉语同音字多、同形词多、形同实异等特点相关联的。在说话和写作中，要充分注意词语的选择，多角度地考察，避免误用，产生歧义。

三、句法因素

（一）语序

汉语没有严格意义的形态变化，所以语序或词序是汉语的重要语法手段之一，词序或语序不同，意思就会不同。新闻界流传这样一句话：“狗咬人不是新闻，人咬狗才是新闻。”由于句中词语换位，主宾适反，这句话突出地表现了人们对新闻性质的理解和人的好奇心，从而成为一句含义很深刻的话。

有时词序颠倒一下，意思虽然有差别，但还不算很大。如：

1. 报纸我看了/我看报纸了

2. 不怕辣/辣不怕/怕不辣

上述例子虽然话题不同，语义重心不同，强调的程度不同，但是基本意思相差还不算大。更多的情形是，词序颠倒后意思相差很远，甚至相反。看下面的例子：

3. 资本主义国家/国家资本主义

4. 读死书/读书死

5. 工人写的诗/写工人的诗

6. 千古诗人/诗人千古

此外，复句中分句顺序的变换，也会使意思发生变化。偏正复句的顺序，一般是先偏后正，语义重心在后一分句上。若把分句位置互换一下，虽仍保持原基本语义，但是语义重心已转移到后面的分句上。如：“东林党人虽多君子，然亦有小人。”对此，鲁迅先生说，如果换一下顺序，改为：“东林党人虽有小人，然多为君子”，“斤两便大不相同了”。又如条件复句：

7. 人不犯我，我不犯人；人若犯我，我必犯人。

强调既反对内战，又坚持斗争的原则，有来犯者，必反击之。若换一下顺序，改为“我不犯人，人不犯我”，就有丧失革命原则之嫌了。

通过调整语序改变含义，在古代有很多典型例子。据载曾国藩与太平军作战，节节败退，在写奏章时，不敢隐瞒军情，当他写到“屡战屡败”时，他的一个幕僚建议：不如改成“屡败屡战”，曾氏听后拍案叫绝，当即采纳。呈报上去，不但未被贬职，反而受到赏赐。这一改动，虽表达的客观情形未变，但是语义中心后移，寓意已不同。

（二）结构关系

结构关系是语言成分之间相互组合时的语法关系，如主谓关系、述宾关系、述补关系、联合关系、偏正关系等。结构关系是最普遍也是最重要的语法关系。说到底，是受制于语言成分之间的意义关系。同时，结构关系对意义也有反作用，它受制于语义，又反过来实现和制约语义。如果一个句法结构成分不变，构造层次单一，即只可能有一种构造层次分析，但成分之间的结构关系可能不同，即有两种结构关系同时都说得通，那么也还是会产生歧义的。比较常见的有：

1. 述宾关系或偏正关系

进口/汽车　　研究/方法　　烤/白薯　　调查/报告

2. 联合关系或偏正关系

学生/家长　　党员/干部　　爱人/弟弟　　生物/化学

3. 同位关系或偏正关系

我们/学校　　你们/医院　　运动场/那边　　小杨/师傅

1930 年、1931 年两年亡友朱佩弦/兄约我在清华大学的中国文学系教中国音韵沿革两小时。

4. 偏正关系或主谓关系

语音/规范　　生活/困难　　用语/标准

5. 连动关系或述补关系

她挣扎着爬了/起来　　我想/起来了

6. 复句省略关联词语，分句间的关系可能有两种或两种以上

人在政策在，困难何所惧

一种理解是“人在，政策就在”，是假设关系；一种理解是“人在，政策也在”，是并列关系。同样，“受托单位误期，委托单位罚款”，也可能有两种关系：并列和假设。

结构关系和词语异同一样，是造句因素中的核心因素，在修辞上也经常用到，如对偶，除字数要求相同外，还要求结构对称，也就是相对应部分的结构关系要一致。如：“江山如画，唱春光好”，其病因就是结构关系不对称，前半句是主谓结构，后半句是动宾结构，不符合对联的对称原则。

（三）构造层次

汉语句子中词与词间，并非简单地依次发生关系，而是在组合上或疏或密，有其内在的构造层次。如 ABCD，可能是 AB+CD，也可能是 A+BCD 或 ABC+D 等。这种有疏有密的组合关系，对说话人来说是有定性的，这种有定性从根本上说，是受制于句子的语义。但从解读者来说，如果一个句法结构的成分之间有两种或多种可能的组合关系，即有几种可能的构造层次，那么这个句法结构就会有歧义，就可能被误解。如以下各例，就是因为组合关系不同，所以意思迥异：

1. 找学校的人

找+学校的人；找学校的+人

2. 咬死猎人的狗

咬死+猎人的狗；咬死猎人的+狗

3. 安排好的工作

安排+好的工作；安排好的+工作

4. 劫夺喀流司的女儿

劫夺+喀流司的女儿；劫夺喀流司的+女儿

5. 图画式的象形字和指事字

图画式的+象形字和指事字；图画式的象形字+和+指事字

6. 优秀的教师和学生

优秀的+ 教师和学生；优秀的教师+和+学生

7. 东北和华北部分地区

东北+和+华北部分地区；东北和华北+部分地区

8. 一个工厂的厂长

一个+工厂的厂长；一个工厂的+厂长

9. 许多朋友的礼物

许多+朋友的礼物；许多朋友的+礼物

10. 对售货员的意见

对+售货员的意见；对售货员的+意见

11. 讨厌酗酒和赌博的女人

讨厌+［（酗酒和赌博）+的+女人］；讨厌+（酗酒+赌博的女人）；［讨厌 +（酗酒+赌博）］+的+女人

12. 尊敬父亲的老师

尊敬+父亲的老师；尊敬父亲的+老师

上面的例子都有歧义，原因是内部构造层次都有两种或多种可能。这说明句子内部构造层次不同，意思就有可能不同。当不同的构造层次引起结构关系不同或引起修饰关系前后成分不同时，句子就成为歧义句。看下面的句子：

13. 省委给农村中小学教师写了一封慰问信

是给农村中的小学教师写了一封信，还是给农村的中小学教师写了一封信，很难判断。

14. 全国“三八红旗手”、“模范军医”吕士才的爱人潘荣文

谁是“三八红旗手”、“模范军医”，不止一种可能，因而使得句子有歧义。

15. 区里的通知说，让张校长本月16日前去汇报

是16日去汇报，还是16日之前去汇报，句子有歧义。

16. 有的作品写年轻的妻子死了丈夫发誓不再结婚

是妻子死了，丈夫发誓不再结婚，还是妻子死了丈夫，妻子发誓不嫁，有歧义。

当然，也有内部层次构造不同，而句子并无歧义的现象，如：

17. 美丽的富饶的家乡

18. 机智勇敢的阿凡提

上例是多项定语修饰一个中心语，对中心语来说，多项定语是递加关系，所指对象同一，无论怎样划分层次，都不引起结构关系的变化，也不引起意思的变化，所以没有歧义。

构造层次不同，只是表层结构不同。在多数场合下，构造层次不同产生歧义，是通过结构关系来实现的。正因为结构关系不同，句子才由可能的歧义变成现实的歧义。

四、语义因素

有的句子成分，句法的结构关系只有一种，构造层次也相同，如“母亲的回忆”，只能是定中关系，层次划分方法单一，但是在理解上却有歧义，这是词语间所具有的不同的语义关系造成的。常见的有以下几种：

（一）施受关系不同

开刀的是他父亲　　鸡不吃了　　许多人还不认得　　反对的是他

上面几个例子中动词和名词的语义关系不同，“父亲”、“鸡”、“许多人”、“他”可能是施事也可能是受事，所以存在歧义。类似的例子还有：

通知的人都回来了　财务组应当清查　螃蟹难吃　女子理发店

上述句子都有歧义，因为名词和动词之间的语义关系不同，但是属于这类句式的句子不都有歧义，构成歧义的条件是：在“名词+动词”中，名词可作动词的施事，也可以作受事。如“鱼吃了”有歧义，“杯子打了”就无歧义，因为杯子不作施事。“猫吃了”一般来说无歧义，因为“猫”不作为肉食对象，不能作受事。但是在另一语境下，如在森林里，有其他动物在，“猫吃了”就有歧义，因为可能作施事也可能作受事。

（二）位置关系不同

位置关系不同就是句中成分与成分之间在语义上存在潜在的不同的位置关系。如：

1. 在火车上写字

这个例子的结构关系和层次构造只有一种，但是存在两种可能的位置关系，“字写在火车上”或者“字写在纸上”，因而存在歧义。再如：

2. 他在屋顶上发现了敌人的哨兵

这个句子有三种可能的位置关系：他在屋顶上；敌人的哨兵在屋顶上；他和敌人的哨兵都在屋顶上。因为潜在的位置关系不同，所以表达的意思也不同。

（三）所指关系不同

所指关系不同，就是语义指向不同，即句子中的某个成分同别的成分的语义联系不同。看下面的例子：

1. 他看了一个月的报

“一个月”作为“报”的定语，其语义指向却不是单一的，当其语义指向“看”的时候，可以理解为“看报用了一个月的时间”；其语义指向“报”的时候，意思是“读完了一个月的报”。再如：

2. 弟弟做哥哥的工作

“哥哥”与“工作”之间也存在不同的语义关系，可能是性质关系，意思是“做哥哥的思想工作”，也可能是领属关系，指“接替哥哥的工作”。

3. 张老师只教我们外语

状语位于动词或形容词前，但在语义上却不一定与它所修饰的中心语存在直接联系，而可能只与某个词语直接联系。上例中的“只”有限定范围的作用，它可能限定“我们”，以排除他人，也可能只限定“外语”，以排除其他课程，因此句子的意思就会有所不同。

五、消除歧义的方法

以上是用词造句时，能左右句子意思的四种语言因素。下面介绍消除语句歧义的办法。对有歧义的语句，分化并消除歧义的主要方法是：

（一）标明重音和停顿

比如“衣服洗得干净”，重音在“洗”上，则表示“衣服能够洗干净”；重音在“干净”上，则表示“衣服洗干净了”。又如“农村中小学教师”，在“中”前停顿，则表示“农村的中学和小学教师”，在“中”后停顿，则表示“农村中的小学教师”。

（二）添加上下文语境

比如“他走了一个钟头了”，后面添加“还没到学校”，则表示“路程远，已用了一个钟头”；如添加“早到学校了”，则表示“路程近，走后已过了一个钟头”。

（三）增减或变换词语

比如“我营一连发起三次进攻”，可以在“一连”前加入“第”字，或者把“一连”换成“连续”。“两个刑事犯罪分子的辩护律师”，可以将“两个”改为“两位”。“在旧社会，我家原有七口人，后来母亲被迫卖掉了两个哥哥”，应在“哥哥”前加定语“我的”。

（四）变换不同的句式

比如“关心自己的孩子”，可变成这样两句话：“这个孩子是关心自己的”；“人都关心自己的孩子”。

（五）借助于标点符号

比如“只要你单位同意，报销差旅费，安排住处，领取大会出席证的问题可由我们解决”。一句有多种理解，可用以下三种标点法来分化歧义：①“只要你单位同意，报销差旅费、安排住处、领取大会出席证的问题……”②“只要你单位同意报销差旅费，安排住处、领取大会出席证的问题……”③“只要你单位同意报销差旅费、安排住处，领取大会出席证的问题……”

在实际语言交际过程中，因为有语言和非语言等因素的制约，真正产生歧义的情况并不多见。同一语言形式如何表达多种语义，而同一语义又如何通过多种形式表达，正是汉语的错综复杂和精妙细微之处。我们研究歧义，归纳造句因素，除造句时要避免歧义外，还要将其运用到自己的写作之中，运用到日常的说话之中，从而提高表达能力。

熟练掌握造句因素是汉语修辞特别是消极修辞的基础。换言之，造句因素是修辞之本，修辞是造句因素之用。所谓的消极修辞，正是利用造句因素锦心绣口地编织句子，以取得最佳的表达效果。修辞问题虽然很复杂，但不外乎“炼字”、“炼句”，而“炼字”、“炼句”从语用的角度讲，无非是造句因素，即词语、层次、结构、重音和语调等的选择和运用。所以，我们说话、写文章，尤其在修改文章的时候，要如同一个优秀将帅善于调兵遣将一样，根据汉语特点，发挥汉语优势，自觉地、充分地考虑和调动这些因素，把话语编织得更准确、更鲜明、更生动、更得体。

第二节　词义辨析

词是声音和意义的结合体。声音是词的物质外壳，意义是词的精神内容。词的意义和声音之间无必然联系，是约定俗成的。然而两者一经社会约定，个人就不能随意改变。词义具有客观性、概括性、社会性和主观性等特点。个人对词义如果没有正确的理解，就不能正常地进行交际，所以，准确掌握词义很重要。

一、多义词的不同义项

词义不是一成不变的。一个词最初只有一个意思，叫做本义。随着社会的发展，认识的深入，词语使用范围的变化，修辞手法的运用，就有新义派生出来，这就使词具有多义性。现代汉语里，除了一部分专有名词、科技术语、法律用语和一些新造词是单义外，大部分都是多义词。多义词除了本义外，还有转义，包括引申义、比喻义等不同义项。另外，词在一定的语言环境中，还会产生言外之意，因修辞手法的运用而产生的临时性的比喻、双关、借代、委婉等意义，因词语使用中的主观性而产生的不同理解，都可使词义呈现出千差万别的情景。词在词典中作为语料静态存在的时候是多义的，然而一旦进入一定的言语环境，它就只能有一个意义了，这就是词在使用中的单义性。准确辨析一个多义词在具体的言语环境里是什么含义是很重要的，否则就不能准确地理解话语的意思。例如：

1. 光景所照，王目眩不能得视。
2. 新妆荡新波，光景两奇绝。
3. 只有倒闭了馆子拍卖底货的时候才有这种光景。

4. 如果秋收也是好的，明年的光景会比今年要好些。

5. 咱百姓过上了好光景。

6. 只几个月的光景，土豪劣绅、贪官污吏就倒台了。

7. 至于鲁达无亲无故一条光棍，光景是贫农或手艺匠出身而由行伍提升的军官。

“光景”是个多义词，只有根据具体的语境才能准确地确定它在以上各句中是哪种含义。例1指日月的光辉，用的是本义。例2指风光景物。例3指情景。例4指情况。例5指生活。例6指大约的时间。例7指大概、估计，是副词。在理解一句话的特定含义和思想感情时，必须准确理解每个词语的含义，尤其要注重辨析句中多义词的特定含义。

二、同义词的细微差别

现代汉语词汇中有相当多的同义词，体现了祖国语言的精确与严密。有意义完全相同的，如“生日”、“诞辰”；有意义相近的，如“危害”、“残害”；还有一些多义词只在某个意义上构成同义关系，如“骄傲”在“荣誉感”上与“自豪”构成同义，在“自高自大”上与“自满”构成同义，这三类都称为同义词。一个人的词汇丰富与否，运用语言的能力强与否，其重要的标志之一，就是看其掌握的同义词多不多，运用得是否恰当。掌握同义词的关键是把握同义词的细微差别。所谓同义词，并不是意义完全相同而没有任何差别，如果没有任何差别，那就没有同时存在的必要了。正因为同义词之间有这样或那样的差别，才使语言运用时需要推敲、斟酌，力求做到表意精确。同义词的细微差别表现在哪些方面呢？

（一）词义有大小

词的意义范围有大小之分。例如：

房子（大）——房间（小）　　时代（大）——时期（小）

河流（大）——河（小）　　信件（大）——信（小）

将词义分出大小，根据情况选取合适的词，意思才能表达得正确。像下边两个句子，就是犯了用词大小不当的毛病：

*1. 在课间操的期间（时间）里，同学们都到操场上做体操。

*2. 玉渊潭在北京阜成门外，一到春天，原野（郊野）铺绿，河水澄清，景色极好。

上面的句子，就是词义大小失当，不适合情境，应当换用括号里的词。

（二）词义有轻重

词的意义有轻重之别。下面每组词右边的词义比左边的词义分量要重：

成绩——成就　　条件——前提　　小心——慎重

祝贺——庆祝　　损坏——毁坏　　批评——批判

词义有轻重，就像拿在手上能掂量出分量的东西一样。有了对词义分量的敏锐的语感，才能恰当地选用词语。下面是用词轻重不当的例子：

*1. 公园内不许（不准、禁止）攀折树木。

*2. 王小鸿英勇（勇敢）地攀登上了那座最险峻的山峰。

第一句的“不许”分量嫌轻，第二句的“英勇”分量又太重。显然，应当使用括号内的词。

（三）词义有侧重

有些同义词侧重的方面不同。例如“洪亮”、“嘹亮”、“响亮”都用来描绘声音，但是侧重面各不相同：

1. 上校同志的话像洪亮的钟声，一句句在大伙儿的心里响着。

“洪亮”侧重在音域宽宏。

2. 一声长长的嘹亮的鸣叫声，从不远的地方传来。

“嘹亮”侧重在音色清脆、高远。

3. 大家又笑起来，比刚才笑得更响亮，更长久。

“响亮”侧重在声音响度大。

（四）词义有感情色彩

反映同样事物对象的几个词，感情色彩常有褒贬的不同。如“鼓励”的意义是“勉励向上”，同促使产生好的行为相联系，“怂恿”的意义是“挑动别人的心”，一般用在使人干不好的事情上。所以“鼓励”是褒义词，“怂恿”是贬义词。又如“热心”和“热衷”，都指很喜欢去做某事，它们的差别就在意义的褒贬上：“热心”所喜欢做的事情是正当的、好的；“热衷”则相反，所喜欢做的事情是不正当的或不应该做的。这种同义词，俗称“好字眼”和“坏字眼”。感情色彩无所谓好坏的，称为中性词。例如：

褒义	贬义	中性
诱导	诱惑	引诱
	束缚	约束
	干涉	干预
荣誉		名誉
坚强		顽强
宏大	庞大	巨大

分不清词义的褒贬意味，误用了感情色彩相反的词语，是语言运用的大毛病。例如：

*1. 大家忙着布置新年晚会的会场，小王在一旁指手画脚（比划着）地出主意。

*2. 新成立的知青饭店拉拢（争取）待业青年参加。

*3. 我们也应当加把劲，提前炮制（制造）出越野汽车，向大会报捷。

*4. 一支庞大（宏大）的科研队伍正在逐步形成。

*5. 我国选手有实力染指（夺取）金牌的项目是女子游泳。

以上几例都是因为不明词义的褒贬，而造成了表达上的失误。例 1“指手划脚”、例2“拉拢”、例3“炮制”、例4“庞大”、例5“染指”在感情色彩上都是贬义，用在上述几个表示积极意义的句子中，甚不恰当。

（五）词有语体色彩

语体是人们在进行各种特定的交际任务过程中所逐渐形成的不同的语言风格类型。有不少词，只适用于特定的语境，因而具有特殊的语体色彩。比如，“寻觅”、“寥落”、“苍穹”等，带有诗歌语体色彩，“战栗”、“波涛”、“粗犷”等，带有一般文艺的语体色彩，“天体”、“马铃薯”、“氯化钠”等，带有科学语体色彩。更多的词，通用于各种交际场合，当然也就不具备特殊语体色彩。

忽略了词的语体色彩，张冠李戴，就会给人以不伦不类的感觉，甚至会闹出笑话。下面是学生作文中用词不得体的例子：

*1. 举行乙醇大会（酒会）。

*2. 喝了一杯100℃的H_2O（开水）。

*3. 我们现实的空间（生活）充满了幸福的空气。

*4. 登上万寿山，举目南望，远山近水，尽收眼底，顿时，我感到自己那1.5的眼睛不够用了。

*5. 我拂晓就起床，先念会儿外语，才吃饭。

*6. 不少国家的大使也携老婆参加了联欢会。

以上各句的“乙醇、H_2O、空间、1.5、拂晓、老婆”都用得不恰当，虽然语义所指相同，但是语体色彩不同，读起来非常别扭。缺乏写作经验的人，所写的文句读起来常会让人感到不协调，其原因多半是把带有某种语体色彩的词用到不相适应的语言环境中了。

语体根据不同的标准有各种不同的分类，其中最主要的分类是口语和书面语。二者色彩不同，源于使用场合不同，不能对换。例如，高尔基的小说《母亲》，若改译为《妈》或《娘》，就不得体。

再看下面几例，注意句中“商量、商榷、商讨、商议”及“黎明、拂晓”的细微差别：

7. 于是出版社又来商量，说是很多读者要求重印。（侧重于口语）

8. 机构是可以组织的，条例大有商榷的余地。（侧重于书面语）

9. 召开全国科学大会，商讨科学发展规划。（具有庄重的语体色彩）

10. 为了全胡同的事，大家常常到一块儿商议。（用于较普通的场合）

11. 天刚刚黎明，他就起身走了。（文学用语）

12. 情报送到了，战斗大概在明天拂晓时进行。（军事用语）

（六）词语有搭配习惯

每个词语都有自己的出现环境，即搭配环境。词语的搭配环境和词义的范围有关，同时也和社会习惯有关。例如：

克服——缺点　纠正——错误　攻克——难关　充足——水分

充分——理由　侵占——土地　侵犯——主权

我们凭着说话习惯和语感，一般是可以知道两个近义词各有什么搭配环境的。反过来说，根据近义词的搭配情况，来辨别近义词的意义和用法，是选词炼字的一个重要方法。由于我们分辨词义是为了准确地使用词语，而搭配环境的观察正可以提示词的使用规律，因而这个方法很实用。用词造句不合乎习惯，就会闹出毛病，甚至会令人喷饭。例如：

*1. 经过技术改造，我厂能源的消耗减少了一倍（一半）。

*2. 在学习中出现的问题早已被我们克服（解决）了。

*3. 我们的生活比糖精（蜜）还甜。

*4. 这孩子太肥（胖）了，脚也胖（肥），衣服、鞋都要做得胖（肥）一点的。

由上例可知，要使词语搭配得当，除了应当弄清有关词语意义上的关系外，还必须符合语言习惯。"减少"习惯与"一半"搭配，而不是"一倍"；解决问题，而不是克服问题；形容生活幸福的时候，习惯说生活比蜜甜，而不是比糖精甜；说人用"胖"，衣服用"肥"。

三、辨析同义词的方法

同义词的细微差别，为我们辨析指明了思考的范围、角度、目标和方法。常用的辨析同义词的方法有三种。

（一）结构分析比较法

这是通过对同义词构成语素及其结构方式的分析，找出同义词的细微差别的方法。

一个词，外有形体和语音形式，内有结构关系和意义内涵，从这四个角度，可以把词分为多种类型。为了准确把握词义，分析词的构成语素及其结构方式，是十分必要的，这可以说是理解词义和辨析同义词的一把钥匙。

词的构造方式不同，词义的形成及侧重点就不同。比如，联合式与重叠式可使词义丰富，鲜明突出，有加重强调的作用，说"美"就不如"美丽"强烈。偏正式可使修饰严密，表意细腻，如"要求、请求、恳求、哀求"能很好地分出层次程度。动宾式不能再带宾语，并能造成一些比喻，耐人寻味，如"碰壁"，形象而生动。名量式都是表示不定量的集合名词，不能再用个体、量词修饰。联绵词则绘声绘色，婉转而和谐，具有音乐美，如"窈窕、玲珑、荒唐"。叠加式增强了词的形容性和感情色彩，形象鲜明，如"热腾腾、翩翩"。词缀在构词中起类化作用，成为词性的标志，一般都带有感情色彩，但有些词缀，在另一些词里则可能是实语素，如"阿谀、老人、棋子、婴儿、烟头"中带点的字，都有实在意义，不能相混。主谓式（头痛、眼花、地震）与某些偏正式（血红、雪白、鸟瞰）容易相混，要注意区别。重叠式（往往）与单用式并不是一回事（往）。简缩式（四化、三通）容量很大，要弄清其来源。把握了不同词的不同结构，就能准确把握词义和辨析同义词，就能在表达思想感情时找到最准确、最恰当的词，使表意明确、清晰、形象、鲜明、生动。例如：

1. 为了交流经验，共同提高，纺线也开展竞赛。

2. 这个人性格内向，思想很不开展。

3. 从上旬开始，我军展开全线进攻。

4. 一片肥沃的良田展开在他的眼前。

“开展”是联合结构，作动词，侧重说明人的活动从小向大、从点向面、从浅向深继续进行，常加“继续、持久、深入、进一步”等状语，后面能跟“起来、下去”等，对象可以是运动、活动、工作、批评、斗争、讨论、争论、比赛、竞争等；又可作形容词，表示人的思想或性格开朗、开豁。“展开”是述补结构，表示展之使开，用于事物，只作动词：一是说明某活动开始进行，前面可加“全面、普遍”等状语，但后面不能跟“起来、下去”等，对象常是“进攻、反击、交锋、攻势”等；二是表示张开、铺开、伸展，对象常是具体的事物。很明显，例 1、2 中的“开展”与例 3、4 中的“展开”是不能换用的。

（二）语境考察替换法

把词放在具体的语言环境里，经过对比、分析和置换，可以找到它们各自的适用范围、搭配关系以及句法功能等方面的差别。这是辨析同义词的最重要方法，使用时需要找一些或自造一些例句。例如：

1. 我又跟班长交换了一个眼色。

2. 铁栓和德福两个人正在估计情况，交换意见。

3. 为了交流经验，我市举办了这次研讨会。

为了找到“交换”与“交流”的差别，我们可以仿照例句试着给这两个词替换一些支配对象，发现“交换”一词主要与“礼物、纪念品、资料、产品、眼光、俘虏”等具体名词相搭配，有时也与抽象名词“意见”等搭配；而“交流”则一般都与“思想、经验、文化、物资”等抽象名词相搭配。这样，我们也就找到了它们之间的差别：“交换”着重于“互换”，即双方互相给予某种东西；而“交流”着重于“对流”，即双方经常地互相流通或给予。由此可知，上例中的“交换”和“交流”不能互换。

根据同义词的使用频率、通行范围和出现场合上所表现出来的不同语体风格和情调色彩，也可辨析其差别。例如：

4. 老头子的生日，你得来一趟。

5. 七月一日，是我们党的生日。

6. 我们以崇敬的心情来纪念这位科学家的百年诞辰。

7. 一些代表建议在闭幕会上庆贺将要到来的列宁五十寿辰。

结合上面例句，再找或自造一些例句，我们可以判断出这三个词的细微差别在于：“生日”适用于口头语体，用于人，也可比喻组织的建立；“诞辰”适用于书面语体，带庄重、尊敬色彩；“寿辰”适用于庆贺的场面，多用于年龄大的人，有较强的庄重、尊敬色彩。

（三）反义对照推究法

通过同义词的各自相应的反义词的不同，可以找出它们之间的差别。例如：

1. 敌人的退却是虚假的，要引我们上钩才是他们真正的企图。

2. 你以为她拒绝我，是故意地虚伪吗？

“虚假”与“真实”构成反义词，故其着重于“假”，指情况与实际不相符合，多用以形容事物的内容、证据、情况、情节、成分、成绩等较抽象的事物，有时也用于人的言行；而“虚伪”与“诚实”构成反义词，故着重于“伪”，用于形容故意作假，不诚实，多指言语、行为、作风、态度、道德、品质等有关人的言行表现。

第三节 语病与逻辑

朱德熙先生曾说：学生作文中的语病，大多不是语法问题，而是逻辑问题。我们曾先后几次对学生作文中的语病作过随机抽样统计，结果是：属于逻辑毛病的占十之七八，且多由学生不自觉地违背逻辑所致，问之往往也一时觉察不出，或改正不了；属于语法毛病的占十之二三，且多由草率疏忽所致，问之则多能察觉并自已改正。调查的结果，证明了朱先生的话揭示了一种普遍性。那么，究其原因，是为什么呢？外国留学生作文，语法毛病多；中国学生作文，语法毛病少。由对比可知，语感在这里起决定作用。中国人说写中国话，除了造生句子、叙述不熟悉的事物时容易发生个别句子语法不通外，一般造句作文从语法上看都是通顺的，因为有自小形成的深厚而敏锐的语感作基础。而逻辑毛病就不然了，由于多数学生未经过专门的逻辑训练，在造句作文时，便常常不自觉地出现逻辑问题，如概念不清、判断不当、推理不合乎逻辑等。这就给了我们一个启示：在语文教学中应当加大逻辑训练的力度，这对提高学生的语文素质和写作能力至关重要。下面多是摘自近几年某校大学生作文中的一些病句，我们诊断语病，归类命名，并试作分析，以示一斑。

一、主客颠倒

*1. 这里的一草一木都是对他有感情的。

不是草木对人有感情，而是人对草木有感情。原句主客颠倒，不合事理逻辑。再如：

*2. 这本小说对我很感兴趣。

不是小说对人有兴趣，而是人对小说感兴趣。原句主客颠倒，同类型句如下：

*3. 大连的气候越来越适应我了。

*4. 王朗的自然环境十分适应大熊猫的生活。

“适应”多用于人或动物对环境，不用于环境对人或动物。“适合”可用于物对人。上例中的“适应”一词都用错了，从事理逻辑上说，都属于主客颠倒。

二、属种并列

在有的作文中，作者将属种并列，即上位概念与下位概念并行表达，造成逻辑混乱，这是在表达中经常出现的问题。

＊1. 他们把科学知识与农业科学知识结合在一起，实行科学种田，为夺取农业大丰收而努力。

“科学知识”是上位概念，“农业科学知识”是下位概念，二者作为属种关系的概念，不应按着并列关系而“结合在一起”。同类的例子如：

＊2. 暑假期间，这个班的同学深入到大连市内五区的十几个机关、单位、工厂、学校进行了系统的调查，所得材料不少。

“单位”是上位概念，“工厂”、“学校”都是“单位”，所以不能与“单位”并列。

＊3. 有些同学，面对工作或学习中的雪山、草地、大渡河、天险，就气馁起来，丧失了信心。

上句中的“雪山、草地、大渡河”与“天险”不是并列关系，放到一起，使句子逻辑不清。

三、判断的绝对化

在有的作文中，常出现判断绝对化的错误，使得表达的意思过于片面。

＊1. 读书能够增长知识，开阔眼界，陶冶情操，但是，如果盲目地读书，而不是有选择地读书，那么你是什么也得不到的。

古人云：开卷有益。所以，不加选择地读书，也未必“什么也得不到”。原句的判断未免绝对化，令人难以信服，也不符合实际，可改为“那么你的所得将很少”。

＊2. 十八年的生活塑造了一个与众不同的我，别人认为快乐的事，我以为悲哀；别人认为对的事，我认为不一定正确。

别人认为快乐的事，“我”都以为悲哀吗？未免太绝对化了。实际上不可能一己之所有哀乐皆与众人相反。毛病就出在判断的主项是个全称判断，若改为特称判断，即改为“有些别人认为快乐的事，我以为悲哀”，就严密了，没有逻辑毛病了。

＊3. 小时候，我幼稚地想：但愿此生平平坦坦，不要有什么挫折才好；天知人愿，这十八年的确遂我心愿，一丝波折也没有。

生活是充满矛盾的。无论学习还是工作，都会遇到困难，都要和困难作斗争。有的人可能道路曲折，遇到的波折多些；有的人可能道路平坦，各方面相对顺利些。但要说“一丝波折也没有”是不可能的。原句的判断太绝对化了，犯了片面性的毛病，不符合辩证法。

四、违反同一律

＊他确实事事小心，处处谨慎……那副小心的样子，就是一个飞虫也不会忍心

落到他身上。

“飞虫也不会忍心落到他身上”显然是夸张写法，但夸张得不恰当，因为与“小心谨慎”不相干。若主题是强调他“干净”、“爱清洁”，连飞虫也“不会忍心”落下，还差不多。所以，这句话中的陈述语与主题不一致。从逻辑上讲，这叫违反同一律。修改时若保留原话的主题，强调“他事事小心谨慎”，为使陈述语与主题一致，可将陈述语改为“就是一个飞虫也不敢轻易落在他身上”。

五、违反矛盾律

*1. 阿Q所追求的革命，没有丝毫目标，都是为了自己。

这句话前后矛盾。因为“为了自己”本身就是一种目标，所以“为自己”与“没有丝毫目标”相抵牾。造成语意上前后抵牾的原因，是作者说话时潜意识中的“目标”，是指为国为民的革命事业。为了避免抵牾和表达出本意，可在“目标”前加“远大”二字限定，以与“为了自己”的个人目标相区别。同类的病例如：

*2. 星期天下午，同学们都去看电影了，只有几个同学在教室里学习。

肯定一般（或全体）却否定个别（或个体），否定一般（或全体）却肯定个别（或个体），必然造成自相矛盾。结果就像一个俄国谚语所说的那样：下士的老婆，自己打自己嘴巴。同类的例子又如：

*3. 所有的同学都兴高采烈，唯有她闷闷不乐。

*4. 全班同学都来了，只有李敢没来。

与这种肯定（或否定）全体却否定（或肯定）个体的违反矛盾律的错误同类型，这里再举一个例子。有一次，某教师听到任课班学生的如下对话：

*5. 学生甲（课代表）：你交作业了吗？

学生乙：等你收齐了我再交。

学生甲：可是你不交我永远也收不齐呀！

任课教师当时赞许地点了点头。学生甲头脑敏锐，及时发现并揭露了学生乙的逻辑矛盾。学生乙以“收齐了”作为“我交”的条件，但“我交”才能“收齐”，“我不交”就收不齐。既然“我不交”就收不齐，所以“我”（学生乙）就可以永远不交。学生乙的话，有意或无意地置学生甲于矛盾处境中，使他永远收不到学生乙的作业。这里，学生乙所说的“等你收齐了”是肯定全体，“我再交”等于否定个体。其逻辑矛盾的要害就在于：肯定全体而否定个体。从另一个角度讲，学生乙的错误是偷取条件：以结果为条件求在先条件，可是，无在先条件即无结果。这和一个逻辑趣话所揭示的逻辑矛盾属于同一类型。那个逻辑趣话是：

*6. 甲：点上蜡烛。

乙：找不到火，看不见。

甲：傻瓜，点上蜡烛不就看见了吗？

六、违反充足理由律

＊1. 他这样用功，一定能取得好成绩。

“用功”是取得好成绩的必要条件，但不是充分条件。“用功”的人并不都能取得好成绩，这里把可能性误为必然性，犯了“推不出”的逻辑错误。又如：

＊2. 我多次看见这个热心人从这个工厂出来，才知道他是这个厂的工人。

上句中结论不可靠，多次看见这个热心的人从工厂出来，不能作为判断“他是这个厂的工人”的依据。

＊3. 由于我们大抓了农田水利建设，因而忽视了品种改良的工作。（因果连词多余）

＊4. 此书当然也不免有小缺点，但金尚且无“足赤”，何况书乎？所以尽管略有瑕疵，毕竟瑕不掩瑜，因此也无需去罗列它的得失了。

上面最后这段文字是《逻辑与智慧》一书正文前面书评的结尾部分，书评的题目是“学逻辑，长智慧——评《逻辑与智慧》”。前面说过，学生作文中的语病多是逻辑毛病，实际上报纸、杂志中的语病也是如此，即使是谈逻辑的书有时也难免有逻辑毛病。上面摘引的这段文字至少包含三个逻辑毛病：第一，书评的主体部分已评论了该书的优点，书评结尾处又说“无需罗列它的得失”，这是自相矛盾。第二，若说“无需罗列它的得失”中的“得失”是偏义复词，只指“失”，也不通。因为既为评，就当一分为二，论其是非，评其得失。若只赞其得而讳言其失，则文题就当用“赞”而不应是“评”。第三，更主要的是，这段文字中的“所以”、“因此”前后，作为推理，违反了充足理由律，犯了“推不出”的错误。这是主要毛病。“所以”前后的推理实际是：凡书皆有缺点，所以无需去罗列它的得失。“因此”前后的推理结构是：该书瑕不掩瑜，因此就不去罗列它的得失。这两个推理都不成立，都犯了“推不出”的逻辑错误。如果这两个推理成立，又依上文“金尚且无足赤，何况书乎”，那么，岂不是等于说，天下书尽可不论其是非得失，若然，又何必作“书评”呢？

那么，这段文字有逻辑毛病的原因是什么呢，原因就是滥用了“所以”、“因此”。“所以”、“因此”乃推理的语言标志，是逻辑常项，若它的前后判断之间不存在“推出”关系，话语就必然违反逻辑，发生逻辑毛病。换言之，无“推出关系”，切不可使用“因此”、“所以”。上面的文字删去“所以”，将尾句的“因此”也删掉，并改为“这里就不去罗列它的‘微瑕’了”，也就没有毛病了。

附：病句的辨析

辨析语病，不管是单句还是复句，总的原则是：细审语意，借助语感，发现病区；调集语法逻辑知识，找出病因；运用紧缩变换代入，确定病症；增删调换辨证论治，消除病患；保持原意结构不变，少改为佳。只是对于复句，要先看句间关系有无毛病，关联词语有无问题，最后分析分句自身有无语病，分析分句跟检查单句相同。具体说，可用以下四种办法：

一、语感审读法

调动语感，在审读的过程中，从感性上察觉语句的毛病，看按照习惯的说法应该怎样，原句是否别扭。如发现别扭，则再进行深入分析比较，辨明原因，加以修改。例如：

1. 不管气候条件和地理环境都极端不利，登山队员仍然克服了困难，胜利攀登到顶峰。

此句读起来就觉得别扭。“不管……都极端不利”显然不合习惯，应改为“尽管”。

二、主干紧缩法

运用语法分析的手段，去枝叶，留主干。先将句子中定、状、补等附加成分去掉，只留下主、谓、宾等主干部分，检查主干是否有毛病；如主干没有问题，再检查附加成分，看修饰语和中心词之间以及修饰语内部是否有毛病。例如：

2. 过去几万名地质队员经过数十年才能做到的事情，资源卫星几天内即可完成。

用紧缩法进行紧缩，这个句子的主干是“事情，卫星可完成”，显然，“事情”是不能说“完成”的，只能说“做完”，可见本句有词不搭配的语病。

三、逻辑分析法

对一些从语法上难找到毛病的语句，可从事理逻辑上进行分析。这种方法主要是从概念、判断、推理等方面进行检查，看语句的前后顺序、句间关系是否合乎情理。例如：

3. 该市有人不择手段地仿造伪劣产品。

4. 凡是有杰出成就的人，都是在艰苦环境中磨炼成才的。

5. 在防洪抢险的战斗中，经过四个多小时惊心动魄地和洪水搏斗，同志们奋不顾身地跳进汹涌澎湃的激流，保住了大坝，战胜了洪水。

例 3“仿造伪劣产品”不合理，应为“制造伪劣产品”或“仿造名牌产品”。例 4 用全称肯定判断，言过其实，应改为“大多数”。例 5 分句顺序不合情理，“同志们奋不顾身地跳进汹涌澎湃的激流，”应移到“经过”前。

四、仿造类比法

当有的句子是否有毛病一时咬不准时，可仿照原句的结构造些日常使用的句子，经过比较，就可把问题弄清楚。例如：

6. 这个经验值得文教工作者，特别是中小学教师的重视。

例6原句结构较复杂，先紧缩为“这值得他们的重视”，然后再比照它的结构，造些同类的句子：“这值得我们的学习”，“这值得我们的参观”，将这三句与日常的说法一比较就可发现多了一个“的”字。可见原句是个病句，应删去句中“的”字。

第四节 语境与修辞

著名修辞学家陈望道先生在《修辞学发凡》一书中正确地指出：修辞的基本原则是切合题旨，适合情境。题旨，是所要表达的意思和目的。情境，是言语的环境，简称为语境。无论说话还是写文章，都要符合这两条原则。第一条切合题旨自不必说，因为表达总要围绕主题进行，总要达到某种目的和效果。第二条适合情境也不难理解，因为任何言语交际都是在特定的环境中进行的，没有可以超越时间、地点、条件、对象等环境因素的所谓无所依傍的交际。既然如此，用于交际的言语内容的剪裁、形式的选择，总要适应情景，有的放矢。就拿演说来说，总不能不看对象，不看听众的反应，闭着眼睛信口说去。就像弹琴不能不看听众，射箭不能不看靶子一样。所以修辞一定要看语境，一定要适合情境。修辞要适合情境，也可以反过来说，就是情境能决定修辞。所谓情境决定修辞，即在说和写之前，说写者与听读者之间的种种语境关系已经预先决定了应当说些什么，以及怎样去说。语境能决定修辞，修辞要适合语境。这就是二者的相互关系。话语的意思，依靠语境才能得到确切的解释；话语的修辞，联系语境才能断定其高低优劣。任何精彩的谈话，任何名篇佳作，都是以切合题旨、适合情境为最高衡量标准的；任何可笑的话语，任何拙篇劣作，都是以违反题旨、背离情境为病语症结的。所以，重视语境研究、学通语境理论，至关重要。学会通过语境分析来解释话语，鉴赏话语，修改、润色话语，乃人生之中的一种最重要的学问。有关语境与修辞的理论，对于我们分析、理解、鉴赏各类言语、文字作品，对于我们说话和写作，包括各种应用文的写作，都具有普遍的指导意义。

下面我们就来介绍语境与修辞的理论。下文主要讲语境的具体内涵是什么，它包括哪些因素，各种语境因素是怎样限定修辞的，或者说应当怎样适合各种语境因素来进行修辞，这是从表达信息的角度来探讨问题；从接收信息的角度，则探讨怎样依赖语境捕捉话语的核心信息，怎样依赖语境理解话语的言外之意。

一、什么是语境

什么是语境呢？简要地说，语境包括两个方面：一个是语言本身的环境，如句子中词语之间的关系、句与句之间的关系以及段落、篇章内部的种种关系等；另一个是语言的社会环境，包括时代、民族、地区、社会的特点，说话时的具体情景，对话双方的情况（身份、职业、文化程度、社会经历）和关系（是家人还是客人，是长辈、平辈还是晚辈，是初见还是熟人）等等。

这两种语境对语言运用的影响虽各有其侧重点（如前者着重于句中词语的搭配，篇章内部的层次、结构等方面的安排，后者则着重于词语、句式、口吻、情态等方面的选择），但二者并不是割裂的，往往有相互交叉的地方，并且总是贯穿于特定的语言交际活动之中。也就是说，说话写文章，既要注意社会环境对语言的影响和要求，也要注意语言本身句子内部以及上下文之间的协调一致。

二、语言本身的环境与修辞的关系

语言本身的环境，是语言表达的土壤，无论消极修辞还是积极修辞，都不能离开这个土壤。

先谈消极修辞。消极修辞要求语言表达做到准确、明白。它不仅涉及概念、事理，也涉及附加的感情色彩、语体风格等，而这些，都与语言本身的环境有密切的关系。例如：

*1. 清晨，一辆军用摩托，像离弦的箭一般，飞驶在蜿蜒曲折的山路上。

*2. 这一碗碗的饺子里都浸透着炊事员同志们的心血。

例 1 不合事理逻辑，用“离弦的箭”来形容飞驶的摩托车，本无不可，但用在这里，却与下文“在蜿蜒曲折的山路上”相矛盾。例 2“心血”指心思和精力，一般说“花了……心血”，“包含……心血”，而不大说“浸透……心血”，因为这很容易使人联想到真正的血，何况这里又用它来形容饺子，像这样浸透了“心血”的饺子，谁能咽得下去呢？这是由于词语搭配不当而造成了情味色彩的不协调。以上说的是句子内部的语言环境。而就句子本身来说，它的语言环境就是它的上下文，或者叫前言与后语。前言与后语之间意思衔接得恰当不恰当，语气顺畅不顺畅，情调和谐不和谐等等，也都是消极修辞研究的课题。

积极修辞与语言本身环境的关系同样十分密切，且不说炼字炼句和篇章结构的安排都离不开上下文，就拿积极修辞中的语言变异形式来说，如果离开了语言本身的环境，往往就无法理解，也难以成立。例如，抗日战争时期，国民党不让共产党代表以党派代表的身份，而以“文化团体”的资格参加“国民参政会”。毛主席就说：“我们不是‘文化团体’，我们有军队，是‘武化团体’。”“武化团体”这一词语是现代汉语里所没有的，毛主席在特定的环境里创造并使用了它，与“文化团体”相对，给国民党不敢承认共产党，并以“文化团体”的资格遴选共产党的参政员这一反民主的行径以无情的揭露和辛辣的讽刺，收到了突出的效果。这比列举理由，证明共产党不是文化团体要有力得多。又如，电影文学剧本《雪莲花》描写一些破烂不堪、又小又矮的帐篷时，说它们“在狂风中摇摇欲飞”。“摇摇欲飞”一语用在这样的言语环境中，显然比语言中习惯的成语“摇摇欲坠”来得更确切、更生动。成语是语言中稳固的、现成的词的组合，但为了交际的需要仍然可以创造性地加以使用，如有的放矢（无的放矢）、一箭三雕（ 箭双雕）、因时制宜（因地制宜）、知难而进（知难而退）、劳者多能（能者多劳）等都是为了交际需要而创造性使用的，它们因出现在一定的上下文中，故都能够被理解并增强了语言的表达效果。

语言环境除了上句下句、前言后语外，还包括上段下段、作品的前部后部以及作者以前的作品等。例如，在《红楼梦》中，有一次贾宝玉无意中奚落薛宝钗像杨贵妃，林黛玉听了面上有得意之态。当林黛玉问宝钗听了两出什么戏时，宝钗便趁机回敬了宝玉和黛玉：

3.（宝钗）便笑道："我看的是李逵骂了宋江，后来又赔不是。"宝玉便笑道："姐姐通今博古，色色都知道，怎么连这一出戏的名儿也不知道，就说了这么一套。这叫做'负荆请罪'。"宝钗笑道："原来这叫'负荆请罪'！你们通今博古，才知道'负荆请罪'，我不知道什么叫'负荆请罪'。"一句话未说了，宝玉、黛玉、二人心里有病，听了这话，早把脸羞红了。（曹雪芹：《红楼梦》第三十回）

这里薛宝钗说的是戏的内容和戏的名字，实际上是讽刺、讥笑前不久宝玉和黛玉曾吵过架，后来宝玉也曾向黛玉赔不是这件事，表面上指李逵向宋江"负荆请罪"，实际上是挖苦宝玉曾向黛玉"负荆请罪"，所以宝钗的话使宝玉和黛玉羞得无地自容。在上下文对照的语言环境中，"负荆请罪"这个双关语义就被确定了，达到绝妙的言语效果，耐人寻味。

三、语言的社会环境与修辞的关系

社会环境对语言表达的影响是多方面的，如不同的时间、地点、身份、关系、心情、目的等等，都会影响说话人采用不同的词语、句式、声调、口吻来说话。凭借种种环境，我们在交际或传递信息中才能排除歧义、确定所指、补充省略意义，使得交际得体或产生新的情境语义。下面我们分别介绍语言的各种社会环境。

（一）客观因素：时间、地点、场合、对象

社会交际活动总是在一定的时间、地点、场合，在一定的人们之间进行的，语言的使用离不开这些因素，它们是构成言语环境的客观因素。

1. 时间和地点

使用语言离不开一定的时间和地点。在特定的时间、地点，必然有一些特定的语言材料让语言使用者去选用，同时也必然有一些习惯的或反映当时、当地普遍认识的使用语言的方式。例如：

回家变卖典质，父亲还了亏空；又借钱办了丧事。这些日子，家中光景很是惨淡，一半为了丧事，一半为了父亲赋闲。丧事完毕，父亲要到南京谋事，我也要回北京念书，我们便同行。（朱自清《背影》）

引例中"变卖典质"是指"由于穷困，变卖、抵押生活资料"，这是旧中国的普遍社会现象。新社会出卖生活资料一般是由于多余或不需要。通常用"卖旧货"、"处理废品"、"调剂"等词语表达。"赋闲"即"失业"，"谋事"即"找工作"，文章中是用文雅、委婉的方式来表达的。"失业"是旧社会威胁人们生存的大事，用委婉的方式表达反映了人们对这个话题的一种避忌的心理。新社会人民政府关心人民的劳动就业问题，即使“下岗”，生活上也会得到政府的关照，与旧社会的“失业”有质别。从上述短短的几句话中即可看出时地因素对言语的影响。

2. 场合

场合是指一定的时间、地点的情况，是具有某种特点的人相互交际的具体状况，除时间、地点外，它还与交际的目的、范围和方式有关。

目的是交际者想要得到的交际结果，可分主动性目的和非主动性目的两种。前一类目的，交际的一方或双方对言语交际有明确的打算，希望达到预期的效果，如疏通思想、激发感情、研究问题、商讨事务等，这是主动的交际；后一类目的，交际者出于礼貌或习惯，并无明确要求，是被动的交际。主动的交际对语言的使用有明显的选择性，交际者积极要求语言的使用适合于目的，适合于其他的情境因素。如果目的是疏通思想，就要注意言语的逻辑性，以增强说服力量；如果目的是激发感情，就要选用描绘性词语和生动的修辞方法，注意恰当的言语方式，以增强感染力。

范围是指人们的社会活动领域。人们在交际时会涉及广泛的社会生活，如政治思想、文学艺术、科学技术、外交、法律、教育、行政事务、日常生活等等。在哪个范围内交际，必然要使用哪个范围的术语和专门词语。

方式指口头方式或书面方式。口头交际，临时组织话语，讲求信息传递与接收的效率，交际双方直接对话，因此用词趋于通俗随便，句法简单，言语活泼，结构较为松散。书面交际，是不受时间限制的个人“独白”，话语可从容组织，布局谋篇，但因“记录在案”，用词较为文雅，句法、篇章较为严谨，合乎语言规范。

3. 对象

对象有两个方面，一是交际对象（听读者），一是谈话所涉及的对象。进行交际时，要考虑交际对象是什么人，与自己是什么关系。例如，是同志、同盟者还是敌人，是亲戚、朋友还是陌生人，是领导、同事还是下级，是工人、农民还是知识分子，是长辈、平辈还是晚辈。看准了对象，才能有的放矢，收到言语效果。感情有亲疏之分，关系有性质之异，水平有高低之别，这些都影响说话的选词择句和言语方式。

谈话所涉及的对象也会影响到语言的使用。歌颂还是抨击，严词痛斥还是美语表扬，冷漠还是热情，都同谈话涉及的对象有关。比如《红楼梦》第六十五回，兴儿对尤二姐直接评述了大观园的姑娘、奶奶们，其措辞的不同色彩正是兴儿对她们不同看法的反映。如说凤姐“嘴甜心苦，两面三刀；上头一堆笑，脚下使绊子；明是一盆火，暗是一把刀”；说李纨是“第一个善德人”；说迎春是“二木头”；说探春是“玫瑰花”等。其“因人择语”，集中在一起，妙趣横生，生动形象。又如刘沧浪的话剧《重庆谈判》第四场，蒋介石问毛泽东：“第一次见面是在广州吧？”毛泽东说：“是的。是在中山先生的官邸。”毛泽东说的意思是“孙中山的住所”，但他选用的是庄重的语言方式，表明了他对孙中山的敬重态度。另外，谈话所涉及的自然和社会现象，也影响语言使用。例如，谈到革命斗争时要激烈，描写自然景色时可抒情，谈喜事喜色溢于言表，谈悲事话语庄严肃穆。

（二）主观因素：身份、职业、思想、修养

身份、职业、思想、修养是构成言语环境的主观因素。它们对语言使用也有深刻的影响，正所谓“文如其人”、“言为心声”。这些主观因素往往使个人的言语带有各自的特点，如独特的修辞方法等，综合起来就是个人言语风格。

1. 身份

身份是说话者在社会或家庭中的政治、经济地位或人际关系的地位。在同一情况下，不同身份地位的人不会说同样的话，也不会按一个方式说话。“人微言轻”、“言重九鼎”是指人的话语的社会作用与其社会地位（身份）的价值比例。在这种价值观的支配下，地位高的人说话往往是自信的、肯定的，多使用命令语气而少用商量语气，喜欢用“我看”、“我想是”、“我认为”等词语强调自我，说话干脆，少作解释。

2. 职业

俗话说：“三句话不离本行。”从事某项职业的人，言谈之中总是带上该职业的印记，如选词用语，经常选用自己的行业语。在修辞上也形成各自的特点，工人、农民喜欢用通俗的谚语、歇后语来表达；知识分子喜欢引用诗词名句、格言来增强效果；文艺工作者常用形象化手段；科技工作者多用逻辑手段。在说话方式上，领导干部习惯于说理，话语结构较完整，关联清楚，层次分明，喜欢摆个一二三四或一分为二。幼儿教师经常模仿儿童语言，说话带上儿童语言的某些方式。

3. 思想

语言是思想的直接显示。语言的使用，要受思想的支配。思想清晰，言语条理分明，明白晓畅；思想混乱，言语含混不清，晦涩难懂。思想正确就理直气壮，义正词严；思想错误就理屈词穷，强词夺理。

4. 修养

修养是人的政治思想、道德品质、文化程度乃至处世待人的一个总的水平。这几方面，对一个人来说，是互相联系的，又是不平衡的，因而会出现各种错综复杂的组合情况，形成各种不同类型、不同层次的修养。

（三）临时性主观因素：处境、心情

1. 处境

处境，从大处说，可指人们所处的社会环境以及个人在一定社会环境中的身份地位，与上文提到的时间、身份等因素都有联系，但是说话者在特定的交际活动中还有其具体的处境，即具体的事情或人际关系中的处境，如工作关系、家庭关系、朋友关系等等。这些也会影响对语言的使用。

2. 心情

说话人的心情对使用语言的影响也非常显著。人的心情是复杂多变的，它和人的其他方面的情况（诸如处境、思想、修养等）又有着各种联系，因而呈现出各种微妙曲折的状况。

处境和心情属于言语环境中容易变动的主观因素，在一般情况下，在处境、心情的非极端状态，对语言的使用影响不太明显。另外，处境和心情在语言上的反映与人的思想、修养密切相关。相比较而言，起主要作用的还是人的思想、修养。

四、依赖语境理解话语修辞

（一）依赖语境捕捉话语信息核心

语言是信息载体，人们通过话语接触丰富多彩的信息。但是，话语中的各种信息，并不总能被听读者捕捉，成为他们的知识财富。在“信息爆炸”时代，一个人的社会活动效率往往取决于他在学习和交际时能否捕捉信息核心，有无挑选信息焦点的能力。这个问题已引起现代语言学的重视，实义切分法、话语内容分析法、话语信息目的分析法从不同角度探讨了这个问题。现代修辞学对信息修辞、控制修辞、话语修辞、语用修辞的研究已取得不少成果。这里着重要谈的是，像其他修辞现象一样，捕捉话语信息核心，要依赖言语环境。下面举例分析，先看王安石的《泊船瓜洲》：

京口瓜洲一水间，钟山只隔数重山。
春风又绿江南岸，明月何时照我还？

对这首诗，很多修辞学书，都从炼词的角度进行修辞分析，认为“着一‘绿’字，而境界全出”（王国维语）。然而，“绿”显然不是全诗的信息核心。过去的修辞研究多半注重词句一着的得失，很少考虑话语全局之指向，更少依赖言语环境，讲究真正的修辞效果。如果重视话语分析，而不单是注意词句锤炼，如果能依赖言语环境，而不单考虑个别的修辞手段，那么，我们就会理解到，《泊船瓜洲》一诗的信息核心是最后一句“明月何时照我还”，前三句对时间、地点、风景的交代和描写，只是一种衬托，以便借景抒怀。

现在让我们来分析这首诗的言语环境。王安石的变法主张受到保守势力的攻击，他被罢官回乡。后来他又奉召入京复相，继续变法。船从家乡南京行往开封途中，在“春风又绿江南岸”之际，停泊瓜洲，距镇江，只一水之隔；离南京，也不过数山之遥。但此去复官变法，成败如何，殊难逆料。这里，泊船的季节和地理位置是第一层言语环境，更深一层的言语环境是作者罢官后复相的历史背景。在这一片江南春色的大好时光映衬下，在离家乡不远的地方，遐想到“明月何时照我还”，是变法胜利，凯旋归来？还是再次失败，罢黜而回？言语环境一揭示，此诗的艺术境界全出。作者借景抒情，最后一个问句凝结了百感交集的感情。这就是全诗的信息核心所在。现在让我们欣赏王维的《九月九日忆山东兄弟》：

独在异乡为异客，每逢佳节倍思亲。
遥知兄弟登高处，遍插茱萸少一人。

在修辞学界，历来称赞第一句的一个“独”字和两个“异”字，认为它们使人生地疏的孤独感跃然纸上；更盛赞“每逢佳节倍思亲”这一脍炙人口的绝句，并认为这就是信息核心所在。其实不尽然，此诗更深的含义在“遍插茱萸少一人”。

前两句描写作者独自在他乡过重阳节，是眼前的环境；后两句描写兄弟们在家乡登高度重阳，是遥想的环境。作者借两处环境来抒情，前者是“倍思亲”，感情是深沉的。但是，远在故乡的兄弟们佩戴茱萸，高高兴兴地登高过节时，突然发现少了一个人。这种对手足不能团聚的遗憾之情，对远离家乡的游子的怀念之意，以及突然的失落感，远远超过了“倍思亲”。总之，说写者要依赖当时当地的言语环境，组织话语，讲究修辞，达到特定的交际目的。听读者自然要联系当时当地的言语环境，分析表里远近，捕捉话语信息核心。

（二）依赖语境理解话语言外之意

在人们的交际活动中，双方感兴趣的不是语言形式本身，而是语言形式所表达的特定的语义内容，这个特定的语义信息正是语言形式和交际时的语境相结合的产物。

语义是受语境的制约与影响的。语境对于语言形式的选用及对语义的影响，不仅为修辞学者所重视，就是语法学者、语义学者及心理学者也对此给予相当的关注，如语法学上的“语法场”、语义学上的“语义场”、心理学上的“语义情景”等。

当词语进入具体的言语活动中，它所具有的语义往往是非常丰富，又非常复杂的，有语言本身的意义，有环境给予语言的意义，如情境义、词外义和联想义等。这些丰富而复杂的语义，不能单从词汇意义或语法意义上去理解，而要联系具体的语境。陈望道先生在《修辞学发凡》中指出：“我们遇到积极修辞现象的时候，往往只能从情境上去领略它，用情感去感受它，又需从本意或上下文的连贯关系上去推究它，不能单看辞头，照辞直解。”

从具体的语境中产生的语义我们称为“情境意义”。“情境意义”不是指“词汇意义”和“语法意义”这些“表层结构”的意义，也不是指乔姆斯基所说的“深层结构”的意义，而是指语句的“外部意义”，即所谓言外之意、弦外之音。

情境意义包括词外义和联想意义。词外义和联想意义只能从词语的具体语境中去领略，从前后文中去联系，用情感去感受，从关系中去推究，从共同的经验的联想中去体会。

人们为了更含蓄地表情达意，常常“言不尽意”，故意留下意义上的“空白”，让听读者通过特定的语境去领会、去联想或补充某些词语所含的“深情厚谊”。例如：

宝钗道：“你又禁不得风吹，怎么又站在那风口里？”黛玉笑道：“何曾不是在房里来着？只因听见天上一声叫，出来瞧了瞧，原来是个呆雁。”宝钗道：“呆雁在哪里呢？我也瞧瞧。”黛玉道：“我才出来，他就‘忒儿’的一声飞了。”（曹雪芹：《红楼梦》第二十八回）

这段话中黛玉说“呆雁”的“情境”是这样的：宝玉要瞧宝钗的香串子，宝钗原生的肌肤丰泽，一时从左腕上褪不下来。宝玉在旁看着，不觉动了羡慕之心。他忽然想起"金玉"一事，不觉就呆了。宝钗见他呆呆的，给他也忘了接，自己倒不好意思起来，这个场面被"蹬着门槛子，嘴里咬着绢子笑"的林黛玉看到了，便引出了这段冷嘲热讽的话。林黛玉临时诌出的"呆雁"，通过当时的情境联想可知，实际上挖苦的是宝玉这个看出了神、忘了接香串子的"呆子"、"傻子"，讽刺了这个见到宝姐姐就忘了林妹妹的贾宝玉，同时也表现了黛玉聪颖敏锐、口齿尖利的性格，深刻含蓄，意趣横生。又如，林黛玉从小父母双亡，寄人篱下，身处封建的诗书礼仪之家，自由恋爱被视为大逆不道，因而她虽然对宝玉"存着一段心思"，却又有许多不便言明之处。有一次，宝钗劝宝玉别喝冷酒，宝玉听这话有理，便放下冷的，令人烫热方饮，这时：

黛玉嗑着瓜子儿，只抿着嘴笑。可巧黛玉的丫环雪雁走来与黛玉送小手炉，黛玉因含笑问他："谁教你送来的？难为他费心，那里就冷死了我！"雪雁道："紫鹃姐姐怕姑娘冷，使我送来的。"黛玉一面接了，抱在怀中，笑道："也亏你倒听他的话。我平日和你说的，全当耳旁风！怎么他说了你就依，比圣旨还快些！"（曹雪芹：《红楼梦》第四回）

这一段话，语带双关，言外之意完全是对着宝玉。当着众人的面，自然是不便言明，即便对于宝玉，出于黛玉孤独的处境和孤傲的性格也是绝不肯言明的。

俗话说，听话听音。就是说，听话要了解话语在具体的言语环境中所显示出来的真实的整体含义。"话"和"音"的意思有时候是一致的，有时候则相反（反语、讽刺等等）。这就要借助言语环境去识别和理解。

思考与练习

一、汉语造句因素有哪些？试分别举例加以说明。

二、下列句子有的有歧义，请指出歧义所在，并说明引起歧义的原因。

1. 绣的是她。
2. 骂人的话我说不好。
3. 这个人谁都瞧不起。
4. 我在运动场上看见他。
5. 在校园里，照相的很多。
6. 院长和其他院领导参加了今天的校庆活动。
7. 我想不起来了。
8. 上课的前几分钟我没看书。
9. 人家听不懂。
10. 看窗外吟诗的学生。
11. 年轻的演员和导演都参加了晚会。
12. 有机会请你来。
13. 白吃谁不吃，吃了不白吃。
14. 他走了。

15. 我真不明白。

16. 爷爷：你爸呢？

孙子：上他妈的工厂去了。

爷爷：你奶奶早就去世了，怎么还有工厂？

三、公文中的歧义现象，有的是由语义方面的原因引起的，有的是由语法方面的原因引起的，有的是由语音方面的原因引起的，还有的是由文体方面的原因引起的。试分析下列句子中引起歧义的具体原因。

1. 勒令这家老字号商场按时关门。

2. 我们要学习文件。

3. 一公尺以上的儿童购半票。

4. 参加讨论的还有物资局、财政局和粮食局的三个人。

5. 批判的是他的哥哥。

6. 经研究，县政府同意A乡政府报告。

7. 小刘作证说那天他看见李×和自己的妹妹在超市购物。

8. 吴厂长和电工陈×冒着触电危险，趟水进入电工车间拉掉电闸；他一面组织排水，一面接临时线保证继续生产。

9. A先生和B先生的法律顾问。

10. 信访办公室接待了五个矿里的工人。

11. 告示：买车、船、飞机、饭票在服务台。

12. 受托单位误期，委托单位罚款。

13. 报纸上宣传了许多李厂长的事迹。

14. 中国对美再次袭击伊拉克深表不满。

15. 据客户反映这个经理好说话。

16. 在会上讨论的同志不要将话说重了。

17. 经厂务会批准，厂内一律禁止养鸡鸭，如有违者，本月底捉送食堂杀……

18. 你校（关于装修招待所问题的请示）收悉。经研究，不同意你校拟订的装修方案。其理由是目前拟订的装修标准“偏低”。请参照国际五星级饭店总统套间的标准对这一方案予以修订再行请示。

四、下面与“咱就不信那个邪”中“就”的含义、用法相同的是：

A. 班里就她一个人会弹钢琴　　B. 昨天他就到上海去了

C. 小栓的爹，你就去么？　　D. 好几个人都去请了，老张就不来

五、下面句中画线的成语使用不正确的一个是：

A. 命运的铁拳击中要害时，只有大智大勇的人才能够处之泰然。

B. 失败就自暴自弃，无异于自己放弃人生。

C. 虚心就是对自己的一切敝帚自珍的成见，只要看出与真理冲突，都愿意放弃。

D. 惊惶失措地害怕失误，就意味着永远尝不到成功的滋味。

六、为下面句子中的“紧张”一词，各找一个反义词：

A. 最近手头有点儿紧张，过日子难啊。

B. 他每天一起床就开始紧张地工作。

C. 部队的生活可不像地方，紧张极了。

D. 我最怕打针，一见针就肌肉紧张。

七、依次填在下面横线上的对应词语正确的顺序应是：

靠微薄的收入生活；考究而不________，优雅而不________；只求________不求尊崇，只图________不图财多；学习勤奋，思想稳练，谈吐率直；虚己以听，胸怀________；凡事忍之以达观，操之以勇敢，俟机行事，决不________；一言以蔽之，要让心灵深处自发的下意识的东西在日常生活中生长成熟——这就是我的交响曲。

A. 富裕 B. 磊落 C. 高尚 D. 趋时 E. 鲁莽 F. 奢侈

八、将A. 帮助、B. 抚养、C. 扶养、D. 赡养分别填入下面句子的横线上：

1. 夫妻有互相________的义务。

2. 父母对子女有________教育的义务。

3. 子女对父母有________的义务。

4. 邻里间应互相________。

九、下面各句的横线上应填的词正确的一项是：

1. 一条用鹅卵石铺成的小道，弯弯曲曲地通向竹林深处，环境显得________极了。

2. “四人帮”肆虐横行的时候，到处动辄抓人、抄家，弄得人心惶惶，社会很不________。

3. 张大爷退休后过着________的生活。

4. 孩子们都上学去了，家里________多了。

5. 他做什么事情都是不慌不忙的，举止显得非常________。

A. 安静 安定 安闲 平静 安定 B. 幽静 安宁 安逸 安静 安详

C. 宁静 安详 清闲 宁静 安宁 D. 宁静 平静 清净 幽静 安闲

十、句中画线的词语可以互换的一项是：

A. 八小时之外，他不只喜欢琢磨奥妙的动物世界，还喜欢探讨深奥的哲学问题。

B. 商品外观的装饰，商店门面的装潢，对顾客的购物心理都有一定的影响。

C. 在舞台上他一身军人装扮，在生活中他也喜欢打扮成军人模样。

D. 同学们上课时聚精会神地听课，上自习时也全神贯注地写作业。

十一、横线上应填的词依次是：

700万，一个副处级女经理张开________大口，索贿受贿如此之多，成为当今________第一人。消息传出，举国震惊，________哗然！更令人震惊的是，她以向领导“疏通关节”为名，________向外商、港商索取贿赂，换句话说，她的行为________勒索！其胃口之大，手段之恶劣，可谓疯狂至极，________所思。

A. 贪婪 中华 群众 强迫 几乎 非人

B. 饕餮 华夏 舆论 强行 几近 匪夷

C. 血盆 全国 万众 强制 近乎 难于

D. 无底 中国 一片 强硬 近于 为人

十二、为什么学生作文中的语病多半是逻辑毛病，而不是语法毛病？

十三、指出下列各句有哪种语病，并加以修改。

1. 她告诉我说，近几年来，她几乎无时无刻不忘搜集、整理民间故事和民歌。

2. 花圈上的荷花、菊花和牡丹，象征了先烈们的坚韧、纯洁和品质高贵。

3. 除非在非洲停止大规模屠杀鳄鱼，否则这里将永远是最后的鳄鱼避难所。

4. 同学们不管怎样批评帮助，他的老毛病还是一点没改。

5. 必须遵守课堂纪律，上课时不准讲话。

6. 谁也不会否认，发展国民经济不需要教育。

7. 卖棉花的小车队伍像蛇似的顺着柏油马路前进。

8. 今年花生大丰收，一颗能榨一缸油，豆壳拿来作军舰，十万军队装不够。

9. 过去，我们曾经不加分析地批判了他在文艺创作上的某些观点。现在看起来，当时的批判是失之偏颇和慎重的。

10. 他的原籍是天津人。

11. 一个作家能够有所成就首先在于作品中内容是否深刻反映了现实生活。

12. 在激烈的斗争中，要想置身事外，做个旁观者是不可能的，否则就会被时代所抛弃。

十四、阅读下文，然后回答问题。

《晏子春秋》里有一个故事，齐景公爱打猎，非常欢喜养老鹰捉兔子。烛邹不慎让一只鹰飞走了，景公下令把烛邹推出斩首。晏子为了营救烛邹，立即上前拜见景公说：烛邹有三大罪状，哪能这么轻易杀了呢？请让我一条条数出来再杀他可以吗？景公说可以。晏子就指着烛邹的鼻子说："烛邹！你为大王养鸟，却让鸟飞走，这是第一条罪状；你使得大王为了鸟的缘故而要杀人，这是第二条罪状；把你杀了，天下诸侯都会责怪大王重鸟轻士，这是第三条罪状。"景公听了忙说："别杀了，我明白你的意思。"

问题：在上文中，晏子采用了什么修辞手法？为什么要采用这种手法？试结合语境加以分析、评价。

十五、运用语境理论，分析剧本对话。

分析使用语言的环境，对文艺创作的许多问题，如文艺作品中含蓄的问题，舞台艺术中的潜台词问题都有很大意义。电影文学剧本《岳飞》中，秦桧对宋高宗说："皇上，金兵到，江山不可保，二圣还，龙墩不可得。"(29节）又说："岳家军正处于胜败关头，如派兵马协助，必获大胜，但陛下宝座必须让于皇兄钦宗，江山必须交与岳飞之手，故本朝开国太祖、太宗重文轻武，就在于此……"（42节）有人认为，秦桧这两段话虽然道出了宋高宗的内心隐私，但这是以今天的眼光来使用语言的，在当时的语言环境下，秦桧不可能这样赤裸地当面道破。如果这样开门见山，一语破的，就是当面说皇上是不孝之子、不仁之君、误国的大罪人，因而就会犯辱君之罪。这样说话不符合历史人物的身份、条件和当时所处的言语环境。因而建议把"龙墩不可得"改为"陛下何以自处"，把"陛下宝座必须让于钦宗，江山必须交与岳飞之手"改为"如岳飞大胜，亦非陛下之福，须防武将拥震主之威，专擅难制，尾大不掉啊……"，即改得含蓄一些。这样从艺术创作上说，人物的话更符合言语环境，不会破坏历史和艺术的真实感。从剧中人物说，秦桧和高宗正是依赖特定的言语环境进行交际的，高宗能够很好地领会秦桧的意思。从观众说，依赖于特定的言语环境，也可以理解秦桧这两段话的用意，并且感到自然、真实。仿照上面的语境分析法，分析一部历史剧中的人物对话片段，评议其得失。

十六、阅读下面几段趣文，试分析说明语境与修辞的关系。

1. 做个时尚潮人：坐公交车去上班，身边坐了一陌生大妈。手机响起，大妈接电话，十分爽朗地对着电话说："啊，我今天上午没空儿！我得陪慧慧去医院做人流！"拥挤的车厢瞬间安静……我瞥了一眼身旁的大妈，转过脸来的时候，发现全车人都在盯着我看。悲剧啊！我真的不是什么慧慧……

2. 创意工坊：一天，一辆殡仪车从殡仪馆开出，一个小孩跑出来直追那辆殡仪车，还哭着大喊："爸爸！爸爸！别走……"周边的人都对小孩抱以同情，正准备安慰他节哀顺变，突然殡仪车停了下来，司机走下车对那个小孩说："吵什么呀，老爸下班就带你去玩！"

3. 笑话有木有：大学，宿舍一男生睡觉前有刷牙的习惯。睡觉前，他拿着牙刷、杯子向卫生间走去，边走边说，撒泡尿，漱口，睡觉。另一人说道，停水了吗？

4. a. 笑多了会怀孕：许久没联系的朋友给我打电话聊了一会儿，我问他怎么突然给我打电话。他说：清明节了，挺想你的。我……

b. 当时我就震惊了：前天跟我寝室的同学说“过了清明我就有钱了”！寝室瞬间安静，我半天不知道为什么……

5. 把我笑翻了：在多伦多读大学的时候，一个美国姑娘对中国的12属相很感兴趣，就问我1981年是属什么的，我告诉她，属鸡。春节过后，再次见到这姑娘，她得意地给我看肩膀上的文身——楷书的“鸡”。

6. 无节操神吐槽：一对小夫妻新婚不久，妻子向丈夫抱怨：“爸妈太着急了。你妈昨天又提生孩子的事，说她想早点抱孙子。”丈夫说：“妈妈在这事上是急了点，但爸爸从来都不多说什么呀。”妻子撅着嘴说：“爸嘴里是没说什么，但他整天抱着本《孙子兵法》在我面前晃。”

十七、以《写作一得》为题，写一篇短文。要求：要写出你的深刻体会，要富有启发性。字数在300字左右。

对作文题《写作一得》的说明：这题目是要你把“从学说话和学作文中悟出的一点什么道理”写出来。

从呱呱坠地起，你便开始学习说话。虽然那时你还听不懂大人们的话，但逐渐地，你学会了一些简单的词，学会了造句子。到了两三岁，你已经能比较自由地表达各种意思了。

这里面的经验是什么？我想无非是多听、模仿和练习。

上了小学，你已经能写一些字了。学会了写一些句子，写一段话，这就是作文。你能写一段故事，描写一个物体，甚至说明一个道理。虽然不免天真、幼稚、内容嫌简单，但已经有了明晰、有条理的思想了。

这里面的经验是什么？我想仍然是多读和练习。

后来，在中学，你的某一篇作文写得很出色，博得老师的夸奖、同学的赞赏。你用清新、流畅的语言，叙述了一个见闻，表达了你的真切感受、你的情感、你的意境、你的活泼的思想。你文中巧妙的构思、意蕴深厚的警句，令人折服。

这里面的经验是什么？当然，也是离不开多读和练习，但却恐怕远非多读多写四字所能概括，这里面复杂因素很多。经验、诀窍因人而异。不同的文章各有神来之笔，也各有各臻其妙的经验体会，不能一概而论。

比如，有的是得力于阅读，有的是得力于背诵，有的是得力于沉思默想，有的是得力于生活的感受，有的是得力于环境的触发，还有的是得力于知识的广博，还有得力于联想力、想象力的丰富，或者得力于理论修养、辩证思维，或者得力于良知独到、高洁的思想情操。

写作界学者，多年来穷究苦索，大抵是从立意要高，选材要精，构思要巧，语言要新等方面来讲述为文之道的。老生常谈，司空见惯，令人已觉不新鲜了，也于后学者补益不大。

你们，新一代的学子，应当有时代的新声，江山代有才人出，各领风骚数百年。你，能不能讲出一些你的独特感受？回顾并结合你的写作甘苦，讲一点经验之谈。或许，你的经验与前人有相通之处，但里面渗透着你自己的独到体会、你的经验、你的彻悟。

你要把你的一点或几点写作心得写得生动活泼，要有趣、有体会、有观点、有实例，读了令人感动，感到切实有用。

十八、下面是一位大学生的课堂作文，写得如何？请试作评析。

写作一得

从小学起老师就要求我们学好母语，多写作文，多写好文章，但是我却一直将写作文看做一种负担，常常是草草了事，应付过关。

然而那一年却是一段最让我伤心的日子，那是我正读初中时，奶奶因患了癌症而即将辞别人世。奶奶平日里待我最好了，我也是个最听话、最懂事的孩子，当时一想到即将与奶奶永远分离，我就会不由地流下泪水，全家人也都和我一样心情忧郁，我也不敢与他们多谈起奶奶的病情，于是我就把自己心中对奶奶的万分的不舍真实地记录下来。每天伤心的时候，我便会痛痛快快地写上几千字。也许吧，很多事情，都是让人浑然不觉的。正是这些未加任何雕饰，朴实无华的文字读起来却感人肺腑，让人感动至深。后来奶奶还是悄然离开了我们，但从此我才真正懂得去写作文，去“作文”，要有感而发，要思随感行。

我想真正好的文章不是华丽的辞藻，不是故作深沉的哀吟，它需要的是人性最朴素最真实的感受，作文的过程不是要刻意地去追求什么，而是首先要把你所经历的真实用你的语言表达出来，说给别人听，让人发出与你同样的共鸣。

“作文如做人”，真实一点，踏实一些没有错的，此谓“写作一得”。

第二章 行政公文

第一节 概 说

一、什么是公文

公文有广义和狭义之分。

（一）广义公文

广义公文指国家机关、人民团体、企事业单位用来处理公务的具有特定格式的文件。它包括：

1. 行政公文，即国家行政机关处理行政事务所使用的具有法定效力和规范体式的文书，如决定、通知、请示、报告等。

2. 通用公文，即机关、企事业单位、人民团体都使用的事务文书，如计划、总结、工作简报等。

3. 专用公文，即只用于某部门的公务文书，如外交文书（照会、国书、驱逐令等）、司法文书（起诉书、判决书、侦察报告等）、医用文书（病历、诊断书等）、财经文书（市场调查报告、经济合同等）。

（二）狭义公文

狭义的公文只指行政公文。按照国务院2000年8月24日发布的《国家行政机关公文处理办法》（以下简称《办法》），行政公文共有13种，即命令（令）、决定、公告、通告、通知、通报、议案、报告、请示、批复、意见、函、会议纪要。本章所研究的公文，仅指行政公文。

二、公文的作用

《办法》第二条指出："行政机关的公文（包括电报，下同），是行政机关在行政管理过程中形成的具有法定效力和规范体式的文书，是依法行政和进行公务活动的重要工具。"具体地说，行政公文（以下简称公文）是传达、贯彻党和国家的方针、政策，发布行政法规和规章，施行行政措施，请示和答复问题，指导、布置和商洽工作，报告情况，交流经验的重要工具。

公文以其独特的形式记录和传达国家各级机关在工作活动中所掌握的情况和形成的意见，从而发挥其信息传递的纽带、桥梁、工具作用。具体说来，公文的作用有以下几点：

（一）记录和传达上级机关意图的作用

这主要体现于下行文，传达党和国家的方针、政策，如《中共中央关于统战工作的通知》。这是行政公文最基本的作用。

（二）强制遵循执行的作用

命令、决定、通知等下行公文，其内容往往具有法规的性质，不但具有指导性，而且具有强制性，下级机关必须坚决照办，严格执行。

（三）工作依据和凭证作用

上级下达的公文，是下级机关的工作依据，下级机关必须结合本单位情况，贯彻执行。批复、任免通知等，既是依据，又是凭证；报告、请示，则是上级处理工作问题的依据。

（四）联系和知照作用

各种公文都有联系和知照作用，其中公函、通知、情况通报等的联系、知照作用更为明显。

（五）教育和参考作用

大多数下行文阐明方针、政策，讲清指导思想和原则，说明道理和办法，对下级或个人都有指导和教育作用。而表彰、批评、通报等公文，更是专为统一思想进行教育而制发的。

三、公文的种类

《办法》所规定的13种公文，可以从不同角度进行分类：

1. 按行文方向，公文可分为下行公文、平行公文和上行公文。

下行公文有：命令（令）、决定、通告、通知、批复、意见、会议纪要等。

平行公文有：函。

上行公文有：报告、请示。

有的公文在行文方向上有一定的灵活性，如通知是下行公文，但有时也用于平行；函是平行公文，但也可用于上行或下行，这种灵活性不影响该公文的基本属性。行文方向较特殊的是公告和议案。公告是向国内外宣布重要事项或法定事项，带有全方位性质。议案是各级政府向同级人大提请审议事项，因机关性质不同，不存在隶属关系，因而行文方向另当别论。

2. 按公文的特点和作用，公文可分为：

规范性公文，如通知、决定。

指挥性公文，如命令、决定、批复。

报请性公文，如报告、请示。

知照性公文，如通知、通报、通告、公告、函。

记录性公文，如会议纪要。

以上有交叉现象，视公文具体内容而定。

还有其他分类法，如从制定者、秘密等级、时限等角度进行划分。

下行公文属指令周知性公文，上行、平行公文属报告商洽性公文。

四、公文的特点

（一）政治性

公文是人类历史发展到一定阶段的产物。关于公文的起源，斯大林在《马克思主义和语言学问题》一书中有一段论述："生产的继续发展，阶级的出现，文字的出现，国家的产生，国家进行管理工作需要比较有条理的文书，商业的发展，商业更需要有条理的文书往来。"这里说的是，阶级出现和国家萌芽是公文产生的前提条件。公文是国家的行政工具，它随着国家的产生而产生，而"国家是阶级矛盾不可调和的产物和表现。在阶级矛盾客观上达到不能调和的地方、时候和程度，便产生国家"（列宁：《国家与革命》）。所以，作为国家行政管理工具的公文，其内容不能不具有明显的阶级性和政治性。在现代，公文作为政党和国家管理行政事务的工具，其政治性十分明显。在我国，在现阶段，公文在内容上既要代表制发机关的政治态度，也要体现党和人民的根本利益。公文的政治性决定于政党、政权、团体、企事业部门的政治性，反映了制作机关的政策。各级行政公文必须传达、贯彻党和国家的方针、政策，保证各项方针、政策的实施。

（二）权威性

公文是依法成立的并具有法定职责的组织和个人在各自职能和权限范围内，根据宪法和有关法令制定和发布的。其作用是实行行政管理，指导工作，规范行动，维系国家机器的正常运转。因此，它具有其他文体无法比拟的权威性。

公文的权威性需有坚实的基础，具体而言，一要讲究科学性，二要靠强制力来保证，三要靠人民群众的支持。如果没有政权的强制力来保证，公文的正确主张就很难实现。当然，离开了人民群众的支持和拥护，"权威"是虚弱的，也是不能持久的。

（三）实用性

公文的制作，其内容都是有的放矢的，都是针对实际情况提出相应政策的。换言之，解决实际问题是公文的出发点和归宿。

和文学作品相比，公文的制作不属于形象思维，而属于逻辑思维。它不是以艺术形象感动人，而是以事实和道理说服人。它不是以想象、描写、抒情等手法反映生活的本质，而是以叙述、说明、论述等方法表述观点，反映实际，揭示规律，规定政策，以使公务活动沿着正确的轨道顺利进行。所以，求真务实、讲究实用是公文最重要的特点之一。

（四）时效性

时效性指公文效力的时限性。不同公文，时效长短不一，大致有三种情况：

一是时效很短，凡涉及具体工作和问题的公文大都如此。工作开始或问题发生，有关的公文随之拟就并下达，开始生效，一旦工作结束或问题解决，公文也就失去了效用。比如请示，只在请示过程中发挥效用，一旦领导机关予以批复，作为公文的请示作用也就随之消失，请示事项则经上级批准后发生效用。

二是一定阶段的，凡涉及经常性工作和专项问题的公文大都如此。比如，交通管理属于经常性工作，相应地，涉及交通规则的通告的时效也比较长。

三是特定历史阶段的，凡涉及特别重大事项的公文都是如此。某些命令、决定所涉及的法规，具有相对稳定、长期不变的性质，故其时效性就更长。

（五）规范性

规范性是就公文的体式而言的。公文的种类、格式、行文规则、办理方法等都是由国家统一规定的，是不能随意改动的。

体式的规范性是政治集团权力关系的反映，如上级的命令，下级必须执行；下级的请示，上级一定给予答复。在行文态度上，命令简明严肃，语气坚决有力；请示陈述清晰，语气诚挚恳切。两种公文，实质上反映出两种不同的权限和隶属关系。体式的规范性可以使公文写作和处理程式化、科学化、简明化，有助于迅速、准确地传达发文机关意图，提高工作效率。

（六）庄重性

庄重性是就公文的风格而言的，公文的风格，宜庄重严肃，而不能寓庄于谐。历代制诰，多主张公文应当典雅庄重。曹丕在《典论·论文》中说“奏议宜雅”，揭示了公文风格的重要特征。现代公文，也要求庄重严肃。因为作为策令载体的公文，是处理政务的依据，一字入公文，九牛拔不出，差之毫厘，失之千里。因而，在公文的撰制中，态度必须严肃认真，结构必须严密完整，措施必须准确无误，从而构成了公文庄重严肃的风格。

五、公文的格式

公文格式，指的是公文的外部组织形式，包括公文用纸、装订和公文的文面结构。用纸一般为 A4 纸，左侧装订。

公文格式，由文头、主文和文尾三大部分组成，《办法》中规定了 16 个基本项目。其中有些是必备项目，有些是选择项目，可视需要而用。

（一）文头部分

1. 文件名称，是发文机关公文的固定称呼，即发文机关标识。

组成：由“发文机关称谓+文件”组成，如“国务院文件”。如果联合行文，各机关并排，主办机关排列在前。

2. 发文字号，简称文号，指某件公文在发文机关一个年度内发文总号中的实际顺序号，如“中办发［2005］5 号”。

3. 份号，指公文总印发数中某份公文的序号，也可称印号。

组成：规定 6 位数。如“份号 000015”，表示此份文件是该文总印数的第 15 份。

4. 秘密等级。

组成：有绝密、机密和秘密三级。标志为“★”。“★”前标密级，后标保密期限，如“机密★5 年”。

5. 紧急程度，指送达和办理公文的时限要求。

组成：分为“特急”和“急件”。

位置：在秘密等级下边。

6. 签发人，指批准发出上行公文的机关领导人。

位置：在发文字号的右侧，空两格。

（二）主文部分

主文部分包括标题、主送机关、正文、附件说明、成文时间和印章等项目。

1. 标题，是公文内容和作用的高度概括。

组成：包括发文机关、事由、文种三要素。形式有：

（1）规范式。

三部分，即“发文机关+事由+文种”，用于重要、庄重的公务。

（2）灵活式。

①两部分：一是“发文机关+文种”。二是“事由+文种”。三是“转发+始发机关及原通知标题”（如《转发国务院关于费改税的决定的通知》）。

②一部分：只有“文种”，常常是不大重要的公务，带有周知性。

2. 主送机关，指负责处理、执行公文的机关单位。

上行文一般只写一个主送机关。下行文一般写给直属下级。普发性下行文，主送机关多，一般使用泛称，如“公司直属各部门”。面向机关全体人员或者社会群体的，或者公务是周知的、重大的公布性公文，如令、公告、通告等，常常不写主送机关。

3. 正文，是公文的核心部分。行政公文的正文包括原由、事项和结尾三部分。

4. 附件说明，是正件附属材料名称和件数的标注。

位置：正文左下侧。

种类：一是补充说明正件某些内容的材料，如报表、照片、典型材料等。二是补充说明正件主要内容的材料，如转发的文件、随文发布的行政法规和规章。其名称在正文中已有交代，在“附件”项内不必重复标示。

5. 成文时间，指公文生效的法定时间，用汉字数词书写。

种类：一是发出日期，这是一般性文件；二是签发日期（发文单位负责人签发时间，联合行文以最后一个签发日期为准）；三是通过日期，这是会议文件。

6. 印章，是公文效力最权威的凭信。

行政公文除会议纪要外，都应该加盖印章。联合上报的非法规性文件，由主办机关加盖印章。联合下发的公文，都应该加盖印章，压盖于成文时间之上。上沿不压正文，下沿要骑年盖月。

（三）文尾部分

文尾部分由附注、主题词、抄送机关、印制部门、印发时间和印数组成。

1. 附注，说明其他项目不便说明的事项，如传达范围、引文出处或名词术语等。

位置：在成文时间下方左侧、抄送机关上方。

2. 主题词，指经过规范处理的用来标引主题内容的词语。

作用：方便检索和存储。

位置：抄送机关上方。

选词原则：选择最能反映公文主题内容的词语，一般不超过5个。

标注原则：谁办文，谁标引。

顺序：先标类别词，如“农业”、“工业”、“能源”、“邮电”等。再标类属词，分两部分，一是反映文件内容的词，如“水土保持”；二是反映文件形式的词即文种，如“通知”，例如：《国务院关于做好1998年普通高等学校毕业生就业工作的通知》（国发［1998］16号）的主题词是“教育 学生 就业 通知”。

3. 抄送或抄报机关，指除主送机关外，需要执行或了解公文内容的机关。

4. 印制部门和时间。

前者一般是机关的中枢办公部门。位置：抄送机关下方。

后者指该公文送印或发出时间。位置：在印制部门右边。

5. 印数：指公文实际印制份数。

位置：印发时间正下方，向右不顶格。

公文三大部分是以主文部分的正文为核心的有机统一体（见图2—1）。

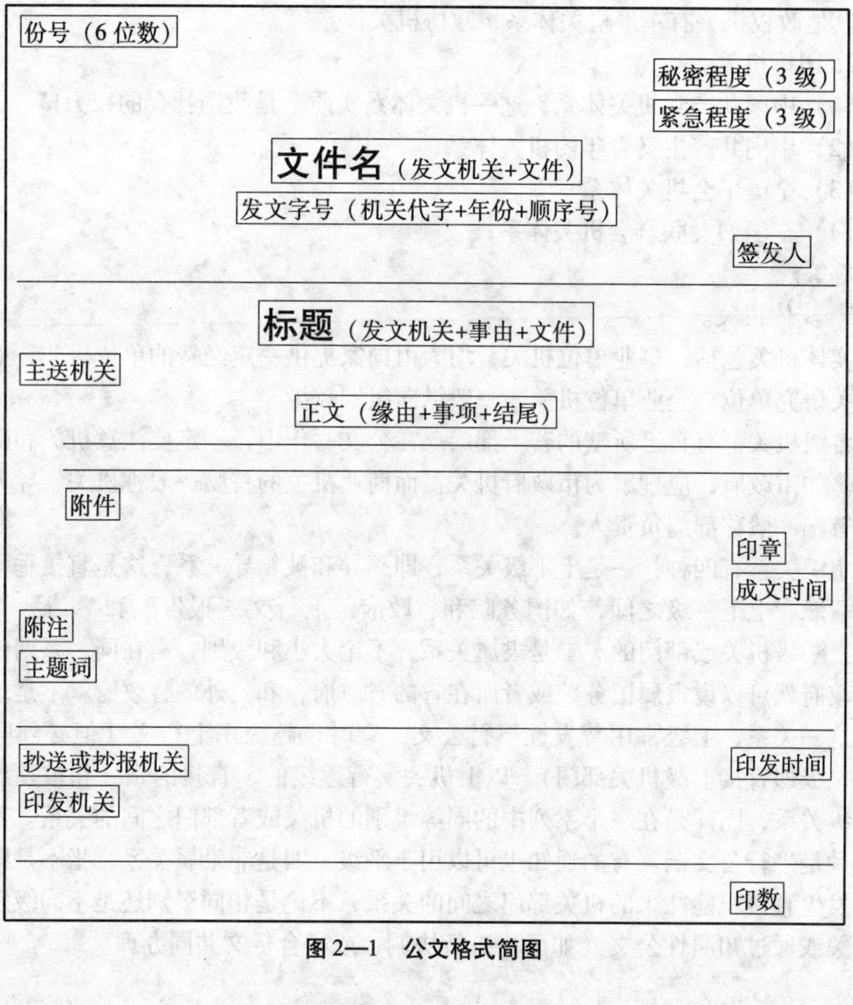

图2—1　公文格式简图

六、行文规则

学习行文规则，必须了解行文关系、行文方向和行文方式。

(一) 行文关系

行文关系是机关单位组织关系的体现。我国社会组织的机关单位，可以分为三大类型。

1. 政权机关。

(1) 立法机关体系：自全国人民代表大会（省以上立法机关或经全国人民代表大会授权的市立法机关才有立法权）至乡镇人民代表大会。

(2) 行政机关体系：依次大致是中央人民政府即国务院；省、市（四大直辖市）、区（各自治区和港澳特别行政区）政府；市、州（自治州）政府；市(县级市)、区（市辖各区）、县政府、经济开发区管委会；乡、镇政府；街道办事处。

(3) 司法机关体系：自最高人民法院至乡镇司法机关。

其他政权机关有军事机关体系、政协机关体系等。

2. 团体机关。

(1) 中国共产党机关体系，这一机关体系实质上是我国社会的权力核心；

(2) 中国共产主义青年团机关体系；

(3) 全国工会机关体系；

(4) 全国妇女联合会机关体系；

等等。

3. 实体机关。

实体机关包括：事业单位机关，均为由国家提供一定经费的单位机关，如学校和相关研究单位；企业单位机关，一般纵向级别较少。

各级机关都有自己所辖的若干部门。在公文写作中，一定要注意机关和部门的区别。如市政府，应理解为市政府机关，而商业机关的首脑一般称机关领导人，部门的首脑一般称部门负责人。

组织关系有四种：一是上下级关系，即领导和被领导关系，这是直接垂直的关系，一般在上下一级之间，如国务院和省政府。上行文“报告”和“请示”都是面向上一级机关或部门的。二是隶属关系，不论大小和级别，需在同一系列内。如某级政府就可以说隶属国务院或者所在省的省政府，和另外的省政府就不是隶属关系。这一关系，上级常用普发性下行公文，有时也越级用上行文（但必须同时抄报上一级即直接上级机关部门）。以上机关实行逐级的、直接的领导和被领导。三是平级关系，同样是在一个系列中的同等级别的机关或者部门之间的关系。其代表性文种是平行公文函。有的通知也可以用于平级。四是非隶属关系，指不是同一系列不发生直接职能往来的机关部门之间的关系，不论是相同级别还是不同级别。以上机关或通过知照性公文（如函）进行协调，或联合行文共同办理。

（二）行文方向

行文方向指以发文机关为立足点向不同机关运行的去向。

上行：向上级机关运行。

下行：向下级机关运行。

平行：向同级或不相隶属的机关单位运行。

泛行：公布性公文，向不同方向运行。

（三）行文方式

行文方式即行文的方法和形式。

1. 从行文对象分。

（1）逐级行文：向直接的上级或下级行文。

（2）越级行文：越过直接的上级或下级行文。

（3）多级行文：向直接上级并转非直接上级或者向直接下级并转非直接下级行文。

（4）普发行文：向所属各机关、部门、单位行文。

（5）通行行文：向隶属机关和非隶属机关、群众一次性泛向行文。

2. 从发文机关分。

（1）单独行文。

（2）联合行文。

3. 从对象主次分。

（1）主送。

（2）抄送。

（四）行文规则

行文规则是机关单位组织关系原则在公文运行中的体现。根据《办法》归纳为八个方面：

1. 行文根据规则：各级行政机关的行文关系，应当根据各自的隶属关系和职权范围确定。

2. 政府各部门行文规则：在本部门职权范围内，可以互相行文，可以向下一级人民政府的有关业务部门行文，也可以根据本级政府授权和职权规定，向下一级政府行文。上级政府的职能部门，同下级政府是平级关系，并且只负责管理某一方面的职能业务，所以即使得到政府机关的授权，也只能在自己分工管理的业务范围内对下级政府行文，行文时还必须在正文的开头说明授权的机关或领导人。

3. 抄送规则：向下级机关的重要行文，应当同时抄报直接上级机关。受双重领导的机关向上级请示，应写明主送机关和抄报机关，由主送机关负责答复。上级机关向受双重领导的下级机关行文，必要时应当抄送其另一上级机关。

4. 协商一致规则：部门之间对有关问题未协商一致，不得各自向下行文，如擅自行文，上级机关有权责令纠正或撤销。

5. 联合行文规则：同级政府、同级政府各部门、上级政府部门与下级部门可以联合行文；政府及其部门与同级党委、军队机关及其部门可以联合行文；政府部门与同级人民团体和行使行政职能的事业单位也可以联合行文。

6. 请示规则：(1) 不得越级请示。因特殊情况必须越级时，应抄报被越过的上级机关。(2) 只写一个主送机关。(3) 一文一事。(4) 不得同时抄报下级机关。(5) 不直接送领导者个人。

7. 报告中不得夹带请示。

8. 在报刊上发表的行政法规、规章等应视为正式公文。

七、公文的写作要求

(一) 总体轮廓

“事信言文”是欧阳修提出的写作要求。就是说，你写的东西，事情是可信的，语言表达要有文采。这四个字也适用于公文。有人认为“言文”可不强调，其实不对。公文的“言文”不是单纯追求文字优美华丽，而是要求有利于表达内容的文采。如果一篇公文，文字干瘪枯涩，令人昏昏欲睡，岂不要影响公文的客观效果。古人说，“言而无文，行之不远”，所以公文也要求“文以载道”。

(二) 基本要素

事、理、情是公文内容的基本要素。事就是事实。以实为据，事实是公文的基础。理就是道理。理，一要正确，有理论根据，有政策根据；二要言之成理，令人信服，言之有序，条理严密。情就是感情色彩，表现为倾向性，要求有鲜明性。对这三个要素的要求，可概括为三句话：言之有据，晓之以理，动之以情。

晓之以理，就是以理服人，要给人们以启迪，以发挥思想动员的作用。决定、通知、通报都要明确地说明公文事项的因由，就是晓之以理。命令（令）、批复之类不可能详细说理，但要说明依据，也是晓之以理的一种方式。上行、平行公文中的陈述理由和说明情况，都是晓之以理，如《谏逐客书》。当然，要注意避免居高临下或自大高傲的角度和语气。

动之以情，就是鲜明地体现立场观点、思想感情，辅助言之有据、晓之以理，提高公文的说服力。《陈情表》和南宋胡诠的《戊午上高宗封事》就是动之以情的典范。公文不像文艺作品那样，从主题、形象到细节都浸透着作者的感情色彩。然而，这不等于说公文不存在感情成分。孤立地看一件公文，也许感情色彩不那么明显，但对比来看，却是鲜明得多。比如表彰通报和判刑的布告就有对立鲜明的感情色彩。例如：

“×××同志以雷锋为榜样，关键时刻挺身而出，表现了高尚的共产主义精神。”(表彰通报)

“该犯罪行严重，情节恶劣，不但不坦白交代，反而串通同伙，订立攻守同盟，实属怙恶不悛，必须严加惩处。”(判刑布告)

一些请示，特别是那些时间紧迫、涉及重大事项的请示，常常是陈述利害得失，情词恳切，带有急盼的感情色彩。针对这类请示所作的批复，又往往是开门见山，简明扼要，一语中的，落到实处，像久旱后的甘露那样，带有体慰的感情色彩。

领导机关就一些重大事项所发布的命令（令），内容具有强制性、法规性，措词用语十分凝练严谨，显现出严肃的气氛。这是一种感情色彩。机关单位就某些工作事项发出的通告和通知就不能这样，否则会有装腔作势之感。这类公文的内容有晓谕性，词句通俗，语调和缓，烘托出平易的气氛，这又是一种感情色彩。

来往于平行机关或不相隶属机关之间的函，也因种种因素而带有不同的感情色彩。

有的工作事项急如星火，刻不容缓，倘有拖延，就会造成不良后果。除了形式上以特急件发出外，公文的字里行间必带有急切的感情色彩；相反，有的工作事项火候未到，不宜操之过急，却又需要在适当的时候通过公文予以反映，那么，这类公文的字里行间就带有平缓的感情色彩。

有些事情要依赖对方大力扶持，就应摆事实，讲道理，力陈这些事情的必要性和迫切性，采用恳请的语气。这是一种感情色彩。如果万事俱备，只欠东风，对方稍加配合即可成功，又恐人家不理解，缺乏热情，就需要委婉陈情，突出关节要害处，以强调语气为宜。这又是一种感情色彩。

公文有感情色彩已毋庸置疑，那么，公文感情成分受哪些因素制约呢？

首先，受公文内容的制约，如表彰决定与判刑布告的不同感情色彩。

其次，受行文单位关系的制约，如下级向上级的请示、上级向下级的批复的不同感情色彩。

最后，受公文形式和语言风格的制约，如命令和通知之间不同的感情色彩以及个人语言风格特色所带来的感情色彩。

诸葛亮的《出师表》是其统兵征战前写给蜀主刘禅的请示报告。它淋漓尽致地表达了诸葛亮的赤诚之心。他那真挚而又强烈的感情，贯穿于全篇的字里行间，读之撼人心弦。结尾“今当远离，临表涕零，不知所言”，表现了自己无法抑制的感情。这种强烈的感情色彩，大大增强了《出师表》的感染力。

（三）具体环节

1. 观点鲜明。观点，是对公文所涉及的事项或问题持有的态度和看法，可分为三种因素：

第一层次是方针、政策。它们往往融汇在字里行间。如果把方针、政策比喻为公文的灵魂，那是不过分的。

第二层次是领导意图，即方针、政策在本地区或本部门的具体化。领导意图反映着方针、政策，二者甚至融为一体。不过，二者也存在着区别。具体地说，离开方针、政策，领导意图就失去了存在价值；反之，如果照搬方针、政策而缺少结合实际的具体化，这样的领导意见也不会有什么用。

第三层次是意见措施。公文是为解决工作中的问题而制发的，必须提出解决问题的途径、步骤和方法，以构成公文的主体部分。如果说，方针、政策是公文的灵魂，领导意图是公文的主脑，那么，意见措施就是公文的筋骨和血肉。

观点鲜明，是对公文的最基本要求。鲜明，就是给人们以突出的明确的印象。这要求一要有高度，即反映方针、政策，中心突出、倾向鲜明；否则就会舞文弄墨一阵，到头来真的不知所云。二是明确。提倡什么，反对什么，应当怎样做，不准怎样做，界限清楚，绝不能含含糊糊，模棱两可。三是具体。公文的观点实际上是方针、政策的具体化，离开具体化，就无法达到鲜明；切忌抽象笼统，空洞无物。上述三者齐备，公文的观点岂有不鲜明之理。

2. 例证精当。事实、材料、例证，是三而一、一而三的东西。事实，是公文所涉及的事项的实际情况，属于客观存在。材料，是经过加工提炼的事实，即素材。例证，是经过选择和剪裁的材料。事实——材料——例证，是筛选、提炼的过程。如果将其比喻为一座塔，事实像基础似的塔底，例证则是成果似的塔尖。对例证的要求是真实、清楚、能说明问题。真实，取决于例证所依据的事实。清楚，一方面，人、地、时、事、因、果等具体要素要交代清楚；另一方面，情节或事件的发生、发展过程的主要环节要叙述明白。说明问题，就是观点和例证相一致，切忌罗列现象，开中药铺。

3. 条理严密。这是指言之有序，言之有据。

首先，观点和材料要结合。观点统率材料，材料说明观点，这样才会有内在的逻辑性。

其次，因果关系要清楚。医治现象罗列的顽症，药方之一就是深入一步，发掘因果关系。因果关系有两种表现方式：

一是因由式，即说明公文事项提起的原因和根据，回答为什么要这样做的问题。篇幅较长的决定、通知常常用相当多的笔墨说明因由、依据。即使像命令、批复这样篇幅较短的公文，也要特别点明依据，以加强说服力。

二是溯源式，即解释事件结局和工作成就的原因，回答为什么会这样的问题。比如报告、通报以及工作简报里常常提到的经验教训，回答的是事情成败的原因，就是变相的追根溯源。

最后，结构安排得当。这是条理严密的重要条件之一。公文结构大约有三种类型：

一是一气呵成式。适用于内容不甚复杂的公文。一般不分章节，只有一段或数段，从头到尾，一气呵成，表现出贯通的严密性。

二是步步深入式。适用于内容较为丰富、集中的公文。篇幅虽长，却不分章节，而是环环相扣，步步深入；条理清楚，层次分明，表现出逻辑的严密性。

三是分章分节式。适用于内容丰富而又涉及问题较多的公文。篇幅较长而头绪又多，常常分章、分节；互相呼应，形散而神不散，表现出章法的严密性。

4. 格式适当。详见“公文的格式”。

5. 角度得体。这是指用语、语气、剪裁得体。

(1) 用语。同样是要求受文一方按公文所说的去做某事，也应当根据适当角度来选用词语。带强制性的公文用“必须”，指示规定性的公文用“应该”。如果用“拟请”、“烦请”、“请”之类，那就不得体了；相反，报请性的公文一般用“拟请”，洽商性的公文用“请”、“烦请”，角度都很适宜。如果用“应该”、“必须”，角度同样不得体。

（2）语气。同样是把某些规定知照有关单位和人员，下达带强制性的命令，用“以上各项，必须严格遵守，违者将严肃惩处”。公布涉及工作事项和与日常生活相关的内容，常用“上述规定希望大家自觉遵守，以维持良好的环境和秩序”。草拟请示报告，常用“以上规定当否，请指示”，或“以上规定如无不妥，请批转有关单位试行”。

（3）剪裁。主要是详略、增删及突出重点等问题。

下级向上级写报告，虽涉及方针、政策，道理不可不讲，但重点却是摆情况。如果一项报告里摆情况一带而过，而向制定方针、政策的领导机关大讲道理，岂不成了笑话；反过来上级对下级的指示或批复，重点应是结合实际情况，阐明方针、政策和意见、措施，而不应罗列一大堆现象。

6. 语言通畅。详见“公文的语言”。

公文语言的通病：一是粗枝大叶；二是披头散发；三是巧言伪饰；四是主观随意。

八、公文的语言

公文的语言，和其他文体的语言一样，都要求准确、鲜明、生动。由于公文是处理行政事务的工具，有其特殊的使用场合和特殊的功能，因而在语言运用上有其特殊的要求，并形成特殊的风格。公文的语言要求可概括为六点：通俗、简明、准确、严密、质朴、庄重。下面举例说明。

（一）通俗（易懂）

通俗是公文语言的起码要求。因为公文既然要家喻户晓，就必须词语规范，通俗易懂。

公文中使用的词语，如果不纯粹、不规范，或者夹杂着深奥、偏僻的词语，别人听不懂、看不懂，当然就谈不上语言有鲜明性。在这方面有几点需要注意：

1. 不生造新词和乱拆合成词

语言是社会大众共同使用的，生造或乱拆词语，没有得到社会的承认，不合乎大众的习惯，说出来，就会使人感到别扭，甚至意思模糊不清。例如：

*（1）为了励表先进，这个厂去年召开了两次劳模大会。

*（2）在阅览室里可以找查资料，读阅报纸。

“励表”是什么意思？令人颇感费解。“找查”、“读阅”又该作何解？明明有“查找”、“阅读”等现成的词，为什么要颠倒顺序呢？或许作者以为这样会使语言新鲜，实际上这是弄巧成拙。由于制造了理解的障碍，只能令人嫌恶。

2. 不乱用古语词

古语词混在现代语中，文白夹杂，会使人感到别扭和费解，也是语言不鲜明的一个原因。例如：

＊（1）张××的所为，令人发指，此种事只能发生在旧社会，在新社会是无有的。

＊（2）他的变化很大，前后简直判若两个人。

＊（3）现缘我店近日盘点库存，以故不对外营业，冀大家恕谅。

中学生的作文，常会发现这类文白夹杂的毛病。小学生的作文倒很少有这类毛病，因为他们天真烂漫，文章也写得很自然，不做作。所以，自然、质朴也是语言鲜明的一个因素。

（二）简明（简洁、明确）

简明是公文语言的显著特征之一。古人早已认识到这一点，《文心·议对》中说："文以辩洁为能，不以繁缛为巧；事以明核为美，不以深隐为奇。"

1. 简洁

什么是简洁呢？

简洁是指笔墨节省，干净利落，用尽可能少的文字表达尽可能多的内容。最简洁的文字往往一个字也删不掉。例如，东晋陶渊明曾写过一部超短篇小说，只有25个字：

蔡裔有勇气，声若雷震。尝有二偷儿入室，裔附床一呼，二盗俱陨。

这个故事如果展开，可以写得很长，但这里只寥寥25个字，却把人物写得形神毕肖，一个字也删不了，可谓简洁之至。

如何才能使语言简洁呢？

（1）去芜杂，抓中心

写文章总要有个中心，跟中心有关的才写，而且要把力量用在刀刃上，无关的就不要写。这是做到简洁的根本。

抓住中心，围绕主旨，有方法可循。古人说的"提要勾弦"、"贴黄"，都是抓住中心、节省笔墨的方法。要想抓住中心，使行文简洁，就要做到三忌：

一忌穿靴戴帽。克服的方法是"掐头去尾"。

二忌节外生枝。意多必乱文，克服节外生枝的办法是"未作时删题，将作时删意"。

三忌画蛇添足。公文写作当意尽言止，切忌拖泥带水，添加无用的尾巴。

（2）去粉饰，删废话

粉饰是指修饰成分（定语、状语）过多，失去质朴美和自然美。废话是指多余的、不增加信息的部分。

这里只说删废话。俄国的一个老编辑奥里明斯基举过一个例子："有篇文章，我记得好像是描写蒂威尔城的示威游行的。文末谓：'在游行的地方，曾来了地方警察，拘捕了八个游行示威的人'……把它整个排印起来，是否需要呢？譬如：'地方'二字，难道蒂威尔城来的警察，不是当地的，而是卡桑的吗？此外，'在游行的地方来了'云云，难道警察不来可以拘捕吗？至于'警察'云云，除了警察之外，谁还可以捕人呢？最后，‘游行示威的人’云云，自然不是母牛，也不是行路的人吧！所以留下排印的仅是‘八人被捕’，即只是所需要者，其余的统统删掉了。”这里，“八人被捕”是文字上的剔繁就简，用四个字表达一整段话的意思，是语言信息量的易“弱”为“强”。为使行文简洁，要注意两个毛病：

①忌叠床架屋

叠床架屋有以下几个原因：一是内涵不明：各位同志们/涉及到/必须要/大浩劫/继续进一步，等等。二是外延不明：反映了情况和问题/学习有关政策的规定，等等。三是语法意义不清：最最坚决拥护/非常非常热爱/对重大问题要尽快查处，等等。四是非语病的叠床架屋：通过学习以后他已认识到/仅一年时间内就实现/截止5月底为止已完成，等等。

②尽力删去赘字

鲁迅说：“写完之后至少看两遍，尽力将可有可无的字、句、段删去，毫不可惜。”公文中的赘字现象屡见不鲜，仅举一例：

“革命尚未取得成功，同志仍须进行努力”。（该“进行”的进行，不该“进行”的也进行，我们看有些公文，有些“进行”实在不应该“进行”。）

“简为文章至境”。关于简洁，古人有一个很好的解释，叫作“意则期多，字唯期少”。意多字少，应当是简洁的一个重要标准。

简洁和篇幅短小有联系。如古代一寡妇要求改嫁所写的最短的状纸：“夫死，无嗣，翁鳏，叔壮”（8字）；某县官为欧阳修母亲写的极短的祭文：“昔孟母择邻，世称亚圣；今有子如轲，虽死何憾，尚飨”（20字）；彭德怀在朝鲜战场上给毛泽东的电报：“饥无粮，寒无衣”（6字），都达到了简洁的至境，传为美谈。

但简洁和篇幅短小不是一回事。《资本论》写得很长，但谁也不会说它繁琐；相反，有的文章看上去虽短，但空洞无物，如四川的《二郎庙记》（共72字）。文中有“二郎者，大郎之弟，三郎之兄，老郎之子也”，“庙前有两株树，人皆以为树在庙前，我独以为庙在树后”等语，尽是废话。这样的文章即使再短，也仍然属于繁琐。

《二郎庙记》之所以可笑和令人生厌，原因就是重复唠叨一些尽人皆知的词。作家何其芳在谈关于修改文章时说，别人不知道的东西要详写，别人已知道的东西要少写或不写。这句话对写作公文很有启示。

简洁，是公文语言运用的一个重要要求，尤其在信息社会，在知识爆炸的时代，语言文字的经济性原则，对于提高行政工作效率有着极为重要的意义。为了使公文写得更简练，美国写作专家们提出，公文写作要用MADE方式：M（message）代表信息，写清楚读者对象应该知道的信息；A（action）代表行动，写出切实采取的措施；D（details）代表细节，包括人物、事件、时间、原因、方法、地点等，但不必全写，详列必要的某项即可；E（evidence）代表证据，只有在有助于读者了解情况、采取行动时，才特别提一下附件。大凡写决议、合同、评价鉴定、解聘通知、存档记录、备忘录、建议等，都要求这样做，而主管部门的下行文也不得繁琐。

请看下面的对话：

有一次，有人问美国第28任总统伍德罗·威尔逊：

"您准备一份10分钟的讲演稿得花多长时间?"

"两星期。"威尔逊回答，

"那么，准备1小时的讲演稿呢?"

"1星期。"

"两小时的讲演稿呢?"

"不用准备就可以讲。"

这一段对话，幽默而令人沉思。长篇不一定难写，倒是短小精粹的文章，因为要求以简驭繁，以少胜多，反而更费神思。

2. 明确

什么是语言明确呢?

语言明确，是指意思明白，给人以显豁的印象。和明确相反的是晦涩、含糊。要求明确或鲜明，就是要求不晦涩、不含糊。这好像只是修辞方面的事，其实仍跟思想认识有关。

如何使语言明确呢?

(1) 思想确定，态度明朗

语言不鲜明，常是因为思想认识欠明晰，欠深入，欠透彻。发言吐语之前，首先要思想确定，态度鲜明。拥护什么，反对什么，歌颂什么，抨击什么，都要十分明确，只有这样，才可能做到语言鲜明。下面句子的语病就是由于思想态度不确定而造成的：

①这些人总爱一起说说笑笑，似乎不知道别人是否在工作，不过他们那样子团结，当然也不坏。

究竟是批评这些人，还是肯定他们呢? 实在含混不清，令人难以理解。如果换一种明确批评的态度，自然要用另外一些明白而确定的字眼：

②这些人不顾是否影响别人的工作，总爱高声笑闹，讲团结也不能那样子做。

(2) 指代明确

代词很有用处，用得恰当，能节省笔墨，言简意赅。请看下例：

*①胡富福把胡富福的叔父吩咐胡富福的一番话，一一告诉胡富福的师傅符伏虎。

这句话因为没用代词，显得非常笨拙别扭，而用了代词，效果就完全不同了，难怪古人创造语言时就发明了代词。但用代词切忌指代不明。例如：

*②王科长告诉李科长说他明天要到深圳去。

*③这个案件的主要情节是：她要他杀死他。

这两句话都令人费解，原因就是代词指代不明。

(3) 句义显豁，合乎逻辑

首先，要不生歧义。

用词造句，要避免产生歧义，因为有歧义的句子意思必然不明确。例如：

＊①有两个实验室的工作人员参加了这次比赛。

＊②步入星海，我一眼就望见了那雕刻在鱼背上的少女。

第一个例子可以有两种理解，第二个例子语义不明，令人感觉莫明其妙。

再举两个歧义句：

＊③浙江今年全省粮食生产超过历史最高纪录，十亿斤。

＊④对国外电视片的需要量很大，我们有关部门要认真研究。

其次，要合乎逻辑。

如果话语自相矛盾，违背逻辑，意思自然不可能鲜明。例如：

＊⑤夜晚，熄灯以后，有的人还在宿舍里拉胡琴，发出刺耳的节奏声。

＊⑥旧社会，有钱有势的纨绔子弟，不用考试就可以考入大学。

上面的例子都是因为违背了逻辑而使意思不明。所以，学点逻辑，做到概念明确，判断恰当，推理前后一致，是做到语意鲜明的一个重要条件。

(4) 采用富有形象和感情色彩的词语

词语带形象色彩，能使事物如在眼前；带感情色彩，则易于打动人。注意采用有形象和感情色彩的词语，往往能把意思表达得具体而明显，从而给人鲜明的印象。试比较：

狐疑的神气——怀疑的神气

火辣辣的痛——剧烈的痛

闪射着仇恨的目光——发着仇恨的目光

上面的词语，左边的比右边的意思显豁、真切，因为左边的色彩浓重。如果两个近义词的理性意义相似，而形象、感情色彩不同，那么，为了表现得更鲜明，就应当选择色彩较浓的词语。

(三) 准确

1. 什么是语言准确

语言准确，就是意思表达得贴切，不走样儿，恰如其分。也就是词语表达了说写者想要表达的思想感情。和这相反的是词不达意：想的很不错，说的或写的让人看来却不是那么回事，不那么完美，走了样儿，甚至和说写者的本意大相径庭。发生这种情况，是由于说写者的语言表达能力差。语言准确即“意思不走样儿”这个标准属于语言或写作范畴，克服不准确的方法就是要在语文基础上下工夫。

语言准确还有一个更深层的含义，或者叫作更高的要求，那就是话语的内容要符合实际，要经得起推敲，经得起客观实践的检验。我们常听到有人说：“某某人的话很准确，一语中的。”这里的准确是就话语的内容来说的，即说话、写文章做到了主观与客观相符合。和这个含义相反的不准确，就是词虽达意，但“意”不符合客观，或不完全符合客观。这类话语的不准确不是用词造句上的失误，而是说写者在认识上有主观性、片面性或表面性的错误。克服这类不准确的方法不仅是学习语文知识，还要加强思想和理论修养，注重调查研究。语言准确的这个深层含义虽然已经超出了语文或写作的范畴，属于认识论上的标准，但由于文章或言语不能离开内容而存在，不能只是一个空壳，所以，在讨论怎样使语言准确时，不能忽略内容的因素。

2. 如何使语言准确

语言运用得准确，涉及的问题比较复杂，概而言之，可以从以下三个方面下工夫。

（1）认识要透彻（提高认识，努力使主观与客观相符）

语言表达思想感情，说到底，是表达认识内容。所以，要使语言准确，有个前提条件就是认识要透彻。认识上有问题，比如认识上有主观、片面、表面等毛病，话语内容就会不符合事实，不符合科学，语言就不可能准确。例如：

*①学生会要支持学生的要求。

*②对知识分子在工作和生活上需要解决的问题，一定要给予解决。

学生的要求有合理的不合理的，正当的不正当的，不能凡是要求都支持，应当在“要求”前面加“正当”两个字。知识分子在工作和生活上需要解决的问题，需视本市财政实际情况区别对待，如果脱离实际去片面强调全部解决，就会事与愿违。

有时语言不准确，似乎是用词问题，但究其根本仍是由于认识上的模糊。比如：

*③旧社会真是天下乌鸦一般黑，没有一个人不吸人民的血汗。

*④新中国成立后，劳动人民推翻了压在中国人民头上的三座大山……劳动人民的子女都上学念书了。

这两句话都不符合实际，其原因，多出语草率，但究其根源，恐怕还是由于思想认识上的片面和模糊。

（2）精细地辨析词义（炼词以达意）

（3）准确地使用判断

①判断恰如其分

判断要防止褒贬失当。例如，某人在困难的条件下完成了一项具体任务，如果在通报中说“取得了很大的成就”，就属评价过高；反之，我国第一颗人造卫星试验成功，如果说只是社会主义建设中一个不小的成绩，则属于估计不足。

又如，“错误极其严重，应当进行批评”，则属于措施和错误的程度不相称。

判断要恰当使用关系到事物对象的量、度、质的词。例如：

量的判断：大多数、少数、不少

度的判断：一定的成绩、重大的贡献

质的判断：是、不是、不尽是、并非不是

根据对象的实际，作必要的限定，防止意明而用词偏激。

②判断不含糊其辞

不写“弹性文件”，如“基本同意”、“原则上同意”、“这种心情可以理解”、

“倘有条件的话可以考虑”、“大致尚可”、“似无不可”之类的话，使人不得要领。判断的模糊性与确切性是相对的。模糊判断有时是必要的，准确的。换言之，准确有模糊性的准确和确切性的准确，要区别清楚。例如，《关于进一步扶持引导乡镇企业发展的决定》在原稿中讲：“为稳定乡镇企业基层管理队伍和技术业务骨干，市、县在每年‘农转非’指标中拿出10%的指标……以解决他们的实际困难。”校核时将“10%”改为“一定数量”。因为全市各地情况不一，不可一概而论。

（四）严密

严密指严谨周密。首先应当是周密，唯周密才能体现严谨。为了使公文语言周密，除要注意对话语作必要的修饰限制，谨防成分缺漏外，还应努力做到使公文话语全面周到，前后照应，这就是公文语言的周密。例如：

1. 不应该肯定我们的一切，只应该肯定正确的东西；同时，也不应该否定我们的一切，只应该否定错误的东西。

2. 阶级必然产生，这是人类社会发展的必然规律；但是阶级终将消灭，这也是人类社会发展的必然规律。

例句1从正反两个方面说及对正误的肯定、否定问题，论述全面周到而界限清楚。这样的语言是周密的语言，符合公文语言严密的要求。例句2先从“阶级的产生”说，再从“阶级的消亡”说，语言前后照应，内容纵观生灭，符合辩证性。这也是周密性的语言，符合公文语言严密的要求。

（五）质朴

质朴在有些公文著述中称为“平实”，意思差不多。作家的艺术风格、特色，常常有“本色派”之说。远者如我国史传文学巨著《史记》的作者司马迁，近者如人民艺术家老舍，都可以归入“本色派”之列。

如果这一概念可以引申到语言研究领域，那么，在诸种体裁文章的语言中，公文语言显然属于“本色派”，讲究天机自露，水到渠成，形象地说，就是于平淡中显神奇，至少是于平淡中见功力。

公文的表达手段是叙述、说明、议论，绝少使用描写和抒情，这无疑是公文语言“本色派”的重要表现。当然，公文语言并不排斥必要的藻饰成分，但不同门类的公文从内容特点和表达需要出发，在使用时又需十分谨慎、严格。

以夸张、比喻等传统修辞手段为例，在那些以表彰或惩戒为内容的通报、决定里，适当使用夸张、比喻，未为不可。如果运用得当，无疑会增强生动性和感情色彩，有助于内容的表达。比如1947年10月毛泽东同志起草的《中国人民解放军宣言》中的“我军所到之处，敌人望风披靡，人民欢声雷动”一句，就用“望风披靡”这一夸张性的成语有力地渲染了我军的声威。相反，如果在命令、布告、请示、批复之类的公文里使用夸张、比喻，就不得体。比如，某单位因下属工厂生产情况不稳定，拟采取措施加以改进，向上级机关请示，其语言风格应当是这样的：

1. 我局所属××工厂去年借助外力，生产一度发展很快，但因政策不落实，今春以来直线下降。

同样是这个意思，如果使用夸张、比喻等修辞手段，就会变成这样：

＊2. 我局所属××工厂去年借助外部东风，生产一度像穿云燕子，飞向百尺竿头。曾几何时，今春以来却又像冰山开化似的，一泻千里。

像这样华而不实的文字，一般文章都忌讳使用，更何况公文。质朴，是朴实平正，即语言朴实而不矫饰，稳妥而不偏激。在表达方式上，公文主要采用平直叙述和透彻说理。所谓平直叙述是多用直接的顺叙，少用插叙和倒叙。所谓透彻说理是用几句话道破实质，不搞旁征博引，不作多方论证，只把道理讲清，让人明白即可。

（六）庄重

1. 褒贬适当

词义有褒贬，体现为感情色彩的不同，所以必须注意褒贬适当。如果违反了这一要求，在公文中极不严肃地“胡褒滥贬”，就会影响公文语言的庄重性。例如：

＊（1）十二万五千千瓦双水内冷发电机组，它仅仅比号称二十四层楼的国际饭店低十几米。

＊（2）在各职工单位的配合下，我们对那些不愿迁出的住户进行了说服教育，经过一个月的努力，终于搬掉了这些“四化建设的绊脚石”。

“号称”是贬义词，用在此处不正确。把那些思想一时想不通的动迁户喻为“四化建设的绊脚石”，也贬喻过分，伤害群众感情，不符合公文语言严肃庄重的要求。

2. 重视专语

公文有一些专门的习惯用语，如“此复”、“特此函达”、“希即贯彻执行”等。这些专门的习惯用语的使用，给人一种庄重的感觉。如果在该使用专门习惯用语的地方不使用，甚至用一些所谓的大白话来代替这些专门的习惯用语，就会影响公文语言的庄重。试对比：

（1）当否，请批示。(公文用语)

＊（2）行不行，回个话。(口语)

3. 避免诙谐

为使公文严肃郑重，行文中要绝对避免诙谐幽默、戏谑挖苦。一些人员不顾公文的性质特点与撰写的语言要求，片面追求那种无聊的“诙谐情趣”，这种做法是极不严肃的，也是对文秘工作不负责任的表现。例如：

通　告

本工程队自明日起要在102线电车××车站进行维修施工。希望过路职工及附近居民从你本人安全及你全家幸福着想，不要深入这危险的“是非之地”观光。我们尤其希望附近居民管好自己的“第二代”，不要让他们来此危险境地滚打跌爬，追逐玩耍。否则发生不良后果概由本人负责，悔之晚矣！

特此通告

××市××工程队

××××年××月××日

以上是公文语言的六点要求，现在说一下公文语言的特殊风格。

公文语言的特殊风格属于本色美，概括说来，就是朴实美、精练美、平直美。

所谓朴实美，指风格特色，不事藻饰铺陈，更不要浓妆艳抹，而是像“淡扫娥眉”那样，于平淡中见神采。

所谓精练美，指文笔功力，不论字、句、段，不仅陈言务去，而且讲究精练，言简意赅。

所谓平直美，指公文笔法。公文贵用直笔，采用直陈方式。平直并非完美可言。它不像迂回层叠的立交桥，却像坦荡的长安大街。驻足一端，放眼远望，一览无余，尽收眼底，顿生开阔之感。

公文语言讲究朴实美，却不排斥必要的藻饰；它讲究精练美，却不排斥适当的排比和铺陈；它讲究平直美，却不排斥衬托式的曲笔。

闵庚尧《公文语言漫谈》里举了个曲笔的例子，并作了有说服力的分析。摘引如下：

曹操南下之前给孙权的战书，也是用的曲笔。书的全文是：

近者奉辞伐罪，旌麾南指，刘琮束手。今治水军八十万众，方与将军会猎东吴。

明明是下战书，敦促孙权投降，却说“与将军会猎东吴”，表面的意思是跟你孙将军在吴国打打猎，玩一玩。这是本意吗？不是，这是曲笔。前面已经讲了“奉辞伐罪”，“刘琮束手”，既然大前提如此，结论是要孙权投降无疑。这里不用“投降”、“束手”之类的词语，偏偏要说“方与将军会猎东吴”这样一句既体面又带有威胁性的言辞，既曲折又紧扣主旨，要比直说的效果更好。

在某些公文中适当地使用曲笔，并不损害公文语言的平直美，反而使之增辉。公文语言应以直陈为主，曲笔为辅，提倡贵用直笔，巧用曲笔。

附：公文撰写与修改

《论语·宪问》记有孔子的一段话：“为命，裨谌草创之，世叔讨论之，行人子羽修饰之，东里子产润色之。”意思是说，郑国外交文书的创制，裨谌拟初稿，世叔研究提意见，外交官子羽修改，子产做文字加工。这里说的是一份外交文书的产生过程，其中“讨论”（与今天“讨论”的意思不同）、“修饰”、“润色”，都属于广义的修改。外交文书要经过修改，其他文书、文章也要经过修改。可以说，一切文章都是改出来的，只是修改体现的阶段不同。有的人，文章写出来基本上不用修改，那是在打腹稿阶段做了修改。更多的人是在写出初稿之后，或者请别人修改，或者自己修改。

资料来源　胡双宝等：《实用公文写作教程》，北京，北京大学出版社，1997。

第二节 公 告

一、公告概说

公告是“向国内外宣布重要事项或者法定事项”时使用的公文。“向国内外宣布”，说明包括涉外的事项。“重要事项”是应让公众普遍知晓的事项；“法定事项”是说明所宣布的事项合法或不合法。

公告通常是国家和政府的重要文告，通过各种宣传工具向国内外发布。

公告按作用来划分，大体可分为两类：

一类是由国家最高权力机关或最高行政机关发布的有关国家政治、经济、军事、科技、教育、人事、外交等方面重要事项的公告，如以全国人大的名义颁布宪法或其他重要法规，以国家的名义宣告重大事件或作出的重要决定。这类公告有时也授权新华社发布，如新华社被授权宣布中国将进行向太平洋发射运载火箭试验的公告等。

另一类是由政府的有关职能部门、企事业单位或社会团体发布的涉及面广、影响面大的专门事项的公告，如中国人民银行关于改革外汇管理体制的公告，海关、机场、码头等部门发布的相关事项的公告等。

二、公告的格式和写法

1. 标题。它一般由发文机关、事由和文种构成，有时只标发文机关和文种，甚至只标文种。标题如无发文机关，则在落款中要标明。

2. 正文。它包括：①开头，讲公告的原因或目的。发布公告因由一般都不复杂，在写法上，要求言简意赅，清楚明确。②发布事项，是公告的主体部分，它的内容或是晓谕各方的，如［例文二·一］，或是在晓谕各方的同时，还提出某些要求的，如［例文二·二］、［例文二·三］。如果公告的内容较多，可以分条列出。③结尾，写实施的期限、范围等，也可以简洁地提出对人们的希望，对违背者的警告等，或结尾只写结束用语，如“特此公告”。

3. 结尾。它包括署名和日期。以机关名义发布的，标题如已有机关名称，不必再署名。

三、公告的写作要求

1. 语言简洁、准确、通俗、庄重。公告所公布的是重要或重大事项，常以报刊、广播、电视、张贴等形式公开发表，写作时，要直陈其事，一事一告，就实公告；语言要简洁、准确、通俗，并体现出庄重的风格。公告的庄重是不粉饰造作，不寓庄于谐，不发议论，不加说明，干净利落，唯其朴而益庄。

2. 注意文种的选择。公告的事项都是重大的或重要的，基层单位不涉及外事的一般不能用公告。

3. 公告一般不编号，但当某一次会议或某一专门事项需要连续发布几个公告时，则应在标题下单独编号。

［例文二・一］

中华人民共和国全国人民代表大会公告

第三号

第七届全国人民代表大会第一次会议于 1988 年 4 月 3 日选举邓小平为中华人民共和国中央军委会主席。

现予公告。

中华人民共和国第七届全国人民代表大会
第一次会议主席团
××××年××月××日

［例文二・二］

中华人民共和国国务院公告

为表达全国各族人民对四川汶川大地震遇难同胞的深切哀悼，国务院决定，2008 年 5 月 19 日至 21 日为全国哀悼日。在此期间，全国和各驻外机构下半旗致哀，停止公共娱乐活动，外交部和我国驻外使领馆设立吊唁簿。5 月 19 日 14 时 28 分起，全国人民默哀 3 分钟，届时汽车、火车、舰船鸣笛，防空警报鸣响。

特此公告！

中华人民共和国国务院
二〇〇八年五月十八日

［例文二・三］

中华人民共和国国务院
中华人民共和国中央军事委员会
公　告

根据《中华人民共和国宪法》赋予中国人民解放军的使命和《中华人民共和国香港特别行政区基本法》关于中央人民政府负责管理香港特别行政区防务的规定，为维护国家的主权、统一和领土完整，保持香港特别行政区的繁荣和稳定，中华人民共和国中央人民政府派驻香港特别行政区的部队，经过精心准备，现已组建完成。驻香港部队由中国人民解放军陆军、海军和空军部队组成，隶属中华人民共和国中央军事委员会领导，这支部队将于 1997 年 7 月 1 日零时正式进驻香港。中央人民政府派驻香港特别行政区负责防务的军队不干预香港特别行政区的地方事务。香港特别行政区政府在必要时，可向中央人民政府请求驻军协助维持社会治安和救助灾害。驻军人员除需遵守全国性的法律外，还需遵守香港特别行政区的法律。驻军费用由中央人民政府负担。

一九九六年一月二十九日

第三节 通　告

一、通告概说

通告是“公布社会各有关方面应当遵守或者周知的事项”时使用的公文。

通告具有法规性、政策性和广泛性的特点。按内容性质划分，通告一般可分为告知类通告和禁约类通告两类。告知类通告是向一定范围内的公众告知需要知道的事项，带有通知的性质，没有强制性。禁约类通告是向一定范围内的受众公布应当遵守执行的事项，其内容作为有关方面的行为准则，具有法规性，不得违背，有较强的约束力。通告的广泛性是指有的通告属于全国范围的重大法规性的规定，要求家喻户晓，妇孺皆知，如公安部关于民用机场实行安检的通告。有的通告是针对某项工作或专门问题而发的，其告知范围有一定的局限性。

二、通告的格式和写法

（一）标题

标题的写法有三种：①“×××关于×××的通告”；②“×××的通告”；③“通告”。如遇特别紧急情况，可在通告前加上“紧急”二字。

（二）正文

1. 缘由。说明为什么要发布这个通告，通常简述发布通告的背景、根据、目的、意义等。常用的特定承启句式“为……特通告如下”，或者“根据……决定……现将有关规定通告如下”，引出下文。

2. 通告事项。这是通告正文的核心部分，包括需要周知的事项和相关执行要求，即允许什么和不允许什么。撰写这部分内容，首先要做到条理分明，层次清晰。其顺序通常为说明规定，提出措施，明确责任，规定奖惩办法等。如果内容较多，可采用分条列项的写法；如果内容比较单一，可采用贯通式写法。其次要做到明确具体，需清楚说明受文对象应执行的事项，由主及次，由大到小，以便于理解和执行。

3. 结语。提出希望和要求，常见的通告结语有“特此通告”或“本通告自发布之日起实施”。

（三）落款

署名和日期。

三、通告的写作要求

（1）要清楚通告事项的实际状况和有关的法令、政策。通告的政策性、法令性很强，写作时，一定要符合党的方针、政策和政府的法令，符合人民群众的利益，不能随意作规定。

（2）通告的语言要简明准确，通俗易懂。

（3）通告的事项要条理清楚，便于人们理解和掌握。

四、通告和公告的区别

通告和公告这两种公文，被称为发布性公文或知照性文告，二者的区别是：

第一，使用的权限不同。公告通常在党和国家高级领导机关宣布某些重大事项时才用，新华社、司法机关以及其他一些政府部门也可以根据授权使用。而通告则适用于各级行政机关和企事业单位。

第二，告知的范围不同。公告面向国内外的广大读者、听众，告知面广；通告的告知面则相对较窄，只面向"一定范围内的"有关单位和人员。

第三，所起的作用不同。公告用于"向国内外宣布重要事项或者法定事项"，兼有消息性和知照性的特点；通告的内容是"在一定范围内应当遵守或周知的事项"，具有鲜明的知照性、执行性。

[例文二·四]

甘肃省人民政府关于陇南市、甘南州2008年普通高考的通告

受"5·12"四川省汶川县特大地震波及破坏，陇南、甘南两市州灾情严重，直接影响到我省2008年普通高考。为确保考生安全，维护考生利益，甘肃省人民政府经慎重研究并经教育部同意，决定陇南市、甘南州的17个县市区延期举行2008年普通高考，具体考试时间将视救灾情况另行确定。

全省其他市州高考时间不变。

延期举行2008年普通高考的县市区有：文县、武都区、宕昌县、礼县、成县、西和县、徽县、康县、两当县、舟曲县、迭部县、卓尼县、临潭县、碌曲县、玛曲县、夏河县、合作市。

教育部门将组织力量为延期举行高考的重灾区考生无偿提供复习和生活条件，保证考生顺利参加高考。对考上大学的孤残考生将免收学费，提供生活费补助；对未能考上大学的孤残学生，将实行免费就读中等职业学校，提供职业技能培训。当前要做好考生心理调适辅导，帮助其增强战胜灾害的勇气和信心。

特此通告

二〇〇八年五月二十日

[例文二·五]

北京市工商行政管理局关于对利用电子邮件发送商业信息的行为进行规范的通告

为促进我市网络经济健康发展，保障电子邮件收件人的合法权益，创造公平的市场竞争环境，北京市工商行政管理局决定依法对利用电子邮件发送商业信息的行为进行规范。特通告如下：

一、因特网使用者利用电子邮件发送商业信息应本着诚实、信用的原则，不得违反有关法律法规，不得侵害消费者和其他经营者的合法权益。

二、因特网使用者利用电子邮件发送商业信息，应遵守以下规范：

（一）未经收件人同意不得擅自发送；

（二）不得利用电子邮件进行虚假宣传；

（三）不得利用电子邮件诋毁他人的商业信誉；

（四）利用电子邮件发送商业广告的，广告内容不得违反《广告法》的有关规定。

三、对违反上述规定的因特网使用者，工商行政管理部门将作如下处罚：

（一）对违反本通告第二条第一项的当事人，工商行政管理部门将责令其停止发送商业信息；对后果严重或屡教不改的，工商行政管理部门将支持被侵权的收件人诉诸法律的请求，并依据有关法律法规对违规责任人予以处罚。

（二）对违反本通告第二条第二项、第三项的当事人，工商行政管理部门将依据《中华人民共和国反不正当竞争法》的有关规定予以查处。

（三）对违反本通告第二条第四项的当事人，工商行政管理部门将依据《中华人民共和国广告法》的有关规定予以查处。

四、在消费者权益受到损害并向工商行政管理部门提出申诉后，工商行政管理部门将依据《中华人民共和国消费者权益保护法》及《北京市实施〈中华人民共和国消费者权益保护法〉办法》对违法者予以查处。

五、本通告自公布之日起实施。

2000年5月15日

第四节 通 知

一、通知概说

通知是“批转下级机关的公文，转发上级机关和不相隶属机关的公文，传达要求下级机关办理和需要有关单位周知或者执行的事项，任免人员”时使用的公文。通知是使用范围最广、使用频率最高的公文。按使用功能和性质分，它有四种类型。

（一）颁转性通知

颁转性通知用于颁转另一个文件，包括转发上级机关的文件，发布本机关的文件，转批下级机关的文件，印发不相隶属机关的文件，如《国务院关于发布〈国家行政机关公文处理办法的通知〉》、《国务院批转财政部关于开展企业财务检查情况和今后意见的报告的通知》。

（二）指示性通知

指示性通知用于阐述政策、布置工作、答复询问等，带有指令性，与决定、通告和规章等作用类似，如《国务院关于切实减轻农民负担的通知》、《中共中央办公厅国务院办公厅关于严禁用公费变相出国（境）旅游的通知》、《上海市人民政府关于严格控制征用郊区土地的通知》。

（三）周知性通知

周知性通知又称知照性通知，内容只是向有关机关告知情况，而并不要求受文单位完成什么任务。如为了任免人员，设置或撤并机构，扩展、缩小或中止机关的某些职权，发行债券，启用或更换印信等而发的通知都属此类。

（四）会议通知

会议通知也是周知性通知，在日常工作中广泛使用，因有其特定的内容，故另立一类。

通知旨在通告周知，无论是传达上级的指示，公布、批转、转发有关文字材料，还是布置工作事宜等，都是通过告知的方式实现的，因此告知性是通知的首要特点。在各类公文中，通知的用途广，使用频率高，类别多，因而通知又具有多样性的特点。

二、通知的格式与写法

通知由标题、主送机关、正文和落款四部分构成。

（一）标题

1. 指示性通知和告晓性通知的标题一般都采用规范写法，即由发文机关、事由加文种组成，如《国务院办公厅关于西部大开发中加强文物保护和管理工作的通知》；也有省略发文机关或事由的，只写文种，如一般简单的会议通知等。

2. 颁转性通知的标题由四部分组成，即由发文机关加转（或转发）字样加被批转（或转发）文件的标题再加文种组成，如《国务院办公厅转发国家经贸委关于鼓励和促进中小企业发展若干政策意见的通知》。

（二）主送机关

在标题下顶格书写接受通知的机关名称。

（三）正文

1. 指示性通知的正文由缘由、事项和要求（或希望）三部分组成。缘由部分主要写发文的原因、背景、根据、目的等。发文缘由要写得充分，但行文要简明，文字不宜过长。缘由部分写完后，常用“为此，特作如下通知”，“现通知如下”等承启用语引出下文。

事项部分主要写明对有关事项的安排、决定，一般采取分条或分项写法。这部分内容要写得明确具体，使受文机关清楚地了解“做什么”和“怎么做”。

要求（或希望）部分一般都比较简单，有的写“以上通知，望认真执行”，“本通知自下发之日起执行”，有的通知也可以省略这部分。

2. 批转性通知的正文由两部分组成：一是发布、批转、转发文件的缘由，也有的不写；二是意义和要求，即写对所批转、转发文件的态度或指出文件所涉及问题的重要意义，提出如何执行文件的要求等。

3. 告晓性通知的正文比较简单。会议通知特别是异地和重要的会议通知，应写明会议名称和会议事项（主旨）、起止时间、开会地点（重要会议还要指出报到时间和报到地点)、出席对象人数和条件、必须携带的材料。告知某些事项的通知，如干部任免通知、机构设立或调整通知等，正文内容要写清所告知事项的依据或原因、任免干部名单或机构设置、调整情况等。

（四）落款

在正文后右下方标明发文机关和发文时间。

三、通知的写作要求

1. 通知的事项要具体，要求和希望部分要有针对性。
2. 通知的语言要精炼、准确。

[例文二·六]（颁转性通知）

关于印发《企业会计准则第1号——存货》等38项具体准则的通知

财会［2006］3号

国务院有关部委、有关直属机构，各省、自治区、直辖市、计划单列市财政厅(局)，新疆生产建设兵团财务局，有关中央管理企业：

为规范企业会计确认、计量和报告行为，保证会计信息质量，根据《中华人民共和国会计法》、《企业会计准则——基本准则》等国家有关法律、行政法规，我部制定了《企业会计准则第1号——存货》等38项具体准则，现予印发，自2007年1月1日起在上市公司范围内施行，鼓励其他企业执行。执行该38项具体准则的企业不再执行现行准则、《企业会计制度》和《金融企业会计制度》。

执行中有何问题，请及时反馈我部。

财政部

二〇〇六年二月十五日

附件：企业会计准则（具体准则）

[例文二·七]（指示性通知）

关于实行民航基础设施建设基金先征后返政策的通知

财建［2009］4号

各运输航空公司：

为减轻航空公司负担，促进民航业的发展，经国务院批准，决定对国内运输航空公司2008年7月1日至2009年6月30日应缴纳的民航基础设施建设基金实行先征后返政策。各航空公司收到返还的民航基础设施建设基金作为企业收益处理。

财政部　中国民用航空局

二〇〇九年一月二十二日

[例文二·八]（指示性通知）

国务院办公厅关于西部大开发中加强文物保护和管理工作的通知

各省、自治区、直辖市人民政府，国务院各部委、各直属机构：

西部地区是中华文明的重要发源地之一，自古以来就是一个多民族聚居的地区，各族人民共同创造了光辉灿烂的古代文化，留下了丰富而珍贵的文化遗产。这些文物是各族人民开发西部、建设西部，并在这里生活、繁衍、生息的历史见证。保护和管理好这些文物，具有重要的历史意义和现实意义。现将有关问题通知如下：

一、加强西部大开发中的文物保护和管理工作，是各级人民政府和有关部门义不容辞的责任。（略）

二、要妥善处理好西部大开发中文物保护和经济建设之间的关系。（略）

三、结合西部生态环境建设工程，做好古遗址、古墓葬的保护工作。（略）

四、根据西部地区历史文物、少数民族文物和各类矿物、动植物标本相对丰富的实际情况，要加强抢救和保护，有计划、有重点地发展各具特色的专题博物馆；改善博物馆的地区分布和品类布局，健全博物馆的设施和功能。（略）

五、科学、合理地发挥文物特有的作用，为西部大开发服务。（略）

六、作为宗教活动场所的古建筑和寺庙内收藏的各类文物，必须依据《中华人民共和国文物保护法》进行有效管理。（略）

七、加强西部文物保护科研工作和人才培养。（略）

八、加大对盗掘、盗窃、非法交易和走私文物等违法犯罪活动的打击和防范力度。公安、工商行政管理、海关、文物等有关部门要密切协作，相互配合，对各种文物犯罪分子特别是那些破坏性强、危害严重的盗掘团伙和走私集团，必须坚决摧毁，依法予以严厉打击。

国务院办公厅

二〇〇〇年八月三十一日

［例文二·九］（周知性通知）

关于启用基建房产管理科印章的通知

各单位：

鉴于公司已将原基建科、房管组撤销，重新成立了基建房产管理科，故从2009年8月1日起启用新印章，印章全称：基建房产管理科。原基建科印章同时作废。

附件：北京市第×市政工程公司基建房产管理科印章模式

北京市第×市政工程公司

二〇〇九年××月××日

［例文二·十］（会议通知）

通　知

各系：

兹订于明天下午1：30在办公楼二楼会议室召开学生思想教育工作会议，请各系主管学生思想工作的支部书记、全体班主任准时出席为盼。

校党委办公室

二〇〇九年××月××日

第五节 通 报

一、通报概说

通报是“表彰先进，批评错误，传达重要精神或者情况”时使用的公文。

（一）通报的分类

通报按其内容与性质，可以划分为三种类型：

1. 表彰性通报：用于表彰典型的先进单位和人物的先进事迹，号召有关单位和人员学习先进，推广经验。

2. 批评性通报：用于批评违反党和国家的方针、政策，违反党纪、政纪和劳动纪律，造成不良政治影响或者较大经济损失的人和事。

3. 情况通报：用于传达上级精神，反映前段工作活动情况，报告工作中出现的新情况、新问题。

（二）通报的特点

1. 典型性。并非随便什么材料都能拿来写通报，相反，通报的事件必须具有某种普遍性，所通报的内容必须是个性和共性高度统一的典型，它足以对人有所启迪、有所借鉴、有所教益、有所警戒。

2. 及时性。凡过时的材料，无论如何重大或典型，都不能用来写通报。只有迅速及时地将正面的、反面的、重大的、典型的事例和情况写成通报，才能起到通报特有的作用。

3. 周知性。通报的内容要让一定范围内的单位或个人都知晓，这种特定范围内的通报，“周知率”越高，通报的影响就越大。

4. 单一性。通报或表扬或批评，或传达某一重要情况，内容一般都比较集中、单一，具有一文一事的特点。

二、通报的格式与写法

通报一般由标题、受文机关、正文和落款四部分构成。

（一）标题

通报的标题常见的是由发文机关加事由加文种组成，如《××机关关于××事件的通报》；有时也省略发文机关，只用事由加文种的写法，如《关于××事件的通报》；还有的只用“通报”二字。

（二）受文机关

除普发性的通报外，其他通报一般都应标明受文对象和范围。其内容在标题下面顶格书写，受文机关或单位之间用顿号隔开，最后用冒号。

（三）正文

通报正文的写法比较灵活，主要介绍通报的事件或人物，一般要把通报情况的缘由、时间、地点、经过、结果等交代清楚，并分析阐明所陈述内容的性质、意义或交代引以为戒及值得注意的事项，结尾写明所做出的决定或指示性意见，以及提出有关要求或发出号召等。

这是通报的一般写法，通报的种类不同、内容不同，写法也不尽相同。现简述如下：

1. 表彰性通报。这类通报的正文，一般要先介绍有关单位或个人的事迹，文字要简洁明了；接着概括、评析和指出向先进典型学习的主要内容，要求材料生动、具体，具有感染力；最后发出号召、希望，提出要求或做出决定，做到实事求是，恰如其分。

2. 批评性通报。这类通报的正文首先要简明扼要地写清被通报单位或个人的主要问题、情况，以及错误的性质、根源等；然后陈述对所通报错误、问题或事故的处理意见和决定，并在此基础上提出告诫性要求，指出应从中吸取的教训，以防止类似事件的再次发生。

［例文二·十一］

××县财政局关于

××乡政府违章购买桑塔纳轿车的通报

我县××乡政府未经批准，于2004年10月20日购买桑塔纳牌轿车一辆。更为严重的是，他们为购买轿车，擅自动用了国家拨给的棉花收购专项补贴费10万元，致使棉花收购计划没有完成。这种做法严重违反了财经纪律，违反了国务院关于控制社会集团购买力的规定，错误性质是严重的。××乡政府某些领导为讲排场，摆阔气，有令不行，有禁不止，明知故犯，影响是非常恶劣的。为严肃财经纪律，防止类似事件再次发生，决定没收其违章购买的轿车，并予以通报批评。

希有关单位引以为戒，保证国家专项资金专款专用，购买车辆及其他控购商品必须按规定办理审批手续。

××县财政局

二〇〇五年二月四日

这则批评通报体现了通报一般必备的四个层次：一是叙述事实；二是分析评议（性质、原因和影响）；三是表明态度（做出决定）；四是提出要求和希望。

3. 情况通报。这类通报用于领导机关有重要情况知照下级单位时，使干部、群众了解全面情况，以便统一认识，步调一致地工作。例如，毛泽东同志1949年为中共中央起草的《关于情况的通报》就属此类。目前，情况通报使用较少，一般都用简报代之。

（四）落款

在通报正文的右下方落款处写明发文机关名称及发文年月日。发文机关名称如在标题中已经注明，结尾也可不写。如发文日期已在标题下行的居中位置注明，结尾就可略去不写。

三、通报的写作要求

1. 事件要具有普遍意义，能反映出事物的本质。

2. 事实要准确，时间、地点、人物、数据、事例、背景都要非常确凿，不能夸大或缩小。

3. 叙事要清楚明白，一个人的基本情况要清楚，一件事的发展过程要完整。

4. 写作目的要明确，对所通报的事情的原因、影响、经验、教训要进行科学的总结，使人得到教益，并提出推广或防范的要求。

[**例文二·十二**]

遂宁市人民政府关于授予船山乡等
10个乡镇级特色文化乡镇称号的通报

各区、县人民政府，市府各部门：

近年来，各级政府坚持两个文明一起抓，在加快改革开放和经济建设的同时，努力推动了社会各项事业的协调发展。根据市委、市政府《关于在我市开展创建“四川省文化先进市”活动的通知》（遂委发［1996］6号）精神，全市以创建文化先进市为目标，广泛开展文化先进县、特色文化乡镇创建活动，文化工作取得了长足进步，涌现出了一批文化阵地巩固、文化队伍逐步壮大、文化活动经常开展、文化项目特色突出、文化经营效果显著的乡镇，为我市城乡精神文明建设做出了贡献。

为深入贯彻党的十四届六中全会精神，加快社会主义精神文明建设，把我市早日建成“文化先进市”，市政府研究决定，授予市中区船山乡、玉峰镇、桂花镇，射洪县太和镇、大榆镇、青岗镇、柳树镇，蓬溪县隆盛镇、蓬莱镇、文井镇“遂宁市特色文化乡镇”荣誉称号，予以通报表彰。

市政府希望全市各级政府要进一步加强对文化工作的领导，认真总结、学习市级特色文化乡镇的经验，推进两个文明建设。市级特色文化乡镇要巩固特色文化成果，发扬成绩，勇于开拓，为我市文化事业繁荣做出新的贡献。市政府将适时组织对市级特色文化乡镇巩固成果情况进行复查验收，对复查验收不合格的，要取消市级特色文化乡镇的称号，以确保特色文化项目质量，推动文化先进市创建工作深入开展。

一九九七年三月四日

[**例文二·十三**]

关于× ×运输公司发货员×××向货主勒索钱物的通报

局直属各科室、公司，客运、货运站：

××运输公司发货员×××，自今年3月10日至4月30日，利用发货职权，在××货运码头先后向八个提货的货主明目张胆地索要钱物。有些货主不愿给他钱物，×××就采取不发货、不放行的手段进行刁难。后经货主× × ×揭发，问题暴露。现已查实× ××共勒索钱物折合人民币×× ×元。× × ×所勒索的金额虽然不多，但手段恶劣，性质严重，引起了货主的强烈不满，严重败坏了商业信誉，使货运工作遭受了一定损失。为严肃纪律，整顿商风，经××运输公司研究，决定给予××× 开除公职留用察看一年的处分，并责令其将勒索的钱物退还给有关货主，向货主赔礼道歉，做出深刻检查。我们认为这样处理是恰当的、严肃的。

为了杜绝类似事件的再次发生，各单位要联系本单位的实际，进一步加强对职工的职业道德教育，树立良好的商业风尚。同时，要严肃行业纪律，建立健全各项规章制度，堵塞漏洞，对违反纪律、以权谋私的人和事，都应严肃处理。

××港务局（公章）

××××年××月××日

［例文二·十四］

×市卫生局关于医生张×滥用麻醉药品造成医疗事故的通报

各区县、各乡镇医疗卫生单位：

2002 年 7 月 5 日晚 7 时 25 分，×县×镇×村农民李×因下腹部疼痛，被送到×镇卫生院治疗。该院夜班医生张×以“腹痛待诊”处理，为病人开了阿托品、安定等解痛镇静药，肌肉注射杜冷丁 10 毫克。7 月 6 日下午 5 时许，该病人因腹痛加剧，再次到该卫生院治疗，医生刘××诊断为“急性阑尾炎穿孔，伴腹膜炎”，急转市第二人民医院治疗，于当晚 7 时施行阑尾切除手术。手术过程中，医生发现其阑尾端部穿孔糜烂，腹腔脓液弥漫。于是，为病人切除了坏死的阑尾，清除了腹腔脓液约 300 毫升，安装了腹腔引流管条。经过积极治疗，输血 300 毫升，病人才脱离危险，但身心受到了严重的损害。

急性阑尾炎是一种常见的外科急腹症，诊断并不困难。×镇卫生院张×工作马虎，处理草率，在明确诊断以前，滥用麻醉剂杜冷丁，掩盖了临床症状，延误了病人的治疗时间，造成了较为严重的医疗事故。这种对人民生命财产极不负责任的做法是严重错误的。为了教育张×本人，经卫生局研究，决定给张×行政记过处分，扣发全年奖金，并在全市范围内通报批评。

各单位要从这次医疗事故中吸取教训，加强对职工的思想教育，增强职工的责任感，以对人民高度负责的精神，端正服务态度，提高服务质量。同时，要加强对麻醉药品的管理，认真执行××省卫生厅《关于严格控制麻醉药品使用范围的规定》，严禁滥用麻醉药品。今后如发现违反规定者，首先要追究单位领导的责任。

二〇〇二年七月二十五日（公章）

第六节　报　告

一、报告概说

报告是“向上级机关汇报工作、反映情况、答复上级机关的询问”时使用的公文。

（一）报告的分类

报告的分类比较复杂，根据不同的标准可以划分出不同的类别。根据报告的内容、性质、使用范围的不同可划分为三类，即工作报告、情况报告、答复报告。

1. 工作报告

它是学习、工作、生产到了一定阶段或结束以后，把主要情况、做法、经验教训和今后意见等向上级机关做出的书面汇报。其目的是使上级机关了解所属单位的全面情况或某一方面情况，以便进一步指导全局、带动全局。工作报告还可分为综合性报告、专题性报告。

（1）综合性报告。它着眼于全面，是对某一时期工作情况的全面汇报。

（2）专题性报告。它是就某一方面、某一重点工作做的专题汇报，如《中共××市委党校关于××××年省函授大专录取工作的报告》即属此类。

2. 情况报告

它是反映情况、陈述问题或说明理由的一种随机性报告。情况报告不像工作报告那样定期撰写，它仅就某一问题或针对某方面的动态情况向上级反映，使上级了解事情的原因、性质、过程、现状、汇报者的态度等。因此，它具有“一事一报”的专题性特点。情况报告主要有：

（1）动态报告。这种报告主要向上级及时反映某一重大决策或行动所引起的动态情况，以便为上级领导提供科学决策的依据，如《××县对住房制度试行改革承受能力的报告》。

（2）检查报告。这种报告是针对工作中所犯错误查出原因，提出具体的处理意见，如《关于渤海二号钻井船翻沉事故的检查报告》。

（3）问题报告。它是针对某些倾向性问题或较严重的问题经调查研究后向上级机关反映的一种报告，如《关于专业人员出境问题的报告》。汇报工作的报告主要写自己本职的既往的工作，工作总结如果用公文形式呈报给上级机关，也就是工作报告。反映情况的报告写的是与自己工作有关的重要情况，如国务院秘书长《关于大兴安岭特大森林火灾事故和处理情况的汇报》、中央慰问团《赴云南慰问地震灾区的情况报告》、《上海市财政局关于制止本市一些企业以广告宣传名义赠送实物和乱支广告费的情况报告》等，所反映的都是“客体”而不是“本体”，但又都与自己的职责有关系，并且又容易引起上级机关的重视。

3. 答复报告

它是下级机关对上级机关询问的问题做出回答的报告。这种报告必须针对询问的问题进行答复，要简短扼要，并要求引述原文内容或原文编号，如《关于自筹资金为职工制作服装的报告》。

（二）报告的特点

1. 汇报性。凡正在进行的或已经完成的工作，为了让上级机关或业务主管部门及时掌握工作进程和工作结果，下级机关都可撰写报告，以使上级准确地了解下情，有效地进行指导。因而汇报性是报告最显著的特点。

2. 陈述性。报告中要向上级有关部门汇报正在做什么，或已经做了什么，怎样做的，有什么问题，经验教训是什么。因此报告侧重于陈述，主要是提供事实、数据，而极少议论。那种在报告中大幅地引用有关文件精神，阐述工作的意义，强调其重要性的说教式文字，是与报告不相宜的。

二、报告的格式与写法

报告一般由标题、主送机关、正文、落款四个部分组成。

（一）标题

报告的标题一般由发文机关、事由和文种组成，如《财政部关于开展企业财务检查情况和今后意见的报告》、《中国五金进出口公司××省分公司关于××××年上半年主要财务指标执行情况的报告》。

（二）主送机关

主送机关一般要求单一。受双重领导的单位，写情况报告时可同时主送两个同级领导机构。

（三）正文

报告正文的内容一般包括以下四个层次：

1. 缘由。首先说明报告的原因和依据、目的或内容要点、结论，以引起阅读者的注意和重视，再用"现将××报告如下"的惯用句式承上启下。如××省镁制品领导小组向××省政府提交的《关于对镁砂生产企业实行准产证管理的报告》，第一部分写道：

省政府《关于加强镁砂生产及镁制品管理的通知》（×政发［1988］94号）下发后，各市组织有关部门从1989年10月起对本地区的镁砂生产企业进行了系统的调查、考核和整顿。截至1990年9月，企业考核整顿工作已基本结束。现就下一步对镁砂生产企业实行准产证管理的意见报告如下：

这段话就交代了报告的原因和目的。

2. 事项。详细交代所反映情况的具体内容。不同类别的报告各有侧重。工作报告侧重于对情况的总结和经验的分析；问题报告侧重写问题的现状、背景、成因及影响。

3. 意见，即提出意见、办法和措施。这个层次要认真考虑，因为汇报工作、反映情况的目的，主要在于改进工作和解决问题。这个层次的分量，不同种类的报告有不同的要求。一般来说，问题报告、会议报告分量较轻，而工作报告、请求批转报告分量较重。

4. 结语。结语部分通常用“特此报告”、“以上报告请审核”之类的惯用语。提出建议的报告常用“如无不当，请批转各地区、各部门研究执行”作结。批转的对象应该明确。如林业部《关于抢救大熊猫的紧急报告》，在这个层次里就写道：“以上报告如无不妥，请批转四川、陕西两省和国务院有关部门研究办理。”

（四）落款

落款处要写明发文机关全称或规范化简称，不能省略。

三、报告的写作要求

1. 情况真实，叙述准确具体。报告的内容应忠实于实际，提供准确无误的最新情况，不能报喜不报忧。准备做而未做的，应注明。不能将计划做的和已经做的混为一谈；不可文过饰非，弄虚作假，哄上瞒下，敷衍塞责。在估价成果、总结经验、吸取教训、提出措施等方面要实事求是，准确具体。不可用大话、空话代替实实在在的情况，要删去一切没有实际内容的废话以及内容不具体的概念化词句。

2. 内容集中，结构简明扼要。报告内容要经过综合、筛选，突出重点。报告文字要精炼、概括，不要写成流水账，过细的情况可写成附件。有些报告需对事实、数据进行归纳分析，从中找出对下一步工作带有指导性的观点来，这样的报告才更有价值。

3. 报告不能夹带请示事项。如有请示事项，应另以请示行文。

4. 报告不能一文数报，一般应有一个明确的主送单位，有关部门可以抄送、抄报。

[例文二·十五]

××百货商店2009年第3季度财务情况报告

××公司：

今年第3季度是市场淡季，各项主要财务指标实绩与去年同期比较，商品销售额为×××万元，只增长0.3%；利润总额为××元，减少2.8%；费用开支为×××万元，上升0.21%，升幅为0.4%；平均流动资金周期为××天，减慢××天；1~3季度累计利润实绩为×××万元，完成公司下达年度计划任务的××%，情况很不理想。

（一）利润完成情况（略）

（二）资金运用情况（略）

以上报告，请核实。

××百货商店

二〇〇九年十月二十日

[例文二·十六]

关于进一步加强森林防火工作的报告

国务院：

我国的森林防火工作，以1987年大兴安岭特大森林火灾为转机，进入了一个新阶段。全国森林防火综合能力明显提高，森林火灾损失大幅度下降，对保护国家森林资源、促进国民经济发展、维护生态环境、保障林区安定发挥了重要作用。在新的形势下，森林防火工作出现了一些新的情况和问题，必须认真加以解决。森林防火任务日益繁重，森林防火工作只能加强，不能削弱。国家森林防火总指挥部撤销后，地方各级人民政府要进一步负起责任，切实做好森林火灾的预防和扑救工作。林业部将做好对各地森林防火工作的检查、监督和协调，各有关部门要积极支持，共同做好森林防火工作，现就进一步加强森林防火工作的意见报告如下：

（内容略）

当前正值北方森林防火的最紧要时期，以上报告，如无不妥，请批转各地执行。

林业部

一九九三年五月十三日

[例文二·十七]

沈阳市人民政府关于沈抚城际铁路平交道口改造工程情况的报告

省政府：

利用既有铁路线实施的沈抚城际铁路项目在我市境内现有平交道口15处。根据省政府工作部署，我市相关部门近期对上述道口“平改立”进行了联合现场踏勘，并经市政府业务会议确定了工程实施方案。现将有关情况报告如下：

一、改造方案

对12处平交道口按现有宽度实施下穿改造。其中，沈阳铁路局负责改造1处，我市和沈阳铁路局共同改造11处。改造内容包括路基引线工程、路面工程、铁路框构桥、联络道工程、交通工程及沿线设施。其余3处道口实行封闭或缓建。

二、投资测算

根据我市与沈阳铁路局签署的沈抚城际铁路平交道口改造工程框架协议，我市承担共同改造的11处道口“平改立”工程涉及的征地拆迁，以及铁路投影以外排水、引道和联络道路建设等费用，估算投资为2.15亿元。

三、工期安排

在8月20日前，开工改造7处平交道口。在8月底前，开工改造剩余的5处平交道口。今年年底前完成全部12处道口征地拆迁和框构顶进工作，其中具备与乡级、村级公路相交条件的，完成主体工程。2009年5月1日通车前完成全部工程。

特此报告。

沈阳市人民政府

二〇〇八年八月八日

第七节　请　示

一、请示概说

（一）什么是请示

请示是“向上级机关请求指示、批准”时使用的公文。

请示的使用范围较广，一般说来，凡本机关无力或无权解决，必经上级机关批准、指示才能办理的事项，均要用请示。

请示问题的性质有三种：一是不了解或不明确的问题。二是工作进程中发现的情况和遇到的问题。三是专题问题的请示，如物资购置、干部调动、基本建设、财务管理等。

（二）请示的分类

1. 按性质划分

（1）政策性请示。对有关方针、政策和法令、制度等有不理解的地方，或对上级机关文件中规定的某些政策界限把握不准，需要上级机关给予答复的请示，属于政策性请示。

（2）工作请示。对在工作中遇到的各种难以处理或职权范围内不能处理的问题，需经上级机关批准的请示，属于工作请示。

2. 按作用划分

按作用划分，指示有请求性请示、建议性请示两类。

（三）请示的特点

1. 请求性

这是指对上级机关有所请求。下级机关在工作中遇到困难或有疑难问题，需要请求上级机关给予指示；下级机关领导意见分歧，无法统一执行，需要请求上级机关做出裁决；下级机关对超出本机关职权处理范围的一切事项，需要请求上级机关审核批准等等。所有这些内容，都需要用请示这个文种来行文。因此，请求性是请示的显著特点。

2. 单一性

请示的写作必须遵循一文一事的原则，如同时有几个问题需要请示，则应分别行文，以便上级机关分别给予答复。

3. 期复性

请示事项在未获得上级答复时，不能实施；所有请示，都期望上级机关及早批复作答。请示和报告都是上行文，都属报请性公文，追溯历史，秦时的“奏”，两汉的“疏”、“状”，魏晋的“后”，六朝的“牒”，宋朝的“申状”，明清直至民国政府的“呈”，都属于报告类公文，其共同点是多带请示性内容。“报告”这一名称是人民政府的产物，1931 年土地革命时称“报告书”，抗日战争时称“报告”，请示与报告时分时合，1957 年国务院才将“报告”与“请示”划分开来。

（四）请示和报告的区别

1. 性质、容量不同。报告系陈述性公文，内容较为复杂，有时一文多事；请示为请求性公文，内容较为单一，必须一文一事。

2. 目的、要求不同。报告一般不要求领导做出反应，请示则要求领导及时、明确地给予答复。

3. 时限、构成不同。报告可在事前、事中、事后行文，请示必须在事前行文。请示由请示缘由、请示事项、请示语构成；报告由报告目的、报告内容和报告结束语构成。

4. 内容的紧迫性不同。请示的内容大都是下级无权自行处理的重大原则问题或无法解决的实质性困难。

5. 处置的速度要求不同。从公文处理的紧迫性看，第一类当是上级机关的决定、通知，第二类就是请示，报告恐怕得排到第三、四、五类了。

6. 内容权限的关系不同。陈述本机关职权范围之内的事项，用报告；陈请超过本机关权限的事项，用请示。对于建议性报告，上级机关采纳后，执行的范围和权限远远超过呈送报告的单位。

二、请示的格式与写法

请示一般包括标题、主送机关、正文、落款四个部分。

（一）标题

标题一般由发文机关、事由和文种三部分组成。有时标题也可以不写发文机关，在落款处写发文机关全称，这样不仅使标题简洁、醒目，而且也能避免发文机关名称重复，如《关于购买电脑的请示》。

（二）主送机关

写清呈请批示的上级机关。

（三）正文

请示的正文一般可分为缘由、事项、结语三个层次。

1. 缘由。写明请示的原因、依据、目的和背景。这一层次要求情况真实，理由充分，为上级机关批准提供客观依据。

2. 事项。写明请示什么问题，即请示上级机关批准或指示的具体内容。这一层次要求明确具体，措施和意见要切实可行。若有多种方案，可同时提出，并说明倾向哪一种，以利于上级机关及时做出批复。

3. 结语。它又称请示语，如“特此请示”、“以上请示妥否，请批复”。

（四）落款

在正文后右下方标明请示时间。

三、请示的写作要求

1. 请示必须事先进行，绝不可先斩后奏。事先是指：①在事情发生之前；②虽不在事情发生之前，但在采取措施和进行工作之前。

2. 正文应当简明扼要地陈述请示的起因、事项和请示语。

3. 要一事一请示。

4. 不要搞多头主送。主送机关只能有一个。受双重领导的机关，另一领导机关可用抄送；若多头主送，收文机关可能互相等待、推诿，或意见不一，造成问题复杂化。

5. 不要越级请示。

6. 联合请示要搞好会签。

[例文二·十八]

辽宁省人民政府关于
确定普通高中学费标准的请示

国务院：

根据教育部等七部委《关于2006年治理教育乱收费工作的实施意见》（教监[2006] 6号）的要求，我省从2006年秋季学期起，实施了普通高中招生制度改革，停止普通高中招收自费生，将自费生和公费生统一为统招公费生，同时明确“统招公费生有关收费标准按照有关文件规定执行”（辽政办发［2006］22号）。但由于种种原因，我省普通高中统招公费生学费标准至今没有确定，收费处于无章可循状态，给学校正常办学带来了困难。现就确定我省普通高中学费标准有关问题请示如下：

一、我省普通高中招生制度改革和收费标准情况

为做好普通高中招生制度改革工作，2006年我省印发了《辽宁省人民政府办公厅转发省教育厅关于规范中小学办学行为做好2006年中小学招生工作意见的通知》（辽政办发［2006］22号），并召开了新闻发布会，明确取消原有的公费生、自费生学费标准，非义务教育阶段的统招公费生学费标准根据国家有关部委收费管理权限规定，按照成本分担机制另行确定。

……

我省本应在2006年制定出台普通高中统招公费生学费标准，但由于诸多因素影响，2007年8月听证会才通过收费标准。根据当时的物价形势，我省采取了延期、择机出台的政策。目前，国内物价涨幅逐月回落，普通高中统招公费生学费标准出台已迫在眉睫，我省拟于近日实施听证会确定的收费标准：普通高中统招公费生每学年不超过1 000元，县（县级市）、郊区重点高中每生每年不超过1 400元，一般高中每生每学年不超过800元。

请予批准。

辽宁省人民政府

二〇〇八年十一月二十七日

[例文二·十九]

关于购买冷冻机的请示

×××市工业局：

我厂职工食堂现有1 000多人就餐，因无制冷设备，春、夏、秋三季食品不易保管，特别是到了夏季，食品经常腐烂变质，不但造成浪费，影响食堂卫生，而且也直接影响职工的身体健康。为了解决这一问题，拟购买一台GH—2型冷冻机，所需资金4.1万元，从厂福利基金中开支。

以上请示，请予审批。

×××市纺织厂

二〇〇九年九月一日

[例文二·二十]

长白朝鲜族自治县×××关于修建长白至松江河公路的请示

省×××：

我县位于长白山南侧、鸭绿江上游，境内山峦纵横，只有一条二百四十公里的山区公路与内地相通，是一个交通闭塞、非常偏僻的高寒山区。由于交通不便，丰富的资源得不到充分开发和利用，影响了地方工业的发展，使我县经济长期处于落后的状态。为了加强边疆经济建设，适应四个现代化，我县亟须再修一条与内地相通的公路。为此，今年十月五日至九日，由县委和县××的两名同志带领有关人员，采取边看边与沿途有关单位座谈的方法，踏查了长白—横山林场—漫江—松江河公路的走向，基本搞清了这条公路的概况。从踏查的情况看，长白至松江河线路全长只有一百三十一公里，比长白至临江公路缩短了一百零九公里，而且弯路少，坡度小，线形平顺，地质条件好。长白至松江河方面已有一百零七公里的林业运材道和森铁路基可以利用。所以，修建这条公路具有投资少、见效快等许多有利条件。其具体情况是：

由长白镇零公里至五公里处，是一九七八年新改建的国家标准四级公路，永久式桥涵，就当前和今后一定时期的交通运输量来看，可以满足需要。修建长白至松江河公路……对我县还有重要的经济意义和政治意义：

一、提高了车辆周转率，加快了货物运输。(略)

二、节省汽油，降低运费。(略)

根据上述情况，我们呈请将修建长白至松江河公路列入计划，一九××年投资××万元，修建新开路段，初步达到全线通车；一九××年投资××万元，对两段五十八公里路面加宽改造，达到三级公路。

以上请示，当否，请批示。

长白朝鲜族自治县×××

二×××年××月××日

第八节 批 复

一、批复概说

批复是上级机关"答复下级机关请示事项"时使用的公文。

批复是与"请示"相对应的下行公文。它还可以用来转发或批转下级机关的报告、计划等文件。其标题可署为批示，如"（上级机关）关于转发（下级机关）报告的批示"。附件应随正文转发。

批复从性质上说是一种指示性公文，但它又与原"指示"不同。它不是阐明工作活动的原则、步骤、方法，而是针对下级提出的具体请示问题给予具体答复的指示性公文，属于被动性作指示。如《国务院关于成立大连仓储联合总公司的批复》，就是针对《国家经委关于成立大连仓储联合总公司的请示》而发的。

二、批复的格式与写法

（一）标题：机关+事由+文种

（二）受文机关

（三）正文

正文包括批复根据、批复意见、批复希望。

其结构是：

1. 批复根据

批复的开头要引述来文，以使受文单位知道这份批复是针对哪个请示而发的。引述来文的方法有：

（1）只引述来文文号。

（2）引述来文提出的问题要点（经归纳、概括的）。

（3）以上二者俱用。

（4）引述来文主要内容。问题复杂的，或只引用文号，将来文附于批复之后。

2. 批复意见

要求具有明确性、针对性和单一性。引述来文之后，要表明态度，根据党和政府的政策、法令、实际情况，对请示的问题逐一做出有针对性的答复，或同意，或不同意，或部分同意。有的还要对答复意见略作说明，申明理由或依据，以使下级更好地理解上级意图。答复的意见要单一，请示什么就答复什么，不要连带其他无关或关系不大的事项。答复的语言要明确、肯定、周严。

3. 批复希望

结尾部分有时用简洁的文字提出希望和要求。有的仅简单表明态度，仅用"此复"、"特此批复"等语结束全文。

（四）落款：写清楚发文机关及发文时间

三、批复的写作要求

1. 态度明朗。对下级机关请示的答复应旗帜鲜明，有明确、肯定的意见，切忌含糊其辞，模棱两可。

2. 措辞庄重。批复意见要求下级机关遵照执行，故在作出答复、提出要求、发出指示时应字斟句酌，措辞庄重周全。

3. 批复的专语格式。

你□《关于□□□□□□□的□□》（□□字［2001］□□号）收悉。经□□□□研究（依据），同意□□□□□□□……（主旨）。

□□□□□□□要□□□□□□□……（分旨）。

[例文二·二十一]

中华人民共和国财政部
关于同意你校成立高等职业技术学院的批复

东北财经大学：

你校《关于成立东北财经大学高等职业技术学院的请示》（东北财大发［1999］177号）悉。经研究并报部领导批准，同意你校成立“东北财经大学高等职业技术学院”。该院为你校的二级学院，我部不再增加经费。

特此批复。

一九九九年十一月十五日

[例文二·二十二]

××省人民政府关于
同意发行振兴××体育奖券的批复

省体委：

你委《关于发行振兴××体育奖券的请示》（×体字［1999］66号）收悉。经研究，同意在全省发行振兴××体育奖券（以下简称奖券），现将有关问题批复如下：

一、奖券暂定发行9 000万元，分三年发行。发行奖券要坚持自愿原则，不得强行摊派和弄虚作假。具体发行办法由省体委会同省人民银行、财政、工商、税务、审计、城建、环保、公安等部门共同研究。

二、发行奖券的收入全部用于体育事业的发展和体育设施的建设。奖券收入免征营业税、所得税、城市建设维护税、教育附加费和能源交通基金。对个人购买奖券取得的中奖收入，免征个人收入调节税。

三、同意省体委成立××省体育奖券发行办公室，负责组织和指导全省奖券的发行工作。办公室工作人员由省体委内部调剂。

××省人民政府

二〇〇五年十二月二十三日

第九节　函

一、函的概说

函是“不相隶属机关之间商洽工作，询问和答复问题，请求批准和答复审批事项”时使用的公文。在行政公文中，函是一种简便自由、使用广泛的公文。

（一）使用范围

1. 不相隶属单位、不同系统之间商洽工作。

2. 下级机关向有关主管部门询问和请示一般事宜。

3. 上级机关要求下级机关办理具体的事情或解决具体问题。

4. 上级机关回复下级机关一般性请示事宜。

5. 上下级机关之间催办工作部署后的有关事宜。

6. 对原有文件或工作部署做微小的修改、更正、补充。

（二）函的分类

按格式和标记，函可分为公函和便函两种。公函具有公文格式所要求的形式和标记，使用完毕后要立卷归档；便函可不严守公文的格式，使用起来简便自由些。从来往关系上，又可分为去函和复函。按内容和作用不同，函可分为：

1. 商洽函

它主要用于平行或不相隶属机关之间商洽某项具体事宜，如商调干部，联系参观、学习等。这一类函从内容上看，具有针对性和单一性等特点，写作时应着重就所要商洽的事项进行协商，措辞与口气应尽可能谦逊、真诚，结尾一般应使用“请速函复（告）”、“为感”等词语，切忌使用“为要”等词。

2. 询问函

它是去函的一种，可作上行文、平行文和下行文。不论哪一种行文，都应在函的正文中详细陈述所要询问的事项，但行文方向不同，文中的措辞与口气应有所区别。以其结尾为例，通常作上行文时，可使用“盼予函复”、“为盼”、“为感”等词语；作平行文时，可使用“请予函复”、“请速函告”等词语；作下行文时，可使用“望速函告”、“即请复函”、“为要”等词语。

3. 请批函

它是去函的一种。下级机关向上级机关、平行或不相隶属机关请求批准某一事项，可使用“请批函”。这种函与“请示”相近，但又非“请示”所能替代。使用请批函行文时，应在文中简要准确地将所要请批的事项和理由交代清楚，切忌含糊不清、模棱两可。在函的结尾处，用“请研究函复”，“请复函”，“盼复”，“以上意见如无不妥，请批复”或“当否，请批复”等语句即可。

4. 催办函

它是去函的一种，主要用于上级机关向下级机关催促办理某一具体事宜。催办函的写法较为简单，只需在函中将所要催办的事项和要求办妥的时限交代清楚。

5. 告知函

它是去函的一种，主要告知受文机关或单位某项具体事宜，并不需要受方答复。这一类型的函与“通知”类似，但又非“通知”，它与“通知”的细微区别在于：“通知”的范围比函要略大一些，且不带有商洽的意思；而函的一个最显著特征就是内容多少都含有一些商洽性质。

6. 邀请函

邀请函类似请柬式的“通知”，主要用于告知被邀请单位（即受文单位）或个人参与某项事务，开展某项活动。若使用“通知”来行文，就会显得不够亲切和礼貌；若是以“请柬”相邀，又因其容量太小而有诸多事项交代不清。由于“请柬”的成本较高，相比之下，邀请函是一种较好的形式，它往往既节约了经费开支，又体现了对受文单位或个人的尊重。

7. 批复函

从行文方向和行文内容上看，这一类型的函属复函，主要是针对来函中所询问、商洽和请批的事项，进行答复和批复。与上述六种去函的主动行文相反，批复函属于被动行文，表现在内容上是它具有较强的针对性。批复函又分为复函和批（复）函两种，批复函的正文通常由复函缘由和答（批）复两部分组成。在具体写法上，开头应首先引述来函的发文字号和主要事由，然后根据来函询问、商洽或待批的事项，进行答复或批复，结尾可用“特此函复”、“此复”等词语，以示严肃性。

（三）函的特点

1. 往来性

函总是有“来”有“往”，往往一次往来未能说清某事或联系好某项工作，还需要再次发函，收到来函的机关也可再次复函。

2. 灵便性

函受公文格式的限制较少，行文也比较自由，遇有一般性的问题，特别是涉及平行机关或不相隶属机关的问题，都可随时用函的形式联系解决。

二、函的格式与写法

函由标题、受文机关、正文和落款四部分构成。

（一）标题

函的标题写法较多，常见的是公文规范式标题和事由加文种式标题，如《外贸部关于选拔出国人员的函》、《关于请拨购置办公自动化配套设备补助款的函》。此外，还可以由发函机关、事由、受函机关和文种四部分组成，如《国务院办公厅关于悬挂国徽等问题给湖北省人民政府办公厅的复函》。便函可以不加标题。

（二）受文机关

顶格写明受文单位的名称。

（三）正文

函的正文一般包括缘由、事项和结语三项内容。

1. 缘由部分：写为什么发出此函，复函可先告知来函收悉情况，常用“××单位××××年××月××日函悉”等语开头。

2. 事项部分：写商洽、询问或答复的事项。商洽工作的发函要把工作情况、函请的要求写清楚；询问事项的函要把需要答复的问题写具体；复函要针对来函，把自己的意见或答复的问题写明白。

3. 结语部分：函的结尾。发函常用“敬请函复”、“为要”、“为盼”、“为荷”等语表示希望和要求；复函常用“特此函复”、“此复”等语表示答复。

（四）落款

在正文下写明发函或复函机关名称和日期，并加盖公章。便函可不盖公章。

三、函的写作要求

1. 态度要谦虚。函主要用于平行机关或不相隶属机关之间联系工作，因此撰写时要有一个谦虚的态度，彼此协商，谦和有礼。行文宜多采用商洽性语言，忌用指挥、命令性语言，即使上级机关向下级机关询问情况和催办工作，也不宜直接发号施令。

2. 内容要简明。发函、复函的起因、要求、情况等，都要写得具体明确、简短扼要。行文要直截了当，开门见山，切忌曲折冗长、套话连篇。

[例文二·二十三]

××省××市统计局：

得悉你市将于近期举办统计工作人员讲习班，系统地培训统计工作人员。国务院《关于加强统计工作的决定》下达以后，我们曾打算集训我地区统计工作人员，但由于我们的力量不足，未能办成。现在你市决定办讲习班，我们拟派十名统计人员（地区二名，每县一名）随班学习，请你们代培。如蒙同意，将是对我地区统计工作的有力支持。代培所需费用由我们如数拨付。

盼予函复。

××省××地区统计局

××××年二月十五日

[例文二·二十四]

××省××地区统计局：

2月15日函悉。经我局办公室会议研究，同意你地区派十名统计工作人员来我市办的统计人员讲习班学习。我局住宿条件紧张，请你们自行解决住宿问题。为了便于管理，你地区参加学习人员应单独编成一个小组，并指定一名组长。关于费用，我们的意见是按实际参加培训人员人数均摊，于讲习班结束时统一结算，不知你们有何意见。讲习班拟于3月下旬开学。具体开学日期和报到地点，另行告知。

特此函复。

××省××市统计局

××××年××月××日

[例文二·二十五]

××县计量管理所：

我所张华同志，男，共产党员，现年 30 岁。1999 年从××计算学校（中专）毕业后，来我所任技术员，多年来一直担任衡器检验测试工作，认真负责，2007 年被评为助理工程师。张华同志家住你县城关，家有七旬老母需要照顾。该同志最近提出书面报告，请求调往你县工作，以便照顾家庭。经研究，我们同意他的要求，特来函与你们联系。如果你所能够安排，最好对调。

如无适当人员对调，单调也可以，所缺人员我们另行解决。是否同意张华同志调入，望于近期函告为盼。

××县计量管理所

二〇〇八年八月十二日

[例文二·二十六]

×县计量管理所：

8 月 12 日你所联系张华同志拟调我所工作的函收到。

我所目前不缺衡器检验测试的技术人员，也没有其他适当人员对调。我所计算管理人员紧缺，张华同志如果愿意做这方面的工作，我们可以考虑接受。

特此函复。

××县计量管理所

二〇〇八年××月××日

[例文二·二十七]

辽宁省人民政府关于商请租用人工增雨飞机的函

空军司令部：

阜新市地处辽宁西部，年平均降水不足 500 毫米，属于长期干旱地区，干旱使当地工农业生产遭受巨大损失。为大力开发空中云水资源，减轻干旱造成的损失，增加降水，该市从 20 世纪 90 年代初开始实施飞机人工增雨作业，并取得了显著成效。

请予支持。

附件：阜新市飞机人工增雨作业区域图（略）

辽宁省人民政府

二〇〇八年十二月一日

[例文二·二十八]

辽宁省人民政府办公厅关于

建立城乡一体化综合改革试验区的复函

盘锦市人民政府：

你市《关于建立辽宁省城乡一体化综合改革试验区的请示》（盘政［2009］205 号）收悉。经省政府同意，现函复如下：

一、原则同意你市建立辽宁省城乡一体化综合改革试验区。

二、你市要从实际出发，根据城乡一体化综合改革试验区的要求，全面贯彻落实科学发展观，进一步解放思想，扩大开放，大胆创新，务实推进各个领域的体制改革，加快建立城乡一体化发展的体制机制，在重点领域和关键环节率先突破，为推动全省城乡一体化科学发展、创新发展与和谐发展，发挥示范和带动作用。

三、请你市抓紧制订具体方案，报省政府审批后实施。

辽宁省人民政府办公厅
二〇〇九年十二月八日

[例文二·二十九]

毛泽东致宋庆龄的一封书信

庆龄先生：

重庆违教，忽近四年。仰望之诚，与日俱积。兹者全国革命胜利在即，建设大计，亟待商筹，特派邓颖超同志趋前致候，专诚欢迎先生北上。敬希命驾莅平，以便就近请教，至祈勿却为盼！专此。敬颂大安！

毛泽东
一九四九年六月十九日

[赏析]

毛泽东同志写过许多公务书信。这种处理党和国家重要公务的书信，不同于一般公函，它是以领导人物特定的身份和个人名义发出的，既代表了组织机构处理公务，又多了一层个人情感因素，显得更为慎重亲切。毛泽东在1949年6月19日写给宋庆龄的信，是建国前夕一封重要的公务书信。这封信具有很鲜明的特征，堪称公务书信的典范。

一、高瞻远瞩的政治眼光

由毛泽东同志亲自写信（周恩来同时亦有亲笔信），委派邓颖超同志到上海专诚欢迎宋庆龄先生北上，这是毛泽东、周恩来英明的决策。宋庆龄在海内外声望很高，深受人民的爱戴和尊敬。毛泽东同志亲自写信，这表明中国共产党愿与一切爱国人士真诚合作，共同建设新中国。8月28日宋庆龄先生到达北平，毛泽东、周恩来等许多领导同志到车站迎接。宋庆龄先生为新中国的成立和社会主义建设事业，做出了卓越的贡献，历史事实已经证明了，毛主席这封信，具有博大的胸怀和高瞻远瞩的政治眼光，团结一切爱国人士建设新中国，这是中国共产党人为国为民宗旨的生动体现。

二、庄重凝炼的语体风格

公务书信应该根据具体内容和致信对象，采用恰当的语言形式。这封信关系着时局的发展，意义深远，而受信人有很高的声望和学识修养，所以，毛泽东同志这封信较多地采用了文言词语，庄重凝炼、风格得体。

如信的开头说："重庆违教，忽近四年。仰望之诚，与日俱积。"毛泽东同志

1945年8月到重庆参加国共和谈，在重庆期间，曾与宋庆龄先生多次会面，对国事和当时形势曾有过诚挚交谈。书信开头，直接畅叙旧情，表达对宋庆龄先生的仰慕和敬重，可以看出，中国共产党人与宋庆龄先生的关系是十分亲密的，友谊是经受了历史考验的。信中概括形势，申述邀请的缘由，用语极其精炼概括，“革命胜利在即，建设大计，亟待商筹”。为了便于“就近请教”，才有此恳挚邀请，“至祈勿却为盼”，一种伟大的人格力量，使受信人深感情意难却。而宋庆龄先生一向以人民利益为重，以国家建设为重，当会欣然应约。这封信恰到好处地运用了文言词语，篇幅短小，语言凝炼，庄重典雅。精诚由衷，言辞恳切，一种殷殷的期盼之情，溢于言表。

三、恭谨周全的礼仪表述

这封书信由毛泽东同志亲笔书写，又委派邓颖超同志携此信专程前往上海问候迎接，这本身是一个十分恭谨周全而又隆重的礼仪举动，而书信中礼仪的表述，应该与此相协调，和谐一致。这封信用了一些表达恭敬的文言词语，非常妥帖，自然得体。如“违教”、“仰望”，都是对人敬、对己谦的说法，与致信对象的声望是切合的。“趋前”是急走上前的意思，表恭敬貌，也是专用于表示谒见、进见的敬辞。“命驾”是命令御者驾驶车马的意思，“命驾莅平”，敬请受信人动身前来北平，用文言词语，严肃敬重的意思油然而生，倘若用平常的话语，“请你动身到北平来吧”，语意虽同，但失却文雅而显粗俗，也破坏了全信的和谐气氛。其他如“兹者”、“特派”、“敬希”、“至祈勿却为盼”、“专此”，多少带有公文语言严肃庄重的风格，也体现出这封书信公务的特色。如“专诚”二字，有的地方在引用这封书信时，就错为“专程”，这恰恰是一般人的思维，而毛泽东同志一字之易，便赋予这个词更深刻的含义，使礼仪色彩更为浓重。

第十节　会议纪要

一、会议纪要概说

会议纪要是“记载、传达会议情况和议定事项”时使用的公文。

会议纪要适用范围较广。凡重要的会议、座谈，需要将概况、内容向更大范围传达，而靠与会者个人记录不足以保证传达的严肃性、准确性和统一性时，就由专人负责整理成“会议纪要”。

会议纪要（以下简称纪要）是针对会议讨论研究工作事项的成果摘要整理而形成的公文，它有下面一些特点：

1. 纪要是正式的比较重要会议的产物，是对会议成果的记录和整理。

2. 纪要多是专题性的，但涉及的部门或地区往往较为广泛，需要通过会议形式加以研究解决，求得共识，形成纪要。

3. 纪要对涉及的工作事项，既有明显的研究探讨性质，起着参谋或参考的作用，又应当做出规定，提出措施，经批准后，起指导和法规作用。

二、会议纪要的格式与写法

标题：会议名称+纪要

时间：××××年××月××日

正文：

1. 会议概况（会期、会址、主持人、与会者、议题、结果）。

2. 主体。对会议内容的摘要，主要写会议研究或讨论问题的情况和结果等。

3. 结尾。就会议议定的事项提出执行要求，发出号召。

其常见格式为：

□□□□□□□会议于□□□□年□□月□□日召开，（依据）会议批准了□□□□□□□的□□□□□□□，并对□□□□□□□的□□□□□□□表示满意。（主旨）

会议同意□□□□□□□……

会议赞成□□□□□□□……

会议认为□□□□□□□……

会议指出□□□□□□□……

会议强调□□□□□□□……

会议号召□□□□□□□……（分旨）

三、会议纪要的写作要求

1. 要正确、真实地反映会议精神。纪要必须以会议的宗旨和目的为依据，凡符合会议宗旨的各种意见，都应如实地反映到纪要里。分歧意见一般不写入纪要。

2. 要突出会议的中心和要点。各种会议宗旨不一，有的侧重于对某些工作事项的研究，有的侧重于汇集、交流工作情况和经验体会，有的侧重于制定条例、章程、办法、细则等等。纪要应按照会议集中讨论、重点研究和解决的问题分清主次、轻重，确定详略。

3. 要条理清晰，文字简练。会议中各种材料、观点要经过集中、归纳、整理，去掉次要的、枝节的以及错误的成分，保存精华，加以提炼，要求做到全面、深刻、中肯、概括地反映会议内容。形式上要做到条理清楚，逻辑严密，轻重分明，层次有序。

4. 必须及时整理印发。

[例文二·三十]

大连服务外包企业座谈会会议纪要

（二〇〇九年十一月二十日）

11月10日，国务院副总理×××在辽宁省大连市主持召开大连服务外包企业座谈会。国务院副秘书长×××，发展改革委、科技部、工业和信息化部、财政部、人力资源社会保障部、商务部、人民银行、税务总局有关负责同志，辽宁省及大连市有关负责同志和东软集团股份有限公司等15家服务外包企业代表出席会议。大连市副市长×××简要汇报了全市服务外包产业发展情况，10位企业代表在会上发了言，商务部副部长×××和与会部门有关负责同志就支持服务外包产业发展政策、措施的落实情况做了汇报和说明。

据汇报，为了促进服务外包产业发展，（略）

会议认为，服务外包作为异军突起的新兴产业，对于保增长、调结构、稳外需、促就业，特别是增加大学生就业，具有重要意义。要按照科学发展观的要求，立足当前，着眼未来，努力做好服务外包这篇大文章。示范城市要加强规划，突出特色，强化服务，营造环境，增强集聚效应，推动服务外包产业实现量的扩张和质的提升。

会议强调，我国服务外包产业发展潜力很大，大有希望。（略）

会议指出，发展服务外包产业，根本上要靠人才、靠科技、靠创新。要鼓励多形式、多渠道加快服务外包人才培养。加强知识产权保护，鼓励企业开展自主研发和创新。解放思想，扩大开放，把人才优势、技术优势和市场优势充分结合起来。企业家要有雄心，开阔眼界，抓管理、促创新、创品牌，把服务外包企业做大做强。会议决定由商务部牵头会同有关部门加强政策协调，并议定以下具体意见：（略）

[例文二·三十一]

经济问题协调现场办公会议纪要

2012-03-23

2012年1月8日下午，×××区委、区政府在工业区管委会四楼会议室召开了工业区经济社会发展重大问题协调现场办公会。会议由区委书记主持，会议对工业区提出的需要区委、区政府协调解决的13个经济社会发展重大问题逐一进行了明确。现纪要如下：

一、关于规划建设工业区经济发展中心的问题

会议认为，在位于高新大道与广州路交汇处以南的约300亩区域，规划建设集行政办公、总部经济大楼、会展集会、文化娱乐、生态休闲广场等于一体的工业区经济发展中心，对于完善园区整体功能、提升园区对外形象、形成园区集聚和规模效应，意义十分重大。会议明确，原则同意工业区提出的规划建设方案，规划建设所需资金通过出让园区管委会大楼、引进海内外投资、银行贷款等途径筹措。该项工作由××同志牵头负责。

二、关于加快工业区三期规划和经济发展中心规划报批的问题

会议认为，这两个规划事关工业区的长远发展，必须切实抓紧抓好。会议明确……

三、关于土地招拍挂程序和土地出让金返还享受省级开发区待遇的问题

四、关于争取“拆迁安置自主实施”权限的问题

会议明确，该项工作由工业区形成专题报告上报区政府，由区政府呈报市政府，积极争取市政府主要领导或分管领导来我区召开现场办公会解决。

五、关于加快农用地转用报批新增建设用地有偿使用费县级所得部分返还的问题

会议明确，(略)

六、关于将规划范围内有关行政村的用地、规划和管辖权纳入工业区的问题

会议认为，考虑到行政区划调整的严肃性和程序性，目前划转五个村的条件尚不成熟。但鉴于加快工业区发展的现实需要，本着“乡镇与园区发展统筹兼顾、一切服从服务于项目建设”的原则，可以采取灵活务实的方法解决这个问题。会议明确……

七、关于明确工业区畜牧水产场土地权属的问题

八、关于落实沈桥村拆迁安置地的问题

会议认为，(略)

九、关于要求解放东路综合改造平衡商住用地出让金净收益超出部分用于支持工业区基础设施建设的问题

十、关于解决工业区污水排放的问题

会议认为，(略)

十一、关于打通朱桥东路、广州路，启动大道延伸段及完善大道排水工程的问题

会议认为，(略)

十二、关于将工业区区级教育统筹部分返还以支持工业区学校建设的问题

会议认为，发展教育事业功在当代、利在千秋，必须不断加大投入，扎实推进。

会议明确，考虑政策因素和现实需要，工业区区级教育统筹部分暂不返还。同时，要以实施教育大振兴品牌塑造工程为抓手，按照“四统”的要求，即统一规划学校网点布局、统一筹措教育发展资金、统一实施校园建设、统一进行财力分配支付，本着“谁的品质高支持谁、谁的见效快支持谁”的资金使用原则，加大对各地规划建设品牌学校的支持力度。工业区新建中心学校规划报区政府审批通过以后，区财政优先给予财力支持。该项工作由×××同志负责。

附录一

国务院关于发布《国家行政机关公文处理办法》的通知

国发［2000］23号

各省、自治区、直辖市人民政府，国务院各部委、各直属机构：

现发布《国家行政机关公文处理办法》，自2001年1月1日起施行。1993年

11 月 21 日国务院办公厅发布，1994 年 1 月 1 日起施行的《国家行政机关公文处理办法》同时废止。

国务院

二〇〇〇年八月二十四日

国家行政机关公文处理办法

第一章 总则

第一条 为使国家行政机关（以下简称行政机关）的公文处理工作规范化、制度化、科学化，制定本办法。

第二条 行政机关的公文（包括电报，下同），是行政机关在行政管理过程中形成的具有法定效力和规范体式的文书，是依法行政和进行公务活动的重要工具。

第三条 公文处理指公文的办理、管理、整理（立卷）、归档等一系列相互关联、衔接有序的工作。

第四条 公文处理应当坚持实事求是、精简、高效的原则，做到及时、准确、安全。

第五条 公文处理必须严格执行国家保密法律、法规和其他有关规定，确保国家秘密的安全。

第六条 各级行政机关的负责人应当高度重视公文处理工作，模范遵守本办法并加强对本机关公文处理工作的领导和检查。

第七条 各级行政机关的办公厅（室）是公文处理的管理机构，主管本机关的公文处理工作并指导下级机关的公文处理工作。

第八条 各级行政机关的办公厅（室）应当设立文秘部门或者配备专职人员负责公文处理工作。

第二章 公文种类

第九条 行政机关的公文种类主要有：

（一）命令（令）

适用于依照有关法律公布行政法规和规章；宣布施行重大强制性行政措施；嘉奖有关单位及人员。

（二）决定

适用于对重要事项或者重大行动做出安排，奖惩有关单位及人员，变更或者撤销下级机关不适当的决定事项。

（三）公告

适用于向国内外宣布重要事项或者法定事项。

（四）通告

适用于公布社会各有关方面应当遵守或者周知的事项。

（五）通知

适用于批转下级机关的公文，转发上级机关和不相隶属机关的公文，传达要求下级机关办理和需要有关单位周知或者执行的事项，任免人员。

（六）通报

适用于表彰先进，批评错误，传达重要精神或者情况。

（七）议案

适用于各级人民政府按照法律程序向同级人民代表大会或人民代表大会常务委员会提请审议事项。

（八）报告

适用于向上级机关汇报工作，反映情况，答复上级机关的询问。

（九）请示

适用于向上级机关请求指示、批准。

（十）批复

适用于答复下级机关的请示事项。

（十一）意见

适用于对重要问题提出见解和处理办法。

（十二）函

适用于不相隶属机关之间商洽工作，询问和答复问题，请求批准和答复审批事项。

（十三）会议纪要

适用于记载、传达会议情况和议定事项。

第三章　公文格式

第十条　公文一般由秘密等级和保密期限、紧急程度、发文机关标识、发文字号、签发人、标题、主送机关、正文、附件说明、成文日期、印章、附注、附件、主题词、抄送机关、印发机关和印发日期等部分组成。

（一）涉及国家秘密的公文应当标明密级和保密期限，其中，“绝密”、“机密”级公文还应当标明份数序号。

（二）紧急公文应当根据紧急程度分别标明“特急”、“急件”。其中电报应当分别标明“特提”、“特急”、“加急”、“平急”。

（三）发文机关标识应当使用发文机关全称或者规范化简称；联合行文，主办机关排列在前。

（四）发文字号应当包括机关代字、年份、序号。联合行文，只标明主办机关发文字号。

（五）上行文应当注明签发人、会签人姓名。其中，“请示”应当在附注处注明联系人的姓名和电话。

（六）公文标题应当准确简要地概括公文的主要内容并标明公文种类，一般应当标明发文机关。公文标题中除法规、规章名称加书名号外，一般不用标点符号。

（七）主送机关指公文的主要受理机关，应当使用全称或者规范化简称、统称。

（八）公文如有附件，应当注明附件顺序和名称。

（九）公文除“会议纪要”和以电报形式发出的以外，应当加盖印章。联合上报的公文，由主办机关加盖印章；联合下发的公文，发文机关都应当加盖印章。

（十）成文日期以负责人签发的日期为准，联合行文以最后签发机关负责人的签发日期为准。电报以发出的日期为准。

（十一）公文如有附注（需要说明的其他事项），应当加括号标注。

（十二）公文应当标注主题词。上行文按照上级机关的要求标注主题词。

（十三）抄送机关指除主送机关外需要执行或知晓公文的其他机关，应当使用全称或者规范化简称、统称。

（十四）文字从左至右横写、横排。在民族自治地方，可以并用汉字和通用的少数民族文字（按其习惯书写、排版）。

第十一条　公文中各组成部分的标识规则，参照（国家行政机关公文格式）国家标准执行。

第十二条　公文用纸一般采用国际标准 A4 型（210mm×297mm），左侧装订。张贴的公文用纸大小，根据实际需要确定。

第四章　行文规则

第十三条　行文应当确有必要，注重效用。

第十四条　行文关系根据隶属关系和职权范围确定，一般不得越级请示和报告。

第十五条　政府各部门依据部门职权可以相互行文和向下一级政府的相关业务部门行文；除以函的形式商洽工作、询问和答复问题、审批事项外，一般不得向下一级政府正式行文。部门内设机构除办公厅（室）外不得对外正式行文。

第十六条　同级政府、同级政府各部门、上级政府部门与下一级政府可以联合行文；政府与同级党委和军队机关可以联合行文；政府部门与相应的党组织和军队机关可以联合行文；政府部门与同级人民团体和具有行政职能的事业单位也可以联合行文。

第十七条　属于部门职权范围内的事务，应当由部门自行行文或联合行文。联合行文应当明确主办部门。需经政府审批的事项，经政府同意也可以由部门行文，文中应当注明经政府同意。

第十八条　属于主管部门职权范围内的具体问题，应当直接报送主管部门处理。

第十九条　部门之间对有关问题未经协商一致，不得各自向下行文。如擅自行文，上级机关应当责令纠正或撤销。

第二十条　向下级机关或者本系统的重要行文，应当同时抄送直接上级机关。

第二十一条　“请示”应当一文一事；一般只写一个主送机关，需要同时送其他机关的，应当用抄送形式，但不得抄送其下级机关。“报告”不得夹带请示事项。

第二十二条　除上级机关负责人直接交办的事项外，不得以机关名义向上级机关负责人报送“请示”、“意见”和“报告”。

第二十三条　受双重领导的机关向上级机关行文，应当写明主送机关和抄送机关。上级机关向受双重领导的下级机关行文，必要时应当抄送其另一上级机关。

第五章　发文办理

第二十四条　发文办理指以本机关名义制发公文的过程，包括草拟、审核、签发、复核、缮印、用印、登记、分发等程序。

第二十五条　草拟公文应当做到：

（一）符合国家的法律、法规及其他有关规定。如提出新的政策、规定等，要切实可行并加以说明。

（二）情况确实，观点明确，表述准确，结构严谨，条理清楚，直述不曲，字词规范，标点正确，篇幅力求简短。

（三）公文的文种应当根据行文目的、发文机关的职权和与主送机关的行文关系确定。

（四）拟制紧急公文，应当体现紧急的原因，并根据实际需要确定紧急程度。

（五）人名、地名、数字、引文准确。引用公文应当先引标题，后引发文字号。引用外文应当注明中文含义。日期应当写明具体的年、月、日。

（六）结构层次序数，第一层为“一、”，第二层为“（一）”，第三层为“1.”，第四层为“(1)”。

（七）应当使用国家法定计量单位。

（八）文内使用非规范化简称，应当先用全称并注明简称。使用外文名称或其缩写形式，应当在第一次出现时注明准确的中文译名。

（九）公文中的数字，除成文日期、部分结构层次序数和在词、词组、惯用语、缩略语、具有修辞色彩语句中作为词素的数字必须使用汉字外，应当使用阿拉伯数字。

第二十六条　拟制公文，对涉及其他部门职权范围内的事项，主办部门应当主动与有关部门协商，取得一致意见后方可行文；如有分歧，主办部门的主要负责人应当出面协调，仍不能取得一致时，主办部门可以列明各方理据，提出建设性意见，并与有关部门会签后报请上级机关协调或裁定。

第二十七条　公文送负责人签发前，应当由办公厅（室）进行审核。审核的重点是：是否确需行文，行文方式是否妥当，是否符合行文规则和拟制公文的有关要求，公文格式是否符合本办法的规定等。

第二十八条　以本机关名义制发的上行文，由主要负责人或者主持工作的负责人签发；以本机关名义制发的下行文或平行文，由主要负责人或者由主要负责人授权的其他负责人签发。

第二十九条　公文正式印制前，文秘部门应当进行复核，重点是：审批、签发手续是否完备，附件材料是否齐全，格式是否统一、规范等。

经复核需要对文稿进行实质性修改的，应按程序复审。

第六章　收文办理

第三十条　收文办理指对收到公文的办理过程，包括签收、登记、审核、拟办、批办、承办、催办等程序。

第三十一条　收到下级机关上报的需要办理的公文，文秘部门应当进行审核。审核的重点是：是否应由本机关办理；是否符合行文规则；内容是否符合国家法律、法规及其他有关规定；涉及其他部门或地区职权的事项是否已协商、会签；文种使用、公文格式是否规范。

第三十二条　经审核，对符合本办法规定的公文，文秘部门应当及时提出拟办意见送负责人批示或者交有关部门办理，需要两个以上部门办理的应当明确主办部门。紧急公文，应当明确办理时限。对不符合本办法规定的公文，经办公厅（室）负责人批准后，可以退回呈报单位并说明理由。

第三十三条　承办部门收到交办的公文后当及时办理，不得延误、推诿。紧急公文应当按时限要求办理，确有困难的，应当及时予以说明。对不属于本单位职权范围或者不宜由单位办理的，应当及时退回交办的文秘部门并说明理由。

第三十四条　收到上级机关下发或交办的公文，由文秘部门提出拟办意见，送负责人批示后办理。

第三十五条　公文办理中遇到涉及其他部门职权的事项，主办部门应当主动与有关部门协商；如有分歧，主办部门负责人要出面协调，如仍不能取得一致，可以报请上级机关协调或裁定。

第三十六条　审批公文时，对有具体请示事项的，主批人应当明确签署意见、姓名和审批日期，其他审批人圈阅视为同意；没有请示事项的，圈阅表示已阅知。

第三十七条　送负责人批示或者交有关部门办理的公文，文秘部门要负责催办，做到紧急公文跟踪催办，重要公文重点催办，一般公文定期限催办。

第七章　公文归档

第三十八条　公文办理完毕后，应当根据《中华人民共和国档案法》和其他有关规定，及时整理（立卷）、归档。

个人不得保存应当归档的公文。

第三十九条　归档范围内的公文，应当根据其相互联系、特征和保存价值等整理（立卷），要保证归档公文的齐全、完整，能正确反映本机关的主要工作情况，便于保管和利用。

第四十条　联合办理的公文，原件由主办机关整理（立卷）、归档，其他机关保存复制件或其他形式的公文副本。

第四十一条　本机关负责人兼任其他机关职务，在履行所兼职务职责过程中形成的公文，由其兼职机关整理（立卷）、归档。

第四十二条　归档范围内的公文应当确定保管期限，按照有关规定定期向档案部门移交。

第四十三条　拟制、修改和签批公文，书写及所用纸张和字迹材料必须符合存档要求。

第八章　公文管理

第四十四条　公文由文秘部门或专职人员统一收发、审核、用印、归档和销毁。

第四十五条　文秘部门应当建立健全本机关公文处理的有关制度。

第四十六条　上级机关的公文，除绝密级和注明不准翻印的以外，下一级机关经负责人或者办公厅（室）主任批准，可以翻印。翻印时，应当注明翻印的机关、日期、份数和印发范围。

第四十七条　公开发布行政机关公文，必须经发文机关批准。经批准公开发布的公文，同发文机关正式印发的公文具有同等效力。

第四十八条　公文复印件作为正式公文使用时，应当加盖复印机关证明章。

第四十九条　公文被撤销，视作自始不产生效力；公文被废止，视作自废止之日起不产生效力。

第五十条　不具备归档和存查价值的公文，经过鉴别并经办公厅（室）负责人批准，可以销毁。

第五十一条　销毁秘密公文应当到指定场所由二人以上监销，保证不丢失、不漏销。

其中，销毁绝密公文（含密码电报）应当进行登记。

第五十二条　机关合并时，全部公文应当随之合并管理。机关撤销时，需要归档的公文整理（立卷）后按有关规定移交档案部门。

工作人员调离工作岗位时，应当将本人暂存、借用的公文按照有关规定移交、清退。

第五十三条　密码电报的使用和管理，按照有关规定执行。

第九章　附　则

第五十四条　行政法规、规章方面的公文，依照有关规定处理。外事方面的公文，按照外交部的有关规定处理。

第五十五条　公文处理中涉及电子文件的有关规定另行制定。统一规定发布之前，各级行政机关可以制定本机关或者本地区、本系统的试行规定。

第五十六条　各级行政机关的办公厅（室）对上级机关和本机关下发公文的贯彻落实情况

应当进行督促检查并建立督查制度。有关规定另行制定。

第五十七条　本办法自 2001 年 1 月 1 日起施行。1993 年 11 月 21 日国务院办公厅发布，1994 年 1 月 1 日起施行的《国家行政机关公文处理办法》同时废止。

附录二

国务院办公厅
关于实施《国家行政机关公文处理办法》
涉及的几个具体问题的处理意见

国办函［2001］1 号

各省、自治区、直辖市人民政府，国务院各部委、各直属机构：

为确保国务院发布的《国家行政机关公文处理办法》（国发［2000］23 号）的贯彻施行，现就所涉及的几个具体问题提出如下处理意见：

1. 关于“意见”文种的使用。“意见”可以用于上行文、下行文和平行文。作为上行文，应按请示性公文的程序和要求办理。所提意见如涉及其他部门职权范围内的事项，主办部门应当主动与有关部门协商，取得一致意见后方可行文；如有分歧，主办部门的主要负责人应当出面协调，仍不能取得一致时，主办部门可以列明各方理据，提出建设性意见，并与有关部门会签后报请上级机关决定。上级机关应当对下级机关报送的“意见”作出处理或给予答复。作为下行文，文中对贯彻执行有明确要求的，下级机关应遵照执行；无明确要求的，下级机关可参照执行。作为平行文，提出的意见供对方参考。

2. 关于“函”的效力。“函”作为主要文种之一，与其他主要文种同样具有由制发机关权限决定的法定效力。

3. 关于“命令”、“决定”和“通报”三个文种用于奖励时如何区分的问题。各级行政机关应当依据法律的规定和职权，奖励的性质、种类、级别、公示范围等具体情况，选择使用的文种。

4. 关于部门及其内设机构行文问题。政府各部门（包括议事协商机构）除以函的形式商洽工作、询问和答复问题、审批事项外，一般不得向下一级政府正式行文；如需行文，应报请本级政府批转或由本级政府办公厅（室）转发。因特殊情况确需向下级政府正式行文的，应报经本级政府批准，并在文中注明经政府同意。

部门内设机构除办公厅（室）外，不得对外正式行文的含义是：部门内设机构不得向本部门机关以外的其他机关（包括本系统）制发政策性和规范性文件，不得代替部门审批下达应当由部门审批下达的事项；与相应的其他机关进行工作联系确需行文时，只能以函的形式行文。

“函的形式”是指公文格式中区别于“文件格式”的“信函格式”。以“函的形式”行文应注意选择使用与行文方向一致、与公文内容相符的文种。

5. 关于联合行文时发文机关的排列顺序和发文字号。行政机关联合行文，主办机关排列在前。行政机关与同级或相应的党的机关、军队机关、人民团体联合行文，按照党、政、军、群的顺序排列。

行政机关之间联合行文，标注主办机关的发文字号；与其他机关联合行文原则上应使用排列在前机关的发文字号，也可以协商确定，但只能标注一个机关的发文字号。

6. 关于联合行文的会签。联合行文一般由主办机关首先签署意见，协办单位依次会签。一般不使用复印件会签。

7. 关于联合行文的用印。行政机关联合向上行文，为简化手续和提高效率，由主办机关加盖印章即可。

8. 关于保密期限的标注问题。涉及国家秘密的公文如有具体保密期限应当明确标注，否则按照《国家秘密保密期限的规定》（国家保密局1990年第2号令）第九条执行，即“凡未标明或者未通知保密期限的国家秘密事项，其保密期限按照绝密级事项三十年、机密级事项二十年、秘密级事项十年认定”。

9. 关于“附注”的位置。“附注”的位置在成文日期和印章之下、版记之上。

10. 关于“主要负责人”的含义。“主要负责人”指各级行政机关的正职或主持工作的负责人。

11. 关于公文用纸采用国际标准A4型问题。各省（区、市）人民政府和国务院部门已做好准备的，公文用纸可于2001年1月1日起采用国际标准A4型；尚未做好准备的，要积极创造条件尽快采用国际标准A4型，由各省（区、市）人民政府和国务院各部门自行确定。

国务院办公厅

二〇〇一年一月一日

思考与练习

一、简答题

1. 公文运行的各级机关之间的组织关系有哪几种？

2. 公文运行的行文规则主要体现在哪些方面？

3. 简述“公告”和“通告”的异同。

4. 公布下列事项宜用哪个文种？

(1) 向国内外旅客公布航期、船期。

(2) 对全市机动车辆停车场实行统一管理。

(3) 某单位临时搬迁办公地点，告知下属及有关单位。

(4) 公布新的法规。

5. 请示和报告有哪些共同点和不同点？

6. 批复如何引述来文？如何表明批复意见？

7. 请求函与请示的区别是什么？

8. 批复与复函的区别是什么？

9. 会议纪要有何特点？如何写好会议纪要？

10. 在什么情况下用“函”？函和其他文种在行文上有什么不同？

二、下列公文语句均存在用语不当或不符合公文语体的毛病，请予以修改

1. 事故发生之前，房门没锁。

2. 小王革新了工作方法，许多人知道后纷纷效尤。

3. 鉴于你县拖拉机站亏损的实际情况，根据××有关规定，同意减免工、商税。

4. 经研究，县政府同意A乡政府报告。

5. 县委给农村中小学教师写了一封慰问信。

6. 红队打败了蓝队夺得了冠军。

7. 简报的词语一定要简洁明了，切忌不要冗长啰嗦。

8. 我省的土地资源是全国最丰富的地区之一。

9. 到下级单位和基层一般情况下吃工作餐。

10. 该厂库存生铁逐年减少，两年内减少了一倍。

11. 报纸上宣传了许多王厂长的先进事迹。

12. 经厂务会批准，厂内一律禁止养鸡鸭，如有违者，本月底捉送食堂杀……

13. 此事发生在国务院文件下达以后，这是违背有令不行、有禁不止的错误行为。

14. 兹介绍×××同志去你局学习档案管理经验，希予协助为要。

15. 鉴于以上情况，应该怎么办，请领导批示。

三、病文修改

1. 指出下面这篇请示中存在的问题，然后加以修改。

大连××商店请示

市一商局、物价局：

我商店新购进的一批香烟和副食品，因质次价高，造成严重滞销。目前香烟大多数因烟丝干燥，质量受到严重影响，严重的已经霉变；副食品也有不少已变质。为了维护消费者的利益，促进我店流动资金的迅速周转，经研究决定，对香烟和副食品削价出售。特此请示，请批复。

大连××商店

××××年××月××日

2. 下文在内容、语言上均有问题，请修改。

武汉市盛达公司关于盛达制衣厂翻建房屋的请示报告

××局：

我公司所属盛达制衣厂于2002年10月开始翻建汽车库。到现在一层顶板已扣完。工程进展快。由于汽车库的翻建已经拆除了司机、装卸工宿舍、武装部办公室、基建科办公室等共计510平方米。因为以上办公用房的拆除，以致汽车无处停放，有关职工无处办公，严重影响正常工作。另外，为缓和厂区占地紧张状况及结合全厂长远规划，故决定改建第一层为汽车库，第二层为办公室。

为解决当前办公用房之急需，只能把已拆除的510平方米面积加在汽车库顶层上面，资金由该厂自行解决。

妥否，请批示。

武汉市盛达公司

二〇〇三年十月十日

四、写作

1. ××市教委需要召开市中学高考工作会议，会期三天，要求住会。请代××市教委起草一份会议通知，下发所属各单位。

2. 红光印刷厂由国外引进了先进的生产技术和设备，但该厂无法解决本厂技术人员进修外语问题，得知××大学有出国人员英语强化进修班，于是该厂向××大学发函请求协助解决本厂技术人员外语培训问题，××大学收到函后即给红光印刷厂回了函，请按上述材料替红光印刷厂和××大学各写一份询问函和复函。

3. 某大学会计系2005级学生刘义，入学以来不认真学习，经常旷课，多次打架斗殴，今年7月5日刘喝醉后回宿舍开门时，被同宿舍黄刚同学不小心撞了一下，刘即大打出手，将黄刚打成重伤。学校决定给予刘义勒令退学处分。请你代拟一份批评性通报。

4. 某部门需要购置复印机，必须向上级写一份公文。请问应选用什么文种？并请试拟这份公文。

五、讨论

请结合文学写作，讨论公文写作在主题、材料、结构方面有哪些要求。

六、根据下列材料拟写一则通告。

某单位定于×年×月×日上午×时至×时对某危楼实行定向爆破，为此某市公安局发布通告，届时某危楼方圆5公里内实行戒严，请所有车辆和人员绕道而行。

七、根据下列材料，撰写一则表彰通报。

一年来，在县人事局领导的正确带领下，全体干部职工深入贯彻落实科学发展观，坚持公道正派，勤政为民，服务大局，为我县经济建设和发展做出了积极贡献。为表彰先进，激励广大干部职工献身党的事业，树立榜样，表彰先进，局领导决定授予××等12名同志“先进工作者”称号，全体干部职工要以受表彰的先进个人为榜样，爱岗敬业，勇于创新，为人事人才改革，提高服务质量，构建和谐机关做出新的贡献。希望受表彰的同志珍惜荣誉，谦虚谨慎，发扬成绩，再立新功。

八、指出下列公文错误之处，并加以修改。

关于成立摄影协会的重要通知

各学生会：

院学生会成立一个摄影协会，目的是为了丰富学生课余文化生活，培养我们的情操，有利于我们提高观察生活的能力，从生活挖掘出美好的事物，使我们更加热爱我们的社会主义家园。

本协会将举办摄影培训班，聘请专业或业余摄影家来讲课，在一二年内本协会成员除了能掌握摄影基本知识外，还能学会在拍摄过程中常用的知识，如追随法、逆光摄影、高调摄影等，在冲洗照片过程中常用的如冲洗放大，多次曝光叠加成像等方法。待初步掌握了这些技能后，我们还得外出采访，从而更好地深入实际，了解社会，还将尽可能地游历名山大川，拍出有浓郁的生活气息和奇丽风光的艺术照片，举办学员作品展览评出优秀作品对作者以适当奖励，结业时，凡掌握了所学内容者，都发给结业证书。总之，凡加入本协会的成员，只要认真学习，互相交流，取长补短，切磋技艺，都会在摄影技术上取得很大进步，成为社会有用的人才。

凡是对摄影有爱好的学生，可以自愿报名参加，要自备自带照相机，有摄影作品的职工最好交上来，以便录取时参考，活动时间，每星期二、四下午，报名处在总公司办公楼203室，报名时交一张一寸照片，有关事项要求，望及时发给各团支部给予传达，尽快将名单报上来。

摄影是一门艺术，它会使我们生活更加丰富多彩，激发我们爱国和为祖国添彩的热情，望大家踊跃参加。

××学院学生处
20××年×月×日

第三章 事务文书

第一节 计 划

一、计划的含义和作用

计划是对未来一定时期的全面工作或某项工作做出具体安排的应用文，它提出工作目标、要求以及实现这些目标、要求的措施、步骤和期限，是未来一定阶段的具体行动纲领。

古人云："凡事预则立，不预则废。"无论做什么事，都应当明确目标、明确措施方法、明确工作阶段、明确完成期限。只有这样，工作起来才能心中有数，有条不紊，稳步有序地达到预期的目的。

二、计划的种类

计划的种类很多。按内容分，有工作计划、学习计划、生产计划等。按时限分，有年度计划、季度计划、月计划等。按题材分，有综合性（全面）计划和专题性（单项）计划。按性质分，有指令性计划和指导性计划。按功能分，有规划性计划和实施性计划。

指令性计划是国家下达的具有行政约束力的计划，计划任务按部门、企业逐级分解下达，主要用于有关国计民生的重要商品和关系经济全局的骨干企业。指导性计划是国家根据国民经济发展的需要下达给企业的参考性计划指标，是非强制性的。国家主要运用经济杠杆（价格、信贷、税收）、经济合同和奖励等手段，使国家计划和企业计划相协调。

规划性计划着重于提出任务，明确方向。领导机关制订并下发的计划一般都属于规划性计划。实施性计划着重于提出措施、步骤，以保证任务、指标的落实。基层单位和领导机关的业务职能部门所制订的计划多属于实施性计划。

计划的不同名称，能反映出计划的不同功能：①规划、纲要。它属于长远的宏大的计划，项目大，涉及面广，是对未来较长阶段工作的大体设想，是粗线条的勾勒。其内容是展现某一任务的"蓝图"，定方向、定远景，富有理想性和鼓舞性，其中，"纲要"较简略，"规划"比"纲要"要详细。②打算。它属于初步设想，涉及的时间可长可短，其内容一般都是较有原则的方向性计划。③设想。它是初步的富有创新性的非正式计划。④意见。它是上级对下级一个阶段某项工作的布置，交代有关政策，提出具体要求，执行时下级可增补或变动。⑤要点。它是提纲挈领式的计划。⑥方案。它是某项任务决策过程中提出的供讨论的计划，属于初步的计划，一般用于较大项目的工作。其内容是对某项工作的目的、要求、方式方法、具体进度等都做出安排。⑦安排。它是时间短、内容具体的计划。⑧计划。它是计划类文体的泛称。“计划”使用频率较高，使用范围较广。上述名称中除“要点”、“意见”、“设想”等具有特指功能外，其他都可用“计划”这一名称代替。

三、计划的特点

（一）预见性

预见性是指计划是以对工作进程及结果的预先判断为基础的。计划能预先确定行动目标、措施、步骤和期限，依赖于对事物发展规律的认识。制订和实施计划的过程，实际上是认识事物的规律并“运用这种规律于自己的行动中”的过程。

（二）指导性

指导性是指计划应当体现政策性。凡是正确的计划，都是上级的要求和本单位实际情况相结合的产物。对上，它依据党和国家的有关方针、政策；对下，它要符合本部门的具体情况。它提出的任务，是客观条件和主观目标相统一的产物。它提出的措施、步骤，体现了政策，反映了客观规律，因而具有指导性。

（三）约束性

约束性是指计划必须严格执行。计划体现着上级的要求、意图，尤其是指令性计划，必须严格执行，保证完成。上级主管部门在监督计划执行时，可以按计划对工作进行逐项检查，发现擅自改变计划的，可以批评，甚至处分。当然，计划执行单位可以根据实际情况的变化，对计划作合理的调整、变动，但必须报上级主管部门批准备案。

四、计划的格式和写法

计划的写作，有条款式、说明式、表格式三种形式，有时这几种形式可配合使用。一个完整的计划，应包括三个部分：

（一）标题

标题一般由单位、期限和文种三个成分组成，如《大连机床厂 2002 年第一季度工作计划》。

（二）正文

计划有三个要素，体现为计划正文中的三个部分：

1. 背景和前提。这是计划的“前言”部分，主要说明制订计划的客观基础。要交代计划是在什么主、客观条件下提出来的，回答“为什么做这个工作”和“能不能做这个工作”的问题。具体内容是：提出指导思想，说明为什么要制订这个计划，一般要简述上级或全局的要求，阐述指导思想和总任务、总目标。概述基本情况，主要写本单位或本人的主观条件，前期工作概况，目前现状，客观形势的要求，提出本计划的必要性和可能性。

2. 任务和指标。这是回答“做什么”的问题，一般都分条来写，每一条都写明目的、任务、要求和完成期限，同时又要分清主次缓急。任务和指标有定性和定量之分。一项工作要达到的数量、质量、速度等，应当明确而具体，实在而可行。

定量的计划，常用表格编制，由于指标数字具体明确，易于落实。只定性而不量化的计划，由于指标不具体，容易落空。所以，凡是任务指标能量化的，都应当量化，真正做到目的清楚，任务具体，指标确切。

3. 措施和步骤。这是回答"怎么做"的问题。措施是为完成任务而采取的办法，步骤是从时间上对工作的进程加以安排。二者都是完成计划任务的必要条件。打个比方，任务和指标是过河，措施和步骤就是解决桥或船的问题。不解决桥或船的问题，过河就是一句空话。基层单位的计划，特别要在措施、步骤上下工夫。要写明各项任务的具体措施、办法，以及完成任务的阶段划分。

措施、办法要求全面、得力。它包括思想动员，人员调配，组织分工，方式手段，人力、物力、财力安排，后勤保障等。步骤要求稳妥、恰当。时限、效果要求明确。

计划的第二、三要素，即"任务和指标"与"措施和步骤"这两项内容有分列与结合两种写法：

(1) 分列。"分列"就是把"任务和指标"与"措施和步骤"分开来写，并且就用这些概念作为大层次的标题。例如，《中国残疾人事业五年工作纲要》(1988—1992) 共分四部分：一、背景；二、原则；三、任务；四、措施。层次极为醒目。

(2) 结合。"结合"就是把"任务和指标"与"措施和步骤"融合在一起。它所标示的层次标题是一项项并列的任务，在每一项任务内，上下层次往往是任务与措施的关系。如《机械电子工业部 1990 年经济调节和财务工作要点》共有五个大层次标题：一、价格工作方面。二、资金工作方面。三、税收、关税工作方面。四、提高工作效益方面。五、政策研究和队伍建设工作方面。每个方面下面，各有许多条条，提出任务，列出措施和步骤。

综合计划中，依工作方面分成大"块"或大项，每大"块"或大项再包括上述内容。

表格式计划常见的形式是"时间序列式"，即一月、二月……各列出任务、措施，步骤则体现在时间序列中。有时要辅以简要的文字说明。

(三) 文尾

结尾（落款）一般只写"制订单位"、"制订日期"两项。

有的文件式计划附有"附注"、"附件"。如需上报下达，还要注明"主送单位"和"抄送单位"。

五、计划的写作要求

1. 体现政策性。各单位制订计划时，应依据党和国家的路线、方针、政策以及长期和近期的发展计划，贯彻党和国家的方针、政策，贯彻上级指示的精神，从全局出发，保证国家下达任务的完成。

2. 从实际出发，注重科学性。制订计划要坚持实事求是的作风，把计划建立在客观条件、主观条件许可的基础上，并且还要留有余地。

3. 深入发动群众讨论计划。走群众路线，让群众参与，可以集思广益，避免错漏。如工业企业的生产计划，一般都是“从群众中来，到群众中去”，经过“二上二下”的讨论过程，以保证计划的合理性和可行性。

4. 语言简明扼要，条理清楚。

[例文三·一]

麦当劳公司市场营销计划（节选）

一、市场营销状况

市场销售总规模（略）

麦当劳的销售额（略）

麦当劳的市场占有率（略）

麦当劳公司面临如下市场状况：

快餐食品市场正在缓慢成长。传统的街区和郊区市场已经饱和，当前大多数的销售增长来自非传统销售网点，诸如机场、火车站、办公大楼所在地。

快餐食品自然集中于汉堡包、鸡块和番茄酱的销售。某些新开业的专业化快餐食品销售网点，如帝·莱特斯向成年人提供了更多的食谱选择，帕史塔棒这些销售网点对麦当劳形成潜在的威胁，它们正在集中于单一的快餐食品和成年人市场而不是儿童市场，恰恰成年人这一细分市场又是麦当劳缺少顾客忠诚的薄弱环节。

比较积极的事件是：成功地向市场投入了各种色拉和麦克德尔特三明治；儿童们对各种幸福快餐的需求经久不衰并在不断发展，趋势明显；在游乐场上成功地扩大了销售。眼下，麦当劳面临着两个主要问题：其一，在不改变麦当劳十分重视儿童市场这一传统特征的前提条件下，怎样提高成年人对麦当劳的忠诚度；其二，当开发新销售网点变得越来越困难时，怎样继续保持其他市场增长的势头。

另外，通过比竞争对手在广告宣传和促销方面多花钱，麦当劳才得以维持市场占有率，麦当劳每年大约花费7亿美元，而柏格王只花2亿美元。

但是，对麦当劳有利的一个因素是竞争对手在处理扩张发展与保持盈利方面遇到了小麻烦。当它们扩张发展时，便很难保持盈利。但是，每一个新竞争销售网点都给麦当劳销售的稳定增长带来不小的影响。

麦当劳成功地向海外进行了扩张发展，但当美国国内的竞争销售网点日益成长时，那些海外的销售网点却丝毫不能帮助麦当劳在美国国内保持增长势头。

麦当劳面临下列一些对手的强有力的竞争（略）

各品牌市场占有率发展趋势（略）

麦当劳、柏格王、文帝、肯德基炸鸡、塔科销售网（略）

二、问题与机会分析

麦当劳公司发现它面临如下问题：

1. 现场试验发现，顾客对麦当劳潜在的新快餐食品评价不同。

2. 适于麦当劳开设新销售网点的潜在地盘十分有限。

3. 帝·莱特斯在成年人快餐食品销售方面表现出极大的潜力。

4. 各竞争对手纷纷向市场投放各种各样的幸福快餐，文帝用土豆王玩具来配合，成功地进行了幸福快餐的促销。

5. 顾客反映麦当劳最近组织的意在以成年人市场为目标的两次游戏性促销活动中的游戏太复杂了。

6. 由于很难雇到合格的工人，以及随着食谱花色、品种的增加给保持质量带来的困难，麦当劳快餐食品本身的质量和服务质量都在下降。

与此同时，麦当劳公司发现企业存在如下机会：

1. 市场调查表明，顾客对麦当劳即将推出的自由挑选全营养小果子面包做出了积极的反应。

2. 麦当劳在非传统开店场所开设的销售网点相当成功，麦当劳的地区合作团体和当地特许经营组织的市场营销能力在同行业中都是最强的。

3. 麦当劳投放市场的各种色拉取得了成功。

4. 所有快餐食品销售链的产品都受到营养学专家的批评。

三、营销目标与行动方案

麦当劳拟达到的营销目标是：销售额120亿美元，毛利43亿美元，毛利率36%，净利13亿美元，市场占有率25.5%。麦当劳处在一个平淡无奇的年份里。1990年，它既没有为占领成年人市场而推出一种新产品，也没有能够跟上竞争对手增设网点的步伐。麦当劳正在准备检验一些新的市场观念，这些新市场观念既满足那些喜欢传统麦当劳快餐食品的顾客，又能使那些喜欢标新立异、期待快餐食品有所变革的顾客也心满意足。

麦当劳1991年的目标是在除了各种全营养小果子面包之外，其他产品都应保持原有市场占有率。为了实现这一目标而设计的行动方案是：

1. 不断加强对儿童的市场营销，增强麦当劳对儿童的吸引力。

2. 以成年人细分市场为目标市场进行促销活动，每6个月组织一次促销性游戏。

3. 继续增加在非传统设店的场所开设销售网点的数目。

另外，与主要行动相配合，还拟开展下列次要活动：扩大适合于地区合作团体用于它们的广告宣传活动的素材量；增加麦当劳主办的体育活动及有关活动次数；增加罗纳德·麦克唐纳露面次数；发表有关麦当劳快餐食品营养成分及含量的新闻报道。

四、营销策略

1. 广告宣传活动。这一广告宣传将按季进行。第一季度：做成年人导向型游戏促销广告。第二季度：在目标城市市场开展向顾客介绍各种全营养小果子面包的宣传活动。第三季度：做另一个成年人导向型游戏促销广告。第四季度：利用人们的怀旧心理，配合三个月前重新推出双层干酪包而开展一场“麦当劳伴我成长”

的活动。

2. 促销活动。促销必须尽可能使潜在的下降不成为现实。促销性游戏必须比上次简单，以便更多人参与。另外注意两点：其一是店内促销，麦当劳将继续向市场提供幸福快餐，并有计划地逐日稍做更新，把其儿童游乐场票价下调35%，以鼓励更多的销售网点售出游乐场票。其二是店堂陈设，主要陈设有旗帜和招贴，招贴应适合于贴放或放在调味品台上和堆放在废弃物品容器上。

3. 公关活动。其一，麦当劳将继续对全国范围的各种竞赛提供支持，如网球赛、足球赛等。其二，对一个地区的合作团体，让罗纳德·麦克唐纳的露面次数加倍，并对合作团体的额外支出以资金赞助。其三，发表介绍全营养小果子面包营养成分的文章，使之与批评麦当劳快餐食品缺乏营养的文章辩论。

4. 包装。将更富于营养的信息置于食品外包装之上。

5. 市场研究。它包括对新快餐食品市场进行研究，对各种新分销选择进行市场试验。

6. 销售网点。麦当劳将继续在下列地区增设销售网点和特许经销店：受允许的外国地区；非传统设点场所；提高或恢复各街区的活力的场所。

五、营销计划的执行与控制（略）

[例文三·二]

浙江红岩机械制造股份有限公司西南基地建设实施方案

西南基地的建设是我公司发展史上的里程碑，它直接关系到公司今后的发展前景，同时也关系到公司全体员工的切身利益。为了坚决贯彻公司理事会做出的“西南基地建设”的有关决议精神，切实有效地做好并完成西南基地的建设，经公司领导及“西南基地建设筹委会”讨论研究，特制订《浙江红岩机械制造股份有限公司西南基地建设实施方案》如下：

一、基本原则

（一）坚持团结协作原则。西南基地的建设涉及公司的各个职能部门，要确保基地建设的顺利进行，需要公司各职能部门在“筹委会”的统一领导下，既分工明确又互相帮助、互相协作，绝不允许互相推诿、互相扯皮。

（二）坚持艰苦创业原则。在西南办企业，意味着要远离公司本部，人地生疏，条件艰苦。我们要牢固树立艰苦创业的思想，做好吃大苦、耐大劳的准备。

（三）坚持勤俭节约原则。要严格财务制度，不利用职权贪赃枉法，做到每一分钱都用在刀刃上。

二、目标任务

根据公司理事会的要求，西南基地的建设，总投资1 200 万元。从2004 年1 月15 日起至2005 年3 月15 日完成，共14 个月。在这14 个月的时间里要完成市场的调研、基地位置的考察、征地、基础设施的建设、新工人及技术人员的招聘录用、设备的采购、安装及调试等开工前的准备工作，确保在2005 年3 月初正式投入使用，并力争产品一投放市场便取得良好的效益。

三、人员安排及各部门的工作职责

（一）“筹委会”主任负责此项目的全面实施，两位副主任协助。X副主任负责基地的建设，Y副主任负责西南四省一市的市场调查及销售网络的建设。

（二）人事处于2004年12月初派员进驻基地负责招聘技术人员，在四省一市招收新员工，并协助技术处做好新工人的岗前培训工作，在2004年年底着手进行基地建成后的干部调配及分工。

（三）设备处、技术处在工程完成90%的时候派人进驻基地，分别负责设备的招标采购、验收和设备的安装调试。技术处还要负责新工人的岗前培训。

（四）基建处在基地正式定址后派人进驻基地，负责基建图纸的设计、施工质量的管理及验收。

（五）财务处负责资金的筹措，保证资金按时足额到位；派人常驻基地负责财务管理。

四、基地建设的工作步骤

（一）2004年1月中旬“筹委会”全体成员进驻重庆，落实办公、生活地址。1月20日开始分两组分别由X副主任率队入四省一市进行基地场址的考察，Y副主任率队深入矿山、水利水电、路桥建设等企业进行产品市场调研。2月20日各处室抽调人员到“筹委会”办公处报到，并开始工作。

（二）2004年3月20日集中汇报考察结果，拟订三个候选城市送总部，由总部讨论裁定，确定基地地址。财务处拨出第一批征用土地的300万元资金。

（三）3月底和总部最后确定的城市的有关部门联系土地征用事宜，争取在4月初开始征地，在5月底完成。在此期间基建处完成基建的规划和图纸的设计。

（四）6月初开始平整土地，至6月底完成。在此期间基建处协助“筹委会”完成施工队的招标落实和合同的签订，财务处拨出第二批400万元资金。

（五）7月初施工队正式进场施工，基建处负责施工的进度及质量管理，争取在12月底完成厂房的施工。

（六）12月底人事处派员进驻基地，负责新工人的招收及技术人员的招聘，并协助技术处完成新工人的岗前培训工作。财务处拨出最后500万元资金。

（七）2005年1月底工程队完成配套设施的建设，设备处派人进驻基地，负责机械设备的招标采购。人事处完成基地建成后的干部调配，技术处完成新工人的岗前培训。

（八）2005年2月技术处负责完成机械设备的安装、调试。Y副主任负责的西南市场的销售网络初步建成。月底，新班子、新工人及技术人员到位。

（九）2005年3月初正式投入生产。

五、注意事项（略）

西南基地的建设时间紧、任务重，而且可能会遇到意想不到的困难。我们相信在公司领导的直接指导下，在公司各部门的精心配合下，经过全体“筹委会”成员和职工的共同努力，一定能克服一切困难，按时、保质保量地完成这个艰巨的任务。

浙江红岩机械制造股份有限公司（印章）

浙江红岩机械制造股份有限公司西南基地建设筹委会

二〇〇四年一月十三日

［例文三·三］

2012年全市国土资源局工作计划

2012年，国土资源工作总体思路是，紧紧围绕市党代会精神，按照“三争一创”总要求，以全面提升国土资源系统执行力为抓手，以全力推动实施国土资源管理转型创新总体方案和专项方案为突破，以构建一个体系、打造两个平台、创新三项举措、推进四项工作为重点，通过以重大项目保障引领科学发展，以节约集约利用倒逼转型发展，以土地综合整治统筹城乡发展，以基本权益维护促进和谐发展，为我市率先基本实现现代化，建成人文、绿色、幸福都市做贡献。

2012年重点做好四方面工作：

一是构建一个体系，即积极构建一个全新的土地保供体系。

二是打造两个平台，即建立节地提效平台和土地综合整治平台。

三是创新三项举措，即加快节地提效示范区建设步伐、全面推进落实国土资源管理转型创新、争取尽快成为国土资源部的创新试点。

四是推进四项重点工作，即坚持服务发展大局，保障经济科学发展；坚持保护有限资源，促进可持续发展；坚持服务涉土民生，促进社会和谐发展；坚持党建业务有机融合，提升服务保障水平。同时，坚持以“三争一创”实践活动为抓手，切实提高创先争优能力，切实提高国土资源工作执行力，强化创新突破，重视调查研究，切实转变作风，加强目标考核，建立督查机制，形成工作合力……

要求我局在新的一年中，主动应对宏观经济形势，切实提高思想认识，切实增强发展、大局和责任意识，强化服务能力，务求工作取得实效。其具体要求：

一是要锐意改革攻坚，努力开拓突破，推进国土资源管理转型创新工作，为促进转型升级发展作贡献；

二是要继续把保障发展重大项目用地作为全市国土资源系统的核心工作，为经济社会发展保驾护航；

三是要坚定不移地保护国土资源，改善生态环境，为实施“生态为基”战略方针提供重要支撑和保障；

四是要建立健全土地执法监管共同责任机制，加强国土资源执法监管工作，规范全市国土资源管理秩序。

第二节 简 报

一、简报的概念和作用

简报是党政机关、人民团体、企事业单位编发的一种以汇报工作、反映情况、交流经验、传达信息为主要内容的内部简要报道。从作用上看，简报具有汇报性、交流性和指导性。简报可以使上级及时了解下面工作的情况，并根据简报所反映的情况做出及时、正确的决策，指导下面的工作；简报可以在平级机关之间互通情报，交流工作经验，相互了解，相互促进。简报作为一种报道工具，是内部信息交流的一种渠道，是指导和决策工作的重要参考。简报不是公文，但它与公文中的“报告”有相似之处，是准公文性的参考性文书。

简报内容广泛，形式多样，不单纯是下级向上级汇报工作的简要书面报告，不能将其看做一种独立文体。可以说，它是一种专业性强的简短的内部小报。

简报简短、灵活、快捷，信息量大。各单位编发的“动态”、“简讯”、“要情”、“摘报”、“工作通讯”、“情况反映”、“情况交流”、“内部参考”等，都属于简报的范畴。

二、简报的种类

简报的种类，按时间分，有定期的简报、不定期的简报；按性质分，有工作简报、生产简报、学习简报、会议简报；按内容分，有反映全面情况的综合简报和反映特定情况的专题简报。在日常应用中，常见的简报有以下几种：

（一）日常工作简报

它又称业务简报。这是一种反映本地区、本系统、本部门日常工作的经常性简报。它包含的内容较广，工作情况、成绩问题、经验教训、表扬批评以及对上级某些政策或指示执行的步骤、措施，都可以反映。它常以定期或不定期的形式出现，在一定范围内发行。

（二）中心工作简报

它又称专题简报，也是一种阶段性的简报。它往往是针对机关某一时期的中心工作、某项中心任务办的简报，中心工作完成了，简报也就停办了。

（三）会议简报

它是会议期间反映会议情况的简报，是一种临时性的简报，内容包括会议中的相关情况、发言及会议决定等。规模较大、时间较长的会议常要编发多期简报，以起到及时交流情况、推动会议进程的作用。小型会议一般是一会一期简报，常常在会议结束后，写一期较全面的总结性的会议情况汇报。

（四）动态简报

它包括情况动态简报和思想动态简报。这类简报的时效性、机密性较强，要求迅速编发，发送范围有一定限制，在某一个时期、某一阶段要保密。

三、简报的特点

简报具有一般报纸新闻的某些特点，如真实性、准确性、导向性等，同时又有自身的一些特点。

（一）专业性强

简报一般由有关单位、部门主办，专业性十分明显。如《人口普查简报》、《计划生育简报》、《水利工程简报》、《招生简报》，分别由主办单位组织专人撰写，传递相关工作的各种信息，包括情况、经验、问题和对策等，一般性的东西少说，无关的东西不说，专业性的东西多说。

（二）篇幅简短

简，是简报区别于其他报刊的最显著特点。一期简报甚至只登一篇文章、几段信息，或一期几篇文章，总共一两千字，长的也不过三五千字，读者可以用很短的时间把它读完。简，是适应现代快节奏工作的需要。因此，简报的语言必须简明精炼。

（三）限于内部交流

一般报纸面向全社会，内容是公开的，没有保密性。简报则不同，它一般在编报机关管辖范围内的各单位之间交流，不宜甚至不能公开传播，特别是涉外机关主办的简报更是如此。有的简报，往往是专给某一级领导人看的，有一定的保密要求，不能任意扩大阅读范围。

（四）内容新，编发快

简报是紧跟形势，为紧密配合当前工作而制作的。简报反映的都是新情况、新问题、新经验、新观点。要新，就要出手快，快写、快编、快发。

以上四个特点不是孤立的，而是有机联系的，并因此与评论、报告、新闻报道相区别。

四、简报的格式和写法

（一）报头

1. 简报名称

一般用套红印刷的大号字体。如有特殊内容而又不必另出一期简报时，就在名称或期数下面注明“增刊”或“××专刊”字样。秘密等级写在左上角，也有的写“内部文件”或“内部资料，注意保存”等字样。

2. 期号

可写在名称下一行，用括号括上。

3. 编印单位

4. 印发日期

写在与编印单位平行的右侧，在下面，用一道横线将报头与报核隔开。

（二）报核

报核即简报所刊的一篇或几篇文章。简报的写法是多种多样的，因此，它的形式也较灵活。简报大多数是消息，包括标题、导语、主体、结尾和穿插在叙述中的背景材料。除了消息，还有别的文体，所以，不是每篇简报都有这几项内容。

以消息为例：每篇简报一般包括以下几个部分：

1. 标题

写在报头的第二道横线下面，要准确醒目，能高度概括简报内容，点明主题。其写法类似新闻报道的标题。

2. 开头（导语）

开头应当有个总的概括性的说明，类似新闻报道中的导语。导语通常用简明的一句话或一段话概括全文的主旨或主要内容，给读者一个总的印象。导语的写法多种多样，可分为提问式、结论式等，也可分为描写式、叙述式等。例如，结论式的写法是先写出事情的结果，然后在主体部分作具体的分析、说明，以引人注意，具有统领全篇的作用。叙述式的写法，一般要求以简练的文字把事件的时间、地点和意义、作用交代清楚，揭示简报的中心思想。导语一般要交代清楚谁（某人或某单位），什么时间，干什么（事件），结果怎样等内容。

3. 主体

主体是全文的中心部分，要用充分的、典型的、真实的材料和数据说明开头提出的问题，也就是用有说服力的材料，把导语的内容具体化。写作时要根据事物的内在联系，用横式或纵式结构，围绕着主题，叙述事实，阐述原因，把问题一层一层展开。要做到观点和材料统一，详写和略写结合。

4. 结尾

要不要结尾，应根据内容而定。有的简报内容单一，篇幅短小，事情写完就停笔，或者是已经把结论写在开头，最后又不提出什么要求，这两种情况都可以不写结尾。有的简报写到最后需要作小结，或指明事情发展趋势，或提出希望及今后打算，或者是提要求，作指示，发号召，这样就应有个结尾，以使简报的内容完整，结构严谨。

5. 背景

背景即介绍对人物、事件起作用的环境条件和历史情况，可以穿插在各个部分。

（三）报尾

在简报最后一页下部，用一横线与报核隔开，横线下左边写明发送范围，在平行的右侧写明印刷份数。

简报形式图示如下：

报头　　　　　　　　**简　报**

（第××期）

××× 办公室　　　　　　　　　　　　年　月　日

报核　　　　　　　　**标　题**

正　　文

开头
主体
结尾

报尾　发送：××××、××××

（共印××份）

五、简报的写作要求

1. 简报必须如实反映情况，准确无误地说明客观事实，未经核实的情况不能编入简报。

2. 说清重要事项，首先要定好主题，把材料和观点统一起来。要把简报写得有观点、有情况、有分析、有经验、有对策。

3. 主题的提法要讲究，用词要恰如其分。语言要准确、鲜明、科学、简洁，不讲套话、废话、空话、大话和假话。

［例文三·四］

××地税简报

2009 年第 12 期

××地税局　　　　　　　　　　　　2009-05-19

××地税局第一季度税收收入形势喜人

今年一季度，××地税局税收收入大幅攀升，形势喜人。截至 3 月末，我局共组织入库 1 531 万元，同比增收 379 万元，增长 32.9%，占年度计划的 30.76%，比时间进度快 5.76 个百分点。五大主体税种营业税、企业所得税、土地增值税、土地使用税和车船税均有较大增长，分别增长 60.7%、36.2%、414.3%、173.7%、66.7%。收入总额、增幅及增收额均创历史同期新高。

今年以来，我局上下牢固树立科学发展观，充分发挥地方税收的职能作用，采取有力措施确保税款及时足额均衡入库。主要做法有：一是行动早。面对经济危机及县级财力需求增大的严峻形势，为了确保今年圆满完成目标任务，年初，我局就将目标任务进行分解逐一下达到各所，并召开全局工作会议，围绕目标任务，统一思想，分析形势，鼓足信心，强化措施，要求基层各所迅速行动，摸清税源、底数，制订税收计划，为实现开门红打好基础。二是细分析。我局坚持以科学发展观作为实际工作指导，对全县税收形势、税源变动情况、重点行业发展进行深入分析，明确今年的税收方向，向外找税收空间，向内挖税收潜力，严格收入纪律，确保应收尽收，不收过头税。三是抓宣传。为了在全社会营造依法治税、税企互动的和谐氛围，今年，××地税局围绕“税收·发展·民生”的主题，以“三月三”为契机，开展了形式多样的宣传活动，普及税法知识，提高全社会自觉协税护税的意识。

本期送：文局长、苏组长、陆县长、蔺主任，市局办公室，县政府办公室，本局领导、本局各单位。

共印份数：25 份

［例文三·五］（专题式简报）

××××××简报

2010 年第 18 期

×××水利局　　　　2010-08-26

浙江金华建立农民水务员队伍成功破解村级水利设施管护难题

为解决农村基层水管人员缺失、村级水利设施无人管的难题，近年来，浙江省金华市采取财政补贴，在所辖婺城、金东区和市经济开发区 1 126 个行政村通过设置村级农民水务员，落实了村级涉水事务的管理主体和责任，为村级水利设施良性运行奠定了坚实的基础。其主要做法：

一是从严选聘农民水务员。以行政村为单元，每个行政村配置 1 名农民水务员。农民水务员自愿报名，村“两委”择优推荐具有初中以上文化，且常年在家务农，热爱水务工作，有责任心，能够承担水务各项任务的村民，并在村内张榜公示，送乡镇（街道）审批，报区水务局审核并备案。

二是财政按月发放补贴。市、区两级财政各按每人每月 100 元的标准补贴村级农民水务员，年终考核为“优秀”的，还将给予奖励；同时，还统一为村级农民水务员配备了必要的工作用具，办理了意外伤害险。

三是持证上岗。选聘的农民水务员必须经过防汛抗旱基本知识、水利设施日常维护、农村饮用水管网巡查、水利行政执法等知识和技能培训，培训合格后持证上岗。

四是明确职责。市水利局、财政局负责制定农民水务员队伍建设实施意见；区水务局、财政局负责农民水务员的上岗培训；区水务局、乡镇（街道）水管员负责农民水务员的技术指导；农民水务员负责村级公共水利设施（村级渠道、山塘、泵站、堰坝、河道和饮用水管网）的日常巡查、管理和维护，农村节水工作和水资源保护，农村水利突发事件应急处置和上报等工作。村“两委”负责农民水务员的管理和考核，并与农民水务员签订管护责任书。

实践证明，农民水务员队伍的组建，从机制上解决了农村水利设施主体不明、责任不清、效益不高的问题，发挥了“五员”的作用。

一是“宣传员”。农民水务员身在农村，能以农民最容易接受的方式，及时将水利法规知识、水雨风旱险情、村社水事动态等信息宣传到各家各户，提高了农民群众的水患意识。

二是“监管员”。农民水务员负责编报本村水利建设计划，监督管理水利工程的建设，及时掌握水利工程建设的进度和质量，促进了农村水利建设的顺利开展。

三是“巡查员”。农民水务员按要求履行日常巡查和维护管理职责，时刻关注着村内水利设施的运行状况，及时将各类工程隐患消灭在萌芽状态，保障了水利设施效益的发挥。

四是“协调员”。农民水务员对村内及邻村水利设施和农民对水的需求较为了解，能有效化解灌溉用水矛盾，保证了农业用水的合理分配和高效利用。

五是“疏导员”。农民水务员熟悉本村地形地貌和村民情况，能有效处理各类突发性自然灾害，疏导群众转移，协助村两委及时组织群众开展抢险自救，减少了人员伤亡和财产损失。

[例文三·六]（综合式简报）

广西积极践行民生水利理念再掀冬春农田水利基本建设新高潮

2010年第5期

2010-03-03

去年入冬以来，广西壮族自治区切实贯彻全国冬春农田水利基本建设工作会议精神，采取强有力的措施乘势而上，建设高潮空前，成效显著。全区2009—2010年冬春农田水利基本建设声势不低于上一年度，投资不少于上一年度，效果要好于上一年度，民生水利理念在冬春农田水利基本建设的实践中进一步孕育和提升。

一、兴水利惠民生，奏响冬修水利主旋律

去冬今春，广西壮族自治区继续加大资金投入，省级财政安排3.5亿元专项资金用于冬春水利建设，计划投资总规模将达65.5亿元，并再次将组织各级领导干部参加冬修水利劳动作为强化各级政府在水利建设中的主导作用、调动受益群众参加农田水利基本建设的重要手段。自治区党委、政府发出了在全区范围内开展“兴水利、强基础、惠民生、促发展”主题活动的通知，明确自治区省级领导参加兴修水利劳动“三年不换频道”，把党政领导干部参加兴修水利劳动工作制度化、指标具体化、考核规范化，着力营造领导高度重视、全民积极参与水利建设的浓厚氛围，推动农村各项事业的发展，让人民群众真正体验和享受到水利建设科学发展的成果。通知要求，自治区级领导要在去冬今春期间安排1~3个工作日，深入1~2个县（市、区）参加兴修水利劳动，区直、中直驻桂各单位要开展不少于3天的主题活动。

至2月底，自治区党委书记×××、自治区主席××等34位自治区省级领导已分别带头深入全区各地参加兴修水利劳动。在自治区领导的带动下，自治区各委办厅局、人民团体和高等院校等已有60多个单位由主要领导带队，共7 000多人深入水利工地参加兴修水利劳动；全区14个市的市委书记和市长等310多位市领导、共800多人次到所辖县（市、区）参加兴修水利劳动；全区各市、县、乡（镇）领导和各级机关干部40多万人参加了兴修水利劳动。在各级领导的带动下，通过秋冬季助农增收大行动十万工作队员、新农村建设指导员和大学生村官深入村屯宣传发动，全区冬春农田水利基本建设再掀新高潮。截至2月底，全区7 200多个农民用水户协会及其他灌区1 600多万受益群众积极投入冬春农田水利基本建设，全区面上累计投入冬修工日达3 658万个，比上年同期增长15%，日最高上工人数突破130万人，创近十年来最高纪录。

二、保增长促发展，打赢冬修水利攻坚战

全区各市县把抓水利建设列为党政“一把手工程”，采取“一把手抓，抓一把手”的措施，特别是进入冬修水利黄金季节后，各市、县（市、区）党政一把手全部到水利一线协调指挥，集中时段、集中力量，解决水利项目建设中的资金落实、建设用地、施工干扰、现场管理等突出问题，对水利项目建设推进不力的抓典型、抓问责。从2009年11月上旬开始，自治区组织了7个冬春水利建设专项督查组，水利厅组织了14个定点督查组，进行冬春水利建设的全面督查。按照自治区党委、政府的要求，自治区水利厅利用《广西日报》等主要媒体的影响力，对2009年扩大内需中央水利项目建设投资进度、排名和工程建设的责任人等情况进行定期通报，直接寄给各县（市）主要领导和所属市主要领导，由地方党委、政府主要领导亲自挂牌督办。对不能按时完成水利项目建设任务的施工和监理单位登记在案，列入黑名单。在强力的措施保证下，各级水利部门任务到人、责任到人，促使扩内需项目建设进度迎头赶上，打赢了扩内需项目的攻坚战，充分发挥了水利建设对扩内需、改善民生的积极作用。

统计至2月底，全区累计完成冬春水利建设投资51.5亿元，占计划任务的94%，比上年同期增长15%；清淤渠道3.18万公里，完成计划任务的124%；加高加固堤防61公里，同比增长23%；新增恢复灌溉面积75.7万亩，完成计划任务的116%；改善灌溉面积346.5万亩，完成计划任务的100%；解决了224.09万农村居民的安全饮水问题，完成计划任务的112%。

三、创机制树典型，打造冬修水利新亮点

自治区要求去冬今春农田水利基本建设每个市树立1~2个先进典型县，每个县树立1~2个重点乡镇，以点带面全面深入推动冬春水利建设。在各级领导对冬春农田水利基本建设的高度关注下，全区各地重实忌虚，创新机制，总结和探索了不少冬修水利的新经验和新模式。

1. 冬修水利新机制形成。通过实施风险抵押金制、分级联系制和挂点联系制等措施，全区各地冬修水利组织工作更为有力、有效。柳州市、桂林灵川县通过实行风险抵押金制，要求项目负责人或冬春水利建设指挥部成员依据责任大小缴纳 200～3000 元不等的风险抵押金，负责的项目按期完工并通过竣工验收的，双倍返还风险抵押金；无故不能按期完工的，将抵押金充作水利建设资金使用。来宾市、防城港市建立了市、县、乡三级领导分级联系制度，从重点项目到乡镇到村屯分别包干，定点跟踪联系指导，责任到人，抓建设、抓发动，确保实效；忻城县、天峨县实行县领导、局长挂点联系小型农田水利示范点制度，每个领导负责建设渠道 1 公里、建成地头水柜配套农业综合开发示范点 1 个，确保了试点成功。

2. 冬修水利新模式呈现。一是“民办公助”的忻城模式。忻城县去冬今春全面实施了“民办公助”建设农毛渠补助政策。通过财政补助购买水泥、群众备料投工投劳进行农毛沟渠衬砌的办法，鼓励农民自愿投工投劳开展直接受益的小型水利设施建设。具体做法是：“建设农毛渠 1 公里，政府扶持 1 万元；建设水利支渠 1 公里，政府扶持 2 万元；建设水利主渠 1 公里，政府扶持 3 万元。”其有效地调动了当地受益群众兴修水利的积极性。二是“以工补农”的武宣模式。武宣县积极引导当地两家制糖企业投资 3 410 万元，大力开展蔗区水利灌溉工程建设。目前，该县已建成大型蔗区水利灌溉节水工程 10 处，总装机容量 14 台 1 650 千瓦，以及小型蔗区水利设施一批。该县的甘蔗灌溉面积从 2005 年的 5.78 万亩增加到现在的 11.1 万亩。三是“以奖代补”的玉州模式。玉林市玉州区以中央财政小型农田水利项目建设为引导，制定了《玉州区成立农业灌溉用水者协会的标准及投资奖励办法》，规范农民用水户协会建设，规范渠道防渗工程建设与奖励措施，有效调动了受益群众集资、投工投劳参与冬修水利建设的积极性。

[例文三·七]（信息报送式简报）

大连市水管体制改革验收工作全面完成

在水管体制改革任务基本完成的基础上，大连市近日成立水管体制改革验收组，对改革范围内 4 个区（市）19 个水管单位的水管体制改革工作进行了验收。截至目前，改革验收工作已全部完成。

根据国务院办公厅转发的《水利工程管理体制改革实施意见》（国办发[2002] 45 号）和水利部关于开展水管体制改革工作的有关通知精神，大连市成立了由市政府副秘书长任主任委员，市水务、财政、编办、人事等相关部门人员为成员的验收委员会，依据《大连市水利工程管理体制改革验收办法》（大水改联[2008] 14 号），通过查阅资料、交流讨论、打分评级、形成验收意见等程序，对市直属和 4 个区（市）的 19 个水管单位水管体制改革工作进行了验收。经改革，大连市水管单位由 20 个减少到 19 个，其中，3 个水管单位定性为纯公益性事业单位，15 个水管单位定性为准公益性事业单位，1 个水管单位定性为企业；落实“两费”5 734.96 万元，落实率 100%；核定人员编制 675 人，与改革前相比减少了 47%。通过改革，全市水管单位进一步理顺了管理体制，初步建立了产权清晰、权责明确的水利工程管理体制，提高了管理效率。

全国大型水库蓄水情况

2007-06-05

据统计，截至2007年6月1日，全国422座大型水库蓄水总量为1 571.9亿立方米，比上月初少蓄114.7亿立方米，比去年同期少蓄220.6亿立方米。

其中黄河以北9个省（市、区）134座大型水库蓄水总量为391.6亿立方米，比上月初少蓄21.5亿立方米，比去年同期少蓄17.2亿立方米。

当前，北京密云水库蓄水量为10.2亿立方米，可供水量为5.8亿立方米；官厅水库蓄水量1.2亿立方米，可供水量为1.0亿立方米；潘家口、大黑汀及于桥三座大型水库可供水量为11.2亿立方米。

[例文三·八]（经验总结式简报）

江西省狠抓“两费”落实不松劲

江西省水利厅在全面完成水管体制改革验收工作后，继续狠抓“两费”落实工作，对“两费”落实滞后的市（区）进行水管体制改革专项检查，对没有达标的单位进行通报批评，对不按要求整改的实行了水管体制改革挂钩措施，通过督查、整改，“两费”落实取得了很大成效。截至2009年6月底，江西省水管体制改革落实人员经费8 921万元，落实率为97.6%，同2009年3月底数据相比增长了3.66%；落实工程维修养护经费7 246万元，落实率为88%，同2009年3月底数据相比增长了24%。

江西省水管体制改革工作取得显著成效，主要有以下做法：一是加强领导，形成合力。江西省水利厅始终按照省委、省政府的要求将水管体制改革作为全厅的重点工作来抓，加强对各地水管体制改革工作的领导，加强与各相关部门的沟通协调，形成了政府主导、部门联动、齐抓共管的良好局面。二是广泛宣传，营造环境。江西省水利厅积极主动地向各级政府和有关部门宣传并与其沟通、协调，努力营造改革的良好氛围，深入基层具体调研和解决“两费”落实问题，赢得了广大水利干部、职工的理解。通过上下联动，层层推动，夯实了改革的群众基础。三是加强督导，强化措施。为巩固改革成果，江西省水利厅多次组织以厅领导为组长的督导检查组分赴全省11个所辖区市进行水管体制改革专项检查，对督导中发现的问题紧抓不放，并及时提出整改意见。同时，江西省水利厅专门下发文件，采取水管体制改革与水利投资安排、审批、评先表彰直接挂钩的激励措施，有力促进了各地的改革。四是明确目标，建立机制。对“两费”未按要求落实的水管单位，江西省水利厅提出明确的整改要求，人员经费在2009年年底前必须按标准全额落实，维修养护经费年底前需达到90%以上，2010年“两费”全面到位。同时，着力健全工程管理制度，把逐步建立水管单位发展的长效机制作为工作目标，提高水利工程管理水平和工程使用效益，促进工程良性运行。

第三节 调查报告

一、调查报告的概念和作用

调查报告是作者出于特定的需要和目的，对要弄清、解决的问题做了系统、周密的调查研究之后，写出来的既有事实材料，又有观点意见的参考性文书。人们常用调查报告这种文体体现自己调查研究所形成的认识成果。

调查报告从形成过程看，一是调查，二是报告。凡是做调查，总是根据某种需要，采用各种认识手段（如查找资料、采访、现场考察等），对调查对象（某人、某事、某情况、某问题）进行有计划的系统的考察。所谓报告，就是用书面形式向上级组织和广大群众说明调查的结果，不仅要提供材料，而且要表达作者对所调查的问题的看法和观点。

调查报告从内容上看，是调查与分析的统一，是材料与观点的统一，是客观与主观的统一，是实际与理论的统一。

调查报告可以用于反映情况，使领导或群众发现问题；可以用于总结经验，树立典型，宣传政策，推动工作。很多关于典型经验方面的调查报告，是党和国家制定方针政策的重要依据。

调查报告是事务文书，不是公务文书，但它是公务文书的得力助手，常作为公务文书的重要附件。

随着中国市场经济的发展，调查报告这种以往更多用于机关的文种也日渐深入到经济活动中，如市场调查报告、可行性分析报告等。

二、调查报告的种类

从内容上分，调查报告可分为：

（一）经验调查

经验调查又称典型经验调查。它的作用主要是介绍先进经验，为推进面上的工作提供借鉴。在内容上，它要反映某一方面的成绩，并着重介绍成功的做法和经验，以供人们效法或借鉴。它与经验总结在内容上和形式上有相通之处，只是在写作目的、时机、依据、角度等方面有区别。在表达上，有情况的叙述，但重在说明经验，政策性、理论性比较强，如《腾飞的法宝——广州白云山制药厂调查》。

（二）基础调查

基础调查又称情况调查。这是反映情况的调查报告，它的主要作用是为有关部门和人员提供决策、处理问题的可靠依据。在内容上，要对调查对象的基本情况、发展变化过程作具体的全面的反映。在表达上以叙述为主，适当作分析和议论。它的重心是在给上级或社会有关方面提供资料上。

这类调查报告因调查目的、范围和用途的差异而有两种区别：一种是反映具体情况的个案性调查报告。其调研目的是把某一个具体问题界定清楚，调研范围单一、具体，报告的内容一般用来作为处理某一具体问题的依据或重要参考。另一种是反映基本情况的综合性调查报告，调研的目的是掌握某一领域或某一方面的概貌，调研范围相对宽广，涉及的对象较多，报告的内容主要供宏观决策参考，或者用于说明某种客观现象、某一学术观点，如《北京市委关于今年以来党员教育工作情况的调查报告》。

（三）问题调查

问题调查又称事件调查。它是具有针对性的调查报告，其中也包括应当引起重视和值得研究的问题。揭露问题的调查需在已有线索的基础上展开。调查的目的是为了查清事实，获得足以说明问题性质、程度的材料。调查对象一般是暴露出来的问题和问题涉及的有关单位和人员。它列举事实，指出问题，并要分析事情的前因后果，深刻地揭示事件的真相，吸取教训，引起有关部门或全社会的注意，从而达到解决问题、教育有关人员或广大群众的目的。

揭露问题的调查报告不仅可以用来澄清是非，辨明真伪，教育群众，还可直接用做对有关责任单位和责任人进行处理的重要依据，如《企业累如牛，摊派何时休——关于湘潭市向企业乱摊派问题的调查》。

三、调查报告的特点

（一）针对性

调查报告有鲜明的针对性，它总是和现实问题挂钩。调查报告要解决的课题，通常都是社会普遍关心的问题。调查报告写作者必须根据党和国家的方针、政策，从实际工作需要出发，有针对性地调查研究，总结经验，回答广大群众关心的问题，解决社会上迫切要求解决的问题。针对性是调查报告的灵魂，针对性越强，指导意义或参考价值就越大。

（二）新颖性

调查报告的内容，应当反映新情况、新问题、新经验，而不能是陈芝麻烂谷子。从这一点上说，调查报告具有新闻性，它不同于工作总结，工作总结具有常规性。

（三）真实性

调查报告要用事实说话。人们总是通过事实来认识事物的，所以，无论是总结经验，研究新生事物，还是揭示一个真相，都必须以确凿的事实为根据，用事实去阐明道理，说明问题。可以说，真实性是调查报告的生命。使用虚假材料，是调查报告写作上的大忌。

（四）典型性

调查报告的材料应当具有典型性，揭示的问题应当带有普遍性，解剖一个“麻雀”，是为了掌握“麻雀”的一般结构。只有抓典型材料，作科学分析，才能找到普遍规律。

四、调查报告的格式和写法

（一）标题

调查报告的标题大致可分为三种类型：一种是公文式标题，一种是文章式标题，还有一种是将二者合起来的双行标题。公文式标题写法的优点是能使人对文种一目了然，并了解调查的对象和调查报告的目的，如《关于当前微电脑在企业财务会计工作中的运用情况和存在问题的调查报告》。但是，公文式标题容易写得过于冗长，而且比较平淡，不利于诱发读者的阅读欲望。文章式标题虽不能让人一眼看出文种，但处理得好，能使人看了标题便对调查对象和调查报告的目的有所了解，而且这种标题还有可长可短、可严肃可诙趣、可描述可设问等优点，因而容易写得生动有趣，引人注目，如《愤怒的烧鸡》、《新闻纸紧张的症结何在》等。第三种是双行标题，正标题反映调查报告的主旨，副标题体现文种，如《稳定农村基本政策是群众的愿望——苏皖部分地区农村调查报告》。

（二）正文

正文包括引言、主体、结尾三个部分。

1. 引言

引言一般简明扼要地介绍文章内容或有关问题，常见的写法有：

（1）交代问题的由来。说明调查的问题是怎么提出来的，为什么要对这一问题进行调查。

（2）简述调查过程。说明调查的时间、地点、范围、经过、方式等。

（3）概述全文内容。如介绍课题或对象的基本情况、历史背景、调查结果、分析的结论等。

（4）概述对象的主要事迹、成绩、意义或罪行、恶果等。通常的写法主要有五种：第一，突出成绩法；第二，基本状况交代法；第三，有关问题说明法；第四，成绩、问题对比说明法；第五，主旨直述法。

2. 主体

主体是调查报告的主干、核心，调查所了解到的情况、问题都要在这部分展开。主体部分的结构不外乎横式（逻辑式）结构和纵式（顺叙）结构两种。横式结构部分与部分之间有并列、递进、因果、对比等关系；纵式结构或按事件的时间先后顺序，或按事物本身的主次顺序，或按调查活动展开。

调查报告一般内容复杂，篇幅较大，常常是多层次的，为了纲举目张，条分缕析，常用小标题、序数词、首括句或排比句等形式显示层次关系。

3. 结尾

调查报告的结尾写法不一。结尾有的是结论性的，用来与开头响应，使之有头有尾；有的是总结性的，对全文加以概括，或对事项做出评价；有的是呼吁性的，或发出警告，或表示决心，或展望前景；有的是余论性的，作者为了防止偏颇，作某些说明或补充。结尾在调查报告中并非必备。

五、调查报告的写作要求

1. 要有正确的立场、观点和态度

立场、观点、方法是认识事物的主观条件。坚持唯物论，坚持辩证法，坚持实事求是的态度，才能正确反映事物的全貌，深刻揭示事物的本质。

2. 要有明确的目的和周密的准备

（1）了解调查的课题和调查对象的基本情况；

（2）熟悉有关方针、政策；

（3）制订调查计划，即自身活动的安排，包括目的、时间、对象、方式、方法、力量组织等；

（4）拟订调查纲目，事先设计好向调查对象了解的具体问题。

3. 以实地调查为基础，充分掌握各种材料

调查研究要运用科学的方式方法。调查按广度分，有普遍调查、典型调查、抽样调查三种；按方式分，有询问法、观察法和实验法。

在调查的过程中，要掌握大量翔实、客观的材料，具体而言，包括以下几个方面：现实材料和历史材料；"活材料"和"死材料"；"面"上材料和"点"上材料；正面材料和反面材料；直接材料和间接材料。总之，调查时要以十当一，使用时要以一当十。

4. 以调查材料为基础，提炼有现实意义的主题

在分析研究材料从中提炼观点时，要防止两种偏向：

一是主题先行，先入为主。其中，唯上、趋时、投领导所好、做应时文章，都不可取。二是堆砌材料，罗列现象，缺少分析，没有主题。此外，还要避免简单枚举，以偏概全，轻下断言。

列宁说："在社会现象方面，没有比胡乱抽出一些个别事实和玩弄实例更普遍更站不住脚的方法了。罗列一般例子是毫不费劲的，但这是没有意义的或者完全起相反的作用，因为在具体的历史情况下，一切事情都有它个别的情况。如果从事实的全部总和、从事实的联系去掌握事实，那么，事实不仅是胜于雄辩的东西，而且是证据确凿的东西。如果不是从全部总和、不是从联系中去掌握事实，而是片面的和随便挑出来的，那么事实就只能是一种儿戏，或者甚至连儿戏也不如。"① 这就是说要对材料加工改造，去粗取精，去伪存真，由此及彼，由表及里，从中找出带有普遍性的规律性的东西。

5. 选用表达方式，提高表达效果

调查报告在叙述、议论的基础上，应较多使用统计数字、比较分析、分类归纳、典型事例、群众语言等方式，提高表达效果。数字，是概括了的客观事实，能

① 《列宁全集》，第23卷，279页，北京，人民出版社，1956。

最简洁、准确地说明问题，反映事物的实质。比较，是区别事物好坏、多少、利弊等的科学方法，可以纵比——现在与过去比，也可以横比——甲与乙比；可以通篇比，也可以局部比。分类，是显示各个事物之间差异的方法。在基础调查中科学地分类特别重要，在经验调查中把做法、效果、体会分别分类，在问题调查中把现象、危害、原因、意见归纳分类，对于提高调查报告的科学性、实用性，十分有益。运用群众语言，则能增强文章的活泼性、生动性。

[例文三·九]

水资源状况调查报告

我国是一个水资源严重匮乏的国家，淡水资源总量为28 000亿立方米，居世界第6位，但人均只有2 200立方米，仅为世界平均水平的1/4，在世界上名列第121位，是全球13个人均水资源最贫乏的国家之一。党的十七大报告指出："必须把建设资源节约型、环境友好型社会放在工业化、现代化发展战略的突出位置，落实到每个单位、每个家庭。"为响应党的十七大精神，创建生态文明城市，给××市民缔造一个安全放心的用水环境，近年来××市委市政府加大了东江××段水污染治理力度，通过东江水环境综合整治和治污保洁工程，现西支江水质稳定，西湖水面基本达到Ⅳ类水质标准，××市基本消除了流经城市河段黑臭现象，工业废水排放达标率超过95%，基本完成了"三年不黑不臭"的目标任务，保障了××境内东江流域水环境的安全。

但是，近年来××市农业用水、工业用水、居民生产生活用水逐年攀升，近5年来年均用水增长4 000万～5 000万立方米。据××市水利局公布，2007年全市用水量达到21.67亿立方米。根据2006年6月出台的《××市水资源综合规划》，到2020年总用水量将达到30亿立方米，而按分配方案，该市在正常来水年份的分配水量为25.33亿立方米，与其原计划用水量相差近5亿立方米。

届时，××市将有近5亿立方米的年用水量缺口，这一严峻现实，引起了社会各界的高度重视。因此，在结合××市当地实际情况的前提下，华南师范大学生命科学学院学生会暑期社会实践队赴××市惠城区进行了一系列关于××市东江水质治理与市民节约用水意识的调研。本次调研采用查阅资料、派发问卷、采访当地居民、专访××市环保局等方法，取得了明显的结果。

1. 研究方法

1.1 调研方法

本次调研采用采访××市环保局生态保护科、实地分点采集水样进行检测、对××市惠城区居民进行问卷调查等方法。

1.2 调研内容

采访××市环保局主要了解东江综合治理的现状，包括政府采取的措施及取得的成效、当前存在的问题等；实地采集水样进行检测主要研究了可以较为简便的方法辨别的指标，如色度、浑浊度、臭和味、肉眼可见物、PH值、硬度等。其中取3个点，分别为××西湖……每个点取5个水样；对惠城区市民进行问卷调查主要了解市民对东江治理的评价、对东江过去、现在的优劣势对比及对东江未来水环境的展望。

2. 调研结果

2.1 东江综合治理整体情况

2.1.1 政府采取的措施

东江自古以来就是××的母亲河，亦同时作为香港特别行政区市民的主要饮用水源，其水质的好坏不仅关系到××市的生存发展，亦影响到香港特别行政区的繁荣稳定。因此××市历届党委、政府、人大、政协都高度重视东江水质的保护工作，将对其进行保护与治理当成一件大事，常抓不懈。

调研小组对××市环保局生态保护科进行了专访，总结了××市在保护母亲河、预防和治理水污染方面的先进经验及有效措施。总结如下：

2.1.1.1 严设关卡，全力保护东江母亲河

××市委市政府对企业投资有着一套严格的环保准入标准，划定了母亲河边可开发区与限制开发区，每年出于保护母亲河的目的，有10%以上的投资项目不予准入。

2.1.1.2 执法如山，严抓污染源监督管理

××市委市政府对工业污染源强化了监督管理，对污染源的排放口实行了实时监控，严厉打击企业的偷排漏排行为，执法力度在省内名列前茅。对于屡教不改的企业，××市亦建立了黑名单制，以限制这类企业在××市的发展为手段进行排污限制。

2.1.1.3 全力治理，重抓污染漏洞

由于××市采取了以上提到的一系列有力措施来减少工业、农业排污，因此东江××段的主要污染源并非来自工业、农业，而是来自居民的生活污染。原因在于：××广大的农村地区污水收集难度大，难以集中处理，导致大部分生活污水都被直接或间接地排入东江。

针对这种情况，现阶段××市已加大财政投入进行环保基础设施建设，包括大量兴建生活污水处理厂、生活垃圾处理厂等。据了解，目前××市的污水处理能力为49.15万吨每天。随着人口的增长，为了减轻生活污水排放量，××市现阶段仍有十几座污水处理厂处于在建状态。

2.1.1.4 互帮互助，全力均衡全市污染治理水平

据××市环保局提供的资料显示，东江××段沿线部分乡镇财力比较薄弱，难以承担生活污水处理费用及配套网管建设费用，以致成为东江××段水质的主要污染源。

针对这一情况，调研小组建议，政府应拨出财政专项资金扶助乡镇，以先富带动后富，经济水平好的城镇帮助经济水平一般的城镇，实现全市污染控制与治理水平保持在较均衡的状态。把对东江的污染治理放在首位，加强对东江沿线居民的宣传教育，保护好母亲河，这样方能实现水质性节约用水。

2.1.2 分点采集水样检测结果

调研小组通过在××西湖、东江惠城区境内等地方采集水样，检验水样的浑浊度、臭和味、肉眼可见物、pH 值等，得出了一些结果。沿××西湖分别采 5 个水样，代号为 XH1—XH5，沿江分别采 5 个水样，代号为 YJ1—YJ5，结果如下：××西湖水质检测肉眼可见标准与官方公布的结果基本一致，属于水质 IV 类标准，沿江各采水点肉眼可见标准基本正常，pH 值处于 6 ~ 8 之间，为正常水平。

2.1.3 惠城区市民对东江综合治理的评价

调研小组通过派发问卷了解惠城区市民对东江综合治理的评价，共派发问卷 200 份，收回 198 份，有效问卷 185 份。调查问卷均采取封闭式形式。派发地点有较强的针对性，分别为××市数码步行街、××市西湖、××学院、××市铁路学校、××市火车北站员工住宅区等。在派发问卷的同时，调研小组亦对市民进行了采访，接受采访的市民有 100 人，覆盖了老年、中年、青年和少年，比例分别为 1∶1∶1∶1，具有较强的代表性。

在接受调查的人群中，75.7%的市民认为东江××段近三年来水质得到明显的改善，作为××的主要饮用水源，其水质越来越值得信赖，13.5%的市民觉得近三年的水质跟以前没有较大区别，而仅有 10.8%的市民认为近三年来水质没有得到有效的改善，东江××段仍受到较大幅度的污染。60%的市民对政府近年来的治理决心及采取的治理措施表示赞许，同时有 55.1%的市民对东江现在的治理难处有所了解，分别为居民生活污水及工业污水排放。

在采访过程中，较多市民对淡水河、淡澳河治理表示不满，认为这是东江××段综合治理的薄弱环节，直接影响和威胁到饮用水源的稳定，要求政府采取更加有效的措施，使市民享受到更明显的治理成效。

本次调研全程以东江治理为主线，从政府主导部门、市民到调研小组的亲身体验，深入探究了××市治理东江的成功经验及存在的问题，同时也提出了相关的建议与意见。

第四节 总 结

一、总结的概念及作用

总结是对过去一定阶段的工作加以分析、研究，肯定成绩，找出经验，发现问题，吸取教训，用来指导今后实践的一种应用文。

（一）总结是将感性认识上升为理性认识的手段

从认识论上讲，人的认识过程是：实践——认识——再实践——再认识，如此循环，以至无穷。其中的认识，有感性的，也有理性的，将感性的上升为理性的，靠分析、研究，也就是靠总结。总结，是认识运动的重要环节，是沟通实践与理论的桥梁。

工作中，会有许多感受和体会，这些感受、体会往往是零散的、片面的，甚至是肤浅的。通过分析研究，才能将零散的、片面的感性认识联系起来，形成深刻的观念，认识到事物的本质，掌握事物运动发展的规律。

（二）总结是对政策、方针的检验

工作总是按照一定政策、方针进行的。由实践或经验来证明和确定政策正确与否及正确与错误的程度，是通过对实践或经验的分析研究，即靠总结来完成的。

（三）总结是发扬成绩，克服缺点，把工作不断向前推进的手段

从本部门工作上讲，通过总结能够发现典型，表彰先进，督促后进，开展批评与自我批评。从上下级来说，总结能及时给上级提供材料，使上级及时了解情况，发现典型，予以推广；看到失误，予以补救。所以，党政机关、基层单位、社会团体以及个人，在某项工作告一段落后，都应该做出认真的总结，以求善始善终，着眼未来。

二、总结的种类

从性质上分，总结有综合性总结和专题性总结。

从内容上分，总结有工作总结和经验总结。工作总结要反映工作的面貌，着重于介绍工作情况、具体做法，当然也包括经验教训、存在的问题和今后的打算。由于内容全面，写作时应当以概括叙述为主。工作总结多用于向领导汇报工作，或者向本单位做工作报告。经验总结主要是总结单位或个人的成功做法或经验体会。其内容单一、集中，一般采用夹叙夹议的写法，着重于典型事例的介绍，常在报刊上发表，适用于宣传先进。

从时间上分，总结有月份总结、季度总结、年终总结及阶段总结等。

三、总结的特点

总结从内容上看有两个特点：第一是结论性。总结是归纳，是总鉴定、总结论。第二是借鉴性。总结具有借鉴作用。“鉴往知来”，这个“往”的有形之物，就是总结。

从文体上看，总结也有其特点。和总结密切相关的文种是计划、调查报告。下面列表对比其特点（见表3—1、表3—2）。

表3—1 **总结与计划**

文种	时间	内容	作用
计划	事前	做什么，怎么做	直接指令作用
总结	事后	做了什么，做得怎么样	间接产生影响

表 3—2 **总结与调查报告**

文种	时间	依据	角度
总结	事后	计划	第一人称
调查报告	事后、事中	客观实际	第三人称

四、总结的格式和写法

（一）标题

总结的标题通常由单位、时限、事由和文种构成。这种标题可称为公文式标题，如《财政部 2003 年工作总结》。此外，还有文章式标题，如《荣城橡胶厂何以取胜》，这种标题提示中心，便于吸引读者。把上面两种标题结合起来，便构成双层标题，也是常见的标题形式，如《适应新形势努力做好商业工作——××百货公司 2003 年工作总结》。

（二）正文

正文一般包括：基本情况；工作回顾（过程、做法）；经验、教训；存在的问题和今后的意见。正文因内容种类不同，写法也不同。

1. 工作总结

工作总结（汇报性总结）目的就是汇报，向上级反映情况、提供信息，所以多采用“倒三角”结构：

（1）回顾（全文主体）。

（2）反思（评价）：困难、问题、缺点、错误、经验、体会。

（3）打算。

2. 经验总结

经验总结（典型总结）目的是介绍经验，多采用“正三角”结构。略述如下：

（1）基本情况概述（前言部分）。交代客观背景，说明工作任务和指导思想；简述主、客观条件（领导方面的——包括方针、政策等，群众方面的），以及工作过程（始、中、终：遇到什么问题，怎么解决的，人们的认识有什么变化，后来怎样）；归纳主要成绩、工作效果及得到的启示。

这是对工作的俯瞰，是通观，也是全文的纲，要写得全面概括，其中有对工作过程的简要介绍，也有得失成败、经验教训的总叙，还要引用一些数据来说明工作的收获和成绩。由于是引言，用简要的一段话即可。

（2）工作回顾。要详细叙述工作任务、步骤、措施及具体成效、存在的问题，可根据情况作综合叙述或分别叙述。其中，步骤和措施要写得具体；成效要写得形象、生动。存在的问题可以分述，也可以在后面综述。

写工作回顾时，要照应下文的经验教训，以利于经验教训的自然引出。

（3）经验教训。这是从工作回顾中归纳提炼出来的，可以用小标题或序号分列，也可以根据内在的逻辑关系综合叙述。这一部分务求与工作回顾相切合并用正反两方面的事例来充实，以增强说服力。

经验教训在写法上要夹叙夹议，做到言之成理，既简明概括，又鲜明生动，不要写成干巴巴的条条框框。

工作，总是既有物质成果，又有精神成果，经验教训属于精神成果，是在工作中产生的理性认识。经验要反映某种规律性，具有重要的指导作用，因此必须在动笔前深入分析，并要表达好，使总结出来的经验成为“真经”。

（4）结语。主要指出问题、困难，写明今后的打算，明确努力的方向。

以上是经验总结的四个层次。其中工作回顾和经验教训是主体。有的总结将这两部分糅合起来写，有两种写法：

第一种，以工作回顾带经验教训。按工作展开的程序和步骤分别说明每个步骤和阶段的工作，夹叙夹议地引出相应的经验教训，突出回顾。

第二种，以经验教训为主。一般分列几个观点，分别展开议论，用工作办法、成效、事例给予充实。这样，由于工作回顾被拆开分别为阐述观点服务，就需要在“工作概况”部分里适当加以详述，使人对工作基本面貌有所了解。

（三）结尾

单位署名、日期。

五、总结的写作要求

1. 明确写作目的，端正写作态度

总结的目的是发扬成绩，纠正错误，以利再战。因此，既要谈正面，也要谈反面，既要谈成绩，也要谈不足。也就是说，写总结必须一分为二。

2. 深入调查研究，掌握第一手材料

平时要随时积累，随时总结。实际上“日记录”就是为“月总结”准备材料，“月总结”就是为“季度总结”准备材料。像日常的简报、动态、典型材料、会议记录、工作纪要、通讯报道以及各种“备忘录”都是工作总结的材料。另外，一定要深入第一线，尽可能掌握第一手材料（比如典型事例、有说服力的数字、多数群众的意见等），一定要防止出现“平时不烧香，急来抱佛脚”的现象。

3. 观点和材料统一

行文中不要只罗列材料，不要写成流水账，要了解事物的全过程，通过认真分析，找出事物的内在联系和规律性的东西。在表达方面，要从理论和实际的结合上说明问题，做到观点和材料有机统一。

4. 篇幅力求简短

要根据实际情况和总结的目的，确定中心内容。平常做工作要“弹钢琴”、“抓中心”，总结也要学会“弹钢琴”，抓主要矛盾。要既能够跳进去，深入了解工作过程的具体情况，又能够跳出来，总结出带规律性的东西。

要突出重点和特点，把最重要的最有特色的内容写出来，人云亦云的东西尽量摒弃不用。下笔之前精心构思，落笔时要言不烦，言简意赅。写成后，竭力将可有可无的字、句、段删去。

5. 语言准确、生动、简洁

对于表示分寸、范围、程度、数量等的词语的使用，要特别注意其准确性。叙述事例可以运用文艺表现手法，也可以适当引用一些来自群众的生动活泼、富有感情色彩的典型语言，使文章引人入胜，但不能虚构，遣词造句要力求扎实。

[例文三·十]

广东省财政厅省直预算单位清产核资工作总结（节选）

统计评价处（清产办）

为了配合我省部门预算编制改革，按照财政部部署，省财政厅于2000年下半年选择了省府办公厅、省公安厅等七个部门开展了预算单位清产核资试点工作；2001年2月，经省政府同意，省财政厅在全省范围内组织开展了预算单位清产核资工作，其中省直单位2001年全面铺开了预算单位清产核资工作，各地市预算单位清产核资工作结合本地机构改革和预算管理改革实际需要逐步推开。经过组织准备、宣传培训、清查核对、复查核实、审核批复、检查验收、建章建制等阶段，至2003年6月，省直预算单位清产核资工作已全面完成。现将省直预算单位清产核资工作情况汇报如下：

一、清产核资工作的主要成效

改革开放以来，省直一些行政事业单位经历了撤销、合并、改变隶属关系以及由行政事业性质改为企业经营单位等情况变化，加上有些单位财务管理不规范，许多单位不同程度地存在着资产管理混乱、“家底”不清、账账不符、账实不符等现象。通过本次清产核资，我们基本摸清了省直预算单位的“家底”，核清了省直预算单位人员结构状况及各项收支情况，核实及处理了账外资产、资产盘盈、资产损失，弄清了省直预算单位财务及资产管理上存在的主要问题，完善了财务、资产管理制度。同时，这一次清产核资为测算切合实际的定员定额标准和编制部门预算、细化预算提供了基本数据，为规范和加强行政事业单位国有资产监督管理积累了一定的经验。

（一）基本摸清了预算单位的“家底”。（略）

（二）核清了预算单位人员结构及各项收支情况。（略）

（三）规范了管理，完善了制度。（略）

二、清产核资工作的主要做法及特点

预算单位清产核资工作的指导思想是立足于为财政中心工作服务，为部门预算改革服务，摸清预算单位“家底”，为编制部门预算、细化预算以及制定科学的定员定额标准提供真实的依据。主要做法及特点是：

（一）加强领导，健全机构。（略）

（二）精心组织，充分准备。（略）

（三）协调督导，措施落实。（略）

三、清产核资暴露出的主要问题

长期以来，行政事业单位普遍存在“重收入、重购置、轻管理”的思想，资产管理意识淡薄，资产管理混乱，缺乏一套规范和有效的内部管理机制，随意购置，任意处置，贪大求全，不讲效益。这次清产核资反映出相当部分单位财务资产管理方面存在主要问题，如制度不健全、管理不规范、日常资产管理与账务管理脱节、有物无账、账卡不符、账账不符、账实不符，形成的大量账外资产无人负责、无人管理等，具体表现在：

（一）基础工作不规范。（略）

（二）资产处置随意性大。（略）

（三）“非转经”管理松懈。（略）

（四）账外资产、闲置资产以及资产浪费、损失现象严重。（略）

（五）部分单位财会人员业务素质不高。（略）

四、巩固清产核资成果的意见和建议

根据本次清产核资反映的情况和问题，现就巩固清产核资工作成果提几点意见和建议。

（一）认真做好清产核资的后续工作，巩固清产核资工作成果。（略）

（二）建立完备的资产清查制度，防止前清后乱。（略）

（三）提高认识，进一步加强国有资产管理。（略）

（四）进一步提高财会人员业务素质，规范会计基础工作。

这次省直预算单位清产核资工作，从 2001 年 2 月印发清产核资工作文件，3 月底召开全省预算单位清产核资工作会议，4 月进行政策、业务和软件操作培训，经过户数清理，人员机构、经费和收支状况以及资产清查，进行复查、核查，资金核实申报及批复，建章建制，至 2003 年 5 月底基本完成检查验收工作，历时两年多，各部门（单位）投入了大量的人力、物力和财力，付出了艰辛的劳动，保质保量地完成了各阶段清产核资工作任务。为了进一步推动各部门（单位）清产核资工作的深入，从体制上、制度上解决当前各部门（单位）在资产、财务工作上存在的问题，我们将以党的十六大精神和“三个代表”重要思想为指导，解放思想，与时俱进，认真研究预算单位资产、财务管理中的一些深层次问题，如资产管理与部门预算的关系、资产管理与财务管理的关系、政府财政部门和政府其他部门在行政事业单位资产管理上的职责分工以及组织机构设置等问题，努力推动行政事业单位资产财务管理工作上新的台阶。

二〇〇三年七月十五日

[例文三·十一]

财务工作年终总结

2011 年，财务部在公司领导的正确指导下，在机关各部门的大力支持下，在下属各单位的通力配合下，紧紧围绕年初制定的经济责任制目标，认真组织会计核算，规范各项财务基础指标，站在财务管理的角度，以成本为中心，以资金为纽带，不断提高财务服务质量，经过努力取得了一定的成绩。现将一年来的主要工作情况汇报如下：

一、严格遵守财务管理制度和税收法规，认真履行职责，组织会计核算

财务部的主要职责是做好财务核算及会计监督工作。我们严格遵守国家财务制度、税收法规及国家的其他财经纪律，认真履行财务部的工作职责。在工作中，我们克服会计少、人手不够的实际困难，分工合作地做好三个独立核算单位的账务处理。严格审核原始凭证，坚决拒收不符合要求的票据，坚决杜绝不合乎要求的费用报销，坚决不办理违反银行结算规定的支付业务。认真记录记账凭证，保证账目清晰明了。及时编制财务会计报表，认真分析财务数据，为公司领导及下属单位领导的经营决策提供了准确有效的数据。在按时纳税申报、缴纳税金的基础上，吃透用透国家税法政策，在政策允许的范围内合理避税，从而减轻公司的税负。

二、以规范管理为动力，不断完善成本管理，减少原材料采购成本，降低辅助材料的消耗

在财务管理工作中，我们以成本管理为主线，把工作的重点放在降本增效上。我们积极配合采购部门的材料采购招标工作，严把原材料采购的质量关、价格关，力求以最低的价格采购到最优质的原材料。坚决执行部务会上制定的“没有通过招标而采购的原材料不予付货款”的决定，从而使得大宗原材料的价格在不同的程度上有所下降，高的每吨下降一百多元，低的每吨也下降几十元。我们还严把辅助材料消耗关，严格控制各项费用的支出，在提高职工队伍素质上下工夫，在加强内部管理上求效益。通过一年的艰苦努力，各下属单位的成本都有所下降，盈利水平有所提高，亏损单位的亏损幅度也在允许范围内有所降低。全公司在 11 月份就提前完成了全年各项经济指标，取得了历史性的突破。

三、积极组织货款回收，合理调配资金，保证生产经营持续稳定地进行，保证国家、企业、职工三方面的利益不受损害

财务部积极配合各单位抓销售收入的同时，还想方设法到客户单位去做货款回收工作，保证货款的安全性和回收的及时性，确保了货款的回收率。我们合理地安排三个独立核算单位的资金。根据生产经营的需要，合理地调度和使用资金。既要保证生产经营及建设所需要的资金，又要保证税收的按时交纳，还要保证职工工资的及时发放。今年，在资金比较紧张的情况下，我们新增固定资产一百多万元，职工的工资在去年的基础上也有大幅度的提高，生产经营活动也在有序地进行。这与我们遵循将有限的资金用在刀刃上的理念是分不开的。

四、密切配合三家公司的整合重组工作，努力跟上总公司的前进步伐，更好更快地融入总公司的队伍中

今年五月份，三家公司整合重组，这给我们带来了新的希望，注入了前进的动力。但同时也给我们带来了大量琐碎的工作。我们在不影响正常财务工作的同时，密切配合清产评估小组，为他们提供多年的凭证、账簿、报表等相关资料，协助他们跑现场，清点固定资产等财产物资，使得资产评估工作得以圆满顺利地完成。在

总公司组织的浪潮软件学习中，我们财务人员克服从来没有接触过的困难，加班加点刻苦学习，掌握了从初始化到出报表的操作流程，为明年正式运行浪潮软件打下了坚实的基础。在做明年的财务预算计划时，我们查数据、分析形势，几经易稿，终于完成了预算工作任务，为明年的生产经营工作指明了前进的方向。

一年来，我们以效益为中心做了大量行之有效的工作，但还是存在一些不足。今后，我们将利用资源共享的平台，努力学习总公司先进的管理方法和模式，刻苦钻研业务、提高思想素质、管理水平和业务能力，把核算工作做得更精确、更细致。新的一年，我们将以良好的工作作风、饱满的工作热情和严谨的工作态度投入到工作中，为总公司的蓬勃发展尽一份我们财务人员应尽的职责！

第五节 会议记录

一、会议记录的概念和作用

会议记录就是当场把会议的基本情况、报告、发言、决议等内容如实记录下来的一种文体。

会议记录是形成各种文件的重要依据，会议纪要、命令、决定等文件往往是通过会议讨论决定的，同时它也是贯彻执行会议精神、检查与总结工作的基本依据。它是反映会议真实情况的第一手资料，是进一步研究工作、总结经验的重要材料，是日后查考的证据。有些比较重要的会议记录，具有文献价值和历史档案价值。

二、会议记录的分类

按照详尽程度，可以把会议记录分成两大类：

（一）摘要记录

一般会议只要求有重点地、扼要地记录与会者的讲话以及决议，不必“有闻必录”。所谓重点、要点，是指发言人的基本观点和主要事实、结论。对于一般性的例行会议，只要概括地记录讨论内容和决议的要点即可，不必记录详细过程。

（二）详细记录

对特别重要的会议或者特别重要的发言，要作详细记录。详细记录要求尽可能记下每个发言人的原话，不管重要与否，最好还能记下发言时的语气、动作表情及与会者的反应。如果发言者是照稿子念的，可以把稿子作原件，并记下稿子之外的插话、补充解释的部分。需要详细记录的发言，可采取速记的方法。现代化生活为我们提供了方便，还可以先录音，会后再整理。

三、会议记录的格式与写法

（一）标题

标题由单位名称、会议名称和文种三部分构成，如《东北财经大学教务扩大会议记录》。

（二）正文

正文一般包括下述内容：

1. 会议的组织情况。

(1) 会议时间。写明会议召开的年、月、日，重要的会议写至时、分。较长的会议，要写明起止时间。

(2) 会议地点。

(3) 出席人员。写明姓名和职务。如出席人多，记清主要人员姓名、职务情况，其余可写总数。重要的会议，可设签到簿，请出席者签署姓名、单位、职务、职称等自然情况。

(4) 缺席人。写明缺席者的姓名、缺席原因。

(5) 列席人。写明列席人的姓名和职务。

(6) 主持人。写明主持人的姓名和职务。

(7) 记录人。写名记录人的姓名和职务。

上述内容，要在会议临近召开时写好，不可遗漏。

2. 会议内容。这是记录的主要部分。

(1) 会议议题。如议题较多，可加序码。

(2) 会议发言。记清主要观点，事例可略。

(3) 会议决议。会议决定通过的具体事项，是会议记录的核心内容，因此要逐字逐句地详细记录，如有不同看法和保留意见，也一定要在会议记录上反映出来。

3. 最后要另起一行写“散会”或“休会”、“结束”。

四、会议记录的写作要求

1. 内容准确。要如实地记录别人的发言，不论是详细记录，还是概要记录，都必须忠实原意，不得添加记录者的观点、主张，不得断章取义，尤其是会议决定之类的东西，更不能有丝毫出入。

2. 要点不漏。记录的详细与简略，要根据情况决定。一般地说，决议、建议、问题和发言人的观点、论据材料等要记得具体、详细。一般情况的说明，可抓住要点，略记大概意思。

3. 态度如一。始终如一是记录者应有的态度。这是指记录人从会议开始到会议结束都要认真负责地记到底。

4. 顺序严谨。凡是发言都要把发言人的名字写在前。一定要先发言记录于前，后发言记录于后。记录发言时要掌握发言的质量，重点要详细，重复的可略记，但如果是决议、建议、问题或发言人的新观点，要记得具体、详细。

5. 速度要快。做会议记录，速度要快，要认真听取别人的发言，同时根据会议的主旨选择内容，快速记好要点。

[例文三·十二]（见表3—3）

表3—3 **会议记录表**

会议名称		会议时间	
会议地点		记录人	
出席与列席会议人员			
缺席人员			
会议主持人		审阅签字	
主要议题			
发言记录			

[例文三·十三]

××公司办公会议记录

时间：二〇××年××月××日×时

地点：公司办公楼五楼大会议室

出席人：×××、×××、×××……

缺席人：×××、×××……

主持人：公司总经理×××

记录人：办公室主任刘××

主持人发言：（略）

与会者发言：×××……

×××……

散会

主持人：×××（签名）

记录人：×××（签名）

第六节 法规、规章

一、法规、规章及其作用

法规、规章是具有特定约束力的规范性文书，是为了确立人们的行为规范而产生的。制定法规、规章的目的，就是指出人们在一定活动中的行为准则，使人们有法可依，有章可循，职责分明，是非分明，赏罚分明，以保障大多数人的根本利益。法规、规章有广义和狭义之分。狭义指单位内部管理性文件，是自制自用的。广义指各种法规性文件，包括各种制度、公约、章程、条例、规则、规定、细则、守则、办法等。

法规、规章的作用可归纳为三点：

1. 建立秩序，维持社会的正常运转。

2. 加强管理，提高活动的效率。

3. 明确标准，保证行为目标的质量。

二、法规、规章的种类

法规、规章按不同的标准，可做不同分类，其使用名称也很多。

按涉及的对象分，可分为政法、财经、工交、科教等类，其中，财经类的法规、规章使用得最多。

按适用范围和制定者职权范围分，自上而下可分为七个层次：

（一）宪法

宪法是国家的根本大法，具有最高法律效力。全国各族人民、一切国家机关和武装力量、各政党和各社会团体、各企事业组织，都必须以宪法为根本的活动准则，并负有维护宪法尊严、保证宪法实施的职责。宪法的修改要由全国人大代表2/3以上的多数通过。

（二）法律

法律是规定社会政治、经济和其他社会生活中最基本的社会关系的行为准则。它由全国人大及其常委会制定颁布，需全国人大代表过半数通过。

（三）行政法规

它特指国家最高行政机关——国务院制定和批准发布的、以行政强制力保证实施的有关行政管理的法律规范性文件，其名称为条例、规定和办法。

（四）地方性法规

省、自治区、直辖市的人民代表大会和它们的常务委员会，在不和宪法、法律、行政法规相抵触的前提下，可以制定地方性法规，但需报全国人大常委会备案。地方性法规是对国家有关法律和行政法规的补充。有些是国家尚未正式立法，根据国家有关方针、政策，结合本地情况而先行制定的，如甘肃的《关于禁止痴呆傻人生育的规定》。它的名称有条例、规定、办法等。

（五）政府规章

它包括国务院各部门规章和地方人民政府规章。规章是部门和地区范围内普遍适用的具有法律约束力的行政管理工作的规范性文件。规章的名称有规定、办法、实施细则、规则等。

（六）基层事务规章

它由基层单位制定，如各种职务的岗位责任、各行各业的办事规程、人财物的管理制度、各种各样的技术标准等等。

（七）道德规范

它是群众自治性规范，一般用守则、公约、规范等名称，如《全国职工守则》、《首都人民文明公约》等。这些都是群众自发制定、自觉执行的，比较概括、抽象，它依靠人们的习惯和信念来维持，对于违约行为的制止，主要依靠公众舆论。

除宪法、法律外，其他层次的法规、规章的名称原先使用较随意，自国务院发布了《行政法规制定程序暂行条例》、《法规、规章备案规定》后，法规名称开始走向规范化，正式的法规、规章名称主要有条例、规定、办法、细则。此外，还有一些未列入正式法规、规章的名称仍按习惯用法。守则、公约、须知主要用于自觉遵守的道德规范；章程主要用于一个团体的共同纲领；规则、规范、规程、规章、通则、要则、纲要等的内容、性质与条例、规定、办法近似。

三、法规、规章的特点

（一）约束性

党有党纪，国有国法。法规、规章在一定范围内有程度不同的强制性和约束性。

（二）公开性

法规、规章在它的适用范围内是公开的，应该让一切有关人员都知道，并遵照执行。

（三）程序性

法规、规章的制定、审批、备案、发布都应遵照国家的有关规定。

（四）相对稳定性

法规、规章的适用对象和时间相对来说较为稳定。当然，客观形势变化了，也要与时俱进，及时修正。

法规、规章不是国家行政公文，但它和公文是相辅相成的。公文制发有行政效力，为使法规、规章具有法定的约束力，通常用公文来发布法规、规章。

《国家公文处理办法》明确规定："发布重要行政法规和规章"，用命令；"发布行政法规和规章"，用通知。规章通过公文发布，便产生法律效力。

四、法规、规章的格式和写法

法规、规章的制定，一般采用条文式。用不同的序数和符号，显示层次和条目，使内容清晰明了。根据内容的繁简，有单层次和多层次两种。单层次，用"第×条"标注顺序。多层次，在条下设款、项、目。层次多的还可设章、节，特别庞大的再加"编"。最多为七个层次，即编、章、节、条、款、项、目。1982年通过的《中华人民共和国宪法》共138条，有章、节、条、款四个层次。

规章制度不论繁简，都包括总则、分则、附则三个部分。总则用于说明制定的目的、依据、基本原则、适用范围、主管部门等情况。写法有三种：设“总则”小标题，与分则连贯表述，以序言形式出现。分则具体阐述有关事项、必须遵守的行为规则，是主体部分。附则是对文件本身的说明，主要说明法律责任、解释机关、实施时间以及应当废止的相关文件等。

五、法规、规章的写作要求

（一）内容要周全

法规、规章所涉及的有关事项应完备齐全，力求“万无一失”，使事事都有法可依，有章可循。因此，事前要充分酝酿、调查，切实掌握此项工作的情况，防止因法规、规章不周全而导致工作无所适从。

（二）上下要协调

法规、规章要有严格的层次，自上而下，一环扣一环。下级机关，尤其是基层单位必须了解上级机关同类法律、法规的相关内容，以确保与本单位过去制定和实施的同类法规、规章的连贯和衔接。

（三）表达要妥帖

法规、规章是面向大众的，既要有原则又要可行，在表达方面应当十分规范。要做到概念准确，文字简洁，层次分明，合乎语法和逻辑，正确使用标点符号，特别要防止词语可能产生的歧义。

六、几种常用的法规、规章

（一）条例

1. 条例及其性质

条例是由领导机关制定或批准，规定某些事项或机关团体的组织、职权等带有规章制度性质的文件。条例用于规定长期实行的调整国家生活某个方面的准则，其涉及的问题都带有一定的重要性和普遍性。条例是对某一方面的工作作比较全面、系统的规定，指出活动的原则、要求，其内容比较概括，具体实施时可根据需要制定办法或细则。条例内容的性质通常是行政法规和地方性法规。政府规章不用条例。

2. 种类

按性质和权限不同，条例可分为三种：

（1）由人大、国务院及各部委制定的条例，如国务院制定的《发明奖励条例》、《会计人员职权条例》、《学位工作条例》。

（2）省、自治区、直辖市及各地方人民政府制定的条例，如《上海市严禁赌博条例》。

（3）部门制定的条例，如《禁止向企业摊派暂行条例》。

3. 格式

（1）标题：范围+内容+条例，如《中华人民共和国 1990 年国库券条例》、

《国家建设征用土地条例》。

（2）公布者及时间。

（3）正文。

A. 总则、分则、附则式（章、条、款）

B. 条款式

先写制定条例的目的、依据；再写条例的具体内容；最后写违反条例的惩处办法和条例的生效日期及解释权等。

4. 写作要求

（1）条例是法规性文件，政策性很强，必须符合国家的法规、党的方针、政策，不能与其相抵触或出现疏漏。

（2）条例各有使用范围，要明确权限，不可越权制定。

（3）写时要分条列项，条目要从头贯到底。要把经会议议定的事项搞清楚，抓住主要问题和基本精神，采取分章分条款的办法，用简洁、准确、具体的文字，把内容表述明白，做到结构严谨，条理清楚。

（二）规定

规定是针对特定范围内的工作和事务制定的带有约束性措施的文件。和条例比，规定涉及的范围窄一些，它通常是针对某一方面的工作做部分的规定。规定和办法，都是针对工作或活动做出具体规范的文件。“规定”原则性强一些，要求照章执行；“办法”具体一些，可以参照办理。行政法规、地方性法规、政府规章，都可用规定，如《国务院关于职工探亲待遇的规定》。

（三）办法

办法是对某一项工作做比较具体的规定的文件。行政法规、地方性法规、政府规章，都可用办法，如《国家行政机关公文处理暂行办法》。

（四）细则

细则是主管部门根据条例、规定中的某一条或某几条而制定的详细规则。它是条例、规定的衍生物，是对条例、规定的条文进行具体、详尽的解释，以保证条例、规定的贯彻落实。

细则用于政府规章，地方性法规偶尔也用，如《中华人民共和国商标法实施细则》。

例文《国家行政机关公文处理办法》见第二章附录。

思考与练习

一、什么是计划？规划性计划和实施性计划有什么区别和联系？

二、为什么说计划具有指导性？计划具有指导性的两个基础是什么？

三、计划的不同名称，各反映了计划的什么特点？

四、计划正文的三个要素是什么？在内容上各有什么要求？

五、措施和步骤要回答什么问题？在写作上有什么要求？

六、计划的制订和写作有哪些基本要求？

七、根据你的实际情况，制订一份本学期学习计划或工作计划。要求目标明确，措施步骤具体清楚，具有可行性。

八、什么是简报？它和新闻有什么共同点和不同点？

九、为学校简报写一篇稿件，报道本系最近一项很有意义的活动。

十、从学校工作简报中随机抽出三篇，试作对比评析，指出其优点和不足。

十一、分析下面两篇调查报告的写作特点，评价其得失。

关于中学生上网状况的调查报告

当前，学校装备了计算机网络系统，家庭也几乎都购置了电脑。上网已成了我校中学生日常活动的重要环节。笔者经过问卷、座谈、走访、查阅相关资料，对中学生的上网状况作了深入细致的调查，现将调查结果简述如下：

（一）中学生及其家长对网络的态度和相关行为等情况

1. 中学生上网率极高，上网时间长，多数家长却从未上过网，大部分教师上网经验不够丰富

互联网以独特的魅力吸引着广大中学生。调查显示，93.5%的中学生表示对网络感兴趣，并有11.4%的中学生认为“很长时间不上网是令人难以忍受的”。周末和节假日是中学生们上网的高峰时段。与孩子们相比，家长和教师们则大为逊色。45.2%的家长表示不了解网络为何物，没上过网的高达69.2%，只有7.7%的家长经常上网。大部分教师的上网时间少、上网经验明显不足。

2. 多数中学生对在校上网的条件不满意，家长、教师呼吁改善条件

对课余时间里在校上网条件表示满意的中学生只占19.4%，不满意率达59.2%。24.9%的中学生在学校里学会了上网技巧，而38.3%的中学生则认为学校并没有把必要的网络技巧教给他们。同时，不少教师对学校的网络资源现状，特别是现有资源的利用率表示不满。据教师们反映，校园网络设施和多媒体教学设备主要用于展示课件与开公开课，而未能充分用于平时备课和课堂教学，更不能充分满足学生们在校上网的需求。

3. 多数家长既赞成子女上网，又担心子女上网影响学业

对于子女上网，27%的家长持赞成的态度，反对的只占15.9%，大部分家长则表示顺其自然，但近半数的家长希望子女将来能从事网络工作。高达九成的家长认为，网络最大的好处是“能使子女开阔眼界，增长见识，并掌握电脑技巧”；同时，29.5%的家长还觉得网络能提高子女的学习兴趣，11%的家长认为“网络没有任何好处和作用”。58.5%的家长表示，最不能接受的事是孩子上网，他们认为这会浪费时间，耽误学业。显然多数家长内心十分矛盾：既希望自己的子女能享受网络带来的好处，更怕他们因迷恋网络而荒废学业。此外，令家长们深感焦虑的事还有：浏览带有淫秽、反动、暴力内容的网站，产生网恋，痴迷网络游戏等等。

（二）网络环境对中学生的影响

1. 网络环境对中学生的积极影响

（1）中学生使用互联网有助于形成全球意识，强化对国家、对民族的责任感。透过网络的窗口，他们关注“家事、国事、天下事”，使视野空前开阔起来。全球意识的增强，适应了中国加入WTO的新形势，对中学生们今后走入日趋一体化的世界，显然是大有好处的。

（2）互联网为中学生学习提供了有利条件，拓宽了他们的视野。网络资源在一定程度上满足了中学生们进行探究性学习、研究性学习的需要。

（3）中学生使用网络有助于扩大交往的范围，促进青春期心理的健康发展。网络上，电子

邮件、OICQ、聊天室、bbs 等把天涯海角、素不相识的人拉到“零距离”，在相互咨询、交谈、讨论、倾诉、请教的过程中，极大地满足了中学生们旺盛的表达欲、表现欲和社交欲。这对于舒解压力、保持青春期的心理健康有一定的好处。

(4) 中学生们常上网，会激发对英语和现代科学技术的学习热情。

2. 网络环境对中学生的负面影响

(1) 网上的信息垃圾使中学生深受其害。

(2) 中学生迷恋网络对学业会产生冲击。

(3) 网上聊天引发网恋。调查显示，6.7% 的中学生坦言自己有过“网恋”行为（实际比例会更高)。网恋中存在许多情感陷阱，中学生往往是受害者。

(4) 网络不良文化弱化了中学生的道德意识。

(5) 网吧管理问题依然严重，给中学生造成诸多问题。

(三) 对策与建议

网络环境给中学德育工作提出了新的挑战，同时也提供了许多机遇。××同志在中央思想政治工作会议上强调指出:“对于信息网络化问题，我们的基本方针是积极发展，加强管理，趋利避害，为我所用，努力在全球信息网络化的发展中，占据主动地位。”这是我们开展网络德育工作的指导思想。为此，我们建议:

1. 更新教育观念，推进学校网络德育工作的开展

第一，通过宣传和学习，使全体德育工作者转换观念，统一思想认识，抛弃“网络有害论”，消除“网络恐慌症”，充分认识到网络德育工作的重要性和网络在中学生成长过程中的重要作用。

第二，重新定位学校德育的目标，把青少年儿童的道德成熟度作为网络德育的首要目标，着力培养学生正确的道德价值观、判断力和自制力。

第三，重新设计学校德育的内容，在原有德育内容的基础上突出价值观教育，增强识别、评价和选择道德信息的能力；注重道德意志力的训练，使学生的道德认识与行为实践统一起来；开设网络德育课程，强化学生的网络道德意识和网络责任感。

第四，利用计算机和网络技术，拓展德育的时间和空间。

2. 培养网络德育队伍，增强网络德育力量

其一，通过各种形式的培训、讲座和考核，使各级教育管理者、德育工作者以及全体教师掌握网络基本知识、技能，并熟悉网络德育的运作方式和手段，学会常见的德育课件开发工具(如 Authware、Director、Flash 等)。在讲求实效的前提下，改进和充实目前实施的“××市中小学教师计算机考核”的方式与内容，如增加教师利用网络开展德育工作的考核内容。

其二，选拔并培训一批思想政治素质高、网上沟通技巧好、具有丰富的网络经验和技能的专兼职网络德育工作者，由他们提供在线指导，帮助上网中学生解决各种心理、思想、学习等问题；同时，注意在网上搜集整理有代表性的德育问题，向有关职能部门反馈，以加强德育工作的针对性。

3. 加强对中学生的网络道德和网络行为规范教育，自觉筑起心灵的“长城”

一是加强以理想、信念为主题的思想品质教育，用正确的人生观、世界观和价值观筑起心灵的“长城”，抵制网上各种不良思潮和有害信息的侵蚀。

二是加强中学生网络行为教育和安全教育，制定“××市中学生网络行为规范”，加大宣传力度，提高自我保护意识和自我约束能力。

三是各校可以组织中学生统一浏览思想品德教育的主页，向他们推荐国内外诸多优秀网站，

把中学生们的上网热情转化为自觉学习先进文化、陶冶高尚情操的动力。

2011年毕业生就业状况调查报告

就业问题特别是大学生就业问题一直受到我国各界的关注，同时它也是对高校毕业生的一次重大考验。面对严峻的就业形势，我们应当清楚地了解实情，认识其严重性，并采取相应的措施来应对。为此，我们开展了一次“毕业生就业调查”活动。

一、调查方式及范围

本次活动主要采取查阅资料、网上调查等方式，针对各高校研究生、大学本科、专科毕业生进行调查。

二、调查内容

1. 2011年毕业生就业环境。据统计，今年中国将有611万名研究生、大学本、专科学生毕业，外加去年未找到工作的毕业生210万，预计2011年的高校毕业生就业人数多达810万，而2010年这一特殊的年份，我们不仅遭遇了金融危机的重创，还经历了刻骨铭心的雪灾、地震等一系列重大事件。这些重大事件直接或间接地影响了我国社会经济发展的格局，并构成了当前就业面临的严峻形势。在全球金融危机的重压下，2010年上半年全国有6.7万家民营企业倒闭，而在××年，民营企业吸纳了34.2%的大学毕业生。当前，一方面我国就业人数明显增加，另一方面企业萎缩明显，企业校园招聘也相应萎缩。往年10月，各大企业都早早地启动了校园招聘计划，各大高校内也因此呈现出一片欣欣向荣的景象。但是由于受金融风暴的影响，当前就业市场整体不景气，很多大企业为了降低人工成本不得不大规模裁员，同时很多作为吸引就业的主体的中小企业由于受到《劳动合同法》、出口遇冷等多重因素的影响，业务订单量明显减少，用工需求也明显减少。这给学生就业客观上带来了很大的影响。

2. 2010年毕业生就业现状。

（1）就业单位性质流向。随着就业问题的日益严峻，就业形势开始冲击传统观念，越来越多的人迫于就业压力，渐渐地“不重学历重技术”，“不选本科选专科”。从目前很多高分考生开始选高职来看，家长和学生的观念已经开始慢慢转变。在本科院校就业形势越来越严峻的今天，高职院校实行校企合作、工学结合的办学新模式，以市场为导向培养人才，培养模式更加市场化，更符合当前的就业形势，为专科层次的就业提供了广阔的前景。但是近期特别是今年以来人们更加不注重学历，越来越多的高中生选择了学技术，或是直接就业。

（2）热门专业与需求形势。从××××—2010年5月中旬毕业生行业就业情况来看，制造业，服务业，建筑业，批发零售业，信息传输、计算机服务和软件业五大行业是毕业生就业的主渠道。其中，制造业是目前吸纳毕业生最多的行业，本科学历各年度比例分别占到29.98%、29.10%和43.29%，专科学历各年度比例分别占到41.33%、43.55%和56.37%。

从调查情况来看：2010届大学毕业生在湖南省就业的行业大类主要集中于制造业。其中，有26%的本科毕业生和25%的高职高专毕业生就业于该行业。但值得注意的是，这一比例低于全国2010届本科毕业生（27%）和高职高专毕业生（31%）就业于制造业的比例。民营和个体企业是湖南省2010届大学毕业生就业最多的雇主类型，其雇用了37%的本科毕业生以及66%的高职高专毕业生。湖南省2010届大学毕业生就业最多的雇主规模在300人以下，其次是300人以上；雇主规模300人以下的本科毕业生占到42%，高职高专毕业生为56%。

（3）大学毕业生毕业半年后的月收入情况。湖南省2010届、××××届、××××届大学毕业生毕业半年后的月收入分别为……

三、就业态度分析

1. 现在家长对学生的期望值太高，总觉得孩子找的工作薪水不能太低、不能太累，而且还要稳定，这样就给毕业生带来了很大的压力。大部分学生把考公务员和进事业单位当作唯一选择，宁可有业不就。加之学生对自己认识过高，在调查中发现，90%以上的学生希望每月工资在1 000元以上，每周工作时间不超过5天，单位还要提供住宿条件，这样就无形中缩小了就业范围。

2. 不愿到中小企业就业。2010年1月5日，由云南省教育厅主办，西南林学院、云南农业大学、云南农业职业技术学院和我院联合在西南林学院举办农林类毕业生双向选择洽谈会，共102家用人单位参加，提供就业岗位3 500个左右，结果我院来的毕业生不足50%，签约率更是寥寥无几。而实际上，我国就业市场反映，承受力最大、需求量最大的是中小企业，不愿到中小企业就业，无疑又缩小了自己的就业范围。

3. 创业不如就业。多数大学生感到创业艰难，自身多方面准备不够，缺少充足的勇气和决心，只有极少数毕业生认为就业找饭碗不如创业谋发展。

四、促进就业的措施

鼓励扶持中小企业发展，加快第三产业发展，是增加就业的重要途径，已被党中央、国务院以及各地方政府反复呼吁，多次部署，对增加就业发挥了重要作用。但我国经济发展到今天，必须把增加就业与提升产业结构结合起来，把劳动力的需求与劳动力的生产结合起来。为此，我们提出以下建议：

1. 要大力发展专业技术教育，改变目前的教育目标。目前我国各级教育的目标是提高上一级重点学校的升学率，这是应试教育的根源。邓小平同志1983年为教育题词：教育必须面向现代化，面向世界，面向未来。不改变教育目标，就无法改变应试教育，也无法改变今天一方面高技能人才奇缺，另一方面高学历人才失业、文凭贬值的尴尬局面。还有一个关于教育的错误口号流毒甚广，那就是扩大教育消费，拉动内需。把教育用来消费是完全错误的。教育是投资，不是消费。把教育用来消费，当然要以满足消费需求为原则，从教育需求者的角度，大学招生当然是多多益善，但这样做只对学校有利，对满足学生家长的虚荣心有利，对学生成材不利，对满足社会对人才的需求不利。

我国目前已具备了加快结构升级的资金条件和技术条件，但就是不具备人才条件，这使我国企业不得不在劳动密集型行业过度竞争。人才问题不解决，我国将很难从这次经济调整中走出来。为此，必须通过政府的宣传引导、政策鼓励、资金支持，改善各类专科学校的办学条件，把它们与大学一视同仁，吸引更多的优秀学子从事技术工作。国家应在工资待遇上向高级技工倾斜，在技工职称上应有最大上升空间，最高应与教授等齐。

2. 大力提高农村中小学教育水平。据国家统计局的数据，××××年农民工占城镇从业人员比重已高达46.7%。据全国总工会的一份调查，农民工在加工制造业就业总人数中已占68.2%，在建筑业中占79.8%。这几个数据说明，农民工的素质已经在相当大的程度上决定了我国制造业和建筑业的水平。而目前农村教育状况却不容乐观，这是农民工素质不高的一个主要原因。因此，国家应加大对农村教育的投入，通过各种手段加强农村基础教育和专业技术教育，这对推进我国工业化、加快产业升级具有十分重要和紧迫的意义。

3. 连续提高粮食价格，扩大需求，稳定就业。每逢经济调整，农村转移人口会自然减少，为城镇就业减轻不少压力。最近国家宣布从2010年新粮上市起大幅度提高粮食最低保护价，这一项可使全国农民一年增收2 600亿元，创造出一个巨大的消费市场。经济调整中部分失去工作的农民工会回到农村，粮食提价将提高他们对未来的信心，并切实帮助他们度过一段艰难的日子；这项政策也将有效改善农民的生存和发展条件，提高广大农民的生活质量。因此，在当前形势下提高粮食最低保护价，是扩大内需、增加就业的一招妙棋，具有一石多鸟之功。如果能在已经宣布的提价之外，2010 年、2011 年每年提高最低粮食收购价 5% 以上，将有利于让农民形成收入增加的稳定预期，使扩大农民消费的效果更显著。调查结果表明，我国毕业生就业形势比较严峻，困难很多，但是从国家采取的一系列措施来看，我们依然相信前途是光明的。

十二、自选一题，如大学生消费情况、上网情况、科研状况、健康状况、课外阅读、择业趋向等，拟订一个适当的调查计划，然后按照要求，作一次系统的、周密的调查研究，写出一篇像样的调查报告。

十三、利用假期，深入实际调查研究，写一篇农村情况调查报告或城市情况调查报告。如某一社会阶层生活状况调查、某一企业工作经验调查等等。

十四、结合所学财经专业，根据周围环境条件，自选题目，作系统的调研，写一篇专业调查报告，如某地某产品市场调查、某企业经营管理调查等等。

十五、总结和调查报告有何异同?

十六、总结的写作要求有哪些? 写好总结的难点在哪里?

十七、试对教材上的总结例文作点评。

十八、根据实际情况，写一篇半年来的学习小结或工作小结。

十九、什么是会议记录，它有什么作用?

二十、会议记录的主要内容有哪些?

二十一、写会议记录有哪些常用方法，基本要求是什么?

二十二、列举规章制度的种类。

二十三、简述规章制度制定的权限。

二十四、请你拟写一份学生会学习部工作条例。

二十五、下面这段话是一份计划的前言，请分析它的缺点，修改之后重写一份。

近几年来，我们公司的青年职工越来越多，其中不少是接班顶职的，这些职工理论水平低，文化底子薄，科学知识贫乏，不爱劳动，只爱玩，打扑克、搓麻将，成天三五成群地串门喝酒，劳动效率低下，一些最基本的工作要求都达不到。根据上级指示，提高职工素质，普及中等文化水平是科技促公交事业的关键。为此，我公司决定对高中程度以下的青年职工进行培训和文化补习，岗位培训半年，文化补习半年。为了搞好培训和学习，为振兴公交事业发展作贡献，特作如下计划:

第四章　日常应用文

第一节　条　据

一、条据及其作用

条据是人们日常生活、工作中经常使用的作为某种凭据的便条。它行文简便，灵活实用，是现实生活中运用较多的应用文种。

二、条据的种类

（一）借条

借条是借到对方钱物时写给对方的凭条，一般于钱物归还后收回作废。

（二）欠条

欠条是欠下别人钱物时留给对方的凭条，一般于钱物归还后收回作废。

（三）收条

收条是收到对方钱物时给对方开的凭据，又称收据。

（四）领条

领条是个人或单位从其他单位领取钱物时写给负责发放人留存的凭条。

（五）请假条

请假条是因故不能出勤需要请假而写给有关当事人的条子。

（六）留言条

留言条是日常交往中未与对方谋面情况下向对方说明情况、交待意图、托办事情时所写的便条。

三、条据的特点

（一）简明性

条据多为专事而作，一事一文，清晰为要，简短明了。

（二）精准性

条据所记之事，关乎具体事务，写作时务求精严准确。

（三）周全性

相关要素的写作务求齐全，语言表述详实周到。

四、条据的格式和写法

（一）借条、欠条

借条、欠条的基本构成和写作方法大体相同。

1. 标题。一般直接写明文种即可，如“借条”、“欠条”等，位于全文的正上方。

2. 主体部分。一般要写明所借、所欠财物的来源、名称、数量、归还时间等。如有必要，还应写明借欠原因、用途及相关事宜。

3. 结尾。多用“此据”“以此为凭”等作结语。

4. 落款。私人借欠钱物，由个人签名盖章；单位借欠钱物，要有单位的印章及经手人的签名盖章。署名下标明日期。

5. 写作要求。

(1) 行文简洁、准确、清楚，特别是相关数字，一定要准确无误，且宜用汉字书写。

(2) 书写工整，字迹清楚，用纸与笔墨应经久耐用。

(3) 具名必须是亲笔签名，以示负责与有效。

[例文四·一]

借　条

今借用市话剧团熊猫牌无线话筒两个，三日后归还。如有损坏，照价赔偿。

此据。

北方大学学生会
经手人　吴小红（签名盖章）
2009年9月21日

[例文四·二]

欠　条

今现金购买鑫金商贸公司经销的新世界电脑三台，所带货款不足，暂欠一万三仟八百元整，三日内还清。

立此为据。

厦产公司办公室
经手人　张一鸣（签名盖章）
2009年9月21日

(二) 收条、领条

收条和领条的写作主要包括以下几部分：

1. 标题。单位所用的比较正式的收领条据，一般都有固定的标题，如“收据”“领单”等。个人收领或代收领财物，可写出标题，亦可省略。

2. 主体部分。要求写明发送或归还者、收领财物的名称、时间、数量及质量等。

3. 落款。收领经手人签字盖章，下面标明日期。

［例文四·三］

收　条

今收到会计系大学生志愿者协会“希望工程”募捐款三万元整。

此据。

北方商务学院学生处

经手人　张一鸣（签名盖章）

2009 年 9 月 21 日

（三）请假条

其写作主要包括以下几部分：

1. 标题。可直接在正文上方写明“请假条”字样。

2. 收文主体。一般为主管者的姓名和称呼。格式类似书信，左顶格而写。

3. 主体部分。首先充分说明不能出勤的理由，然后明确提出请假的请求。

4. 结尾。期请用语或表敬意用语。

5. 落款。请假条写作者的身份、姓名及写作日期。

6. 写作要求。

（1）请假理由应充分合理，符合有关规章制度的规定。

（2）行文应简洁明确，措辞应委婉恳切。

［例文四·四］

请假条

王老师：

我昨晚感冒并发肺炎，需住院治疗，特此请假一周。

此致

敬礼

学生：李小双

附：诊断书

2009 年 9 月 14 日

第二节　启　事

一、启事及其作用

启事是机关、社会团体、企事业单位或公民个人公开申明某件事情，希望有关人员参与或协助办理的事务性应用文。

启事的适用范围越来越广泛，已由原来的少量运用，发展到涉及社会生活的各个领域，它方便快捷地为写作主体传递信息，帮助人们相互协调沟通，以处理相应的具体事务。

二、启事的种类

启事的种类很多，从其适用主体出发，可分为个人启事与公务启事。

（一）个人启事

公民个人为了日常事务的需求而撰拟的各类启事，如“寻人启事”、“寻物启事”、“征婚启事”、“出租启事”等，它涉及日常生活的诸多方面，因而内容范围广泛。

（二）公务启事

机关、团体、企事业单位为日常事务的需求而撰拟的各类启事，按其内容、性质的不同，可分为“招领启事”、“招聘启事”、“招生启事”、“征文启事”、“征集启事”、“开业启事”、“更名启事”等。

三、启事的特点

（一）内容的广泛性

启事的内容涉及范围很广，举凡单位或个人需要告知的事情皆可入文。

（二）明确的告知性

通过多种媒体与途径广泛面向社会公众，使其知晓并有所行动。

（三）回应的自主性

启事不具有强制性和约束力，它需要被告知对象的回应与参与，但是主要靠对方的主动性。

（四）传播的多样性

启事在传播过程中，既可通过广告栏张贴，也可通过大众媒体传播，形式灵活，途径多样。

四、启事的格式与写法

启事一般由标题、正文与结尾三部分组成。具体写法如下：

（一）寻人（物）启事

1. 标题。启事的标题相对比较简洁，由事由与文种两部分构成。

2. 正文。正文是启事的主体部分，主要说明启事的事项。如“寻物启事”简明、准确地写明丢失物品的时间、地点，失物的名称、数量、特征等；“寻人启事”须写明走失的时间、地点、原因及走失人的体貌特征、服饰装饰及醒目特点。此外，还应写明便捷的联系方式，包括联系人姓名、地址、电话及其他联系方式，并对合作者表示感谢，如有必要，可写明酬谢方式及数额。必要时可附相关图片。

3. 结尾。署上写作主体的单位名称或个人姓名，并具明成文的时间，一般位于全文的右下方。

［例文四·五］

寻物启事

2009 年 9 月 14 日上午，本人不慎于教学楼 315 教室丢失××牌××型手机一部。内存大量电话号码及相关信息，其丢失给本人带来极大不便。如有拾到者，请速与学生公寓3号楼208室王小明联系，电话：84788868，电子邮箱：××××。不胜感激，必有酬谢！

失主：王小明

2009年9月15日

［例文四·六］

寻人启事

2009年9月23日上午10时左右，母亲王敏在去富金市场买菜过程中走失，老人今年已近80岁，患有轻微的健忘症，身高1米60左右，身材偏胖，花白短发，右嘴角有一颗较大黑痣。走失时穿一深咖啡色短毛呢外套，下身着一黑色外裤，围一条砖红色毛线围巾，走路时右脚微跛，说话有浓重的山东口音。

老人年事已高，又加天气渐冷，儿女深为担心，恳请代为留意，并请知情者速与我联系。提供线索者，大恩必有重谢！

联系人：张文海　电话：（略）　　　　传真：（略）

2009年9月23日

（二）招聘启事

招聘启事是随着用人机制的不断发展而使用日益广泛的一种事务性文书，它是机关、企事业单位、社会团体通过各种大众传播媒体或其他有效途径向社会公开发布的用人信息。可根据需要采取灵活多样的写作形式。其要素包括：

1. 标题。标题基本包括招聘单位名称、招聘岗位及“诚聘”、“求贤”等内容，但内容构成与组合多样，形式灵活多变，以醒目达意为要旨。

2. 正文。正文主要包括用人单位及部门相关情况、业务岗位及职责、应聘条件及要求、福利待遇和洽询方式。正文写作的内容、方式及文面均灵活多样。

五、启事的写作要求

1. 内容要素不求全责备，但重要要素须准确、显明，条理清晰。

2. 写作方式相对灵活多样，版式排列亦可求新多变，一切以适用为目的。

3. 语言表述相对活泼亲切，可适当增加其文采，以吸引公众注意，更好地与其沟通与协作。

［例文四·七］

招聘总经理办公室秘书启事

本单位经有关部门批准，拟招聘总经理办公室秘书一人。具体条件如下：

一、全日制中文及相关专业本科或以上学历，有较强的语言文字功底，精通现代办公设备的使用与操作，有相关岗位二年以上工作经验者优先考虑。

二、性格开朗，善于沟通，富有合作精神与协调能力。

三、原则上年龄不超过30岁，性别不限。

有意者请于本月20日之前将学历证、资格证书、简历、相关作品等的复印件寄至本公司。合则约见，谢绝来访。

地址：大连市××区××街××号××公司人力资源部

邮编：116000

联系人：于先生

联系电话：（略）

第三节 海 报

一、海报及其作用

海报是在某一特定范围内向公众介绍和发布有关电影、电视、戏剧、体育比赛、报告会、展览会等消息的招贴，是一种告知性的事务文书。

海报一般招贴在公共场所，重要的海报也可以在报刊上登载、在电视上播映。

海报的作用主要是宣传与告知。它通过多样的醒目的文案和画面将相关信息有效地传递出去，从而吸引公众的注意与参与。通知上发布的事情，被通知者都必须做到；而海报上发布的事情，是希望众人知晓，并自觉自愿地参加或行动，但不具有强制性和约束力。

二、海报的种类

海报的种类很多，按其制作风格，海报可分为纯文字海报和图文结合的海报；按书写形式，可分为手写海报与印刷海报；按内容可分为：

（一）商品宣传海报

它是指各类为商品宣传和商业目的而设计制作的海报。

（二）活动宣传海报

它是指为各种体育、文艺、社团、会议及各种事务举办的各类具体活动制发的海报。

（三）影视宣传海报

它是指为影视剧的播映而特别制作的宣传性海报。此类海报以精美的画面制作为主，富有艺术性与创造性。

（四）公益海报

它是指为社会公益事业和公益活动而制发的海报。

三、海报的特点

（一）宣传性

海报通常是为某项活动、某种商品、某部影视剧做相关信息的宣传，具有广泛的告知性。

（二）号召性

海报多以醒目的文字和画面吸引公众的关注，激起人们的参与热情，鼓动人们有所行动。

（三）艺术性

无论是文字性的海报还是图文结合的海报，都十分注重写作与设计，力求以生动形象的文字和独特精美的画面吸引、感染公众，以达到最佳的传播效果。有些海报具有极高的艺术性，甚至作为艺术品为人收藏。

四、海报的格式与写法

下面介绍纯文字海报的写作：

（一）标题

海报标题的写作相对灵活多样，可只写“海报”两字；也可由事由加文种构成，如“电影海报”；也有一些海报，用一般文章标题的写法，形象生动地概括海报的主题和中心内容。

（二）正文

内容包括事由（为何事发海报）、时间、地点、主要人物等；商业性的演出，应另外写明票价及订票方法等相关事宜。

（三）落款

落款是指海报发出者的名称及发海报的时间。

五、海报的写作要求

1. 内容真实准确。海报具有醒目、快速和制作简易的特点，但是必须首先保证其内容的有效性与准确性。

2. 语言生动形象。海报的语言须富于鼓动性和吸引力，应用生动的语言和合适的修辞方法，以达到相应的宣传效果。

3. 文面讲究艺术。海报为了醒目或突出重点，可根据内容配适当的图案，或对字体进行变化，或对排版进行精心设计，或对颜色进行适当调配，以增强新颖性和感染力。

[例文四·八]

海　报

追忆“五四”聆听青春

——“纪念五四”系列学术报告之二

主讲人：特邀校友××博士

题目：五四校园精神与知识经济时代

时间：5 月 4 日 14 点

地点：校礼堂

欢迎全校师生踊跃参加。

校学生会

2009 年 4 月 30 日

[例文四·九]

海 报

根据李劫人著名小说改编的川剧《死水微澜》在成、渝两地上演以来，场场火爆，反响热烈，在青年学生中掀起了欣赏川剧艺术的热潮。我校部分师生日前已前往观看。为了使广大同学更深入地领会川剧的精髓，了解该剧创作演出的甘苦和取得的成就，我系特邀请了该剧女主角饰演者梅花奖得主田曼莎及部分剧组成员到校座谈交流，欢迎外系师生参加。机会难得，切勿错过！

时间：4月3日晚7时

地点：学术报告厅

××大学中文系学生会

2011年4月2日

第四节 赠 言

一、赠言及其作用

赠言是人际交往过程中在特定情境中赠予对方的文字，是人际沟通中表情达意的一种别致文体样式。

“赠人以言，重于金石珠玉。”赠言的基本作用，一为留念，它多为分别之时互相赠予，以作纪念；二为传情达意，或记述往事，或表达情意，或褒奖勉励，或批评激励，林林总总，其主要功能在于传递心声，铭记心意。

二、赠言的种类

赠言种类繁多，按其适用场合，有离别赠言、毕业赠言、生日赠言、集会赠言等；按其文体形式分，有赠语、赠诗、赠文等。

三、赠言的特点

（一）内容的广泛性

赠言的适用对象、适用场合非常广泛，因而其内容可包含人世的物、事、情、理诸多方面。

（二）表达的即兴性

赠言的写作在很多时候是一种面对面的现时交际活动，是一种应景即兴的表达，带有很大的随机性。

（三）写作的灵活性

赠言的写作往往是一种即兴思维的传达，因而其写作内容、写作形式及表达方式都不拘一格，灵活多变，多姿多彩。

四、赠言的格式与写法

赠言写作总体而言，不受格式的束缚，其主要形式有：

（一）散文形式

它是一段简短的自由的文字，能便捷地表达情思。

（二）诗歌形式

它用有韵的文字及错落的句式表达赠予者的内在情感。

（三）对联形式

它用讲求对仗及修辞的对联形式作为赠言写作的方式，言简意赅，意蕴深永。

（四）化用形式

巧妙借用各种社会生活中蕴含的丰富多彩的表达形式作为赠言的写作形式，出人意料，清新独到，如将文字与数学符号结合的“公式形式”、“乐曲形式”、“书画形式”等。

五、赠言的写作要求

1. 有的放矢地运思。要根据赠予对象当时思想感情及其他方面的状况，根据赠予的场合、用意，抓住要点，一语中的。

2. 合宜得体地表述。所谓得体，就是合乎双方各自的身份以及彼此间的关系。无论是内容、措辞、形式和语体，都应恰当选用，适度把握，过与不及，皆不适宜。

3. 真挚恳切地表达。赠言其实是赠，是双方思想感情的交流形式，要写得情真意切，出于本心，绝不可虚假生硬，为文造情。

［例文四·十］

北京大学人文学院院长胡适对哲学系毕业生临别赠言

我常常想，你们毕业之后，应该做些什么事？我想借用这句话来说：“哲学教授的目的也只是要造就几个不受人惑的人。”

你们能做个不受人惑的人吗？这个全凭自己的努力。如果你们不敢十分自信，我这里有一件小小的法宝，送给你们带去做一件防身的工具。这件法宝只有四个字：“拿证据来！”

没有证据，只可悬而不断；证据不够，只可假设，不可武断；必须等到证实之后，方才可以算作定论。

必须自己能够不受人惑，方才可以希望指引别人不受人诱。朋友们大家珍重！

［例文四·十一］

人生得一知己足矣，斯世当以同怀视之；

事业得一良伴幸矣，此生永以师友志之。

［例文四·十二］

勤朴无私存耿介，热情乐助娴公关。

第五节 书 信

一、书信及其作用

书信是个人或团体之间通过一定的媒介传递给对方的交流情感、互通情况、联系事宜的一种日常应用文体。书信历史悠久，种类众多，行文灵活方便，是人们日常生活、工作中不可缺少的交际工具。

书信在现实生活中发挥着重要作用，主要表现为：

（一）广泛的交际沟通作用

现实社会生活中，人们无论距离远近、事务巨细，皆可通过书信便捷地传递信息、传达情感、处理事务。从古代的邮驿传书到今天的电子信件，书信突破了时空的限制、口语交际及专用文书的局限性，在社会生活的各个领域及诸多方面发挥着独特作用。

（二）独特的凭证依据作用

书信中的一些意见、建议、承诺等，常成为收信方处理大事小情的参考及凭据，影响着人们日常的行为与决策；一些知名人士的信件，常为后人收集整理，甚至编辑成书，成为人们研究人物、历史、文化的重要资料。

二、书信的种类

随着人类社会的不断发展，书信的种类也在不断地增多。按书信的传递方式，可分为：平信、挂号信、特快专递、电子信件、他人代交等。按书信的用途，通常可分为：

（一）普通书信

它是指个人之间日常交际联络的一般书信，如家书、情书、朋友之间的往来书信等。

（二）专用书信

它是个人、团体之间为某种专门事务而使用的书信。专用书信按其内容、用途，又可分为：

1. 感谢信。感谢信是为了感谢对方的关心、支持、帮助而写的书信。

2. 表扬信。表扬信是表扬某个单位、集体或个人的先进思想、模范事迹与高尚风格的书信。它又可根据发、收信者之间的关系分为两种：一是上级机关写给下属单位或个人的；二是无隶属关系的单位或个人写给对方的。

3. 贺信。它是表示祝贺的专用书信。

4. 慰问信。慰问信是一种向他人表示慰藉、关怀、鼓励的专用书信。它包括对贡献突出的集体或个人的慰问、对遭遇不幸群众的慰问以及节日慰问等。

5. 邀请信。邀请信是邀请他人参加有关联谊、交际、会议等社会活动时所使用的专用书信。

6. 介绍信。介绍信一般是机关、团体向其他单位介绍某个人身份以联系事宜的专用书信。大多为印制好的格式相对固定、空白临时添写的信件。另外，还有非正式的私人介绍信。

7. 推荐信。推荐信是用于向他人推荐人或事物，以便别人了解与接纳的专用书信。

8. 证明信。证明信是个人、机关、团体以确凿证据证明有关对象的身份、经历、学历及有关事件的真实情况的专用信件。

9. 求职信。求职信是个人谋求某份工作或职位时所用的专门信函。

三、书信的特点

（一）内容丰富，层次分明

书信是日常应用文中内容涵盖面最广的文种之一，特别是其中的普通书信，人们日常生活中的诸多客观事物与主观情感，皆可根据表达的需要，写入信中，一封信可容纳诸多方面的内容，不受一般文章主题单一性的限制。但为交际的方便，通常一事一段，层次分明，层次之间有一定的逻辑关系。

（二）行文灵活，传递方便

书信虽然在长期的应用过程中形成了一定的写作格式，但内容的多样性与交际功能决定了它不拘陈规、灵活方便的行文特点。而且现代技术使书信的传递方式日益增多，速度日益加快。书面语言的特点使它传情达意独具特殊的便利。

（三）个性鲜明，表述自由

作为人际交往的重要手段，书信应使人读来如见其人，如闻其声，书信内容的长短详略、喜恶取舍及表达方式，皆可自主决定，呈现鲜明的个性特点。

四、书信的格式和写法

（一）普通书信

普通书信由信封与信内页两部分组成。

1. 信封。国内邮寄的书信，信封的左上角与右下角分别为收信人与寄信人的邮政编码。第一行为收信人的详细地址；地址之下正中间以稍大字体写收信人姓名及“收”字样，因传递需要，一般信封不必写称谓；最末行写寄信人的地址，如有必要，同时写明寄信人姓名。行序由上到下，字序由左到右（见图4—1）。

寄往国外的书信，收信人的地址、姓名按对方的写作习惯位于信封正中或偏于右下，寄信人姓名、地址位于左上方（见图4—2）。

2. 信内页。内页的基本结构一般包括称谓、问候语、主体、祝颂语、落款、附言等几部分。

辽宁省大连市中山区　　街　　号

王××　　收

省　　县　　乡　　村　　寄

邮政编码：

图 4—1　国内信封写法

CHINESE DEPARTMENT
OF TIANTANG UNIVERCITY
LIAONING CHINA

TO:　　　　MR. JOHN SMITH
THE ENGLISH DEPARTMENT OF
NEW YORK UNIVERSITY, USA

图 4—2　寄往国外信封写法

（1）称谓。它是对收信方的称呼。应根据与收信人的关系，确定妥当称呼。双方不同的亲属、辈分关系以及亲疏远近、尊卑高下的差异，要求写信者选择不同的称谓。对长辈，应按亲属辈分关系称呼，并可加前置敬语，如“敬爱的爷爷奶奶”“尊敬的张老师”等；对平辈、晚辈及同学、朋友等，可根据平时的习惯直呼其名。无论何种称谓，均应适宜得体。称谓单独占第一行，左顶格书写，后加冒号，领起下文。

（2）问候语。称呼之后另起一行，空两格写起。可简至“您好”，亦可详尽问候对方的身体、生活、工作等诸多方面，一般单独成一段落。

（3）主体。根据交际与联系事宜的需要，首先，一般说明什么时间收到对方的来信，表示谢意；或问询对方情况，以示关心；如系第一次与对方打交道，可首先作必要的自我介绍。其次，可介绍己方的近况，以慰对方关心、牵挂之情；或回复对方的询问与求助。此外，如有需对方知晓或办理的事情，可一并写明。

这一部分内容较多，一般根据事情的轻重缓急，分段一一写清，一事一段，条理清晰，层次井然。

（4）祝颂语。它是书信结尾时表示祝愿和敬意的惯用词语。应根据不同行文对象恰当地加以选择。祝颂语在内容结构上可分为两个部分：一是前置动词，如“祝”“敬祝”“谨祝”“顺颂”“此致”“望”等；二是祝词，如“顺利”“快乐”“安康”“春祺”等。前置动词可接正文之后，也可另起单占一行。祝词则位于前置动词下一行，左顶格书写，以示尊重。

（5）落款。一般包括写信人的署名和写信日期。可视双方关系在署名前后分别加上对应的谦称和具名语。如“学生王一敬上”等。落款位于书信末页右下方适当位置。

（6）附言。它是书信写完之后临时想起需要补充的内容。一般单成一段，前面加“另:”“又:”“又及:”等，以引领下文，引起注意。

［例文四·十三］

肖楚女致燕日章

日章：

青年人容易堕落，并不单是由于家庭的累赘。如虚荣心，生活上之贪恋，友朋的引诱……都足以使人堕落，不过家庭的累赘，要算是一个很大的原因罢了！自然，在现在这种生活压迫最高的时代，我们要想保全我们的纯洁而不致为了饭碗去堕落，总以少负家庭赘累为好。何况我们是已立志要为社会做一番事业的？那是更其有一个相当的脱离之必要了！然而这也须得看势，第一，须你自己确有独立供给你自己经济的能力（在学生时代，学费即是一个大问题）；第二，也须得你的家庭在事势上确可以让你脱离——倘若事势上万不容你脱离（譬如父母俱老而又毫无手足且甚贫苦），则殊不可；因为我们为社会而脱离家庭，原是出于一种舍己救人的博爱观念。自然，能够离去是最好；但也要知不脱离，也还是可以为社会做事的；不过所做的或许不及完全无家累的那样自由罢了！结婚一层，那更是个人的私事，须得自己去决定，旁人是不便代你说话的。不过我们当这匈奴未灭之时，既已以身许于社会，像你这还未被婚“结”住的人，纵然不必即决定终身独居，而延迟结婚也是应该的。何况你的家庭经济，并养不活一个人呢？所以你的主张，在这一点上，我是相当地赞成。脱离家庭及拒绝婚姻，何必定要旁人督责，这些事又岂是旁人所能督责的？我想你若时时想着“社会”，时时多想“社会”的事而少想到你自己的事，那便是一个很好的督责，那便什么伟大的事业都可做出——何患缺乏魄力？裂裳裹足，以急宋难；摩顶放踵，以利天下，无非是由于他时时刻刻只记得他人，不记得自己而已！以读书而旷达胸襟，放开眼界，那不是中国古书——什么子书所能获得到的。在你或以为南华中如秋水齐物是可以解放你的思想的吧？其实，那是别一个牢狱，在这个牢狱里，不过不上脚镣手铐子罢了！消极地放浪于形骸之外的所谓“高明”，会把你埋进那无边海滩的软沙里去——开阔了，旷达了，然而你这个人却从此无用了！你若真要开放你的胸襟与眼界，与其在那些散乱浪漫的中国子书中去埋头，则不如去读进化论与唯物史观的社会学。从科学的领域里，才可知道宇宙之伟大而得到自己所居的地位。然后才能有一个有条理而且是科学的进取的人生观；才不致陷于那乌托邦的迷途。你可把研究社会学与这一要求合在一起，同时去做。凡关于生物进化（如物种原始，一无哲学之类）及马克思学说，都看一下，那便胜于读五车子书。至于文学一门，我向来自己不很抬举他。我以为把他作为私人生活上的一种欣赏的享受，和课余去公园以遣倦一样看待则可；若当一件事业做则不可。在我们现在这个时代，我们需要墨翟，不需要陶潜李白。

楚女

[注] 裂裳裹足，以急宋难：春秋战国时，公输盘要以楚国的兵力攻打宋国。远在鲁国的墨子听说后，立刻赶往楚国，途中，鞋子坏了，即撕了衣裳裹脚，十天后赶到楚都，设法阻止了公输盘的计划，解除了宋国的危险。见《墨子 公输》

○原文发表于1924年5月31日出版的《中国青年》第33期。

[例文四·十四]

毛泽东致肖军

肖军同志：

两次来示都阅悉，要的书已付上。我因过去同你少接触，缺乏了解，有些意见想同你说，又怕交浅言深，无益于你，反引起隔阂，故没有即说。延安有无数的坏现象，你对我说的，都值得注意，都应改正。但我劝你同时注意自己方面的某些毛病，不要绝对地看问题，要有耐心，要注意调理人我关系，要故意地强制地省察自己的弱点，方有出路，方能"安心立命"。否则天天不安心，痛苦甚大。你是极坦白豪爽的人，我觉得我同你谈得来，故提议如上。如得你同意，愿同你再谈一回。

敬问

近好！

毛泽东

八月二日

[注] 肖军，当时任中华全国文艺界抗敌协会延安分会理事。

○此信写于1941年8月2日。

[例文四·十五]

北大××系78级同学毕业30周年相聚邀请书

亲爱的同学，最近好吗？

也许你还记得，也许你已经忘记，2012年7月15日，是我们毕业和离开北大的日子，整整已是30年。

离开北大，我们各奔东西，离散在中国和世界各地，其后的人生历程大多不同，但有一点是相同的：我们不知不觉已霜染黑发，是的，我们变老了，这是人生的必然历程，在这段历程里，我们经历了梦想与现实的落差，经历了社会的巨大变革，经历了生活与思想的转变，经历了不同的风风雨雨，所幸的是我们都活得很好，因为我们毕竟是北大人，我们毕竟是中华民族的精英，我们失去了，也得到更多。

今天已是信息咨询发达，外界诱惑渐趋增多的时代，功利、欲望充斥人心，真情难觅，价值迷离，但最珍贵的仍然是人间真情，这时，我们会自然想起在北大的日子，还记得北大教室里老师的身影吗？还记得未名湖畔、32楼、还有楼下那几颗紫丁香吗？还有秋空下散满银杏落叶的金色小路、三角地、学三食堂、许多许多……那是我们一生怀念的地方。

北大，已是生命中最美好的印记，是不可复制，不可替代的金色历程，那时我们真诚无邪，带着强烈的使命感发奋学习，共同拥有一段朴实无华、真实纯粹的时光。我们非常希望毕业30周年之际，在北大聚首，一起穿越时空，重温北大的岁月。

北大，永远是我们亲爱的母校，我们梦想的摇篮，我们人生和走向社会的起点，我们青春时代的圣地——静静的未名湖畔，静数着游子的归期！

这次毕业离校30周年相聚，也许是我们此生最大的一次聚会，不要说你忙，我们都忙，只要珍惜那段此生最美好，最纯情，最珍贵的生活，只要珍惜同窗之情，你肯定有时间，请不要淡漠老同学殷殷之情，不要淡忘那段珍贵的岁月，你可以，你肯定可以到来，互相数一数脸上新添的皱纹，读一读流逝的岁月，共同分享、分担喜悦与感怀，不论你贫穷或富有，只带着一份纯净，丢掉一切，一无所有地归来，因为那时我们一无所有。

亲爱的同学，记住了，7月14—15日，30周年，我们北大聚首！

书信例文又见［例文二·二十九］。

（二）求职信

随着社会生活的不断变化，求职信的使用日益增多，其基本结构和写法为：

1. 称谓。一般写明对方单位的全称或规范化简称，以及负责部门名称，通常为单位的人事部门或负责招聘的职能部门；如与对方某位负责人有特别关系，或对方有指定负责人，亦可直接写出其姓名及职位或尊称，如“总经理”、“先生”等。称谓应准确、完整、正式、规范，避免别字、简称，更不能随意使用日常人际交往中的亲昵称呼，如“叔叔”、“大哥”、“大姐”等。格式位置与一般书信相同。

2. 缘起语。交待写此求职信的缘由，亦可简要写明自己的态度，以向主体部分过渡。须用语精要，力戒繁冗。如：“近从《大连日报》上获悉贵公司新成立‘人才培训中心’，急需有经验、懂管理的专业人员，特去信自荐。”从中体现求职信写作的针对性与目的性，体现对用人单位的尊重。

3. 主体部分。它是求职信写作的核心与重点。要用准确、简要的语言将求职者的基本情况以及自荐的依据、求职的意愿充分、具体地表述清楚，以便令用人单位信服并据以做出考核录用的决定。这一部分可根据求职的具体需要，如职位的不同特点及有关单位的要求，重点突出地介绍自己的相关情况。一般应包括以下几个部分：

（1）求职者的基本情况。它包括自己的自然情况及学习、工作经历。其主要作用是让对方对自己的基本情况有一全面了解。这一部分应简洁明了、择其所需。最好将其有机地融于一段完整的说明性文字之中，并与上下文自然地衔接。

（2）自己的专业特长与能力业绩。这是全文的重中之重。应详尽、具体地说明自己的学业成绩、专业特长、工作能力、成果业绩等。如有必要，还应说明性格特点，以及一些特殊职位特别要求的内容。特别要注意将实绩的叙述、展示与才能、专长的凸显有机地结合起来，全面展示求职者胜任某项工作的能力，力争使用人单位信服。这部分的写作要有针对性、逻辑性、条理性、明确性。既要重点突出，以达到自我推销的目的，又不能夸大其词，炫耀吹嘘，以求给对方留下良好的第一印象。

（3）表明自己认为适合的职位及对对方的相关要求、希望，并可进一步表明自己求职的积极态度，或写明自己的保证与决心，以及期盼对方予以回复的愿望。如："如蒙贵单位录用，我定当加倍努力，积极进取，为单位事业的发展做出贡献。恳请单位领导予以研究并尽快做出答复。"

（4）自己准确、便捷的联系地址及联系方式，以便用人单位与自己联系。

4. 祝颂语。应选用较为正式、恭谨的祝愿用语，如"此致敬礼""恭祝工作顺利"等。

5. 落款。直接署上自己的全名及写信的准确日期，姓名要用手书。

6. 附件。信后应根据需要附上有关证书及成果材料。

求职信的写作要求：

（1）实事求是，具体实在。对自己实际情况的介绍，应从实际出发，真诚坦率是赢得用人单位好感与信任的基础，过分自信、自视甚高与谦虚过度、自我贬抑都不足取；同时要注意内容的具体实在，避免抽象的修饰性词语，多介绍具体事例与成果，与其说自己写作能力强，不如说自己发表了多少作品；与其说自己兴趣广泛，不如说自己会某种乐器或参加过某级别的演讲比赛；与其说自己有社会实践经验，不如说自己参加了什么社会实践活动、组织过什么集体活动。只有如此，才有可能给用人单位留下明确而深刻的印象。

（2）有的放矢，重点突出。写作求职信必须针对用人单位的需求，搜集用人单位的信息，了解用人单位的基本情况，从而确定自己的求职方向。写作时可根据对方的情况介绍自己与之相吻合的特长与潜力。适用于不同对象，到处投送的求职信是不可取的；在叙写自己的才能、专长、业绩时不能平分笔墨、不分主次，要着力突出主要方面及不同凡响之处，那种面面俱到、唯恐别人了解不周的写法，常常事与愿违；同时要注意扬长避短，根据求职需要与自己实际情况，巧妙取舍，精心剪裁。

（3）恰切适度，言简文精。写作求职信，不要用过多的形容词和修饰语，给人华而不实、做作之感；同时要注意内容精炼，条理清晰，语言简洁，篇幅不可过长。

（4）适度包装，巧显素质。求职信的外观与形式，会影响用人单位对求职者的第一印象，因此，求职信的工整、美观是十分必要的，这包括字迹的清晰、工整，文面布局的和谐、自然，信封、信纸的恰当选用等。求职者既可采用传统的手写方式，亦可用电脑打印文稿，还可用光盘等文、声、像结合形式，它们各有所长，可视实际情况与对方需求选用，但需注意质胜于文，形式为内容服务。

［例文四·十六］

求职信

尊敬的领导：

您好！欣闻贵公司拟招聘办公室文秘人员，特来信自荐，感谢您在百忙之中选择阅读我的求职材料。

我是文化学院公关文秘专业2008届毕业生，现年23岁，汉族，中共党员。寒窗苦短，学海无涯，本科四年，我孜孜以求，殷殷学教，专业基础扎实，各科成绩优秀。就读期间，我结合所学专业，查阅了大量有关秘书学、档案学、管理学、广告学、文化学等学科的专业书籍和文献，努力提高自己的专业水平，全面提升自己的综合素质，并先后在国家、省、市各级报刊上发表了各类作品30余篇，总计20多万字。特别是最近几年我开始注重秘书实用写作的研究，并力求通过广泛深入的调查，使我的理论研究成果与实际结合起来，从而增强其实用性和针对性。去年暑假，我曾通过他人介绍在文化局办公室做了历时一个月的实习秘书，期间正赶上市委宣传部举办的有关全市开展“三项”教育情况调查报告的征文活动，结果我的征文获一等奖，受到局领导和同事们的一致好评。

我出生于一个教师世家，父母的言传身教，使我养成了治学勤奋严谨，待人真诚周到的良好性格；我兴趣爱好广泛，一直是学校各项文艺活动的组织者与参与者：我曾和同学共同组织了系及学校的四届“五四”歌咏比赛，并在比赛中分别荣获器乐演奏一等奖、优秀组织奖等。

我的大学生活充实进取、丰富多彩，值此毕业之际，我对自己的未来充满希望，我渴望能到贵公司供职，竭尽所学，与贵公司共同成长。如能如愿，我定当加倍努力，积极进取，不负您的期待与错爱，为公司的发展做出贡献！恳请贵公司予以研究并盼早日回复。

恭祝

事业昌顺

附：1.《个人简历》一份

2.《主要成果简介》一份

邮编：116000

地址：（略）

电话：（略）

求职人：刘立文

二〇〇八年五月十八日

五、书信的写作要求

1. 书信是人们日常生活中常用的一种书面交际工具。它的写作灵活简便，因事而发，内容应具体明确，重点突出；情感态度应真挚诚恳，表述应周详严密，条理分明。

2. 要根据不同的收信对象及正文内容，采取不同的立意措辞方式。双方关系不同，称谓、自称、问候语、祝颂语、署名皆有区别，正文措辞亦大不相同，如对尊长，应庄重恭谦；对朋友，要从容坦诚；对幼辈，宜平易和畅。请教、求助，应委婉诚恳有礼；赐教、援手，应真挚坦率。叙述事实，应清晰明白；抒发情感，应真切得体。总之，要注意不同书信的具体性与特殊性，使之分寸得体，表述适宜，以收到预期的效果。

3. 书信具有双向沟通、相互商洽的特点，因此要注意采取“对方姿态”的方式，即从对方的角度出发，设身处地为对方着想，充分考虑对方的情绪和需要，从而消除沟通障碍，达到最佳沟通效果。

4. 格式正确，语言精当。长期以来，书信从称呼、敬语、具名到行款，从正文到信封，都有一套相对固定的约定俗成的格式。我们应当遵守这些必要的格式。此外，书信的语言应准确、恰当，既应通俗简明，尽量多用一些便于交流的直白亲切的口语；又要纯正规范，避免庸俗化、随意性等不良倾向。另外，文字的书写应工整、端正、清楚，标点符号使用准确，以便于书信的传递与阅读。

第六节　个人简历

一、个人简历及其作用

简历是简要的履历，个人简历即个人的简要履历，这里指求职者给招聘单位的自我介绍。包括自己的基本信息，学习和工作经历，荣誉与成就，自我评价，求职愿望，对所应聘工作的简要理解等。

个人简历是个人学习工作的简短集锦，是求职者自我评价的主要材料。它是一扇窗户，使用人单位透过它了解到求职者的大致情况，激起与求职者进一步接触的浓厚兴趣。

现在找工作一般都是通过网络，因此一份好的个人简历对于获得面试机会至关重要。

二、个人简历的主要内容

1. 个人基本信息：姓名、性别、年龄、民族、籍贯、政治面貌、学历、联系方式（固定电话、手机、电子邮箱、固定住址）。

2. 学业：毕业学校，所学专业，获得的学位及毕业时间，学过的专业课程

(可把课程成绩单附后)，以及对工作有利的辅修课程、毕业设计等。

3. 本人经历：大学以来的简单经历，主要是学习和担任社会工作的经历，有些用人单位比较看重你在课余参加过哪些活动，如实习，社会实践，志愿工作者，学生会，团委工作，社团等其他活动。但不要列入与自己所找工作毫不相干的经历。

4. 荣誉和成就：包括“优秀学生”、“优秀学生干部”、“优秀团员”及奖学金等。还可以把你认为较有成就的经历写上去，如参加国家学术性竞赛，国际比赛获得的荣誉等。

5. 求职愿望：表明你想做什么，能为用人单位做些什么。内容应简明扼要，产生“临去秋波那一转”的动人效果。

6. 附件：个人获奖证明，如优秀党团员，优秀学生干部证书的复印件，外语四、六级证书的复印件，计算机等级证书的复印件，发表论文或其他作品的复印件等。

7. 个人技能：专业技能，IT 技能和外语技能。同时也可以罗列出你的技能证书。

8. 第三方推荐：通过专业的职业测评系统，出具详细客观的测评报告，作为第三方推荐信，附在简历后面。一方面说明求职者的职业性格、职业兴趣，另一方面有利于用人单位判断求职者与岗位的匹配情况。

9. 封面：你可以在个人简历上设计封面，也可以省去封面。封面的要求一般要简洁，可以在封面上出现个人信息，方便用人单位查阅。封面的风格要符合应聘公司的文化和背景，也要凸显自己的个性和风格。

10. 自荐信（求职信）

你寄给应聘公司的个人简历，应附上一封简短的应聘信，使公司增加对你的好感。否则，你成功的几率将大大降低。

三、个人简历的格式与类型

个人简历通常是语言表达与分项列表相结合，使人一目了然。

常用的简历格式有两种。一种是循序法，按照时间的先后，列举自己的学习、工作、培训方面的经历。

另外一种是倒序法，把最新最近的写在简历前面，这种简历写法受到人力资源工作者的青睐。将最新重要信息置于前面，易于使招聘者在 15 秒左右看出应聘者是否有进一步接触的价值。

四、个人简历的写作要求

（一）突出个性，展现风采

个人简历一定要写得充实，有内容，有个性，能在一定程度上反映出毕业生的真实情况。

每个人的特点及经历都是不一样的，这就决定了简历不能千篇一律，在简历中要反映出个性和创意。如果简历没有新意，无法做到“与众不同”，就无法引起用人单位的注意。

下面三个原则有助于让你的简历更加个性化：

第一条原则是要有重点。一个招聘者希望看到你对自己的事业采取的是认真负责的态度。不要忘记雇主在寻找的是适合某一特定职位的人，这个人将是数百应聘者中最合适的一人。

第二条原则是把简历看作一份广告，推销自己。成功的广告要简短而富有感召力，并且能够适当重复重要的信息。你的自荐应该限制在一页纸以内，尽量采用动作性短语使语言鲜活有力；在简历页面上端写上一段总结性的精美话语，展示你在求职上最大的优势，“立片言以居要，乃一篇之警策”，然后在个人介绍中将这些优势以经历和成绩的形式加以叙述。

第三条原则是要陈述有利的信息，争取成功的机会。要强调工作目标和重点，语言要简短，多用动词，绝不拖泥带水，并且要避免可能会使你被淘汰的不相关信息。

（二）写作注意事项

（1）忌篇幅过长。繁杂冗长，难以卒读，不利于在众多的竞争对象中夺得招聘者眼球。内容不精炼，表达不切题意，肯定会影响应聘效果。简历一般在 1 200 字以内，让招聘者在几分钟内看完，并留下深刻印象。

（2）忌过于简单。太短或过于简略，或语言信息量少，招聘者必然难以藉此对求职者的资历和能力进行完整、充分的评价。

（3）忌条理不清。布局不合理，层次混乱，逻辑重复，会增加阅读和理解的困难。

（4）忌虚假不实。简历宜实，同时也要对自己适当包装。但包装要量体裁衣。若虚构夸张，难免出现漏洞，弄巧成拙。

（5）忌稀奇怪异。简历中用词稀奇古怪，排版或引用材料生僻、花哨、有失常理。

（6）忌目标不明。求职者没有表明自己喜欢什么工作，也没有说明自己的爱好、兴趣及能力，以及对工作的要求、工资待遇等。

五、求职信（自荐信），参见本章第五节“书信”之（二）

[例文四·十七]

个人简历

◆个人资料：

姓　名：　　　　　　　　　　　　政治面貌：

性　别：　　　　　　　　　　　　学　历：

年　龄：　　　　　　　　　　　　系　别：

民　族：　　　　　　　　　　　专　业：

籍　贯：　　　　　　　　　　　健康状况：

◆ 知识结构：

主修课：

专业课程：

选修课：

实习：

◆ 专业技能：

接受过全方位的大学基础教育，受到良好的专业训练和能力的培养，在××、××等领域，有扎实的理论基础和实践经验，有较强的野外实践和研究分析能力。

◆ 外语水平：

××××年通过国家大学英语四级考试。××××年通过国家大学英语六级考试。有较强的英语阅读、写作能力。

◆ 计算机水平：

熟悉 DOS、Windows 2000 操作系统和 Office 98、互联网的基本操作，掌握 FORTRAN、Quick-Basic、C 语言等。

◆ 主要社会工作：

小学：班劳动委员、班长。

中学：班长、校学生会主席、校足球队队长。

大学：班长、系学生会主席、校足球队队长，校国旗班班长。

◆ 兴趣与特长：

★喜爱文体活动、热爱自然科学。

★小学至中学期间曾进行过专业单簧管训练，是校乐团成员，参加过多次重大演出。

★中学期间，曾是校生物课外活动小组和地理课外活动小组骨干，参加过多次野外实践和室内实践活动。

★喜爱足球运动，曾担任中学校队、大学系队、校队队长，并率队参加多次比赛。曾获吉林市足球联赛（中学组）“最佳射手”称号并参加过“98 嘉士伯北京市大学生足球联赛”。

◆ 个人荣誉：

中学：×××优秀学生。×××优秀团员、三好学生、优秀干部。×××英语竞赛三等奖。

大学：校优秀学生干部。××××年度三等奖学金与××××年度二等奖学金。

◆ 主要优点：

★有较强的组织能力、活动策划能力和公关能力，如：在大学期间曾多次领导组织大型体育赛事、文艺演出，并取得良好效果。

★有较强的语言表达能力，如：小学至今，曾多次作为班、系、校等单位代表，在大型活动中发言。

★有较强的团队精神，如：在同学中，有良好的人际关系；在同学中有较高的威信；善于协同“作战”。

◆ 自我评价

活泼开朗、乐观向上、兴趣广泛、适应力强、勤奋好学、脚踏实地、认真负责、坚忍不拔、吃苦耐劳、勇于迎接新挑战。

◆ 求职意向

可胜任应用××××及相关领域的生产、科研工作。也可以从事贸易、营销、管理及活动策划、宣传等方面工作。

[**例文四·十八**]

市场策划主管的求职简历

来源：58. com 2012-08-31　16：54

本人概况

姓名：×××　　性别：女

民族：汉　　政治面目：团员

学历（学位）：学士　　专业：商业企业管理

联系电话：　　手机：

联系地址：北京市朝阳区××大街××号××　邮编：100000

E-mail Address：12345678@ sohu. com

教育背景

毕业院校：北方工业大学 1988—1992 年经济管理系

另：其他培训情况

1996 年于北京第二外国语学院自修

工作经历

＊1998 年 5 月至今　××公司

企划部高级主管

产品广告计划制定及费用控制/策划促销活动并安排实施/竞品广告的日常监测、分析，及时调整产品的企划方案/市场走访调查。提出、制订、完成零售终端的改进方案/对全年市场投放与销售数据进行对比分析，制定下一年度广告提案。

成绩：有效合理的市场策略使公司产品××成为同业知名品牌、产品销售额稳步提升、达以公司预期销售目标。

＊1995 年 3 月—1998 年 3 月　某国际知名企业

市场主任

统一促销策略的制定、活动的实施及评估总结/制订广告方案，与广告代理公司共同完成广告的制作及投放/走访零售市场，跟踪区域零售商、代理商的销售动态，监测竞品市场动态/对市场情报进行收集分析/协调外部供货商及媒体实施大型公关活动。

成绩：公司形象及企业文化得到广泛传播，深入人心。产品销售及市场占有率稳步提高，成为同业知名品牌。

＊1992 年 10 月—1994 年 12 月××电讯公司

企划部助理经理

制订并实施产品的销售计划、促销推广计划/促销经费的管理/负责产品在东北地区的销售/协调技术中心与经销商之间的售后服务关系。

多年来供职于大中型企业的市场策划部门，使我积累了丰富的工作经验，对把握市场动态、进行整体市场策划与实施都有深入地研究，并自修了市场营销与管理本科课程。我工作认真、负责，喜欢接受新的挑战并努力完成。

业余爱好

爱好广泛。喜爱球类运动及爬山，大学曾任校足球队队员。另外还喜欢唱歌、音乐等。

附：微简历

微简历（通过微博发的简历）已成为当下非常时髦的求职方式，如何写好微简历呢？如何让自己的微简历备受 HR 的青睐，从而成功找到自己如意的工作呢？我们整理了 2012 年用微简历成功求职的 12 篇范文，下面列举 3 个：

1. “小女子年廿二，4 年大学习得音乐教育学位。琴棋书画，略通一二。性格温婉，举止温文，心地善良。因爱孩童，故愿以幼儿音乐教育为终身所事。余必将以无尽耐心与爱心相待学生，以谦逊宽和之态与同事相处，以无限努力与热情投注工作。此乃诚言”。

2. “爱网球，爱动漫，爱生活。来自长坂坡的坚强男子，软件与硬件配置还算一般，怀揣不熄的梦想，努力着。现实的社会，茫茫的人群，我希望能有单纯的劳动机会，在劳动中升华，成就自己。这个世界需要几个我这样的人。”

3. “哥是 80 后的尾巴，90 后的老大。武汉小本 211，2012 才毕业。哥不会打魔兽，没有女朋友，但哥几乎每晚在自习室神游。哥要好好努力，去实现小时候吹过的牛！”

微简历小贴士

1. “微简历”要在 140 字（微博的字数限制）以内把专业、求职意向表达清楚。

2. 针对企业的应聘岗位，突出优势、突显个性。

3. 最好链接个人的正式简历或其他相关资料。

4. 写清联系方式，方便招聘单位联系。

5. 添加关键词，便于搜索。

附：自传、小传

自传是传记的一种。传记以记叙人物生平事迹为主。人物传记的写作有着悠久的历史。早在秦汉时期的史学著作中，在叙述历史事件时，往往写到人物的思想与言行，可以说是传记写作的萌芽。随着历史的发展，传记已成为一种独立的文体。

自传是自述生平的文章，作者为了让别人了解自己所走过的生活道路，把自己成长的经历，系统而又有重点地介绍出来，这就是自传。自传有繁有简，繁的可达数十万字，简的可少至数百或数十字，长篇自传可以包容当时当地大的时代背景、周围的环境、人物以及自己当时的思想状态、所作所为等。短的自传则可将重点放在自己的思想和行动上，甚至可以选取自己生平的一两件典型事件来写，自传可以是生平事迹的实录，也可以具有一定文学性。

小传即人物小传，就是人物的传略，它是再现人物的生平事迹和个性的一种简短的传记。它既可以写自己，也可以传他人。小传的记述较简略，或只是有选择地写出几件有代表性的事情，篇幅较小的，叫做小传或事略，小传也应写出一个人经历的全貌，只是笔墨着重放在几件典型事情上，但它绝不是人物小故事，无论是自传还是小传，都不应写成传记体小说或故事，它要写出人物的出生地、出生年月、主要经历等。

小传和自传都要写出一个人经历的全貌，不过小传的写作重点要着重放在几件典型事例上。如《哥白尼》一文，就是在介绍了哥白尼的生平经历后，重点围绕创立地动学说进行记叙和讲评，使人认识到地动学说的伟大意义。而小传与自传最本质的区别，是二者的记述对象有异，并且篇幅长短上有所差别。

在写作内容上，主要包括以下几个方面：

1. 主要经历：包括经历的时代特征及其对自身遭际的影响和留下的印迹；另外还包括主人公个人的特殊境况、经历等对个人性格形成的影响和作用。

2. 兴趣爱好：既包括气质禀性等心理特征，又包括人物独特的兴趣、偏好等。

3. 为人之道：主人公的人生观、价值观及处世的态度、待人接物的方式等。

4. 平生业绩：主人公获得的工作成绩、重大收获、成就影响等。

当然以上各方面不要求在每篇中条条俱到，在写作中应注意选取典型材料，突出重点内容，并能凸显人物性格特征及人物身上的闪光之处。如《贾平凹小传》，第一段介绍了自己的名字；第二段介绍了家庭境况；第三段介绍家乡的情况和自己的志趣；最后一段介绍了经历和著作情况。字里行间体现出作者坦率、谦逊的思想品格，整体风格朴实、深沉，具有醇厚的风俗气息。“五谷都长而不丰，山高水长却清秀，离家十年季季归里；因无衣锦还乡之欲，便没‘无颜见江东父老’之愧。”“祖孙三代平民百姓，我辈哪能显贵发达？”等文字无不体现作者的性情与文风。

自传、小传不同于传记体小说，传记体小说，如高尔基的《童年》《我的大学》《在人间》，是文学作品，已经过艺术加工，有了一定程度的夸张和虚构的，自传则要完全真实，时间、地点、人物、事件以至重要细节都要求真实和准确。如《鲁迅自传》，就是鲁迅先生1930年5月16日在回顾了自己成长经历后所写的一篇自传。在这篇自传中首先介绍了自己“于1881年生于浙江省绍兴府城里内姓周的一个大家族里”，然后又写了自己家庭状况。对于自己的求学经历则重点突出地做了简要的介绍，最后把自己在文学上的成就进行了概括，使我们非常清楚准确地了解了鲁迅的一生。另外，这篇传记在语言上的特点也值得我们借鉴，朴实无华，娓娓道来，使我们不仅了解了鲁迅的生平，并且感受到他一生中孜孜以求的精神。

自传、小传的写作还须注意条理与脉络的清晰，一般以时间为序，以年龄段为层次，亦可将人物性格特征分成几方面，分别叙述与表现。表现手法以叙述为主，夹叙夹议，简明概括，不宜铺叙和细描。

自传、小传文字简洁生动、形象传神，自传语言常带有作者的性情特征与特别文风，令人见文思人，如睹其人，如聆其声，人物形象跃然纸上。而小传写作亦然。如启功先生的自传式墓志铭（见本节例文），既有生平，也有评价，文字诙谐，句式整齐，三言快语，韵律整齐，折射了启功先生开朗豁达乐观的性格。

“知人者智，自知者明”，无论小传还是自传，都需要全方面的认识与思考才能写好，但它与一般应用文不同，没有定制，不求严整，富于创意，新颖别致，使它富于无限的追求与创造的空间。

[例文四·十九]

老舍小传

老舍（1899—1966），现代作家，原名舒庆春，字舍予，满族人。

老舍生于北京一个城市贫民家庭，家境贫寒，幼年丧父，由母亲抚养长大。7岁入塾，后转读小学。1913年进北京师范学校学习。毕业后，曾先后在北京、天津等地中小学任教。“五四”时期开始用白话练习写作。1924年赴英国伦敦大学东方学院中文系任讲师。此间，先后在《小说月报》上发表长篇小说《老张的哲学》《赵子曰》和《二马》等。这些作品在嬉笑怒骂的笔墨中，有其正义感和对祖国的热爱，虽然在艺术表现上有时流于浮泛和枝蔓，但已显示了作家讽刺、幽默的才能。1930年回国后，任济南齐鲁大学、青岛山东大学教授。此间创作长篇小说《猫城记》《离婚》《牛天赐传》及短篇小说《月牙儿》等。1937年发表了优秀长篇小说《骆驼祥子》，说明老舍的创作进入了新的阶段。该作品描写了一个人力车夫的悲惨命运，寄寓着作家对被侮辱与被损害者的深切同情，具有深沉的控诉力量和批判精神。小说中强烈的生活气息和浓厚的地方色彩，在现代文学史上影响很大。

抗日战争爆发后，老舍由济南到武汉，曾是中华全国文艺界抗敌协会的主持者之一，在周恩来的直接指导下，从事抗战文学运动。此间创作的《四世同堂》（前两部）这部长篇小说，引起强烈反响。小说以沦陷后的北京为背景，以一家祖孙四代为线索，表现了中国人民遭受的苦难和不屈不挠的斗争精神。1946 年赴美讲学。1949 年应召回国，历任全国文联副主席、中国作家协会副主席、北京市文联主席等职。在新中国成立后的创作中，他把对旧社会的血泪控诉和对新社会的热情歌颂紧密结合起来，使自己的作品与现实的发展取得完美的统一。话剧《龙须沟》《女店员》《茶馆》，儿童剧《宝船》等，均为这一时期最优秀的作品。老舍一生创作勤奋，作品多取材于自己所熟悉的城市下层居民生活，塑造的人物形象极为生动，于“平常”中透出深刻的社会意义。又善于准确运用北京话，使作品具有浓厚的地方色彩和强烈的生活气息，形成一种通俗而又诙谐幽默的独特风格，被誉为作家劳动模范、人民艺术家。1966 年，老舍被迫害致死。打倒“四人帮”后，得以平反昭雪。著作除单行本外，有《老舍文集》《老舍剧作选》等行世。

[例文四·二十]

老舍自传

“舒舍予，字老舍，现年四十岁，面黄无须，生于北平。三岁失怙，可谓无父，学志之年，帝已不存，可谓无君。无父无君，特别孝爱老母。布尔乔亚之仁未能一扫空也。幼读三百篇，不求甚解。继学师范，遂奠教书匠之基。及壮，糊口四方，教书为业，甚难发财。每购奖券，以得末彩为荣，示甘于寒贱也。二十七岁发奋著书，科学、哲学无所懂，故写小说，博大家一笑，没什么了不得。三十四岁结婚，今已有一男一女，均狡猾可喜。闲时喜养花，不得其法，每每有叶无花，亦不忍弃。书无所不读，全无所获并不着急。教书做事均甚认真，往往吃亏，亦不后悔。如此而已，再活四十年也许能有点出息。”

一九三九年四十岁时作

[例文四·二十一]

启功自传式的墓志铭

中学生，副教授。博不精，专不透。名虽扬，实不够。高不成，低不就。瘫趋左，派曾右。面微圆，皮欠厚。妻已亡，并无后。丧犹新，病照旧。六十六，非不寿。八宝山，渐相凑。计平生，谥曰陋。身与名，一齐臭！

一九七八年虚岁六十六之时作

第七节　日　记

一、日记概说

日记，是人们根据自己的需要和兴趣，把自己当日的所作、所为、所思、所感等有选择地如实记录下来的实用文体。

日记的作用有：

1. 可以帮助自己加强思想修养，提高思想觉悟。《钢铁是怎样炼成的》的作者奥斯特洛夫斯基说："我不能记日记。要知道，在日记里什么都得写，甚至爱情和极秘密的幻想都得写，这乃是自己和自己最真实的谈话，写出这个必须有极大的勇气。"又说："写这种日记就要自己有很高的觉悟。"确实是这样。日记唯其真实才有价值。因此，我们要敢于正视自己的思想实际、工作实际、生活实际，如实地把它记下来，让日记成为自己思想、工作、生活的一面镜子，时刻检查、督促自己不断进步。

2. 可以帮助自己积累工作经验，提高工作能力。一天工作有什么成绩，有什么缺点，碰到什么困难，是怎样克服的，都可以记下来。天长日久，就可以丰富自己的工作经验，提高工作能力。

3. 可以培养和提高我们观察、分析事物和文字表达的能力。《吕梁英雄传》的作者之一马烽曾说过："写日记对我文字上的提高，起了不少作用。"我国许多作家的成长和所写的作品，都曾得力于自己的日记。

4. 可以帮助自己回忆过去的事情。日记可以起"录以备考"的作用。有些记得好的日记，可以使自己终生受用不尽。

日记的主要特点有：

1. 时间性。日记所记内容都是当日所发生的（包括思想变动等），而以前或以后的事则不在当日所记日记之列。

2. 主体性。日记以第一人称来写，一篇日记无论篇幅长短，事情多少，都由"我"的"思想"和"活动"贯穿起来。

3. 真实性。日记的读者只有一个，那就是"我"，是专门写来给作者自己看的。因此，没有必要写些言不由衷的话，没有必要含而不露，这是属于自己的天地，完全可以自由自在，袒露自我。其所写内容应是实实在在的。正如鲁迅所说："我本来每天写日记，是写给自己看的；大约天地间写着这样的日记的人们很不少。假使写的人成了名人，死了之后便也会印出；看的人也格外有趣味，因为他写的时候不像《内感篇》或《外冒篇》似的须摆空架子，所以反而可以看出真的面目来。我想，这是日记的正宗嫡派。"

4. 灵活性。这是指日记内容形式的多样性。日记往往不拘一格：选材上，事无巨细，包罗万象；表述方法上，可叙述、可议论、可抒情；篇幅上，可长可短；用词造句上，可朴素无华，也可艳丽多彩。

日记按内容性质可分为备忘式、纪实式、随感式、研讨式几种。在一篇日记中，可以只用某一种，也可以综合运用。

二、日记的格式与写法

（一）备忘式

备忘是日记的基本功能，"备忘式"日记是日记最基本、最简单的形式。

［例文四·二十二］

一九三五年七月二十七日

晴，热。上午复猛克信，复萧军信。吉同君赠马铃薯，拟还以水蜜桃。午得孟十还信，即复。得明甫信，即复。下午译《死魂灵》至第八章讫，合前章共三万二千字，即寄西谛。昨三弟来。蕴如携蕖官来。浴。

——鲁迅日记

备忘式日记的特点：

1. 文字简洁。如，［例文四·十七］只用了74个字，主语“我”被略去，还用了文言词“讫”。

2. 略去详细内容和具体过程。如，［例文四·十七］中记往来信件，内容均未提及；有客人来，谈话情况也都一概略去。

3. 如实笔录下来，不加任何议论、描写和抒情之类。

这种日记的好处，是可以起备忘录的作用，但由于太简略，对于练习写作无多大意义。

（二）纪实式

纪实式比备忘式要具体，它可以对某件事情的内容、过程作简要的记叙。

［例文四·二十三］

二月十二日（正月初二）星期五

晨六时半起床，七时一刻往公园吸新鲜空气。街上往来人都衣冠楚楚，手夹贺年片夹，相遇相揖，要不爬在地下磕一个，口称“恭喜发财”。十五年前，也曾过过这种生活啊！

早饭后信步走去，到北城打了一个转，途逛坝陵北街之“关帝庙”，建筑颇为娇小都丽。又到城隍庙，处处表现老朽状态。十一时经按司街回。

午后到图书馆。阅报后，借来屠格涅夫之《父与子》一部，这是一部久已闻名而未能读的名著。晚读完第一册。译笔流利俏皮。

右牙床疼复发。

到国外留学之心，时绕脑际，不知本年如愿否？

资料来源 彭雪枫：《彭雪枫书信日记选》，郑州，河南人民出版社，1980。

［例文四·二十四］

十八日 星期五

晴 午后有雷雨

在拒绝美援和美国面粉的宣言上签名。这意味着每月的生活费要减少六百万法币。下午认真思索了一阵子，坚信我的签名之举是正确的。因为我们反对美国扶植日本的政策要采取直接行动，就不应逃避个人的责任。

——朱自清日记

毛泽东同志在《别了，司徒雷登》一文中，曾对朱自清的这一举动给予了高度评价，而这则日记中，把此举的时间、内容、后果，以及自己的决心和认识，都记述得具体、明确。

生活琐事也可写入日记。

[例文四·二十五]

雾不浓，船七点以后开。略见小滩，水皆不稳。经蔺市、李沱，午刻到涪陵。青年人皆上岸游观，余未上。午后一时许复开船。棹夫停手休息时，青年人往替之。初不熟悉，历二三回，居然合拍，上下一致。傍晚歇于南沱，为一小市集，无甚可观。

——叶圣陶一九四五年除夕自重庆返上海江行途中的日记

记实的日记是常用的。它的特点是注重记叙内容的具体、鲜明，笔锋也不乏情韵、趣味。写这种日记，依赖于对生活观察、体验的深刻和细致。

（三）随感式

[例文四·二十六]

今天动手术，我的确累了。一共做了十个，其中五个是重伤。……尽管我的确是很累了，但我从来没有像今天这样高兴过。我十分满足，我尽了我的一份力量，我有什么理由不高兴呢？特别是看到自己的生活是如此充实，工作是如此重要，以至于从早上五点半到晚上九点钟，没有一分钟的时间白白度过，这里需要我。

我没有钱，也不需要钱。能和这样一些以共产主义的生活方式（我指的不是谈吐方式和一般所谓理性思维方式）的同志们生活在一起，是我毕生最大的幸福。我们的共产主义是又简单、又深刻，像膝关节颤动一样的反射动作，像肺呼吸一样用不着思索，像心脏跳动一样完全出于自动。他们的仇恨是不共戴天的，他们的爱能包容全世界。

还说什么不懂感情的中国人！在这里我找到了最富于人性的同志们。他们遭遇过残苦，可是懂得什么是仁慈；他们尝受过苦痛，可是知道怎么笑。他们受过无穷苦难，可是依旧保持着他们的耐性、乐观精神和静谧的智慧。我已经爱上了他们；我知道他们也爱我。

——白求恩1938年8月21日的日记

这则日记有叙、有议、有感、有想，简直是一篇发人深省的议论文，读一读它，谁能不为白求恩的崇高思想和国际主义精神所感动呢！

（四）研讨式

这种日记，是对所遇到的有一定意义的现象、事件、问题进行分析、判断，把自己的见解和得出这一见解的认识过程记入日记。

[例文四·二十七]

接郭老函，询问毛主席忆秦娥词《娄山关》有“西风烈；长空雁叫霜晨月……”这是否阴历二月现象？……我查日记，知1941年3月2日过娄山关时见山顶有雪。1943年4月13日过娄山关遇雪。……可见二月间娄山关有霜雪，则风向在一千五百米高度也应是西风或西南风的。

资料来源　竺可桢：《竺可桢科普创作选集》，北京，科学普及出版社，1981。

研讨式日记注重事实的考证，数据的确凿，论述的严谨，结论的明确。

三、日记的写作要求

1. 贵在坚持。日记、日记，每日一记，故须坚持不辍。勤能补拙，熟能生巧，也许在刚开始动笔写日记的时候，有些不入门，但通过不断摸索和总结，就会逐渐掌握个中三味。

2. 要有重点，会剪裁。我们每天获得的新印象、新感受、新经验是很多的，一篇日记不可能把它们全都写进去，所以一定要有所选择，只写当天感受最深刻、对自己教育最大的事情。无关紧要的事情，则可略去不写。否则，日记便会臃肿驳杂，不得要领。这就像剪裁衣服一样，拿到一块布，先要把正身、袖子、领头等主要料子裁好，那些派不上用场的零碎布条只能剪下来。如果一点布条都舍不得剪下来，这件衣服就做不成了。

3. 要经常翻阅。日记不但要认真写，而且要经常翻阅，看看自己过去记的一些思想上的收获、工作中的教训、学习中的心得体会等，有哪些可以用到当前工作中去，从而指导自己的思想和行动。鉴往知来，温故知新。经常翻阅日记，就能不断提高自身思想修养和工作能力。

第八节 对联

一、对联概说

对联又叫楹联，俗称对子（写对联又叫对对子），是有一定规则的偶语对句，通常写在纸上、布上或木头上，并将之悬挂在墙壁、门等处，是我国具有民族特征的汉语言文学形式。

对联语言精炼、深邃、工整、风趣，容易记忆，深受人们的喜爱，是流传最为广泛的文学形式。其内容多有启迪作用和欣赏价值。人们常用它来劝勉、评论、咏叹，也用它来哀悼和讽刺。

对联的特点有：

1. 形式上的对仗性，即对偶。这是对联最重要的形式特征，表现为上下联字数相等，词性、结构、节奏相同等。例如：

魂魄托日月；

肝胆映山河。

2. 使用上的广泛性。对联分为春联、装饰联、交际联、专用联等，可见其使用之广。

3. 内容上的阶级性、时代性、针对性。例如：

二三四五；

六七八九。

横批：黑灯瞎火

这是旧中国一穷秀才写的对联，谐音“缺衣少食”，讽刺社会黑暗，表现了鲜明的阶级性。

见机而作；

入土为安。

陈寅恪在昆明，面对日机轰炸，即景而作，体现了对联的针对性。

4. 美的属性。对联具有句式对称、词性对偶、声调相对等对仗特点，给人以和谐之美、整齐之美、音乐之美。例如：

重重叠叠山，曲曲环环路；

上上下下树，叮叮咚咚泉。（九溪十八洞联）

对联按内容和用途可分为：

（一）春联

专用于庆祝春节的对联。迎春喜庆，常以贴对联来布置环境，渲染佳节气氛。因用于的环境不同，内容也千差万别。例如：

东风万里送春色；

红日普照暖人心。（通用春联）

艺苑繁花沐春雨；

文坛异彩赖新秀。（文联春联）

（二）装饰联

用于美化环境的对联。或装饰亭台楼阁，或装饰名胜古迹，或装饰书房卧室，或装饰名画宝砚，用途极广。由于使用时间较长，其内容不能过于趋时，要有概括性和哲理性。其制作的材料、方法也颇讲究。例如：

四面湖山归眼底；

万家忧乐到心头。（岳阳楼联）

昼夜不舍；

天地同流。（太原晋祠难老泉联）

（三）专用联

专门为某一事项而写的对联，包括挽联、寿联、婚联、喜联、座右铭联等。一般使用时间较短，要随事变化。例如：

福如东海长流水；

寿比南山不老松。（寿联）

音容宛在；

风范长存。（挽联）

（四）交际联

用于交往的对联。人与人的关系或敌或友，十分复杂。相互之间，或赞或贬，或祝或讽，常使用对联；亲去赠别，友来接风，试才斗智，都可用对联。它不贴不挂，实际上是用于交际的两句短诗。例如：

驹隙光阴聚无一载；
风流云散天各一方。（陶大钧妻赠秋瑾赴日本留学联）
铁肩担道义；
妙手著文章。（李大钊赠杨子惠联）
人生得一知己足矣；
斯世当以同怀视之。（鲁迅辑录何瓦琴诗句赠瞿秋白联）

二、对联的格式与写法

（一）上下联字数相等

上联下联各可是几个句子，但字数必须相等。

（二）上下联词性、结构相对

例如：

蝉噪林愈静；
鸟鸣山更幽。（苏州拙政园联）

（三）上下联节奏、平仄相对

对联和律诗的中间两联对偶句不同，不用押韵脚，但必须注意分节奏、调平仄。

1. 分节奏。节奏是音响运动的轻重缓急形成的，其中节拍的强弱和长短，要合乎一定的规律。节拍就是乐曲中的节奏序列。每一序列包含两拍或三拍、四拍。

对联是短诗，有音乐性，按节奏读，会产生愉悦感。

读/万卷书；
行/万里路。
乾坤/容我/静；
名利/任人/忙。

节奏规律有多种：

三字句：前一后二，前二后一。
四字句：前一后三，前二后二。
五字句：一般是每句三拍，“二二一”或“一二二”。
七字句：一般是每句四拍，“二二二一”或“二二一二”。

不合节奏的例子如：

江山/如画；
唱/春光好。

2. 调平仄。古代四声和今天不同，平仄划分也不同：

	平		/	仄			
古代：	平		/	上	去	入	（四声）
现代：	阴平	阳平	/	上	去		（四声）

律诗讲究“对”和“黏”。所谓“对”，就是第二、四、六句（即偶位句）的第二、四等字（即偶位字），要与上句（奇位句）的偶位字平仄相对（即相反）。所谓“黏”，就是第三、五、七句（即奇位句）的第二、四等字（即偶位字），要与前句（偶位句）的偶位字平仄黏连相同。下面举例说明。为标示方便，以“○”为平声符号，“●”为仄声符号，“△”为对（韵）符号：

春 望

杜甫

●●○○● 起	国破山河在，	起
○○●●△ 对　　韵	城春草木深。	对（韵）
●○○●● 黏	感时花溅泪，	黏
●●●○△ 对　　黏	恨别鸟惊心！	对（韵）
○●○○● 黏	烽火连三月，	黏
○○●●△ 对　　韵	家书抵万金。	对（韵）
●○○●● 黏	白头搔更短，	黏
○●●○○ 对　　韵	浑欲不胜簪。	对（韵）

第二联奇位句“感时花溅泪”中的偶位字“时”“溅”，与上句（偶位句）“城春草木深”中的偶位字“春”“木”平仄相同，此即为“黏”。第三联“烽火连三月，家书抵万金”中的下句（偶位句）的偶位字“书”“万”既要与上句的“火”“三”（偶位字）平仄相对，又要照顾与末联第一句“白头搔更短”的偶位字“头”“更”黏。

律诗讲究“黏”，对联的对偶句是独立的，上不黏天，下不黏地，这样调平仄就自由多了，上半联和下半联只讲“对”就行了。

（四）上下联语意相关

1. 正对。正对就是正面相对，上下句内容同一，相互不冲突。对联中正对为多。由于意思并列，并排而出，互为补充，达到意境上的和谐统一。例如：

两个黄鹂鸣翠柳；一行白鹭上青天。

2. 反对。反对就是从相反的方向对。比如，上句说东，下句说西，上句说天，下句说地，等等。对联中反对为难。由于意思相反，相对而立，相互映衬，相反相成，使主题更加鲜明，意思更加周严，并富有辩证意味。例如：

横眉冷对千夫指；俯首甘为孺子牛。

删繁就简三秋树；立异标新二月花。

《文心雕龙》中说“反对为优，正对为劣”，是从诗文修辞的角度讲的，实用的对联，特别是春联、婚联、寿联之类，反对比较少，硬编歌颂性的反对，实在难工。

3. 串对。串对又叫流水对，上下句内容连贯，语气衔接，按先后顺序一气呵成，上下句合在一起成一句话。串对相衔，连贯而成，如流水一般自然、流畅。例如：

野火烧不尽；春风吹又生。

隔靴搔痒赞何益；入木三分骂亦精。(鲁迅借郑板桥的对联，书赠日本学者)

4. 横批。横批是同对联相配的横幅，一般四个字。好的横批是画龙点睛之笔，能对对联起到总体概括或补充说明的作用，从而使对联更完美，更浑然一体。但实际上，随着对联使用范围的扩大，有的对联省略了横批，形式越来越随意，然而作为正规的对联应当有横批。

三、对联的写作要求

1. 体现主题。一副对联分上下两联，对联的主题虽都是由上下联来体现的，但又不尽相同。

(1) 以上联作呼引，用下联表达主题。如白帝城武侯祠联：“立大志，成学业，有所作为，此生遂已矣；亲贤臣，远小人，无以内外，后世勉乎哉。”

(2) 以上联表达主题，用下联作衬托。如岳阳君山柳毅井联：“侠义书生，敢仗至诚通水府；风霜龙女，终因传信出泾阳。”上联直接歌颂柳毅，下联则用龙女得救衬托书生的侠义，主题在上联。

(3) 上下联各言一个方面。如咸阳礼泉魏征墓联：“投贤主以事之，方为俊杰；执忠言而谏矣，不愧诚臣。”魏征先事李密，后事太子建成，最后事李世民。上联讲魏征“识时务”，谁贤能就事谁；下联讲魏征“敢直谏”，谁昏黯就谏谁。上下联各表一个方面，但上下联又正好表现了魏征一生中最大的个性：见义勇为。

(4) 上下联合表一个主题。如咸阳秦都区汉高祖长陵联：“草创沛中，长披肝胆礼三杰；威加海内，总揽英雄守四方。”这一联的主题是由上下联体现的：无论是草创之时礼三杰，还是威加海内后欲得猛士守四方，其旨都在表现刘邦思贤若渴、礼贤下士的作风。此联主题虽很集中，但上下联并不雷同，而且时间跨度极大。

2. 创造意境。古往今来的许多名联，之所以脍炙人口，历久犹新，首先就在于它创造了一定的意境。意境强调情与景的统一，也强调在包含情感的艺术形象中，要蕴含哲理，使情与理浑然一体，无迹可求。

(1) 以景造境。如九江琵琶亭联：“亭起我重来，犹觅梦中红泪，眼下青衫，天涯萍迹同情处；曲终人不见，独留岸畔荻花，江心秋月，水面烟波似旧时。”全联以特定环境中的景物，构成了两幅图画，渲染了一种凄清寂寥的气氛，作者的感情就从这些景物中表露无遗了。

以景造境，并不一定要求联语长，只要景物协调，又能以意贯之，短联也可以造出美的境界。如张家界清风亭联：“山高月小；弊绝风清。”短短八个字，便将境界创造出来。

（2）以事造境。如沙市民俗联：“袖舞嫦娥，酒捧桂花，沙头雅赏中秋月；龙吟金鼓，凤扬旌旆，江浦争观端午舟。”雅赏中秋月，争观端午舟。这民俗的主题是明确的，但因无形象而乏味。上联加上了“袖舞嫦娥，酒捧桂花”，这就使中秋之月变静为动；下联加上了“龙吟金鼓，凤扬旌旆”，也就将人们争观的端午舟写得有声有色，有气势，有风采。由于联前用了具体形象的事物来渲染气氛，便有力地突出了后面的“雅”与“争”这两个联眼。

（3）以情造境。如咸阳兴平杨贵妃墓联：“深知身在情长在；常恨春归人不归。”这是一副集句联，上联出自李商隐《暮秋独游曲江》“深知身在情长在，怅望江头江水声”；下联出自欧阳修《和陆子展再游城西李园》“京师草木颇多奇，常恨春归人不归”。在集上联时，眼前便浮现出白居易《长恨歌》“七月七日长生殿，夜半无人私语时。在天愿作比翼鸟，在地愿为连理枝”的情景，这便是“深知身在情长在”；在集下联时，眼前又浮现出经过丧乱的玄宗“归来池苑皆依旧，太液芙蓉未央柳。芙蓉如面柳如眉，对此如何不泪垂”的情景，值此“春风桃李花开日”，玄宗睹物思人，自然而然会产生“常恨春归人不归”的感情。这种由情造出的意境，不同的人还会有不同的认识。此联载入《兴平文史资料》后，一位八十岁的老太太曾将此联移赠给在台湾的丈夫，一中年男子则将它祭予他的亡妻，一青年则将它寄予因误会而离异的恋人，可见这种由情造出的意境是很能唤起人们的共鸣的。

（4）以理造境。如黄鹤楼联：“红羊劫去，古迹重新，楼阁摩天今胜昔；黄鹤归来，大江依旧，波涛撼地后催先。”遭火又称“红羊劫”。上联说自从黄鹤楼遭焚后，到今天又重新建立，它上出重霄的雄姿比当年更巍峨；下联说黄鹤归来后，长江后浪催前浪的情形如旧。这是字面上的意思，所谓“言外之味，弦外之响”则是：上联用“楼阁摩天今胜昔”反映时代的变化，下联用“波涛撼地后催先”揭示社会的规律。诚然，此联中借助了景与事。但能造境的还是这种用具体物象表达的今朝胜昔日，后继胜先驱的哲理。

（5）以典造境。如台湾回归联：“落叶寻根，秋色亦知故土好；杂花生树，春光尤盼彩云归。”“落叶寻根”乃活用“落叶归根”这一成语，将“落叶归根”的“归”改为“寻”，不仅是为了避免同下联的“彩云归”的“归”重复，而且是为了突出落叶归根的主动和迫切，这样更切合台湾同胞回大陆“寻根”的主题。“落叶寻根”与“秋色”，则本自“山僧不解数甲子，一叶落知天下秋”和“梧桐叶落，半空中撇下秋来”的典故。落叶之所以寻根，是因为生它养它的故土比他乡好。“树犹如此”，炎黄子孙的乡情便可想而知了。“杂花生树”，本自丘迟《与陈伯之书》：“暮春三月，江南草长，杂花生树，群莺乱飞。”丘迟用“杂花生树”撩起陈伯之的思乡之心，以致使老朋友读后为之感动而反正回归。这里的情与景，便将人们引入到大陆人民对台湾同胞怀念的氛围之中。一叶可以知秋，同样，一花可以报春，何况“杂花”呢？“彩云归”本自晏几道《临江仙》“当时明月在，曾照彩云归”。彩云，指作者所钟爱的歌女小苹，这里用来借指台湾同胞。上下联用典不见典，写人不见人，两联相辅，一意贯通，韵味浓郁。

思考与练习

一、简答题。

1. 常见的条据有哪些种类？它们有何特点？

2. 借条、欠条应包括哪些内容？其写作时应注意些什么？

3. 请假条的基本构成是什么？

4. 书信有哪些种类？

5. 书信的内页主要包括哪些部分？各部分的基本写作方法与要求有哪些？

6. 书信为什么特别强调语言的得体性？

7. 写作求职信应当注意哪些问题？

8. 如何理解启事的写作要求？

9. 赠言写作的基本标准是什么？

10. 什么样的文章叫自传？自传中应写入哪些内容？

11. 小传的特点是什么？

12. 小传与自传的区别是什么？

13. “履历表”和“自传”有什么不同？

14. “小传”和“个人简介”有什么区别？

15. 什么是日记？日记有什么作用？

16. 日记可分为几种？最基本的日记形式是哪一种？

17. 记实式日记有什么特点？

18. 结合你的切身体会，谈谈如何才能写好日记。

二、请从行文的准确性与周严性角度修改下列语句：

1. 我将于十八日于沈阳南站乘 223 次特快列车到杭州望你或家人准时接站，二叔刘大山。

2. 父亲病重要去北京治疗 13 日乘 89 次直达快车到京接站，弟。

3. 关于房产纠纷的事已告王永民。

4. 王小明还欠款 3 000 多元。

三、下面这则借条写得是否合格？如有问题，请予以修改。

借　条

现借你 1 000 元钱，日后一定偿还。

张中明　即日

四、下面这则寻物启事有何不妥？请予以改正。

急　急　急

由于本人不慎，不小心将一黑色书包遗落在三楼一教室，内装很多书与日常学习用品，对本人十分重要，且有一些急用材料，本人非常焦急。有拾到者请速送到学生公寓3号楼303室，万分感谢！

五、下面是某大学毕业生给用人单位的一封求职信，请指出其问题并加以修改。

敬爱的总经理阁下并人事部全体同仁：

看到公司的招聘启事，我非常高兴，也感到非常幸运，因为我今年内就要踏出大学校门，走上社会了，我多么盼望有一个能施展才华与抱负的天地啊。久闻贵公司大名，你们的产品与品牌家喻户晓，管理体制堪称一流，如能到公司工作，本人不胜荣幸。

下面把我的情况作一介绍。我是1996年由吉林考上××大学的企业管理专业的。在高中时便兴趣广泛，入了党，大学期间一直是学生会的干部、三好学生、优秀团员，我学的专业是企业管理，辅修了经济法，学习成绩优秀，外语已过六级，计算机有二级证书，我相信自己的实力，相信自己一定能胜任各种工作，为公司做出贡献。

请公司领导给我一次施展才华的机会吧。谢谢你们。

王有志

2006年6月28日

六、企业的“自我介绍”与个人的“自我介绍”不同。试为你较熟悉的一个企业，比如说一个药厂，写一篇“自我介绍”。

七、评点下面的“自我推荐”：

成军，男，29岁，大学本科毕业，生物专业。有养殖特种经济动物（如蝎子、蜗牛、鹧鸪、蚯蚓、绿毛虫等）的专长，并有一定的写作能力，曾编著过所学专业教材一部。本人办事认真负责，有较强的社交能力。愿应聘港澳地区、外商驻大连办事机构的工作。我的E-mail：×××××@yahoo. com. cn。

八、鑫鑫超市为配合节日促销活动，拟在某大学招聘临时促销人员20人，请代为拟制一份招聘启事。

九、在纪念“一二·九”运动活动中，某学校拟邀请一知名作家来校作专题讲座，并与同学们进行现场交流，请代拟一份海报。

十、试为同学、长辈与晚辈各拟一份临别赠言，注意其写作特点。

十一、观察周围的同学或老师，为他们其中的一个人写篇人物小传，要求形象逼真，个性鲜明。

十二、回忆自己的生活经历，写一篇自传。

[思路点拨] 写人物小传，不管是自己的还是别人的，都必须实事求是，秉笔直书，避免出现失实、讳过、拔高之类的情况。写小传，还要洞察所写之人的思想动机，判断人物的最主要的东西，抓住特征，写出几个典型事例，生动地刻画出人物的形象，做到形神逼肖，跃然纸上；应尽可能少地直接评论人物的性格和优劣，一切通过记叙和描写说话，让读者自己去品味。

十三、你和自己的父亲朝夕相处，对他的工作、思想和生活情况都较清楚，也会对他过去的经历有所了解。请你根据自己所了解的情况，为你父亲写一篇小传。（也可根据自己家庭的实际情况，为其他某位亲人写一篇小传）

十四、请同学们先看下面两篇小传，分析其特点。

（一）

我的小传

我于1973年10月20日在四川石棉县出生，成了父母最伤脑筋的调皮鬼。虽如此，我却在5岁时才被母亲拖进幼儿园的大门，可是仍不改捣蛋的习惯。

直到1980年9月1日，我跨进小学的大门之后，陋习才有所收敛。在第二学期加入了少先队。于是我认真地学习，识了不少字，也就偷偷地翻开了案头上厚厚的书本，自此就迷上了看书。书籍使我大开眼界，也使我的作文本上有了鲜红的85分，但也使我的视力从1.5降至0.3，我戴上了眼镜。

以后我虽迷看书，却常为眼睛担忧。好在这时我有一部分时间和一个好友一道攀登莽莽大山，征服陡峭的崖壁，进行探险活动。仗着我的命大，好几次我都死里逃生，可是我越发喜爱探险。到五年级时，探险已成了我的唯一嗜好。但父母的消息十分灵通，他们常常给我上思想教育课。我父母的反对和我的坚持，使我的性格变得倔强起来。由于好友对我的影响，我在不知不觉之中变得兴趣广泛起来。可是正应着“门门懂，样样瘟”这句俗话。

那时，我常流鼻血，身体虚弱，但倔强的性格使我努力学习，终于被评为优秀少先队员。可是我的眼睛已到了“视力0.1”的程度。虽如此，我还是在1986年9月1日跨入了石棉中学的大门，我的性格也日趋形成。有时我老成稳重，有时又天真幼稚，更有时我癫如疯狂，有时同学叫我是神经病，可是我觉得我头脑清醒。我也懂得：我是中国人的后代，我要为祖国繁荣而努力。

（作者赖宁，“全国十佳少先队员”之一。1988年为抢救国家财产，在与森林烈火的搏斗中光荣牺牲）

（二）

自我写照

我嘛，总是扎着两根小辫，走起路来一悠一悠的。我的眉毛挺浓，弯弯的，大队辅导员说我跳舞可以不化妆。眼睛挺黑，亮亮的，虽不大，镶在我这张小小的脸上倒也合适。嘴巴闭起来挺小，可是一笑呀，就咧得老大，露出不太整齐的牙齿。哦，忘记告诉你们我的名字了，我叫孙红，就是“孙悟空”的“孙”，“红彤彤”的“红”。我今年11岁，刚进入中学。

小学时，我和同学们处得很好，我不爱生气，整天乐呵呵的。生气会死掉细胞的。我可不干！遇到同学们和我发生矛盾时，我基本上能够忍让。同学们请我办事，我总是尽力而为。老师说我性格爽朗。是嘛，有话就说，干吗要憋在肚子里！可有时我也很腼腆，那是在别人夸奖我的时候。有时还挺莽撞，妈妈说我是“小冒失鬼”。

我上课比较专心，作业能够按时完成，我爱提问，也喜欢回答问题，老师在我的评语上写着“思想活跃”。我的学习成绩总是班上前几名，还是校三好学生。可是我也有缺点，粗心就是我的一个大毛病，因此作业时常出差错。新学期里我一定改掉这个毛病，由“小粗心”变成个“小细心”。

看书是我最大的爱好。好的作品，我拿起就放不下——迷住啦！我读过许多大作家的作品，有鲁迅的《故乡》、冰心的《分》、巴尔扎克的《高老头》、雨果的《巴黎圣母院》……这些作品对我有很大影响，我立志也要做一名作家，为人民写作。

别看我个子不高，又很瘦，我还挺喜欢体育呢！小学时，我参加过市里的运动会。我们学校得了女子接力赛第二名，这里也有我的一份功劳呢！今年夏天，我简直成了游泳迷了，你看我，皮肤晒得黝黑黝黑的。我还喜欢音乐、美术，爸爸说我的兴趣挺广泛的。

好，就谈到这儿，欢迎大家和我交朋友。

十五、下面两篇求职信各有什么特点？试分析每篇的优点和不足。

自荐信

尊敬的领导：

您好！

我是吉林大学文学院2004届硕士毕业生。所学专业为文艺学中国文学批评史和古典美学方向。

我本科毕业于齐齐哈尔师范学院，后于哈尔滨师范学院工作三年，得到同事和领导的一致好评，积累了一定的专业理论和教学经验。2001年考入吉林大学攻读文艺学硕士学位，积极勤奋，孜孜以求，提交的作业和论文得到导师的高度肯定。

本人性格开朗、随和，与人为善。专业兴趣浓厚，进取心强，具有一定的教学科研能力和热情，富有协作精神，比较适合从事高校的教学与研究工作。相信自己会用实际工作让选择我的单位领导感到满意、欣慰。

愿能早日成为贵校中的一员！顺祝

教安

吉林大学　姜涛

2003.10

求职信

尊敬的领导：

您好！感谢您在百忙之中阅读此信。我是吉林大学艺术学院2001级研究生，现在正面临毕业择业。对贵处有了一定的了解后，非常渴望成为其中的一员。能够进入这么理想的单位工作将是我的荣幸，也是我一直梦寐以求的。

我于1994年考入吉林师范大学艺术学院美术系学习。毕业后任教于长春市希望中学。为了更好地提高自己，经过努力，我于2001年考取了吉林大学艺术学院艺术设计学专业的研究生。在几年的工作学习中，我多次参加全国、全省的各级艺术展览和教学比赛，入选并获奖。专业论文也多次发表于各类学术期刊中，取得了一定的科研成果。

因为我就读过师范类院校，后期又进入综合院校学习，所学的范围比较广泛，不仅包括策划、包装、设计、设计理论等课程，还包括油画、水彩和美术理论。在各类艺术设计教学中基本上可以胜任并做到一专多能。又因为有过几年中学美术教学的工作经历，且研究生阶段还担任过吉林大学设计专业本科生设计课的教学辅助工作，所以我在这段期间里迅速提高了自己的工作能力和业务水平，对教学规律有了一定的认识和了解，并且积累了一定的教学经验。单就研究生阶段而言，我主修艺术设计学，对平面设计、三维设计等设计范畴均有研究和实践。在理论课方面也先后学习了中外设计史、艺术设计学、西方设计艺术思潮、设计论文写作、设计艺术教学法等课程。因为我对影视编导和制作等方面有着浓厚的兴趣，所以我还选修了电视编播和后期制作等课程，通过研究生阶段多方面的学习和深造，我有自信胜任各类高等院校相关专业的教学和科研工作，还有信心胜任电视台等媒体传播机构的广告、影视编播和后期制作等工作。

我一直都很重视社会实践经验和工作能力的培养。在中学教学工作期间我就兼任过三年的行政及教学秘书工作。读研期间，我还在长春市市委统战部对台工作办公室兼职实习了一年。在市委统战部这段时间，除了从事过一些行政方面的联络工作外，我还先后组织包装和策划了该部门在“长春市国际汽车博览会”和“长春市农业博览会”上的台商展区的宣传和设计工作。得到了市级交通台办领导的一致好评。所以我还有信心胜任政府机关的行政和宣传等方面的工作。

本人年轻有朝气，积极向上，为人乐观诚恳，待人热情，办事谨慎灵活，有较好的人际关系，较强的工作能力和适应能力，还有一定的自我牺牲精神。

即将走出校门，我将以求实、创新和奉献精神效力于社会，并不断努力，不断学习，不断奋斗，不断进步！希望您能给我一个施展自己才能的机会。再次感谢您在百忙之中读完此信。

恭候您的佳音。

敬礼！

应聘学生　李欣莲

2003 年 10 月 17 日

十六、结合具体语境，如教室、书房、图书阅览室、卧室、公园亭台等，试写一副对联。

十七、对联有五忌，下面的对联各有什么毛病？请试作修改。

1. 四化路上共努力，三千江山奋图强。

2. 云泽清光满，洞庭月色深。

3. 万仞惊峰承日月，一株柔柳伴花眠。

4. 一幅湖山来眼底，万家忧乐注心头。

5. 人欢马叫，春和景明。

十八、下面是几个对联的上句，试给出对句。

1. 乘四化新风，展千秋伟业；

________，________。

2. 勤为摇钱树，________。

3. 春恨秋愁皆自惹，________。

4. 日行千里送幸福，________。（马车上春联）

十九、某教师为东北财经大学校门写的楹联如下，请试拟一横批。

创学贯中西名校，

育经国济世英才。

二十、试分析下列对联的修辞特色。

1. 拯救中华风雷激荡起南湖；

振兴华夏改革浪潮下琼州。

——庆祝中国共产党成立八十周年

2. 建丰功伟业八十载历尽艰辛；

倡改革开放新世纪再创辉煌。

——庆祝中国共产党成立八十周年

3. 东财财东饰金广；金广广金润东财。

——贺东北财经大学金广建设管理学院成立

4. 书出万部传四海；楼上云天壮东财。

——贺东北财经大学出版社大楼落成

5. 伯乐识骏马；东阳荐英才。

——题赠东北财经大学研究生处李东阳先生

6. 妒白驹过隙；敢夸父追日……

文气吞云梦，沧海月明珠有泪；诗波撼岳阳，蓝田日暖玉生烟。

——东北财经大学文化传播系《新春寄语》摘录

二十一、赋在实际生活中常用到，虽属于文学作品，但有些场合的有些赋，也属于应用文。例如，不少高校有校赋，城市有市赋（如《大连赋》），名胜古迹也常有其赋。历史上大的事件或活动，常有以赋的形式来记载或歌颂的。

你可能没写过赋，但这不等于你不能写赋，可以尝试着去写。赋讲究对仗、平仄，是意义相关的对联的集合。如果你能为所在单位或公司写一篇掷地作金石声的赋，那是很值得称赞和很有意义的事。现在，就请你试以赋的形式，为曾使你深受感动的某一事物或某项活动写一篇赋。可以先朗读几篇赋，注意体会汉语的语音词汇语法特点在使用赋这种文体时具有着怎样显著的优势。

附：下面是为迎接东北财经大学六十年校庆所写的校赋。

东财赋（有删节）

小序

壬辰金秋，欣逢我校六十华诞，时呈祥瑞，意动神飞，乃饱蘸深情以作校赋。通观校志，辑要勾弦，尊实求是，意赅言骈，凝神滤字，粹简冗删。期以彰显校魂，宏扬俊史，突兀特色，碑铭理念。为历时人歌，为后来者鉴。

崴乎高哉，名校风概。星分尾箕，地接沧海。实践为宗，先锋司其向导；圭臬用世，大师量体神裁。雄关漫渡，从容波澜岁月；动荡未凋，独俏寒崖翠柏。风云际会，确立卓荦东北之地位；栉风沐雨，铸就践墨务实之风采。博学济世，涵校训以弘义；教书育人，正办学之津逮。专业翘楚，芸台盈无虚席；名师荟萃，柱天大木深栽。虚实联系，理论化用于策对；面向需求，笃学紧贴上时代。教学与科研齐飞；德智共体美兼赅。经管法文理，五彩飘扬校园；专本硕博后，恢廓大校品牌。创国际知名特色突出之顶尖学府兮，蕲名归而实至；立学科强校才俊擢升之竞争战略兮，韬光渐现异彩。其颂曰：雨雪风霜六十载，造就十万栋梁材。对接市场活力涌，如日中天兴未艾。噫吁唏，大哉！美哉！朴哉！新哉！校运长盛不衰，东财韶华永在。斗转星移与时进，乘风破浪涤尘埃。盘点历程，辑录睿智烛光；振奋精神，展演时代舞台。明鉴俊史，走进今天，承辉煌于继往；放飞理想，超越自我，日月新而拓来。

（编者）

第五章 演说类文体

第一节 演讲稿

一、演讲稿概说

演讲，也称讲演、演说，是指在特定的时空环境中，以有声语言和相应的体态语言为手段，公开向听众传递信息，表述见解，阐明事理，抒发感情，以期达到感召听众的目的的一种信息交流活动。演讲是一种具有现实性和艺术性的社会实践活动。构成这种活动，必须具备三个要素：演讲者、听众、特定的时空环境。除即兴演讲外，演讲都需要事前准备演讲稿。其主要作用是：

1. 保证演讲内容的完善。演讲稿是演讲内容正确、全面、深刻和具有逻辑性的基本保证。口语与书面语不同，演讲者没有过多的时间来考虑思想内容、逻辑关系、表达方式等。为了保证演讲的质量，通过撰写演讲稿，可以进一步修改、完善演讲内容，使内容更充实、有条理、有逻辑性，从而更具有吸引力和说服力。

2. 保证演讲者临场发挥自如。预先写好演讲稿，可以使演讲者对演讲胸有成竹，消除紧张和恐惧心理，同时还可以帮助演讲者掌握好时间，避免临场删减，破坏演讲的连贯表达。

3. 规范语言，增强表现力。演讲是通过有声语言表达的，要求演讲者吐字清楚、准确，因此又具有语言规范化的特点。预先写好演讲稿，经过语法、修辞方面的推敲，不仅能避免在演讲中出现用词不当、发音错误的现象，同时也使演讲语言更加规范化，使语言表现力大大加强。

演讲稿既有与其他文章写法相同的一般规律，又有自身的独特之处。它既具有中心突出、逻辑严密、说理性强的议论特性，又具有感情色彩浓厚、修辞手法多样、表达技巧性强的艺术特性，是一种高级而特殊的口语化文章。它的基本特点有：

1. 现实性。演讲属于现实活动的范畴，是在社会需求下产生的。一篇成功的演讲稿，要写出听众最关心、最感兴趣的内容，反映社会现实中急需解决的问题，因而它具有时代意义。

2. 声传性。一般文稿是给人看的，要使用规范化的语言，而演讲稿是给人听的，演讲稿的撰写要做到“上口”和“入耳”。所谓“上口”是指词句适合口语表达，自然流畅，“入耳”是指听起来通俗易懂，不能产生歧义。尽量脉络清楚，结构明了。

3. 艺术性。演讲稿的艺术性主要表现在语言的修辞和演讲技巧上。演讲有一定的表演性质，演讲的语言要绘声绘色地表现思想感情和客观事物，这是演讲语言艺术化的标志。要使演讲语言生动形象，撰写演讲稿时就要运用各种富有表现力和感染力的修辞手段，使语言艺术化。同时演讲者预先在演讲稿中设置演讲技巧，从而在运用时达到一定的表达效果。

4. 临场性。演讲稿还要考虑演讲的环境，了解听众的情况，预见可能出现的种种反应。这就要求撰写时要考虑内容的针对性，还有应变性。事实上，演讲稿的开头和结尾的撰写、主体事例的选择，都取决于演讲的内容、环境和听众的情况。

演讲稿形式多样，从不同的角度可以进行不同的分类。

从演讲的功能上分，有说明性演讲、说服性演讲、激发性演讲、激励性演讲、娱乐性演讲。

从演讲的形式上分，有命题演讲、半命题演讲、即兴演讲等。

从演讲上的情调上分，有激昂型演讲、深沉型演讲、严谨型演讲、活泼型演讲。

从演讲的内容和形式上分，有政治演讲、经济演讲、生活演讲、学术演讲、法律演讲、宗教演讲、礼仪演讲等。

1. 政治演讲。政治演讲是代表一定的政治思想、政治立场、政治策略和团体利益的一种演讲，通常用于外交、军事、政府工作报告等政治宣传，如政府首脑的竞选演讲、施政演说、就职演说等。这种演讲要求观点旗帜鲜明，思想深刻，逻辑严密，具有鼓动性。

2. 经济演讲。经济演讲是为发展经济、开展经济活动进行的具有经贸内容性质的演讲，如企业的投标竞争演讲、推销产品演讲等。这种演讲要求信息真实，讲究策略，以解说为主，以影响听众的消费心理和消费行为。

3. 生活演讲。生活演讲是指就社会生活中存在的社会问题、社会现象、社会风俗等发表自己的观点的演讲。这种演讲取材广泛，形式多样，时代感强，以情感人。

4. 学术演讲。学术演讲是指向听众发表学术研究成果、传授科学知识和学术见解。最常见的形式就是学术报告、学术讲座。这种演讲要求内容具有科学性、独创性，语言平易准确严谨，还可以采用多种辅助手段。

5. 法律演讲。法律演讲是指以法律为内容的演讲。它主要用于法庭控告、申述、辩护等，还有普法讲座等。这种演讲要求观点鲜明、论据充分、逻辑严密。

6. 宗教演讲。宗教演讲是指对教徒、公众宣扬有关教义、教规、讲授宗教故事、激发宗教热情的演讲。它的特点是语言通俗易懂，故事生动，具有一定的感召力。

7. 礼仪演讲。礼仪演讲是指在公众节日或国家、社团、个人重要仪式上的讲话，如有关庆贺、答谢、凭吊等。这种演讲有强烈的感情色彩，要符合礼仪规范，修辞上比较接近文学语体。

二、演讲稿的格式与写法

演讲稿一般由标题、称谓、正文三部分组成。

（一）标题

标题是演讲的“眉目”，是一篇演讲稿的定音之弦。演讲的标题能够概括反映演讲内容，要求鲜明响亮，简短明快，引起听众的兴趣，字数不能太长。通常有以下几种类型：

1. 提要型标题，即标题与内容关联，把演讲内容的核心简明地提示出来，集中表达演讲者的思想，如《论气节》（朱自清）、《有一种幸福叫温暖》。

2. 象征型标题，即运用比喻或象征等修辞方法，把抽象的哲理或某种特殊意义具体化、形象化，揭示出演讲意义，如《采撷一缕阳光》、《让梦想飞翔》。

3. 警醒型标题，即运用名言警句，提醒、鼓励听众，激发听众的情感，如《不自由，毋宁死》、《滴水之恩，当涌泉相报》。

4. 设问型标题，即通过设问，提示演讲所涉及的内容，如《当代大学生应具备什么素质?》、《挑战明天，你准备好了吗?》。

5. 抒情型标题，即抒发情感，引发共鸣，如《祖国啊，伟大的母亲》、《中国人能够创造奇迹》。

（二）称谓

根据演讲对象确定，常用“同志们、朋友们”。恰当的称谓能够渲染气氛，拉近演讲者与听众的距离。

（三）正文

演讲稿的正文一般由开头、主体、结尾三部分组成。

1. 开头。有的称为开场白。良好的开端是成功的一半，在演讲中，开头要起到镇场的作用，架起与听众共鸣的桥梁，为演讲定下基调，引起下文。美国前总统尼克松说过：“在导语里，你应该争取与听众取得共鸣，你可以对前面的演讲者或表演者说几句恰如其分的评语，对组织者表示赞扬，并提到你和听众可能都感兴趣的一些个人问题。”具体的可以有以下几种方式：

（1）开门见山式。直接揭示演讲主题，使听众尽早进入演讲话题，可以由演讲的题目讲起，或由演讲的缘由讲起，这种方法适合于庄重的场合。如《和谐》演讲的开篇：“和谐是一种亲近，一种和睦，一种人与人之间的沟通和理解，它还是一种关爱，一种友情。总之，是由人来完成的一种心灵的行为，所以和谐应该是一种心灵的境界。”

（2）具体事例式。演讲者在进入正题之前讲一段故事，引出主题。这样，既可以缓解演讲者的紧张情绪，又通过情节生动的故事，造成悬念，吸引听众。要求叙事简明扼要，带有针对性，围绕中心论题，耐人寻味。

（3）抒情式。采用比喻、排比等修辞手法，或诗化的语言，多用于演讲比赛，要求有真情。如《希望》演讲的开头：“暴风雨来临的日子，只要你挺直腰板，高尔基笔下的海燕能给你前进的勇气和力量；樊笼羁绊的生活中，只要你放出胆子，大自然自由的精灵能助你长出灵动的翅膀！”

（4）设问式。以设问或祈使方式开头，提出一个发人深省的问题，或是一个人们普遍关注的、急切需要解决而一时难以回答的问题，从而引起听众的注意，引导听众积极地思考问题，激发听众的参与意识。如《最浪漫的事》演讲开头：“都说婚姻是爱情的坟墓，为什么会是这样呢？是你变了，还是他变了？是发现了婚前未暴露的诸多缺点，还是岁月冲淡了你们的感情？你们也曾信誓旦旦地说过要相爱到永远，为什么现在却不能好好地相互爱怜？”发人深省。

设问式开头所提出的问题要围绕演讲中心，并有一定深度，不能故作玄虚。

（5）幽默式。以风趣、诙谐的语言或事例作为开场白，松弛人们紧张的情绪，使听众在轻松愉快中接受演讲者。如胡适在一次演讲时开头说到：“我今天不是来向诸君作报告的，我是来‘胡说’的，因为我姓胡。”这种自嘲式的开场白，既介绍了自己，又使现场气氛轻松活跃。

（6）引用式。引用深邃新颖的格言，或名言警句，为演讲主题的开展作铺垫和烘托。如《愿你有个好心情》演讲开头：“一位作家说得好：‘人，活一辈子不容易，忧伤是活，开心也是活，既然都是活，为什么不开开心心地生活呢？’是啊，生命再长，也不过百年，为什么要让自己幽怨一生，而辜负这大好年华？”

（7）情景引发式。把演讲当时的情景、历史上发生的事件、他人的演讲内容引述到自己的演讲内容当中。如林肯在一次演讲中说道：“八十七年前，我们的先辈在这个大陆上建立起了一个崭新的国家。这个国家以自由为理想，以致力于实现人人享有天赋的平等权利为目标……”

演讲稿开头的形式不拘一格，主要取决于演讲的基调、环境和听众的情况。

2. 主体。它是演讲稿的主干部分，具有动态性的结构特点。既要承接开头，又要内容充实、主旨鲜明，并合乎逻辑地逐层展开论述，同时还要设计好演讲高潮，激发听众的兴趣。

（1）事、情、理的有机结合。成功的演讲，要具有事、情、理三个方面。演讲要说服听众，就必须具有可信度。而要取得这种效果，就必须有丰富生动的典型事例，蕴涵深刻的哲理，从而达到感召听众的目的。同时还要饱含深情，才能使演讲充满魅力，打动听众。

（2）结构层次清晰。演讲稿与一般文稿不同，不能采用小标题、空行等形式表明层次，因此要用鲜明的有声语言标志来表明层次，如反复、排比等修辞手法；或是依靠演讲内容内部的逻辑来安排结构。安排上要主次分明，详略得当，过渡自然，给人以整体感。

（3）精心设计高潮。演讲整个过程要做到跌宕起伏，时刻吸引观众，就要在演讲稿的撰写中安排演讲高潮，既可以使演讲者感情激昂，又可以使听众情绪激动、精神振奋。著名演讲家李燕杰说过：“一次演讲，怎样达到高潮？这需要演讲者在感情上一步一步地抓住听众，在理论上一步一步地说服听众，在内容上一步一步地吸引听众，使听众的内心激情逐渐地燃烧起来，演讲将自然推向高潮。”

具体地说，可以通过对事例的分析，从中提炼出深刻的哲理，掀起高潮；或是运用比喻、排比等修辞，增强气势；或是通过演讲的中心论点的议论，一语中的。总之要体现出情感浓烈、哲理丰富、令人回味无穷的特征；或是用感情色彩浓烈的语言来点题，引起听众内心的共鸣。如马丁·路德·金的《我有一个梦想》，反复用“我梦想有一天”来渲染主题。

3. 结尾。它是演讲能否走向成功的最后一步。如果演讲的开头和高潮很精彩，又能在激动人心的结语中结束全文，就会锦上添花。常见的结尾类型有：

（1）总结式。这是最常用的结尾方式，起到提醒、强调作用，深化主题，使听众加深印象，即“卒章显其志”。如费俊龙的演讲《把祖国的荣耀写在太空》结尾：“不久的将来，我国还要进行神舟七号、神舟八号飞行任务，我和我的战友们最大的愿望，就是把祖国的荣耀写满太空！”

（2）感召式。运用感情激昂、富于感召力、鼓动性的语句，会激发听众感情提出希望，产生向上的力量。如《谁给诚信标个价》的演讲结尾：“请不要呐喊诚信是金、诚信是银了！让诚信回归吧，回归本来的面目，回归本来的价值，因为我们谁也没有资格、更不需要给诚信去标出个价来！”

（3）抒情式。采用比喻、排比等修辞手法，深情呼唤，以情动人，使听众产生优美的感觉。多用于演讲比赛中或在礼仪演讲中祝福。如《生命的意义》的演讲结尾：“生命是什么？生命就是杜甫‘感时花溅泪，恨别鸟惊心’的无奈与伤感；生命就是苏东坡‘谁道人生无再少，门前流水尚能西’的超脱与豁达；生命就是龚自珍的‘落红不是无情物，化做春泥更护花’的献身精神；生命就是文天祥的‘人生自古谁无死，留取丹心照汗青’的浩然正气！”

（4）警言式。结尾用名人名言、古典诗词、谚语俗语等，言简意赅，具有文采，多用于即兴演讲中，如“最后，我想引用×××的话来结束我的演讲……”

结尾的形式多种多样，还有呼应式、幽默式、象征式等。总之，要简短有力，紧扣主题。

三、演讲稿的写作要求

1. 演讲稿的选题，要具有时代精神，集中单一，主题鲜明、新颖，体现正确的科学观和价值观；既要符合听众的要求，又要切合演讲者自己的身份、能力，切忌好高骛远，选择自己无法驾驭的话题。

2. 事例的选择要新鲜、典型、具体感人，最好选择自己亲身经历过的事件，才能引发听众的同感，但不能为了一味取悦听众，而采用庸俗的事例。

3. 演讲稿的语言力求口语化，做到明白晓畅，通俗生动。尽量用短句，少用复杂的长句和倒装句，多用易于上口的双音节和多音节词语，多用利于声音传递的开口呼音节，不用或少用书面语；要充分运用多种修辞手法，如比喻、排比、拟人、反复、顶真、拟声等，使演讲富有才情。

4. 演讲稿具有可变性。事前准备好的演讲稿并不是一成不变的，要根据演讲现场的情况做适当的增删，或是调整顺序。因此，要多准备材料，以免现场手忙脚乱。

[例文五·一]

科学的颂歌

爱因斯坦

我亲爱的朋友们：

我十分高兴看到我面前的你们——选择了科学作为职业，精力充沛的青年人队伍。

我将反复唱一首赞美歌，赞美在应用科学上我们已经取得的伟大成果，赞美你们即将带来的更大的进步。事实上，我们是在应用科学时代，也是在这样一个应用科学的国度。

如果说我现在不合时节地说话，那是错误的！恰像有人认为不开化的印第安人经济不丰富、生活不愉快一样，但我不这么想。事实上，开明国家的孩子是那样地喜欢“印第安人”游戏，这具有深刻的意味。

伟大的应用科学又使我们减少劳动，使生活变得安乐舒适，但为什么现在它带给我们的幸福这么少呢？简单的答案就是：因为我们仍然没有把科学置于合理的应用之中。

战争年代，科学为我们可能中毒和相互伤害服务，和平时期，它使我们的生活变得匆忙和不稳定。代替大规模从脑力消耗的劳动中解脱我们，它使人们成为机器的奴隶——人们的大部分时间会用在了漫长单调的令人厌恶的工作上，且还要继续担心自己的可怜的口粮。

你们可能觉得我这个老头儿唱的歌不中听，可是我这么说具有一个良好的目的——为了指出科学的重要和前途。

为使你们的工作能够赐福于人类，仅仅懂得应用科学本身是不够的！对人类本身及其命运的关心必然是培养出努力学习各种技术的兴趣；对尚未解决的巨大劳动起源和商品分配的问题的关心——为了我们思想意识的建立，将会给整个人类带来幸福而不是灾难。在你们的图表和方程式中千万不要忘记这一点。

（爱因斯坦在美国加利福尼亚工学院对1938级学生的演讲）

[例文五·二]

强者的有为

李嘉诚

尊敬的各位领导、各位来宾、项院长、各位教授、各位同学和家人：

长江商学院成立了三年，回想起来，这三年是一段很长的时光，今天我很高兴看见你们和家人一起庆祝生命中骄傲的这一刻，也谢谢你们和我分享。

项院长说主讲嘉宾要说一些训勉的话，我想今天不太合适，你们诸位先生女士，都拥有丰富的人生经验，在你们选择的行业内也曾付出努力、争取得不同程度的成就，前途也一定是无可限量的，你们才是最懂得掌握和有能力主宰自己生命的人，因此我认为我不应该告诉你们应该做些什么，或者不应该做些什么。

今天我想和大家分享我所坚持和珍惜的信念：

我相信自由，也相信自由和责任是并行不悖的。

我相信世上每一个人都有义务去维护人类的尊严。

我相信帮助他人对社会有所贡献，是每一个人必要的承担。

我相信强者特别要学习聆听弱者无声的呐喊；没有怜悯心的强者，不外是个庸俗匹夫。

我相信只有坚守原则和拥有正确价值观的人，才能共建一个正直、有秩序及和谐的社会。一个没有原则的世界是一个缺乏互信的世界。

我相信只有通过对真理和公平不断的追求，才可建立一个正义的社会。

我相信没有精神文明、只有物质充斥的繁荣表象，是一个枯燥、自私和危险的世界。

我相信有理想的人富有傲骨和诚信，而愚昧的人往往被傲慢和假象所蒙蔽。

各位朋友，强者的有为，关键在我们能否凭仗自己的意志坚持我们正确的理想和原则；凭仗我们的毅力实践信念、责任和义务，运用我们的知识创造丰盛精神和富足的家园；我们能否将自己生命的智慧和力量，融入我们的文化，使它在瞬息万变的世界中能历久常新；我们能否贡献于我们深爱的民族，为她缔造更大的快乐、福祉、繁荣和非凡的未来。

我在这里和大家共勉。

谢谢大家。

（李嘉诚于2005年9月25日在长江商学院首届毕业典礼上的演讲）

第二节 致 词

一、致词概说

致词也称致辞，是指在各种会议、公共关系活动中，由代表性人员所做的欢迎、感谢、祝贺、勉励等性质的讲话，它一般出现在节日、纪念庆典、赞助会、展览会、宴会等场合中，目的是交流沟通感情，增进友谊。

致词有四个特点：一是精悍性。致词容量小，篇幅短，长则几百字，短则寥寥几十字。二是礼仪性。一般出现在各种社交场合中，主要承担礼仪任务。三是程式性。致词格式大致雷同，用语多为礼节性语言，以表示祝愿为主。四是口语性。运用口语能拉近宾主关系，富于亲切。

按照致词在不同场合下的使用，可大致分为欢迎词、欢送词、答谢词、祝贺词四种。

1. 欢迎词：在迎接宾客光临的欢迎仪式上的讲话，现在也可指网页上欢迎网民浏览的文稿。

2. 欢送词：在来访的宾客临别时，接待方对其离去在送别仪式上表示友情的讲话。

3. 答谢词：宾客对主人的热情接待表示感谢的讲话。

4. 祝贺词：对节日、喜事等表示庆贺，既有口头的，也有书面的，常见的有祝酒词、祝寿词、祝婚词。祝酒词是宴会开始前表示的诚挚祝贺的讲话；祝寿词是在寿宴上表示祝福的讲话；祝婚词是在新婚典礼上表示良好祝愿的讲话。

二、致词的格式和写法

致词由标题、称谓、正文三部分组成。

（一）标题

由致词人姓名、职务、仪式场合、文种构成，如《李先念主席在欢迎金日成主席宴会上的讲话》、《在××与××婚礼上的贺词》。

（二）称谓

要用尊称，称呼姓名时，要称全名，不能称小名、绰号。姓名前加头衔或表示尊敬的修饰词，“尊敬的×××”、“敬爱的×××”、“××阁下”等，对重要人物要单独列出来，加以强调，“尊敬的×市长，女士们，先生们”。

（三）正文

总体上大致相同，但不同类别的致词略有区别。

1. 欢迎词。

（1）向出席者表示热烈的欢迎、感谢和问候。“请允许我代表我公司三千名员工对各界朋友的光临表示热烈的欢迎。”

（2）回顾以前的交往，展望取得的成果。如果客人是初次到访，可简略介绍自己的情况。

（3）结尾再一次表示感谢。“最后，让我们以热烈的掌声，向专家代表团表示欢迎！”

2. 欢送词。

（1）对来宾访问的成功表示祝贺。“我代表×××，对你们访问的圆满成功表示热烈的祝贺。”

（2）概括访问的收获。主要是达成一致，取得进展，增进友谊，还可对招待不周表示歉意。

（3）表达欢送之情，期待再次合作，并发出邀请。“欢迎你们在方便的时间再次来做客”、“祝大家一路顺风”、“愿我们友谊长存！”

3. 答谢词。

（1）对东道主的接待表示感谢，如“我荣幸地代表我们访问团的全体成员，在这里答谢×××对我们的盛情款待。”

（2）回顾本次访问。

（3）表示美好的祝愿和希望，向接待方发出邀请或再次表达谢意。“我衷心地希望我们之间的业务往来在未来的岁月里继续下去”、“随时欢迎你们来做客”。

4. 祝贺词。

说明向谁祝贺、祝贺的理由，结尾通常为“让我们向×××表示祝贺!”或提出希望，祝酒词的结尾常用“让我们为×××而干杯!”

三、致词的写作要求

1. 用语礼貌，致词多用于社交场合，要与场景气氛和谐融洽，措辞谨慎，妥帖适度。如大会致辞庄重典雅，宴会、舞会轻松愉快、幽默生动，答谢致辞亲切热烈。

2. 感情真挚，语气热情。必要的客套话后，要真诚相见，表达有针对性，不是泛泛而言，否则有虚伪之感。

3. 篇幅简短，语言精确。致词不宜长篇铺叙，以表达感情为主。

[**例文五·三**]

周恩来总理在欢迎尼克松总统宴会上的讲话

总统先生、尼克松夫人，女士们、先生们，同志们、朋友们：

首先，我高兴地代表毛泽东主席和中国政府向尼克松总统和夫人，以及其他的客人们表示欢迎。同时，我也想利用这个机会代表中国人民向远在太平洋彼岸的美国人民致以亲切的问候。

尼克松总统应中国政府的邀请，前来我国访问，使两国领导人有机会直接会晤，谋求两国关系正常化，并对共同关心的问题交换意见，这是符合中美两国人民愿望的积极行动，这在中美两国关系史上是一个创举。

美国人民是伟大的人民。中国人民是伟大的人民。我们两国人民一向是友好的。由于大家都知道的原因，两国人民之间往来中断了二十多年。现在，经过中美双方共同努力，友好往来的大门终于打开了。目前，促使两国关系正常化，争取和缓紧张局势，已经成为中美两国人民强烈的愿望。人民，只有人民，才是创造世界历史的动力。我们相信，我们两国人民这种共同愿望，总有一天要实现的。

中美两国的社会制度根本不同，在中美两国政府之间存在巨大分歧。但是，这种分歧不应当妨碍中美两国在相互尊重主权和领土完整、互不侵犯、互不干涉内政、平等互利和和平共处五项原则的基础上建立正常的国家关系，更不应该导致战争。中国政府早在1955年就公开声明，中国人民不想同美国打仗，中国政府愿意坐下来同美国政府谈判，这是我们一贯奉行的方针。我们注意到尼克松总统在来华前的讲话中也说到：“我们必须做的事情是寻找某种办法使我们可以有分歧而又不成为战争中的敌人。”我们希望，通过双方坦率地交换意见，弄清彼此之间的分歧，努力寻找共同点，使我们两国的关系能够有一个新的开始。

最后我建议为尼克松总统和夫人的健康，为其他美国客人们的健康，为在座的所有朋友和同志们的健康，为中美两国之间的友谊，干杯！

［例文五·四］

对史密斯教授的欢送词

同志们、朋友们：

时间过得多么快啊！20天前我们大家高兴地在这个礼堂集会，衷心欢迎史密斯教授。今天，在史密斯教授访问了我国的许多地方之后，我们再次欢聚一堂，感到特别亲切和愉快。史密斯教授将于明天回国。

史密斯教授是我们的一位老朋友，他非常熟悉我们各个方面的情况。他在我国逗留期间，仔细地考察了我们的政治、经济、文化和教育。我们诚恳地希望史密斯教授给我们提出批评、指导和宝贵意见，以便我们改进工作。

在向史密斯教授告别时，我们借此机会请求他转达我们对他的国家的人民的深厚友谊，还请他转达我们对他们的亲切问候和敬意。

祝史密斯教授回国途中一路平安，身体健康。

［例文五·五］

答谢词

尊敬的×××先生、×××集团公司的朋友们：

首先，请允许我代表来访的全体成员对×××先生及×××集团公司对我们的盛情接待表示衷心的感谢。

我们一行五人代表××公司首次来贵地访问，时间虽短，但收获颇大。仅三天时间，我们对贵地的电子业有了比较全面的了解，与贵公司建立了友好的技术合作关系，并成功地洽谈了×××电子技术合作事宜。这一切，都得益于主人的真诚合作和大力支持。对此，我们表示衷心的感谢。

电子业是新兴的产业，蒸蒸日上，有着广阔的发展前景。贵公司拥有一支由网络专家组成的庞大队伍，技术力量相当雄厚，在网络工作站市场中一枝独秀。我们有幸与贵公司建立友好的技术合作关系，为我地电子业的发展提供了新的契机，必将推动我地的电子业迈上一个新台阶。

最后我代表××公司再次向×××集团公司表示感谢，并祝贵公司迅猛发展，再创奇迹。更希望彼此继续加强合作，共创明天。

最后，我提议：为我们之间正式建立友好合作关系，为今后我们之间的密切合作，干杯！

［例文五·六］

结婚庆典上的讲话

2004年10月1日

各位领导，各位来宾，各位亲戚朋友：

我以无比喜悦的心情，对各位嘉宾的光临，表示热烈的欢迎和衷心的感谢，感谢各位在百忙之中参加这一结婚庆典。

现在，按照庆典的议程，我代表男方父母，向一对新人表达我们美好的祝福和深切的期望：

结婚是又一人生的开始。它标志着孩子已经长大成人，成家立业了。从今天起，一对新人将构建一个新的家庭，开始独立的生活，并要承担新的责任和义务。你们的工作、学习、生活都将进入一个崭新的阶段。我们希望你们能把婚礼当作人生的一个里程碑，一个新的起点。从此，你们要有新的规划，各方面要有新的进步，不断地更上一层楼。作为父母，对你们的期望很大，概述如下：

第一，工作上脚踏实地，志存高远。志不高远，就不能充分发挥自己的才能。但千里之行，要从足下起步，千秋大业，要从本职工作做起。做好现在的工作，就是报效国家，服务于人民。稳定而扎实的工作，又是个人家庭生活的物质基础。所以，一定要脚踏实地，兢兢业业，眼望着未来，手握着现在；用无数成功的现在，编织成美好的未来。

第二，学习上勤奋刻苦，天天向上。时代在前进，知识在更新。旧知识浩如烟海，新信息层出不穷。处在这样的年代，如同逆水行舟，不进则退。所以，必须虚心好学，必须勤奋刻苦，必须与时俱进。希望你们在工作中学习，在学习中工作。互相鼓励，比翼齐飞。

第三，生活上要关心体贴，相互帮助。人各有优势，互有短长。婚姻就是要优势互补，和谐配合，同舟共济。彼此间要体贴入微，家务活要共同承担。胸怀要宽广，处事要从容。有困难携手并肩，有疑难切磋琢磨。坦诚表达自己思想，虚心听取对方意见。要实事求是，服从真理。在批评与自我批评中，巩固坚如磐石的友情，共渡人生美好的爱河。

至于通情达理，尽传统意义上的孝道，关心双方老人的生活和健康，常回家看看，自然是题中之义，自不待言。

一对新人，是一对崇高理想和美好希望的完美组合。天造地设，喜结良缘，真的是上苍的安排。从此，我们家有了自己的女儿，而亲家增添了一个儿子。作为双方老人，我们真是欣喜无比。我们真诚地祝愿一对新人，同植爱情之树，共享爱情圣果。一生一世，互敬互爱。如在天之比翼鸟，在地之连理枝，和和美美，恩恩爱爱，甘苦与共，白头偕老。

各位嘉宾，各位亲朋好友：新婚庆典如同一部盛大的交响乐，因有大家的参与，因有在座各位的赏光，而编织演奏成绚烂多彩的乐章。

再次向各位领导、各位来宾，各位亲朋好友致以衷心的谢忱和真挚的敬意！

祝大家愉快地度过新婚庆典的美好时光，留下一段喜庆甜美的记忆。

向参与庆典筹备工作的各位亲朋好友，表示衷心的感谢！

向庆典主持人、证婚人的精彩胜任，表示衷心的感谢！

向中海楼领导和全体员工的辛勤劳动和上乘服务，表示诚挚的谢意！

祝全体嘉宾身体健康，节日愉快，万事吉祥如意！

第三节 开幕词、闭幕词

一、开幕词概说

开幕词是会议讲话的一种，是党政机关、企事业单位、群众团体在召开比较郑重的会议时，由主要领导人或会议主持人在会议开幕时所作的讲话，主要阐明会议的指导思想、宗旨、重要意义、任务要求、议程等事项。

开幕词的特点有三个：一是宣告性，开幕词是会议的序曲，宣布会议正式开幕，渲染庄重气氛；二是指导性，开幕词一般要指出会议的指导思想，对会议提出任务，为会议定下基调；三是预示性，开幕词中要简单介绍会议的主要内容、议程安排、主要精神，使与会人员了解有关事项。

按照会议性质、内容的不同，开幕词可分为侧重性和一般性两类。侧重性开幕词指其重点在阐明召开会议的历史背景、指导思想、重要意义等，而忽略其他安排。一般用于召开重大会议，如中国共产党全国代表大会、全国人民代表大会等。一般性开幕词指在开幕词中对会议的目的、任务、议程等情况作简要陈述。

二、开幕词的格式和写法

开幕词一般由标题、时间、致词人、称谓、正文构成。

（一）标题

标题可分为单行式、双行式两种。

单行式标题由致词人、会议名称、文种三部分构成，如《毛泽东在中国共产党第七次全国代表大会上的开幕词》。有时可省略致词人，如《×××大学第十次教职工代表大会开幕词》，也有的只写文种《开幕词》。

双行式标题由正标题和副标题构成。正标题揭示会议的主要内容，副标题则同单行标题相同，如《我们还需要雨果——柳鸣九在首都文化界纪念雨果诞辰200周年大会上的开幕词》、《我们的文学应该站在世界的前列——巴金在中国作家协会第四次会员代表大会的开幕词》。

（二）时间

这是指在会议上讲话的年、月、日，在标题下正中间，并用括号括上。

（三）致词人

这主要包括致词人的职务、姓名，在时间的正下方，通常职务可省略。

（四）称谓

这是对与会人员的称呼，一般视会议性质、参加会议对象而定。通常用泛称“女士们、先生们”、“来宾们”、“各位代表”等等，为表示对重要嘉宾的尊重，可单独称呼，如［例文五·八］。

（五）正文

由开头、主体、结束语三部分构成。

1. 开头。宣布会议开幕，“××大会现在开幕”，代表会议主办单位对参加会议人员表示欢迎、感谢，如“我代表×××向来自国内外的各位来宾、各位代表表示热烈的欢迎！”还有对会议的规模、筹备情况、出席会议人员等做简要介绍。如“参加这次会议的代表共有××人……”这一部分一般要自成一段，与主体分开。

2. 主体。这一部分是整个开幕词的核心。通常包括：

（1）介绍会议召开的背景、形势。对当前的形势做分析，说明会议召开的目的意义。如［例文五·七］，开头就介绍了会议召开的背景。

（2）阐明会议的指导思想、宗旨、任务、主要内容，这一部分是重点。既要对过去的成绩、经验教训做出总结，又要对本次会议做出预测性的评价。如邓小平在“十二大”的开幕词中，正文部分首先介绍大会的议程，然后在回顾党的七大、八大取得的成就、教训基础上，提出了中国共产党在二十世纪八十年代的三大任务，确立了以经济建设为核心的中心任务，指引全国人民今后努力的方向。

（3）对与会人员提出要求和希望。这是为保证会议顺利进行，语言要富有鼓动性。

3. 结束语。对会议表示良好的祝愿，一般用祈使句，要简短有力，具有鼓舞性，如“预祝大会（会议）圆满成功！”

三、开幕词的写作要求

1. 把握会议宗旨。开幕词的撰写人必须熟悉会议，并了解与会议有关的背景情况，因此要事先学习相关材料，听取领导的指示，亲自参与会议的筹划和组织。

2. 条理清晰，重点突出。开幕词有引导与会人员把握会议方向的作用，因此主题要明确，层次清楚，使听众一目了然。

3. 语言简明通俗。开幕词只是对会议作个简单的概括，因此篇幅不宜过长，不能做长篇大论，旁征博引，要突出实质性内容，简洁明了，起到画龙点睛的作用。同时要适于口头表述，切忌书面语言过多，影响表达效果。在比较严肃的大型会议上，不可使用幽默语言。

四、闭幕词概说

闭幕词是会议讲话的一种，是党政机关、企事业单位、群众团体在召开比较郑重的会议时，由主要领导人或会议主持人在会议闭幕时所作的讲话，主要是总结会议所完成的任务，对会议做出评价，号召贯彻会议精神。

闭幕词的特点有三个：一是宣告性。闭幕词是会议的尾声，宣布会议完成使命闭幕。二是总结性。闭幕词一般要对会议的整个过程进行总结，对会议精神进行高度概括，为会议性质定下结论。三是评估性。闭幕词中要对会议取得的成果进行评价，解决了哪些问题，完成了哪些任务，得到了哪些经验教训。

闭幕词种类与开幕词相同。

五、闭幕词的格式和写法

闭幕词一般由标题、时间、署名、称谓、正文构成。

（一）标题、时间、署名、称谓的写法参见“开幕词”

（二）正文由开头、主体、结束语三部分构成

1. 开头。简要说明会议已完成各项任务，即将结束，如“本次大会完成历史使命，即将闭幕”、“大会已圆满完成各项任务，即将落下帷幕”。

2. 主体。这一部分是闭幕词的重点，一般包括：

(1) 简单地对会议做出总的评价，如收获、影响等。

(2) 按照会议议程逐条分析，讨论了哪些问题、解决了哪些问题，还有哪些问题需要以后深入探讨等等。

(3) 会议的重要意义和深远性。

(4) 提出希望、号召。还可以针对会后对会议精神的传达、贯彻提出要求。如北京市市长刘淇在第二十一届世界大学生运动会闭幕词呼唤：“亲爱的朋友们，到2008年，当神圣的奥运五环旗帜在北京冉冉升起的时候，我们将再次伸出双臂欢迎各国运动员和朋友们的到来，共同为实现崇高的奥林匹克理想，为世界体育、友谊和进步做出更大的贡献。”

这一部分形式相对灵活一些，除对会议的评价外，其他内容可有可无。

3. 结束语。对参加会议的人员以及会议的工作服务人员表示感谢，宣布会议闭幕。通常为“现在，我宣布×××大会胜利闭幕!”

六、闭幕词的写作要求

1. 从客观实际出发。闭幕词撰写人必须熟知会议的情况，最好自始至终参加会议，收集资料，对会议的全过程有宏观的把握，这样才能紧紧围绕中心议题，对会议进行客观公正的评价。

2. 篇幅不宜过长。闭幕词是对整个会议的高度概括，因此不要过多议论，切忌画蛇添足。

3. 语言富有鼓舞性。闭幕词要有号召作用，号召人们认真学习会议精神，明确今后工作的方向，因此语言要有力度，鼓舞人心，语调昂扬，充满激情。

4. 与开幕词首尾呼应。闭幕词要与开幕词基调一致，浑然一体。

[例文五・七]

洽谈会开幕致词

女士们、先生们：

值此××省国际经济合作和出口商品洽谈会开幕之际，我代表××省人民政府、××市人民政府、××省对外贸易总公司，向远道而来的五大洲各国来宾、港澳同胞、海外侨胞表示热烈的欢迎和良好的问候!

×年×月，在庆祝××对外贸易中心落成典礼时，我们曾在这里举办过一次洽谈会。今年这次洽谈会，规模和内容比上一次洽谈会更加广泛和丰富。这次洽谈会，将进一步扩大我省同世界各国及我国港澳地区的经济技术合作和贸易往来，增进相互了解和友谊。

××省是我国沿海经济比较发达的省份之一，幅员辽阔，物产丰富，人力资源充足，工农业生产和港口、交通均有一定的基础，对外经贸事业的发展有着广阔的前景。目前，我省已同世界上140多个国家和地区建立了贸易往来和经济技术合作关系，这种合作关系正在日益巩固和发展。

本次洽谈会，我们将提出200多种对外经济合作项目，包括轻工、纺织、机械、电子、化工、冶金、建材、水产及食品加工等，供各位来宾选择。所展出的商品不少是我省的名牌产品和新发展的出口产品。欢迎各位来宾洽谈，凭样订货。

今天在座的各位来宾中，有许多是我们的老朋友，我们之间有着良好的合作关系。对于你们的真诚合作精神，我们表示由衷的赞赏和感谢。同时，我们也热情欢迎来自各国各地区的新朋友，为有幸结识这些新朋友感到十分高兴。我们欢迎老朋友和新朋友到××地观光游览，发展相互间的友好合作关系。

最后，预祝××省国际技术合作和出口商品洽谈会圆满成功。

谢谢！

[例文五·八]

人大会议闭幕词

各位代表、同志们：

在党的十六大精神鼓舞下，经过全体代表的共同努力，××省第三届人民代表大会第一次会议，圆满完成了各项预定任务。各位代表不负重托，忠实履行了人民代表的光荣职责。这次会议，开得很成功，是一次继往开来、与时俱进的大会，求真务实、谋划发展的大会，发扬民主、团结奋进的大会。

会议审议批准了政府工作报告和其他报告，明确了今后5年我省全面建设小康社会的目标、任务和主要措施。大会选举我担任省人大常委会主任，×××同志担任省人民政府省长，选举产生了新一届省人大常委会组成人员、省政府领导人员、省两院主要领导和省人大法制委员会组成人员，选举了第十届全国人大代表。我们衷心感谢全体代表和全省人民的信任和支持。我们决心不辱使命和责任，不负重托和信任，为加快××发展，全面建设小康社会扎扎实实做好各项工作。

人民代表大会制度是我国的根本政治制度，是实现人民当家作主的最好的政权组织形式。省二届人大及其常委会在过去5年中，扎实工作，勇于开拓，做了大量富有成效的工作，对促进我省经济发展和社会的全面进步作出了重要贡献。我们要在以往工作的基础上，把省人大的工作做得更好。由于年龄原因，省二届人大有不少人大代表和人大常委会组成人员离任，一些省政府组成人员转岗。在这里，我代表三届人大及其常委会，向二届人大及其常委会和二届人大代表，表示衷心的感谢和崇高的敬意！对这次换届离任和转岗的同志所付出的辛勤劳动和作出的积极贡献，表示衷心的感谢和崇高的敬意！

各位代表，未来5年，是我们贯彻党的十六大精神，落实省第四次党代会提出的各项任务，努力开创××改革开放和现代化建设新局面，全面建设小康社会的重要时期。为了实现这次大会确定的奋斗目标，我们必须坚持以邓小平理论和“三个代表”重要思想为指导，认真贯彻党的十六大精神，紧紧抓住发展这个第一要务，围绕全面建设小康社会这一总体目标，分阶段、有重点、有步骤地加以实施，努力做到速度与结构、质量、效益的统一，促进经济、政治、文化的协调发展。

我们要坚持解放思想、实事求是、与时俱进的思想路线。既要有加快发展的紧迫感，又不能急于求成。要遵循市场经济规律，想问题、办事情、做决策都要从我省的实际出发，确保经济持续、稳定、健康发展。

我们一定要从××人民的长远利益出发，把可持续发展战略作为我省首要的发展战略，坚持人口、环境、资源与经济社会协调发展的方针，坚决遏制对生态环境的任何破坏，保护好、利用好××的蓝天碧水、优美环境和得天独厚的资源，把××建设成为人与自然和谐共存的生态大花园。

我们必须把改善投资环境作为一个至为紧迫的任务切实抓紧抓好，以优良的环境促进经济的发展。各级党委、人大、政府、政协，各类企业和全省人民，都要充分认识自己在环境建设中的责任，共同创造一个具有投资吸引力的法制环境、行政服务环境、司法服务环境和市场环境，共同致力于信用建设，为树立××人的信用、××市场的信用、××投资环境的信用添砖加瓦，贡献力量。

我们要坚持把改革开放作为××发展的根本动力，深化以社会主义市场经济为取向的各项改革，大力推进体制创新，坚决扫除一切阻碍发展的思想和体制障碍，进一步解放和发展生产力。要在国有企业和国有资产管理体制改革、农垦改革、农村经济体制改革、政府机构改革等方面有新的、更大的作为。

实现全面建设小康社会的目标，关键在人，关键在干部。我们要用“三个代表”重要思想武装干部的头脑，不断提高各级干部的执政能力和领导水平。各级领导干部，要倍加珍惜人民赋予的权力，不负众望，不辱使命，为全省人民掌好权，用好权。要发扬艰苦奋斗的延安精神，廉洁从政，执政为民。人大代表是国家权力机关组成人员，要学习和掌握宪法、法律知识，正确行使代表权力，履行代表职务，密切联系群众，切实提高素质，真实反映人民的愿望和要求，更好地代表人民的意志和利益。

各位代表，尽管我们还面临着这样那样的困难和挑战，但只要我们心往一处想，劲往一处使，办法总比困难多。只要我们持之以恒，咬住发展不放松，××的明天一定会更加美好。让我们紧密团结在以胡锦涛同志为总书记的党中央周围，高举邓小平理论伟大旗帜，全面贯彻“三个代表”重要思想，解放思想，与时俱进，开拓创新，埋头苦干，为开创××改革开放和社会主义现代化建设事业的新局面而努力奋斗！

谢谢大家！

［例文五·九］

钱其琛副总理在APEC人力资源能力建设
高峰会议闭幕式上的讲话
（二〇〇一年五月十六日）
中华人民共和国国务院副总理　钱其琛

主席先生，女士们、先生们：

在大家的共同努力下，亚太经合组织（APEC）人力资源能力建设高峰会议圆满完成了预定的议程，现在就要闭幕了。

……我很高兴地看到，这次会议取得了丰富的成果。

首先，会议探讨了人力资源开发与合作的新理念。（略）

第二，会议明确了人力资源开发合作的发展方向和重点。（略）

第三，会议开创了APEC合作的新机制。（略）

……

现在我宣布，亚太经合组织人力资源能力建设高峰会议闭幕。

谢谢大家。

第四节　竞职演说

一、竞职演说概说

竞职演说也称竞聘演说，指参加竞聘者为实现竞争上岗，就自我竞聘条件、未来的施政目标和构想所发表的公开演说。

随着我国人事制度改革、机构改革的不断深入，公开招聘领导干部竞争上岗已成必然趋势。竞职演说的目的就是为了通过口头表达的方式，综合考查竞聘者的思想素质、政策水平、业务状况和管理能力。竞职演讲为广大人才提供了一个充分展示自我、表现自我的舞台，这种形式已越来越被党政机关和企事业单位的工作人员竞聘上岗所广泛应用，成为人们考察一个人综合素质的有效途径。

竞职演说稿主要有三个特点：一是目标的明确性。竞职演说的目的就是展示自己能力，让大家投自己的票，因此要鲜明地亮出竞聘目标和施政纲领。二是内容的竞争性。这是竞选这一特定的活动方式所决定的。在一般演讲中，演讲者可以在规定的范围内任意选择话题，海阔天空。而竞职演讲则要求演讲者在各个方面显示过人的长处，从而当选。三是自我的推销性。竞选演讲的目的是为了展示自己、推销自己，让听众了解自己，从而获得支持、赢得选票。

二、竞职演说的格式与写法

竞职演说稿一般由标题、称谓和正文三部分构成。

（一）标题

竞选演讲稿的标题常见的方式有三种：

1. 直接以文种名称作为标题，如《竞职演讲》。

2. 公文式标题。竞选的职位+文种，如《关于竞选学生会主席的演讲》。

3. 新闻式标题。可以由正、副标题组成。正标题概述演讲的中心内容，副标题标明事由和文种，如《以人为本，制度为先——关于竞聘×××的演讲》。

（二）称谓

与演讲稿相同，一般用泛称，如“各位领导、同志们”。

（三）正文

由开头、主体和结尾三部分构成。

1. 开头。竞选演讲一般时间都不会太长，因此，要开门见山地亮出竞聘目标，表达竞选的心情，无须大量铺垫。这部分要有新意，使听众眼前为之一亮，如“春天来了，我也来了。我驾着踌躇满志的春风而来，来竞选学生会主席。”

2. 主体。竞职演讲的主体应包括以下几方面：

（1）个人的基本情况。切记不能像填写履历表一样，缺乏亮点。应融合在描述性的语言中，语言朴实，给人以质朴诚实的印象，赢得听众好感。

（2）陈述个人的优势条件，就是表现出自己有哪些素质可以胜任竞聘的岗位。因此，演讲者在介绍自己的情况时，要针对竞选的岗位介绍自己的学历、经历、政治素质、业务能力。在介绍中要尽可能地展示自己的长处，如已有的政绩、较高的学历、很强的事业心、深厚的理论功底、丰富的实践经验、良好的沟通能力、较高的道德修养等。

（3）提出自己的施政设想，即任职后的打算。竞选者除了要展示出自身的优秀素质，还要设想当选后的施政措施。因此，竞选者在竞选演讲时，一定要用简明扼要的语言，紧紧围绕听众关心的热点、难点问题，提出明确的工作目标和切实可行的措施，给人以“说真话，干实事”的印象，这样才能获得听众的信任和支持。

3. 结尾。表明自己的决心、请求和态度，希望得到听众的支持、帮助。

三、竞职演说的写作要求

1. 行文精炼，言简意赅。竞聘演讲都有时间的限制，一般在5～15分钟，因此，撰写竞职演讲词要控制好字数，最多不超过2 000字。

2. 实事求是，客观真实。竞职演说中要显现长处，但并不代表可以信口开河，口若悬河，因为这样反而会增加听众的反感。所谈事实和材料、数字准确无误，施政措施具体可行，不能高谈阔论，提出“海市蜃楼”般的远景。但也不能妄自菲薄，过分谦虚，这样就不能真实地反映出自己的能力、水平和气魄，也不利于听者对你做出正确的评价。

3. 目标明确，针对性强。竞职者必须在事前对要争取的职位作大量的调查研究，全面了解职位特征和胜任这一职位所应具备的素质，突出重点，不要面面俱到，给人以不真实之感。

4. 语言突出个性和语体特点。竞职演讲词的写作必须适合演讲的场合，要注意书面语和口语的差别。还要注意与一般演讲稿的区别，不要刻意追求气氛的烘托和渲染，不使用带有文学色彩的语句，不采用抒情的表达方式，还必须符合竞聘者的身份，并能显示出其个性特征。注意措辞礼貌，不可贬低其他竞聘者。

[例文五·十]

竞聘学生会团委副书记演讲词

尊敬的各位领导，亲爱的同学们：

大家好！

很荣幸能登上这个神圣的讲台，表达自己由来已久的愿望。我是高一（2）班的×××。现在，我庄严地宣布："我竞选的目标是团委副书记。"我也郑重地承诺，我将尽自己最大的努力使自己的工作得到大家的认可。

我已经在文艺部工作了很长一段时间，从工作中，我学到了化解矛盾的方法，为人处世的准则，待人接物的态度，懂得"少说空话，多做事"的重要。这一切的一切都证明，我有能力承担起学校委予我的重任。对于副书记的具体工作，我虽未涉及过，但我认为任何事都要经历从"不会到会"的阶段，通过以上的经验，我具备了一定的能力，我知道能否胜任这工作，主要是看当事人如何去学习，去把握，去运用，我相信自己可以做到，所以，我敢站在这庄严的讲台上。

假如我竞选上了团委副书记，首先，我会对宣传部的各部门作一次深入的调查了解，找出不足和优势，将不足改善，让优势发扬。

假如我竞选上了学生会团委副书记，我会努力调整《晨曦报》的版面，使同学们可以更尽兴地欣赏"校园作家"的才华；我也会修正《旭日》发行期，让同学们可以更快地领略到"校刊"的丰富多彩，我当然也会加强对广播台"通知单"的统一管理，让这神圣的"表扬单"不再成为部分同学手中"儿戏"的工具；同时，我也会重整《欣欣周刊》，使它成为校园中一道亮丽风景线，成为同学们透视时事、娱乐身心的窗口和基地。

假如我竞选上了学生会团委副书记，我会正确地使各社团联合，使宣传部成为一个团结的集体，同时，宣传部也会同各部门协作，将学生会办得更好，真正成为同学们和学校交流的对讲机。

在对各班的量化评分中，我会坚持"公平、公正"的原则，而且做到"有疑必答，有误必纠"。我会从身边做起，注意自己的一言一行，提高自身素质。做到学习、工作双管齐下，两不耽误，同时也在班级中起好带头作用，让高一（2）班走在年级的前列，成为带动年级前进的龙头。是金子就要发光。希望以上所说，能让大家对我有更多了解，也希望各位评委能够支持我，投上您宝贵的一票。

谢谢大家！

［例文五·十一］

老师、同学们：

大家好！

先自我介绍一下：我叫梁丽叶，与梁山伯同姓，和朱丽叶同名。大家可能会莞尔一笑："哟，好一个中外合资的名字！"爸爸对我说，叶子很平凡，但美丽的叶子却不多，起这个名字是希望我出平凡于不平凡之中，自己创家立业。这名字就代表我的志向、我的作风、我的追求。

我没有诗人李白那"黄河之水天上来，奔流到海不复回"的豪迈；也没有一代才女李清照那"寻寻觅觅、冷冷清清"的细腻；更没有绝世伟人毛泽东那"数风流人物，还看今朝"的气魄。但寸有所长，尺有所短，天生我材必有用，我有年轻作为资本，有激情提供动力，有能力作为保证。我敢爱敢恨、敢想敢做，我喜欢真心实意，厌恶勾心斗角，我崇尚高度与长度，鄙视懦弱与胆小，我有极大的自尊心、有强烈的责任感、有极强的团队精神与合作意识。

在我的成长日记和档案里，记录着我担任过学校大队长、班长、宣传委员、文艺委员、劳动委员、小组长以及英语科代表的经历，也存放着我被评为区、校级三好学生、优秀团员和优秀学生干部，获得过校奖学金，参加过电视台的演出和区田径运动会并取得良好成绩的荣誉证书。

但昨日已经过去，明天才是我的追求，大学生活是我人生的一个转折，在当班长不到一年的时间里，我得到了广大同学的认可与支持，从工作中提高了自己的组织与协调能力，学会了怎样尊重人、关心人、帮助人，培养了我的责任心与荣誉感。这次参加竞选文艺部部长本身就是对我的锻炼和考验。

我承认，作为学生会的干部是很威风的，但是威风的同时需要我们付出时间与精力使周围同学的生活变得丰富、快乐。做工作，不是为了干而干，而是我们从心底喜欢我们的工作，爱着我们的学校！这样，不但不会觉得工作是负担，反而感到每每做完心中都会有一种感动。

如果我当选为学生会文艺部部长，我愿当一名"同学们的勤务员"，尽职尽责地为同学们服务。在课余时间组织各类文艺活动，丰富同学们的校园生活。

我只想有个机会，用爱使我们的校园生活变得更加美好，请大家支持我。

谢谢！

第五节　述职报告

一、述职报告概说

述职报告是任职者在任职期间或任期结束后，向所属的上级组织和领导及所属公众，陈述自己任职以来的工作总结报告，主要报告自己或本部门工作职责履行情况、取得的成绩、任职体会等。其主要作用是使上级和公众了解任职者的能力，对其做出正确的评价，指导今后的工作，也是考查干部能否很好地履行职责以及是否称职的一种手段。

述职报告能够比较全面地反映述职者的基本情况和工作能力，有利于组织或上级领导进行各方面的考核，有利于群众对述职者进行监督和批评，也能够提高述职者的自身素质。

述职报告的种类很多，从时间上分有任期述职报告、阶段述职报告、年度述职报告、临时述职报告；从内容上分则有专题（单项）述职报告、综合述职报告；从范围上分有组织述职报告、个人述职报告。组织述职报告容量较大，一般为组织的专门委员会或全体公众，如人民代表大会、职工代表大会、股东代表大会等，报告人一般是该组织的负责人。个人述职报告涉及的是个人对其工作进行的汇报。

述职报告总结履行职责的情况，叙述履行职责的过程和思路，并对经验教训进行分析，所以多采用夹叙夹议的写法。

二、述职报告的格式和写法

述职报告由标题、称谓、正文、落款四部分组成。

（一）标题

标题有以下三种写法。

1. 只写文种名称，如《述职报告》、《我的述职报告》。

2. 公文写法：述职人、述职的时间范围、文种，如《交通局××局长 2005 年述职报告》、《2000 年至 2004 年任××学院院长的报告》。

3. 新闻式标题：由正副标题组成。正标题一般反映述职报告的主旨或基本观点、基本经验，副标题为公文式，如《思想政治工作要结合经济工作一起抓——××公司党委书记×××的述职报告》。

（二）称谓

这是指针对汇报的对象。向上级机关呈送的述职报告，应写明收文机关，如“组织部”、“人事部”；向本单位干部职工作述职报告的，则应写明称谓，如“各位代表”、“同志们”等。

（三）正文

述职报告的正文由开头、主体、结尾三部分构成。

1. 开头，又叫引言、前言，一般交代任职的基本情况，包括何时任何职、变动情况、岗位职责、对自己工作的整体评价，确定述职范围和基调。这部分要写得简明扼要。

2. 主体，即履行职责的情况，是述职报告的中心内容。要具体、充实，由于涉及面广，可以按性质不同分成几个方面，列成小标题，包括：

（1）工作业绩和经验。对党和国家的方针政策、上级的指示精神的贯彻执行情况；对分管工作的完成情况；特别是在处理突发事件、重大事件中的表现情况，表现出的政治素质和业务素质等等。

(2) 问题和教训。工作当中存在的实际问题，分析产生的原因，提出改进的措施和意见。

(3) 提出今后的努力方向，表决心。

3. 结尾。一般采用公文式，如“以上报告，请审阅”、“以上报告，请审查”、“以上报告，请领导、同志们批评指正”等作结束语。

(四) 落款

落款包括述职人姓名和述职日期，也可以放在标题之下。

三、述职报告的写作要求

1. 实事求是、客观公正。述职报告的目的是让公众了解述职者任职期间的表现，因此要以事实为本，客观、全面地汇报工作。一分为二，既要肯定成绩，又要找出不足，不能任意夸大或贬低，有助于上级机关和所属单位群众对自身工作做出全面、准确、客观的评价。

2. 有的放矢，突出重点。述职报告切忌写成工作日记，要抓住带有影响性、全局性的主要工作，对有创造性、开拓性的特色工作重点着笔，力求详尽具体，对日常性、一般性、事务性工作表述要尽量简洁。

3. 个性鲜明，注重效果。不同的述职人，工作岗位不同，所担负的职责不同，工作风格也不尽相同，因此在写作中要突出个性，展示自我，避免千篇一律。

4. 语言平实，庄重严肃。行文语言要朴实严谨，语气谦逊，以陈述为主，不能使用描写、抒情的表达方式，更不能使用夸张的语言。

[例文五·十二]

述职报告

2004年9月23日河北省第十届人民代表大会常务委员会第十一次会议

河北省人事厅厅长　宋太平

主任、各位副主任、秘书长、各位委员：

2003年1月26日，省人大常委会任命我为人事厅厅长。感谢省人大常委会给我这次述职评议的机会，这是对我的关心和对人事工作的重视支持。按照述职评议的要求，现将任职以来依法履行职责情况汇报如下：

一、理清思路，明确努力方向和工作重点

人事厅主要负责全省人事行政管理、人事制度改革和人才资源开发工作，在经济发展和社会进步中具有重要作用。作为厅长，深感责任重大。职务不仅仅是权力，更重要的是责任。

上任伊始，首先确立基本的指导思想，就是要认真实践“三个代表”重要思想，坚持依法行政，全面履行职责；坚决贯彻落实省委、省人大、省政府的决策决议，围绕中心，服务大局。工作中，既要统筹全局，虑长谋远，又要脚踏实地，真抓实干；既要坚持原则，严格执行政策，又要谦和待人，搞好服务；既要当好班长，管好自己，又要抓好班子，带好队伍；既要尊重前任，发扬好的传统，又要与时俱进，积极开拓创新。实践中，始终依此做人做事，自省自励，以期不负重托。

其次，明确总体思路。在学习借鉴前任领导班子经验做法的基础上，紧紧围绕我省“翻两番、三步走”战略目标，深入调研，认真谋划，确立了“以人才开发为主线，统领各项工作；以深化改革为动力，推动事业发展；以机制创新为关键，优化人才环境；以完善政策为重点，提高服务水平；以树公道正派形象为抓手，提升人事干部队伍整体素质”的基本思路，找准人事工作为经济建设服务的切入点和着力点。

再次，明确工作重点。在统筹各项工作的基础上，着力抓好五项建设（人才队伍、人事制度、人才市场、人事法制、人事部门作风），力求在八个方面有所突破（培养高层次人才、引进急需人才、用好现有人才、加强公务员队伍建设、支持非公有制经济发展、合理安置使用军转干部、完善职称评审和考试制度、促进大中专毕业生就业）。通过突出重点，带动全局工作。

二、立足改革创新，大力实施“人才兴冀工程”

人才资源是第一资源。人事工作要想有所作为，必须在人才资源开发上改革创新。基于这种认识，通过反复论证，提出在人事系统实施“人才兴冀工程”，作为落实人才强省战略的具体举措，并以此总揽全局，形成合力。首先制定长远规划，明确了2003—2005年的近期目标，并细化为96项具体任务；确定了以观念创新带动机制创新、政策创新等方面的具体措施，出台了21个政策性文件；实行目标责任制，每季一调度，年终一总结，适时召开现场观摩会，推广先进经验，促进工程的顺利实施。

……

三、严格依法行政，不断提高人事管理水平

依法行政是政府职能部门正确行使行政权力的基础，也是对领导干部的基本要求。先从自身做起，注重学法用法。同时，加强对全体干部的法制教育，并把执行各项与人事工作相关的法律、法规和规章融入工作的全过程。

（一）严格执行《国家公务员暂行条例》。（略）

（二）全面实施《河北省人才市场管理条例》。（略）

（三）认真学习贯彻《行政许可法》。（略）

（四）高度重视法制建设。（略）

四、坚持执政为民，注重研究解决社会关注的热点问题

人事工作政策性强，涉及面广，社会关注的热点难点问题比较多。对此，我们采取积极态度，以改革精神研究探索解决办法和途径。

（一）千方百计促进大中专毕业生就业。（略）

（二）公正公平地搞好职称评定和考试工作。（略）

（三）认真落实军转干部安置政策。（略）

（四）积极解决部分企业军转干部生活困难问题。（略）

五、积极发挥参谋协调作用，认真做好政府机构改革和控编减员工作

……

六、自觉接受人大监督，积极承办和采纳人大代表的建议和意见

……

七、高扬“树正气、讲团结、求发展”主旋律，加强自身和干部队伍建设

……

任职以来，虽然尽心尽力做了一些事情，但还存在一些差距和问题：从工作方面分析，一是我省高层次人才总量不足，结构不够合理，需要进一步优化环境，在人才开发和引进方面加大力度；二是大中专毕业生就业形势严峻，就业压力越来越大，需要进一步完善政策，搞好服务；三是事业单位人事制度改革的配套政策还不够完善，人事部正在协调制定相关政策，我们也要会同有关部门深入研究。人事部门的作风建设需要进一步加强。我本人深入基层不够，对人事工作理论的研究还不够系统全面，随着形势的发展，深感一些深层次问题需要去思考、分析和把握。我将以这次述职评议为契机，深入调查研究，进一步加强理论、法律和专业知识的学习，在省委、省政府的正确领导和省人大的监督指导下，努力开创人事工作新局面。

以上述职，请予评议。我一定虚心接受各位委员的评议意见，认真进行整改，不辱使命，不负重托，继续踏踏实实做好工作，以新的成绩向党和人民交一份满意的答卷。

谢谢大家！

[例文五·十三]

尽职尽责尽心尽力

——我的述职报告

各位领导、各位同事：

去年5月，我通过竞争上岗走上办公室副主任岗位，主要负责文秘方面的工作。在当时的竞职演讲中，我曾经说过：不管竞职能否成功，作为在办公室岗位工作的一名公务员，我都要努力做到“五勤”、诚心当好“四员”。“五勤”就是眼勤、耳勤、脑勤、手勤、腿勤，“四员”就是为各级领导和地税事业当好参谋员、信息员、宣传员和服务员。一年来，我主要从四个方面实践着自己的诺言，力争做到更高、更强、更优。下面，我就这一年的工作情况向各位领导作个简要汇报，以接受大家评议。

一、努力学习，全面提高自身素质（略）

二、加强修养，时刻注意自我约束（略）

三、勤奋工作，回报领导和同事的关爱（略）

四、尽心履职，全心全意当好配角（略）

总而言之，总结一年来的工作，我可以问心无愧地说：自己尽了心，努了力，流了汗。不管这次述职能否通过，我将一如既往地做事，一如既往地为人，也希望领导和同志们一如既往地待我！

述职人：×××

××××年××月××日

第六节 辩论稿

一、辩论稿概说

辩论是指就某一事件、问题，持有不同观点的人用一定的理由来发表自己的见解，揭露对方的矛盾，以便最后得到正确的认识或共同的意见。辩论稿就是辩论时所使用的文稿。目前最常见的就是辩论赛，即双方围绕某一问题，确定正、反两方，陈述本方的立场，揭露对方错误，赢取胜利。本节主要讨论的就是辩论比赛陈词时使用的辩论稿。

撰写辩论稿的目的是为辩题架构理论体系和逻辑层次，使辩手思想明确、统一，从而成为进攻对方的武器以及防守的盾牌。

辩论稿主要有三个特点：一是理论性。辩论的目的是力求说服对方，做到使对方“心服口服”，因此要有大量深厚的理论作为依据，否则就会走向诡辩，所以辩论稿不能只为追求现成效果，堆砌华丽的语言，而是要有内在的理论支持。二是逻辑性。辩论是思维的艺术，在语言交锋中体现出思维的条理性，因此辩论稿要做到概念明确，层次清楚，论点的各部分之间有内在的逻辑联系，否则很容易给自己造成思维上的混乱。三是生动形象性。辩论也是语言的艺术，它不是云山雾罩，使听者不知所云，而是要把深奥的道理用具体生动的语言表述出来。在辩论稿中，可以使用比喻、排比、引用、抒情等表现方式，但要注意掌握分寸。

按照辩论的不同种类，常见的辩论稿有法庭辩论稿、学术辩论稿、生活辩论稿、赛场辩论稿等。法庭辩论稿是指在法庭上，诉讼双方为各自的利益而进行辩论的文稿。学术辩论稿是指为某一学术问题而展开辩论的文稿。生活辩论稿是指有关现实生活出现的现象，如婚姻、道德价值、审美等辩论的文稿。赛场辩论稿是指在辩论比赛中，正反两方有关建构理论、运用语言、展现思维反应能力等使用的文稿。

二、辩论稿的格式和写法

辩论稿的写作非常灵活，没有固定的格式要求。一般来说，辩论必有两个方面，即立论和驳论，因此其写作也要从这两个方面着手。

立论是指运用严密的逻辑思维，从不同角度论述本方的观点。首先要解释辩题，给出一个清晰的概念。一般来说，辩题没有对错，都是中性的，因此在辩词中，应该给辩题中的概念做出有利于己方发挥的解释。多用描述性的句子，少下肯定式的定义，避免因为不严密而让对方抓住漏洞。如 1993 年国际大专辩论赛中，复旦大学面对“人性本恶”这一辩题时，强调“恶”是“人不合理的欲望无限制的扩张”，从而占得先机，避免观众和评委产生抵触情绪。

确立论点后，要选择最佳的辩论角度，在一个完整的辩词中，应该从理论、价值、历史、现实等方面阐述观点。

通常情况下，一辩的辩词大都开篇立意，提出并正面阐释本方观点，为全队的辩论奠定基调。二、三辩手的辩词以列举事实论据为主，加强论点。而四辩的辩词分为两个部分，首先归纳对方论点，指出错误，进而总结本方论点。每个人的辩词既有侧重点的不同，又紧密联系，环环相扣，体现出整体配合意识。

辩论稿不单单要论述本方观点，还要反驳对方观点，因此驳论稿带有较强的针对性。反驳虽然主要依靠临场发挥，但并不意味着不需猜测，如果完全临场分析，有可能顾此失彼。可以在准备阶段事先写好一部分，如果对方论点正好与事前猜测吻合，就可以结合临场的论据进行驳论。反驳是立足于立论基础之上的，如果立论不充分，就会显得强词夺理。重点是驳斥对方的基本观点、关键概念，而无关紧要的枝节问题可以一笔带过。

无论是立论还是驳论，都不可一味地罗列理论，而要善于运用具体形象的描述去阐释抽象的概念或道理，这样更有利于抓住评委、听众的注意力，加深印象。辩论稿中常用的方法有：

1. 类比。把相关联的两种事物做比较，把枯燥、深奥的理论形象化。如民国时期著名的外交家顾维钧在巴黎和会上，针对日本要求继承德国在山东的权利，代表中国要求收回主权。为使西方人了解山东的地位，他把山东在中国的地位同耶路撒冷在西方人心中的地位做比较，赢得全世界的一致称赞。

2. 列数据。数字在辩论中是最有效的论据，给人以真实感，有强大的说服力。使用时要注意，必须来源可靠，准确无误。

3. 举事例。事实胜于雄辩，辩论中尽量少用枯燥晦涩的专用术语，而换用浅显生动的事例更能显示其对辩题的驾驭能力。日常生活实例、历史事实、艺术作品典故、奇趣异闻都可以运用到辩论稿中，既显得博学多才，又利于听众对论点的理解。

三、辩论稿的写作要求

1. 言之有理。立论鲜明，说理透辟，紧紧围绕辩题，有针对性。这需要平日知识的积累，不能只为了追求场面，造成整篇辩论稿是名言警句、古典诗词的堆砌。缺乏理论深度，像散文诗，会缺少力度。论据要真实、充分、典型。

2. 言之有序。辩论稿要有逻辑层次，条理清晰，言简意赅。

3. 言之有趣。可以根据辩题的内容，采用幽默轻松的辩词，更好地展示自己的风度。尽量采用口语化、生活化的语言。

4. 言之有礼。辩论只是意见的不同，不能对对方选手进行人身攻击。因此措辞要得体，不要用挑衅性语言，如“对方辩友真是知识贫乏”、“简直太可笑了”。

[例文五·十四]

尊敬的主席、评委，对方辩友，各位观众，大家好！

我们怀着高兴的心情再次与大家相聚北大。可是，让我们感到遗憾的是，从中财到这里我们用了将近一个小时的时间，其原因是交通堵塞。如果没有公交线的限制，我们也许会迟到。那清华辩友就不战而胜了，而这样的胜利却支持着一个错误的命题。所以，我们切实感到今天的辩题具有极强的现实意义。

我们提醒辩友注意：北京是我们辩论的地域前提；我们对限制私家车消费的定义，就是，利用法律、规章和经济手段去限定、规范、约束和干预私家车的消费方式、理念和规模。而我们衡量利弊的受体是公众。北京限制私家车消费当然有利有弊，我方观点认为，北京限制私家车消费利大于弊。经济的理论和实践表明，私家车消费是一种外部不经济行为，会给其他经济主体带来负的效用，增加社会成本。而限制私家车消费则符合社会公正的原则，也有利于社会。具体说，有两点。

第一，北京限制私家车消费在缓解交通堵塞的问题方面利大于弊。限制了私车消费，确实会提高私车使用的成本。但是，交通是公共的交通。众所周知，和国内外的类似城市比较起来，北京的交通问题是千夫所指。而私家车上路数量的增长速度过快，从而导致汽车与道路增长比例严重失调是其中的重要原因。所以，限制私家车的消费，有利于经济、环境、生态的协调发展。

第二，有利于缓解交通，提高效率，优化配置现有的道路资源，也符合“谁受益谁付费”的市场规则，体现了社会公平的原则。我们知道，在大力发展公共交通与私家车的使用之间存在此消彼长的关系。目前的“公交优先”势必要求限制私家车的发展，而在长期，随着公交系统的完善一定会带来限制私家车消费的结果。请注意，像北京这样的其他国际性大都市都将“公交优先”与限制私家车消费结合作为缓解交通、标本兼治的主要措施。

第三，北京限制私家车消费，有利于改善一系列的社会问题。限制了私车消费，确实会影响造车厂商的供给。但是却有利于生产要素，特别是能源在全国的合理优化配置，有利于缓解北京的环境污染，有利于避免土地资源的过度浪费，有利于改善交通安全问题，有利于提高北京市民的生活质量。对方辩友请注意，我们所说的对私家车的消费进行限制不是要走计划经济的老路，而是发挥法规体系的作用，通过对市场行为的引导和政策手段调节，使汽车的使用成本更反映市场供求现状，这实际上有利于汽车产业的创新和可持续发展。而北京是全国的政治、文化中心和国际交流中心，也是前朝古都，拥有丰富的历史文化遗产，这是用金钱难以衡量的。北京限制私家车的消费有利于维护和发挥北京的特殊地位和职能。尤其是2008年奥运会日益临近，北京限制私家车消费就更是刻不容缓。北京限制私家车消费虽然会影响部分经济主体的利益，但公众获得的利益却远大于其弊端。我方认为不应对私家车消费放任自流，而应该进行合理的限制。北京限制私家车消费利大于弊！谢谢大家。

（这是在第一届首都高校经济学院辩论赛中，作为正方的中央财经大学代表队一辩的发言。辩题是“北京限制私家车消费利大于弊/弊大于利”）

[例文五·十五]

今天我们在这里继续了延续几千年的义利之辩。对方辩友的一些观点很值得商榷。

第一，对方辩友告诉我们义与利是统一的，可是如果二者真的统一，义就是利，利中有义，那么我们今天的讨论还有什么意义呢？人类几千年的辩论是不是有些太无聊了呢？利确实有很多含义，但在今天的辩题中与义作为矛盾双方存在的时候，只能指人欲之私。

第二，对方辩友在立论的时候告诉我们，利是物质基础，没有人能饿着肚子伸张正义，可是这就该把个人的私利凌驾于义之上去争取吗？陶潜不为五斗米折腰，他们不都是舍弃了物质利益，而弘扬了一身的正气吗？

第三，对于小我与大我，自己与他人，利益发生冲突时应该如何取舍，对方辩友也一直没有一个明确的答复。可如果是当谋其利的话，我要请问对方的三位男同学，当您身处即将沉没的泰坦尼克号的时候，您是正义将逃生的机会让给妇女和孩子呢，还是谋利不管死活，先挤上救生艇再说呢？说到今天的市场经济，对方辩友就认为一定要把利放在首位去谋取，可是连市场经济学家的鼻祖亚当·斯密都认为，对于物质的追求，不能成为指导人类道德社会的基础。对于利的过分追求使得当今为数不少的一些人价值观发生了扭曲和异化，当谋利的念头在脑中扎根的时候，人们眼中就充满了利益的诱惑，而我们今天提倡以德治国，以义正身，就是希望人们不再浮躁，社会不再急功近利。

义，作为几千年来人类社会行为的准绳，关键不在于能获得什么，更重要的在于能舍弃什么，在这种义的取舍之间，私利只能成为被放弃的对象，这样才造就了历代无数舍己为人、舍身为公的仁人义士。从“人生自古谁无死，留取丹心照汗青”的文天祥，到“粉身碎骨全不怕，要留清白在人间”的于谦，哪一个不是舍一己之私而求千秋之益呢？在边防战士中流传着这样两句话：为国当以身做盾，头颅甘愿悬国门。为了国家的安定繁荣和人民的安居乐业，这些卫士们把个人的私利置之度外，舍生取义成为他们眼中最大的光荣，我们的社会正需要千千万万这样胸怀大义的人。面对着当今的种种现实，对方辩友还在提倡当谋其利，就给大家留下了两点疑惑：第一，当义与利矛盾的时候，有人就义，有人谋利，究竟哪一个才有利于义的实现呢？第二，目的与手段本应是统一的，谋利这种索取行为为什么能达到正义要求奉献这个结果，希望等会儿对方四辩能给一个明确的答复。谢谢。

（这是在2002年全国大专辩论赛决赛中，作为反方的成都电子科技大学代表队四辩的总结陈词。辩题是“正其义当谋其利还是不谋其利”）

思考与练习

一、演讲稿的特点是什么？常用的开头、结尾方式各有哪些？

二、怎样设计演讲稿的高潮？

三、致词的写作要求有哪些？

四、写一篇在新生入学仪式上的欢迎词。

五、修辞的原则是“切合题旨，适合情景”，说和写都要看对象、看情景，根据特定语境，确定题旨、内容和形式，然后按起承转合顺序，分段一步步展开，这样，言语就会“得体”。这是起码要求，更高的要求是要体现出自己的语言风格，如质朴、简洁、生动甚至幽默等。据此，试分析莫言获奖致辞的表达特色。

获奖致辞

尊敬的国王、王后、各位王室成员，女士们先生们：

我的讲稿忘在旅馆了，但我记在脑子里了。

我获奖以来发生了很多有趣的事情，由此也可以见证到，诺贝尔奖确实是一个影响巨大的奖项，它在全世界的地位无法动摇。我是一个来自中国山东高密的农民的儿子，能在这样一个殿堂中领取这样一个巨大的奖项，很像一个童话，但它毫无疑问是一个事实。

我想借这个机会，向诺贝尔奖基金会，向支持了诺贝尔奖的瑞典人民，表示崇高的敬意。要向瑞典皇家学院那些坚守自己信念的院士表示崇高的敬意和真挚的感谢。

我还要感谢那些把我的作品翻译成了世界很多语言的翻译家们。没有他们的创造性的劳动，文学只是各种语言的文学。正是因为有了他们的劳动，文学才可以变为世界的文学。

当然我还要感谢我的亲人、我的朋友们。他们的友谊、他们的智慧，都在我的作品里闪耀光芒。

文学和科学相比较确实没有什么用处。但是文学的最大的用处，也许就是它没有什么用处。谢谢大家！（莫言）

六、参考上题，设想一种特定语境，设想你扮演其中的某个角色，然后设身处地，确定讲话题旨，构思并起草一篇发言稿。如：班长就职演说、同学聚会感言、听某某报告后座谈会上的发言等等。

七、什么是开幕词、闭幕词，它们有哪些特点？

八、为学校召开的田径运动会写一份开幕词。

九、为学校召开的文化艺术节写一份闭幕词。

十、竞职演说词与一般演说词相比有哪些特点？

十一、请写一篇竞聘学校社团联合会主席的演说稿。

十二、述职报告有哪些特点？

十三、代表组织与代表个人的述职报告有哪些异同？

十四、辩论稿的写作，为什么要体现出智慧性？

十五、以“高校扩招弊大于利还是利大于弊”为辩题，写一篇500字左右的辩论稿。

第六章　财经应用文（一）

第一节　经济活动分析报告

一、经济活动分析概说

经济活动分析是人们认识客观经济活动的一个重要方法，它通常是以经济理论和经济政策为指导，以会计核算、统计报表、计划指标和调查的情况为依据，运用科学的分析方法，对某一经济组织的经济活动或某一经济现象，进行分析研究，从中探索经济规律，评价成败得失，探讨其中原因，寻求改进方法，从而达到提高经济效益的目的。

表述经济活动分析成果的应用文体，就是经济活动分析报告。

（一）经济活动分析的作用

第一，帮助决策者了解客观经济活动的情况，为制定和调整经济决策提供依据。

第二，帮助企业了解其生产、经营、管理活动情况，发现存在的问题，改善经营管理，提高经济效益。

第三，为财政、金融、工商、税务部门提供信息资料。使它们了解企业的生产、经营、管理情况，发现问题，及时采取相应措施，加强管理，有效地发挥其在经济活动中的职能作用。

第四，帮助经济管理部门尤其是企业随时了解市场动态，预测市场未来的发展趋势，使其在生产、经营和管理活动中做到随机应变、“未雨绸缪”，而不是因循守旧，刻舟求剑。

（二）经济活动分析的种类

按照经济部门，可以分为工业经济活动分析、商业经济活动分析、农业经济活动分析等。按照分析的对象，可以分为财务状况分析、质量分析、成本分析、设备情况分析、库存结构分析、市场动态情况分析、商品流转情况分析、税收执行情况分析、资金运用情况分析等。按照分析的内容性质，可以分为综合分析、专题分析、简要分析。

二、经济活动分析报告的格式和写法

1. 标题。标题一般包括单位名称、时间和分析内容，如《×××公司二〇〇七年上半年财务分析》。也可只揭示分析的内容或范围，如《加强商品购销过程中的经济核算》、《浙江台州市南北农民收入的差距分析》。

2. 正文。

（1）开头。一般是运用几个基本数据概括地介绍生产或销售的基本情况，或概述分析的课题、目的和意义等。

（2）主体。这是分析部分。分析要根据目的要求，紧扣主题，结合具体情况，围绕重点安排内容。一般写法是：

①介绍情况。主要是介绍分析对象的情况，包括基本情况的文字说明和具体数字说明，如指标、百分比、有关数据等。

②进行分析。就是依据国家的政策和经济规律，运用对比分析法、因素分析法、动态分析法等方法，对有关数据进行数学运算推导，或对有关情况进行综合分析研究，作出评论，得出结论。常用的方法有：

A. 比较法。比较法又称“对比法”、“指标对比法”、“对比分析法”。它是将两个以上具有可比性的数字加以对比，显示此事物与彼事物的联系和差异，暴露问题，从而进一步查明原因，指出改进方向。因为事物的好坏、得失、成败、先进与落后、节约与浪费等，都是相比较而言的，有比较才能有鉴别，才能见是非、知高低，这是人们认识事物最直观的方法，也是经济活动分析的起点和最重要的方法。

比较是为了找差距，挖潜力，通常在以下三个方面进行对比：

a. 实际指标与计划指标对比。这种比较有助于检查计划执行情况，显示问题的所在，找出分析的方向。

b. 现在（实际）和过去（同期）对比。“同期”，有时指上年同期，如今年的一季度比去年的一季度；有时指同年的上期，如今年的二季度比今年的一季度；偶尔还将其与本单位同期历史最高水平相比。这种比较有助于揭示发展变化的方向与趋势，反映内部蕴藏的潜力。

c. 本单位指标与先进单位指标对比。既可以与国内同行业先进水平对比，也可以与国际上一般水平或先进水平对比。

运用比较法要注意可比性，即对比的项目具有时间、范围、内容、计算方法的一致性。

B. 因素分析法。因素分析法是将某一综合问题或指标分解为若干相互关联的因素，通过研究和测定这些因素判定出对这一综合问题或指标的影响程度的一种分析方法。在成本分析中采用因素分析法，就是将构成成本的各个因素进行分解，测定每个因素对成本计划完成情况的影响程度，并分析其原因，采取改进的措施。

因素分析法包括简单因素分析法、连锁替代法和连锁替代法的简化形式。

连锁替代法又叫连环替代法、顺序式因素分析法。计算的时候，先把影响某一指标变动的诸因素排好替代顺序，然后，依次一个一个因素替代，以确定各因素变动所造成的影响程度。

3. 结尾。结尾部分根据前面的分析，针对取得的成绩，探讨如何进一步巩固提高；针对存在的问题，提出解决的具体措施或建议。

三、经济活动分析报告的写作要求

（一）了解生产经营的实际，掌握和运用各种资料

资料准确全面是写好分析报告的重要依据。资料有核算资料、计划资料、定额资料，企业历史资料和国内外同行对比资料等。这些资料来自计划、报表、账目、凭证等书面材料，以及实地调查得到的活资料。

（二）资料为本，重在“分析”

分析资料，是更重要的一步。好的分析报告就是在占有资料的基础上，运用科学分析方法，分析出影响数据指标变化的因素及影响的程度、变化的原因，从而总结出经济活动的发展规律，为企业的经营作出决策。

（三）宏观分析与微观分析相结合

在国民经济系统中，各单位、各种因素、各类经济指标是互相联系、互相制约的。任何一个企业都必定要受到市场这个大环境（宏观）的影响。所以，分析不能见木不见林，而要立足全局，把握宏观。在深刻理解国民经济发展总趋势的前提下，对本企业的经济活动状况作微观分析，才能见解独到，成为指导本企业经营活动的指导性文件。

（四）检验性与指导性相结合

检验性是指对本部门、本系统执行国家经济政策和经济方针状况进行检验，检验执行财经制度、财经纪律的情况，检验企业的生产经营情况、利润指标完成情况、原材料消耗情况及设备情况等。通过检验，总结经验，发现问题，提出措施。指导性是指对企业当前及未来工作的指导。通过分析经济活动，找出企业的优势和劣势，长处和短处，成绩和不足，以便对症下药，指导以后的工作。

例文参见第七章第一节“财务分析报告”的例文。

第二节 市场调查报告

一、市场调查报告概说

市场调查报告是在对调查得到的资料进行分析整理、筛选加工的基础上，记述和反映市场调查成果并提出作者看法和意见的书面报告。

市场调查的根本目的，在于掌握市场变化的规律，发展商品经济，提高企业的竞争能力和经济效益。因此，凡是影响市场变化的因素，都是调查的内容，如生产情况的调查、供应情况的调查、销售情况的调查等。由于市场调查的内容范围较广，所以市场调查报告的种类也较多，有宏观的市场调整报告和微观的市场调查报告，有综合的市场调查报告和专题的市场调查报告，有国内的市场调查报告和国际的市场调查报告，等等。

市场调查报告是市场调查工作的最终成果，也是市场调研过程中最重要的一

环。许多管理者并不一定涉足市场调研过程，但他们将利用市场调查报告进行业务决策。一份好的市场调查报告，能对企业的市场策划活动提供有效的导向作用，同时，对于各部门管理者了解情况、分析问题、制定决策、编制计划以及控制、协调、监督等各方面都能起到积极的作用。

二、市场调查报告的格式与写法

市场调查报告一般具备三个要素：

1. 基本情况。对调查结果的描述与解释说明，可以用文字、图表、数字加以说明。对情况的介绍要详尽而准确，为下一步做分析、下结论提供依据。

2. 分析与结论。对上述情况、数据进行科学的分析，找出原因及各方面因素的影响，透过现象看本质，得出对调查对象的明确结论。

3. 措施与建议。通过对调查资料的分析研究，对市场情况有明晰的认识。针对市场供求矛盾和调查发现的问题，提出建议和看法，供领导决策参考。

市场调查报告没有固定的统一格式，结构上一般包括标题和正文两部分。

1. 标题。标题应概括全文的基本内容，做到准确、简洁、醒目。常见的写法有：

（1）单行标题。可由调查对象、调查内容（范围）、文种构成，如《天津自行车在国内外市场地位的调查》；可直接揭示调查结论，如《皮革服装在济南市场畅销》；也可提出问题，如《电动玩具为何如此热销》。

（2）双行标题。一般由正、副两行标题构成，如《“皇帝的女儿”也“愁嫁”——关于舟山鱼滞销的情况调查》。

2. 正文。一般由前言和主体两部分构成。

（1）前言。常见的写法有：交待调查活动的一般情况；写明调查目的、时间、地点、对象、范围、方式、结果等；介绍调查对象的基本情况；提出问题。

（2）主体。这是市场调查报告的核心部分，一般包括三个方面的内容，也就是前面所述的三个要素——基本情况、分析与结论、措施与建议，要在这里分别详细展开。

三、市场调查报告的写作要求

1. 要做好市场调查研究工作。写作前，要根据确定的调查目的，进行深入细致的市场调查，掌握充分的材料和数据，并运用科学的方法，进行分析研究判断，为写作市场调查报告打下良好的基础。

2. 要实事求是，尊重客观事实。市场调查报告的写作一定要从实际出发，实事求是地反映出市场的真实情况，一是一，二是二，不夸大，不缩小，要用真实、可靠、典型的材料反映市场的本来面貌。

3. 要中心突出，条理清楚。运用多种方式进行市场调查，得到的材料往往是大量而庞杂的。要善于根据主旨的需要，对材料进行严格的鉴别和筛选，给材料归类，并分清材料的主次轻重，按照一定的条理，将有价值的材料组织到文章中去。

［例文六·一］

广东生猪市场调查报告

2009 年 5 月 25 日

今年春节过后生猪价格呈持续下降走势，部分地区跌幅较大。为深入分析当前我省生猪生产、市场等有关情况，准确把握后期市场价格走势，根据国家发改委价格监测中心《关于开展生猪市场调查的通知》（发改价监中心［2009］16 号）的要求，从 4 月下旬到 5 月下旬，我们组织我省的高州、廉江、新兴、罗定、普宁、海丰、曲江等 7 个县（市、区）开展了一次专项调查。调查的大小型养殖场（100 头以上）、中型养殖场（30~100 头）、散养户（30 头以下）合计 30 户。本次调查采用问卷结合走访、座谈的形式，重点调查生猪存栏、出栏、养殖成本及收益等情况。

调查结果显示：4 月份生猪、能繁母猪和仔猪的存栏数量均比年初有所增加，生猪的出栏数量也较年初和去年同期都有所增加，预计 5 月、6 月生猪出栏数同比仍将增长。养猪成本有所下降，但由于生猪的存栏、出栏数增加而猪肉消费不旺，导致养猪户实际盈利大幅减少甚至接近亏损。

一、存栏、出栏及补栏情况

1. 存栏情况。4 月底，生猪的存栏 19 041 头（30 户合计，下同），比年初增加1 770头，比去年同期减少 1 300 头，其中：母猪存栏 2 313 头，比年初增加 182 头，比去年同期增加 165 头；能繁母猪存栏 2 126 头，比年初增加 134 头，比去年同期增加 94 头；仔猪存栏 8 026 头，比年初增加 729 头，比去年同期增加 498 头。

2. 出栏情况。4 月份累计出栏生猪 3 020 头，比去年同期增加 16 头，1 ~4 月累计出栏生猪 11 369 头，比去年同期增加 1 263 头，预计 5 ~6 月出栏生猪 5 062 头，比去年同期增长 629 头。

3. 补栏情况。4 月份累计补栏生猪 1 501 头，其中母猪补栏 89 头，生猪补栏比去年同期增加 73 头，母猪补栏比去年同期增加 28 头；1 ~4 月累计补栏生猪 4 150头，其中母猪补栏 161 头，生猪补栏比去年同期增加 1 047 头，母猪补栏比去年减少 2 头；5 ~6 月准备补栏生猪 1 768 头，其中母猪补栏 156 头，生猪补栏比去年同期增加 146 头，母猪补栏比去年同期增加 88 头。

二、生猪生产成本及收益情况

4 月份出栏生猪平均每头收入 1 251 元，每头比 3 月份减少收入 109 元，比去年同期减少收入 502 元；4 月份平均每头猪总成本 1 267 元，每头比 3 月份减少成本 50 元，比去年同期减少成本 239 元。其中：仔猪成本 378 元，饲料成本 724 元，人工、防疫等成本 124 元。仔猪成本比去年同期减少 219 元，饲料成本比去年同期减少 26 元，其他成本比去年同期增加 19 元。目前新养一头猪总成本为 1 201 元（折每百斤成本 594 元），其中：仔猪成本 322 元，饲料成本 714 元，人工、防疫等其他成本 134 元。

三、问卷调查的其他情况

对“近期生猪价格仍在继续下降的主要原因”的问答，选择“生猪存栏量过大”的有18户（占60%），“消费不旺”的有19户（占63%），“生产成本下降”的有6户（占20%）。

对“预计5—6月生猪、猪肉价格走势”的问答，选择“大幅上涨”的只有1户（占3%），选择“小幅上涨”和“基本稳定”的各有4户（均占13%），选择“大幅下降”的有3户（占10%），选择“小幅下降”的最多，达到16户（占53%）。

对“下半年生猪、猪肉价格走势”的问答，选择“小幅上涨”和“小幅下降”各有9户（均占30%），选择“基本稳定”的有8户（占27%）。

对“下半年几月份猪肉将上涨”的问答，选择“7月”和“11月”的各有2户（均占7%），选择“8月”的有8户（占27%），选择“9月”的有7户（占23%），选择“10月”的有5户（占17%）。

对“下一阶段养猪打算”的问答，选择“维持现状”的有18户（占60%），选择“扩大规模”的有7户（占23%），选择“减少规模”的有1户（占3%），选择“不再饲养”的为0户。

对“不扩大养殖规模的主要原因”的问答，选择“担心后期猪价继续下跌”的有12户（占40%），选择“担心疫病”和“收益不如外出打工”的各有3户（均占10%），选择“贷款难”的有1户（占3%），选择“其他”的有6户（占20%）。

四、存在的主要问题

1. 养猪风险大，盈亏难以把握。调查的多个地方反映，生猪行业的特点是生猪价格高涨时大家纷纷补栏，一旦遇到消费不旺的时期，如目前的情况，必然造成生猪供过于求，生猪价格就会下跌。养殖户缺乏权威、准确的行业信息引导，只能盲目凭自己的判断来组织生产，必然造成生猪价格的大起大落和收益不稳定。

2. 生猪养殖成本大，效益不稳定。从2007年下半年开始，玉米等饲料价格走高，现在玉米等价格有回落，但降幅不大。目前生猪饲养成本下降，主要是仔猪价格跌幅较大引起的，而饲料、人工成本费用与去年同期比相差不大。

3. 生猪的生产周期较长，风险难控制，养殖技术落后，疫病防控难、贷款难，批发商垄断市场压低生猪收购价格时有发生等等这些因素，制约着养猪行业的良性发展。

五、意见和建议

1. 建立政府主导的生猪行业预警机制。政府应建立一个权威、反应灵敏的生猪行业预警机制，通过平台定期发布生猪的供求总量和价格信息，并让所有养殖户均能通过平台获得相关的信息，以正确引导生猪的生产、流通和消费。

2. 及时启动防止生猪价格过度下跌的调控预案。目前我省政府已于今年5月出台了防止生猪价格过度下跌的调控预案，作为政府相关部门应该密切关注、监测生猪的生产、市场价格、成本及收益情况，一旦生猪的猪粮比价进入偏冷区域，应该及时启动预案。

3. 政府有关职能部门要加大对生猪屠宰和流通环节的监管力度，防止出现肉商压价的垄断情况，同时做好生猪疫病的防控工作。

[例文六·二]

2012年手机市场相关调查报告

一、调查方案

（一）调查目的：通过了解大学生手机使用情况，为手机销售商和手机制造商提供参考，同时为大学生对手机消费市场的开发提供一定的参考。

（二）调查对象：在校生

（三）调查程序：

1. 设计调查问卷，明确调查方向和内容。

2. 进行网络聊天调查。随机和各大学的学生进行聊天并让他们填写调查表。

3. 根据回收网络问卷进行分析，具体内容如下：

(1) 根据样本的购买场所、价格及牌子、月消费分布状况的均值、方差等分布的数字特征，推断大学生总体手机月消费分布的相应参数；

(2) 根据同学们对手机功能的不同要求，对手机市场进行分析。

二、问卷设计

大学生手机使用情况调查问卷

同学您好：

打扰一下，帮我填一个表可以吗？为了了解在校大学生对手机消费的需求，我特地展开了此次的调查活动，希望您在百忙之中抽出宝贵时间帮我完成这份市场调查，将您的选项填入括号中。

1. 您目前拥有手机吗？(　　)

a. 有　b. 没有

2. 您的手机牌子是什么？(　　)

a. 诺基亚　b. 摩托罗拉　c. 三星　d. 索尼爱立信　e. CECT　f. 夏新　g. 其他（　　）

3. 您购买手机的场所是？(　　)

a. 商场　b. 专卖店　c. 网上订购　d. 其他（　　）

4. 您喜欢的手机牌子是什么？(　　)

a. 诺基亚　b. 摩托罗拉　c. 三星　d. 其他（　　）

5. 购买手机，您认为合适的价位是多少？(　　)

a. 500 ~1 000 元　b. 1 000 ~1 500 元　c. 1 500 ~ ××元　d. ××元以上

6. 您购买手机的主要用途是什么？(　　)

a. 发短信　b. 打电话　c. 打游戏　d. 其他

7. 您购买手机首先考虑的问题是？(　　)

a. 外形 b. 功能 c. 价格 d. 品牌 e. 其他(　　)

8. 若您要更换手机，在经济条件允许的前提下，您最想使用下列哪种类型的手机：(　　)

a. 智能手机 b. 拍照手机 c. 音乐手机 d. 普通手机

9. 您现在或曾经使用哪些手机功能？(　　)

a. 文字短信 b. 彩信 c. 手机摄影 d. 无线上网 e. 下载游戏 f. EMS

10. 您将来会尝试使用哪些手机业务与手机功能？(　　)

a. 文字短信 b. 彩信 c. 彩铃 d. 手机广播信息

e. 手机摄影 f. 手机报纸 g. 手机小说 h. 手机电影/电视

i. 游戏 k. GPRS l. 手机交友

11. 您觉得手机对你的生活来说：(　　)

a. 很重要 b. 比较重要 c. 一般 d. 比较不重要 e. 一点都不重要

12. 您作为顾客，希不希望厂家配送配套的手机套、手机链？(　　)

a. 希望 b. 不希望

13. 您希望手机厂商提供什么样的服务？(　　)

a. 校内维修 b. 学生专卖店 c. 手机专卖店

14. 请简单描述您理想中的手机。

根据以上整理的数据，我进行数据分析，得出结论：学生手机市场是个很广阔的具有巨大发展潜力的市场。

（一）根据学生手机市场份额分析

根据调查显示，在学生市场份额排名靠前的品牌中，学生市场份额偏高的品牌有诺基亚 36%、摩托罗拉 18%、三星 25% 等，这几个品牌无一例外都是主要以低端机冲击市场，目前国产品牌在学生市场中认可度也在不断提高。

（二）学生消费群的普遍特点

作为学生我对这个群体做了一些了解，对于我们共同的特点进行分析，得出手机市场应该针对不同学生群体开发产品或进行针对性的营销手段，才能够抢占市场。下面我们就来对学生群体的特点来进行分析：

1. 学生消费群的普遍特点：

（1）没有经济收入；

（2）追逐时尚、崇尚个性化的独特风格和注重个性张扬；

（3）学生基本以集体生活为主，相互间信息交流很快，易受同学、朋友的影响；

（4）品牌意识强烈，喜爱名牌产品；

2. 学生消费者购买手机的准则和特点。通过调查，大学生购买手机主要考虑因素是时尚个性化款式、功能、价格、品牌等，这也成为学生购买手机的四个基本准则。在调查中表明，大学生选择手机时最看重的是手机的外观设计，如形状、大小、厚薄、材料、颜色等，占 65%；但大学生也并非一味追求外表漂亮，“内涵”

也很重要，所以手机功能也占有一席之位，占50%；其次看重的是价格，而较少看重的是品牌，看来现在的大学生还是比较看重实际的。

学生购买手机的特点主要有：

(1) 选购要求为时尚、实用和低价。要大部分学生来选购自己真正喜欢的手机是不现实的，所以学生手机族只有委屈一下自己，主要把眼光放在了低价位而且有时尚感、造型好看具有较好功能的手机上。既要时尚、实用，又要便宜，对于手机和学生来说，这种条件的筛选都是极为苛刻的，要求在各个方面寻求最佳结合点。

(2) 由于方便而购买手机。根据调查显示，大多数学生消费者购买手机的真正目的在于方便与家人、朋友、用人单位联系。对于购买手机与家人联系这一目的，据调查显示，多数学生手机族的父母均持肯定态度，而这种态度对学生购买手机行为的产生具有直接的推动作用。另外，还有部分大四的学生怕漏过任何招聘信息，也推动了此种购买动机的产生。

但是学生在选购手机的过程中，也越来越注重手机的使用是否方便这一方面，如手机的菜单是否方便简单，手机的功能是否全面、方便实用等。

第三节　经济预测报告

一、经济预测报告概说

经济预测报告是根据过去和现在的资料，预见、分析和推断未来一定时期内经济发展过程及变化趋势的经济文书。

经济预测报告的特点主要表现在“预测”上：

1. 预见性。对未来经济变化发展的趋势作出预测判断，这种判断越接近未来的客观实际，就越好。预见性可促使人们立足现实，着眼未来，是经济预测报告的生命力和实用价值之所在。

2. 科学性。从实际出发，在占有大量的信息资料的前提下，通过运用现代技术和科学方法，找出事物的发展规律并预测未来。预测的结果是经济发展规律的反映。经济预测必须具有科学性，才可能具有准确的预见性。

3. 时效性。在瞬息万变的经济活动中，要使预测能为决策服务，为提高经济效益服务，就必须迅速、灵敏地记录和反映经济活动中的新变化、新动态，并以最快速度传递给决策部门和管理部门。时效性是经济预测报告的生命和力量所在。

经济预测报告的种类，根据不同的划分标准可有不同的结果：

1. 按期限划分，有长期经济预测报告、中期经济预测报告和短期经济预测报告。

2. 按预测方法划分，有定性分析经济预测报告和定量分析经济预测报告两类。

3. 按范围划分，有宏观经济预测报告和微观经济预测报告两类。宏观经济预测报告是指对大系统的、总体的、综合的预测报告，一般用于对整个国民经济范围的预测，它要求描述整个国民经济活动的总图景，以及相应的经济变量的全社会综合数值。微观经济预测报告是指关于某经济单位的预测报告，是对局部或个别的经济问题所作的预测报告，如预测一个企业、一个城市或家庭、个人的经济活动，就是采用微观经济预测报告。因此，它是一种应用最广泛的预测报告。企业常用的微观经济预测报告主要有以下六种：

（1）市场预测报告。这是指预测市场对企业产品总的需求量的报告。它是企业安排产品生产的重要依据。

（2）销售预测报告。这是预测企业产品在市场上的销售量（即市场占有率、产品竞争力）的报告。它是企业改善经营管理，扩大销售量的重要依据。

（3）技术预测报告。这是预测同行业生产中的新技术、新材料及其对市场需求影响的报告。它是企业制订科学研究和新产品开发计划，安排产品更新或升级换代的重要依据。

（4）资源预测报告。这是预测企业生产所需原料、能源的来源和保证程度的报告。它是确定企业生产所用原材料品种、数量、规格、期限和供应单位，制订原材料和能源节约代用计划的重要依据。

（5）生产预测报告。这是在市场、销售、资源等预测的基础上为制订企业生产计划而进行产量预测的报告。具体的报告内容有：企业生产能力、改建和扩建投资、计划期限内各种产品的年产量预测等。

（6）成本预测报告。它是预测产品在一定时期的成本水平的报告。它是企业有计划地降低成本，加强经济核算，多快好省地发展生产的重要依据。

二、经济预测报告的格式与写法

经济预测报告尽管类型繁多，要求不一，但基本的格式和写作方法大致相同，一般都由以下几个部分构成：

（一）标题

标题要能体现出预测的类型及范围，如《21 世纪上半叶中国经济长期预测》，一看可知这是一个关于中国的长期的综合的宏观经济预测报告；又如《关于大豆价格走势的近期报告》，这一标题又明确地告诉我们，这是一个关于大豆的短期的专项的微观经济预测报告。

（二）正文

正文通常包括以下几个部分：

1. 开头。以历史为依托，对经济活动的现状进行简要概括，进而单刀直入地点出问题所在，以期引起人们的关注。

2. 预测。紧接着上文提出的问题，运用市场调查、统计数据、综合分析、合理推断等方法，从不同的侧面对经济活动的未来发展趋势做出判断。这是经济预测的核心部分，直接关系到文章的成败，在篇幅上应有所突出，内容上要做到严谨周密。

3. 建议。根据上文预测的结果，有针对性地提出应对措施，从而达到规避风险、科学决策的目的。这是解决问题的部分，如果只有预测没有建议，预测就失去了目的和意义。

4. 结语。对上文的预测和建议进行概括性的总结，从正反两方面点出及早采取应对措施的重要性和必要性，以便对有关决策部门起到敦促作用。

（三）落款

落款要写明作者单位、姓名及写作日期。

三、经济预测报告的写作要求

1. 预测要客观，避免武断。经济预测报告是对经济活动未来走向进行的判断，在预测时应当从客观实际出发，作出恰当的推断。要避免武断，防止出现预测与实际之间的过大偏差。

2. 建议要合理，切实可行。进行经济预测的目的就是为了及早采取应对措施，以便未雨绸缪。如果作者所提出的预测准确，而建议却不够合理，难以实行，那么预测就失去了其实际意义。

[例文六·三]

2012 中国经济走势预测

发布时间：2012 年 2 月 14 日　12：49

来源：人民论坛　作者：王健

（作者：国家行政学院经济学教研部主任、教授）

评述由头

2011 年，一系列财经热词引人关注：楼市限购、稳定物价、结构性减税、中小企业融资难、美国降级、欧债危机……一个个热词背后，反映了面临诸多挑战的国内经济形势与复杂多变的国际经济环境。2012，中国经济将如何走向就成为了一个万众瞩目的话题。2011 年中央经济工作会议将"稳中求进"定为明年经济工作的总基调。那么，国家宏观调控应如何发力，才能实现中国经济的"稳中求进"？面对国际经济形势的"哀鸿一片"、欧债危机的深不见底，中国经济是否可以独善其身，我们又该如何应对？

金融动荡给复苏中的世界经济踩了一次刹车，大大延缓了复苏的进程，对世界经济的影响不容小视。国际金融动荡后，中国经济增长速度下滑，通货膨胀持续，外汇储备损失。对此，我们不能淡然处之、以不变应万变，需要审时度势，从容应对。

2011 年夏秋的国际金融动荡，始于美国债务上限之争，爆发于美国信用评级机构下调美国政府债务评级，发酵于欧元区政府债务危机。本次金融动荡虽不会导致美国、欧洲经济出现 2008 年的衰退，却给复苏中的世界经济踩了一次刹车，大大延缓了复苏的进程，对世界经济的影响不容小视，世界经济逐渐步入滞胀是显而易见的。

美国政府信用评级下调对美国最直接的影响就是美国政府、企业和普通消费者借贷时的利率会提高，融资成本提高，进而会拖累经济，使美国经济在缓慢恢复的过程中遭受新的创伤，延缓美国经济复苏的进程。

欧洲国家的经济复苏前景黯淡。欧元区国家的政府债务危机，已经从希腊等经济小国蔓延到欧元区经济第三和第四的意大利和西班牙，所有面临政府债务危机的国家，为了维护欧元的地位，都必须削减财政赤字。削减财政赤字，就要增税或减少政府支出，无论用哪种政策，或者两者兼用，其政策效应都是收缩经济，因而，欧洲经济复苏前景令人担忧。与此同时，美国还要“叮”欧元区这个“有缝的鸡蛋”，通过加大打击欧元区经济，进而动摇欧元地位来维持美元的霸主地位，欧元经济迅速复苏的难度更大了。

世界经济将逐渐步入滞胀的泥淖。世界经济疲弱且复苏缓慢，美欧政府债务危机导致全球流动性泛滥及通货膨胀蔓延，因而，在全球没有重大技术革命、或没有找到新的经济增长点、或没有发明更好的政策组合之前，指望世界经济迅速复苏、达到国际金融危机之前的水平，前景暗淡。

中国经济难以独善其身

在国际金融动荡之后，已经深深地融入国际经济的中国经济，不可能置身事外，想独善其身也殊为不易。这一轮的国际动荡不仅对世界经济有重大影响，而且正在影响中国经济，需要沉着冷静地应对。

首先，国际金融动荡冲击资本市场，A 股无法独善其身，破位下行再创新低。一是延续了 2010 年以来中国 A 股与国际股市的关系：“月亮走，我也走；月亮不走，我也走”，即国际股市涨，A 股基本不涨或微跌；而国际股市跌，中国股市必跌。现在，国际股市恐慌情绪加剧，打击了市场的信心，A 股更是“跌跌不休”。二是中国政府持有的巨额外债和美元资产大幅缩水，影响中国金融和实体经济发展前景及应对国际经济和金融风险的信心，进而影响股市投资者信心，股市反弹乏力，低位振荡。三是面对国内通货膨胀，不断紧缩的货币政策，持续地打击投资者的信心，A 股一蹶不振。

其次，出口下滑，经济增速下滑。在国际金融动荡后，中国向美国、欧洲出口更困难，经济增长速度放缓。一是受美国信用等级下调影响，美国进口需求会下降，中国对美国出口困难。二是人民币升值影响中国产品的竞争力，抑制中国出口的增长。三是欧元区国家政府债务缠身，为了避免欧元将土崩瓦解的噩运，欧元区国家必须实施统一的、紧缩性的财政政策。紧缩的财政政策导致经济增长趋缓，欧洲国家总需求退潮，中国向欧洲出口之船也会随着总需求潮落而下降。四是国际贸易保护主义抬头、贸易摩擦增加，中国出口贸易风险和隐患增加，导致出口减少。在美欧国家面临经济困难时，常常更多地祭起贸易保护的大旗，2011 年全球贸易预警组织发布报告称，近半年多来，全球范围内已有 194 项保护主义措施被执行，贸易保护主义势头正在上升。

由于国内产能持续增长和国内消费乏力并存，导致经济增长依赖出口，因此，在中国经济发展方式没有根本转变、内需和外需结构没有调整的情况下，出口减少必然导致实体经济增长速度下滑。

再次，外汇储备风险增加，购买力下降。一是我国的外汇储备以美元计价，美元对欧元、英镑、日元等的走弱，直接降低了中国外汇储备的购买力。二是中国外汇储备实际购买力绝对地下降。国际上的大宗商品等都是以美元计价的，美元贬值，这些商品的价格就要涨价，从而造成我国外汇储备实际购买力的下降。三是中国外汇储备中的黄金储备太少，不能从国际金价上涨中获益，与美国、德国等黄金储备多、黄金储备占外汇储备比重高的国家相比，当国际黄金价格暴涨时，中国的外汇储备的购买力绝对地下降。

此外，国际金融振荡导致国内通货膨胀压力增大，中国治理通货膨胀的任务更加沉重。其一，输入型通货膨胀压力增加。美国增加债务或美联储变相地贬值美元，对严重依赖进口国外大宗商品的中国来说，随着大宗商品进口价格提高，必然导致成本推动型通货膨胀持续，输入型通货膨胀会更加明显。其二，国际避险资金涌入中国，推高通货膨胀。由于美欧经济动荡，国际流动性避险意愿增强，避险资金会一如既往地、甚至加速地流入中国，国内货币供给增加，助推中国本已较高的通胀水平。

简言之，国际金融动荡后，中国经济增长速度下滑，通货膨胀持续，外汇储备损失。

中国经济强身健体之策

国际金融振荡正在将世界经济引入滞胀的泥淖，引发中国经济增速下滑和通胀持续，我们不能对国际金融动荡淡然处之、以不变应万变，需要审时度势，从容应对。

应对国际金融动荡的新思路为：真正地转变经济发展方式，必须从外需导向型转向内需导向型，从依赖扩大出口和引进外资发展经济，转为依赖国内消费和投资发展经济，尽快形成消费、投资、出口协调拉动经济增长的新局面。

与新思路相对应的独立自主的宏观调控政策为：以调整财政支出结构为突破口，以疏堵结合的货币政策和恢复发展资本市场的政策为两翼，全力以赴、真正地扩大内需，建立扩大消费需求的长效机制。

就调整财政支出结构而言，主要包括将出口退税改为居民消费补贴、将家电补贴改为消费补贴、将菜篮子补贴改为居民食品价格补贴等政策调整。

就货币政策而言，要从“控”为主转为“堵”、“疏”结合。中国必须实行自主独立的货币政策：一方面实现人民币双向浮动，“疏导”外汇出国；另一方面，将目前的外汇“奖入限出”政策改变为“限入奖出”政策。

就恢复发展资本市场而言，在国际资本市场动荡之际，抓住有利时机全力以赴地恢复和发展中国的资本市场，可以从多方面促进中国经济强身健体。中国资本市场发展已经错失了国际金融危机带给我们的机遇，国际金融动荡又给了中国资本市场机会，这次决不能再坐失良机。中国GDP已经是世界第二，然而，与此不对称的是：中国缺乏现代资本市场，中国缺少一个与世界GDP第二相称的资本市场。

第四节　可行性研究报告

一、可行性研究报告概说

可行性研究报告是有关企业、部门或专家组对拟出台的决策、拟上马的项目，经过全面调查、分析、论证，写出的实施该决策或项目的可行性、有效性的文书。可行性研究报告，又叫可行性论证报告。其主要特点如下：

1. 严格的论证性。可行性研究报告是在作出决定前，从经济、技术、资金、市场销售等方面，对决策或项目进行综合分析论证，并就法律、政策、环保以及对整个社会的影响，作出科学的论证与评价的书面表达形式。可行性研究，必须通过全面、系统的分析方法而进行，形成文字，常常需用介绍、分类、比较、图表、数字说明等方法。大的可行性研究报告，还必须就人们对立项可能提出的质疑进行论辩。如《关于三峡工程必要与可行的论证》，就对水库泥沙淤积、诱发地震、大坝的战争防护、生态环境、移民等人们易产生疑虑的问题进行了深入的论辩，以使人们消除疑虑，接受可行的观点。

2. 预见性与前瞻性。任何可行性论证都是在决策之前，项目实施之前进行的，自然需对项目的可行性及可能遇到的种种问题，进行科学的预测和估量。

可行性研究报告根据不同的划分方法可得出不同的种类。

1. 按内容划分，可分为政策或改革方案可行性研究报告、建设项目可行性研究报告、引进或开发性项目可行性研究报告、中外合资经营可行性研究报告。

政策或改革方案可行性研究报告，主要是对拟议中的经济、技术政策或改革方案的必要性和实施的可行性进行分析论证，为制定政策、深化改革提供依据和建议。

建设项目可行性研究报告，主要是根据国家计委制定的有关管理办法中规定的那些生产建设和基础设施建设项目以及利用外资、技术改造等项目制订的可行性研究报告。这类可行性研究报告最为常见。

引进或开发性项目可行性研究报告，适用于引进新技术、新设备以及开辟和拓展新市场、开发新产品和新技术、采用新工艺和新管理方法之类的项目可行性研究报告。主要从发展前景、技术或设备的先进性、生产需要、市场需求、效益、效率等方面论证其可行性。

中外合资经营可行性研究报告，是对中外合资经营项目可行与否进行研究论证的报告。其研究论证的重点是外国合营者的资信度及产品销路。

2. 按性质划分，可分为肯定性可行性研究报告、否定性可行性研究报告、选择性可行性研究报告。

肯定性可行性研究报告，即肯定、认可拟议项目实施的必要和可行的报告。大多数可行性研究报告属于这一类。否定性可行性研究报告，即通过分析论证，发现拟议中的项目不具备实施的条件，从而予以部分否定或彻底推翻的报告。选择性可行性研究报告，即原拟议项目可能提出两个以上实施方案，通过分析论证，肯定其中一个方案可行，否定其他方案的报告；或者在肯定原项目前提下否定其具体实施方案，再提供两个以上可行方案供决策者选用。这两种情况都可称为选择性可行性研究报告。

二、可行性研究报告的格式与写法

可行性研究报告通常都是单独成册上报的。其一般格式包括：封面、摘要、目录、图表目录、术语表、前言、正文、结论和建议、参考文献、附件等部分。封面没有固定的要求，但是项目名称、报告单位、报告时间等内容不应缺少。下面仅就前言、正文、结论与建议、附件几大部分的写法作以简要说明：

1. 前言。可行性研究报告的前言，主要是使读者了解本报告的来龙去脉和主要内容，因此，前言部分一般需包括项目的来由、目的范围以及本项目的承担者和报告人、可行性研究的简况等。

2. 正文。可行性研究报告的正文，是结论和建议赖以产生的基础。要求以系统分析为主要方法，以经济效益为核心，围绕影响项目的各种因素，运用大量的数据资料，以论证拟建项目是否可行，或对各种预选项目的方案进行分析、比较、论证和预测，以得出拟立项目的必要性、可行性以及作用等信息。经济或企业上马项目立项可行性论证的目的，无非是为决策提供科学依据。一般说来，论证要从九个方面进行：①需要预测和拟建的规模；②资源、原材料、燃料及公用设施情况；③建厂条件和厂址方案；④设计方案；⑤环境保护、劳动保护与安全防护；⑥企业组织、劳动定员和人员培训；⑦工程实施进度；⑧投资估算和资金筹措；⑨经济效益与社会效益。对于不同项目的可行性研究报告，以上各项内容应有所侧重或增减。

3. 结论与建议。当项目的可行性研究完成了所有方面的分析之后，应对整个可行性研究提出综合性的评价、结论，指出优、缺点，提出建议。

4. 附件。为了说明结论，往往还需要一些附件，例如试验数据、论证材料、计算图表、附图等，以增强可行性报告的说明力度。

三、可行性研究报告的写作要求

1. 搞好调查研究，做到内容真实可靠。可行性研究报告是确定基本建设项目的依据，所用的数据、资料要反复核实，以保证内容的真实性。另一方面，必须站在客观的立场上，从实际出发，进行分析论证。

2. 运用系统分析方法，综合精确地考察项目。围绕影响建设项目的各种因素进行全面、系统地综合分析，既要作宏观的分析，又要作微观的分析。要始终从整体与部分之间，整体与外部环境之间的相互联系、相互作用、相互制约的关系中综合地、精确地考察对象，以求最佳地处理问题，找出最优化方案。

3. 经济效益与社会效益并重。不能仅仅着眼于企业的经济效益，还应考虑国民经济的整体利益，把两者结合起来进行评估。

[例文六·四]

××建立钛白粉厂的可行性研究

钛白粉（TiO_2）是精细化工产品，占世界无机颜料总消费量的50%以上，占世界白色颜料总消费量的80%以上，主要用于涂料，其次是塑料、橡胶、化纤等。

钛白粉主要有金红石型和锐钛型两大类，有硫酸法和氯化法两种生产工艺。

钛白粉历来是世界性的热销商品。我国钛白粉历来短缺，特别是占涂料用量50%以上的金红石型钛白粉，几乎全靠进口，花费大量外汇。为了满足国民经济发展的需要，要大力发展钛白颜料，重点是发展高档次钛白颜料。

一、××建立钛白粉厂的基本条件（略）

二、钛白粉市场概况

我国钛白粉工业落后，仅占世界总产量的13%，发展缓慢。（略）

钛白粉工业的落后严重地拖了我国涂料工业的后腿。（略）

按预测，1990年需钛白粉×万吨，2000年需×万吨。当前除镇江钛白粉厂年产×万吨长石型钛白粉改造项目外，仍无别的长石型钛白粉新建项目。

70年代资本主义国家经济不景气，加上苛刻的环保法，使欧洲一些大型硫酸法钛白粉工业关闭和限产，1982年世界钛白粉生产能力下降到237.8万吨。1983年以美国经济回升为转机，需要量大增，造成世界的钛白粉短缺。1986年需求量达250多万吨，供应能力利用率达102%。利用率的上升，促使价格的上涨。（略）

今后若干年内世界消费量平均增长率为1.5%～2.3%。预测，1990年世界消费量将增至286万吨，2000年增至310万吨。而按1982—1989年间的供应能力，年平均增长率只有0.94%。预计供应能力只有256.3万吨，2000年仅有278.5万吨。

三、生产工艺的选择和技术设备的来源

生产工艺的选择。（略）

技术设备的来源。（略）

主要设备名称。（略）

四、建设规模、物料及动力供应规划

建设规模的选定。（略）

物料及动力供应规划。（略）

五、厂址选择（略）

六、环境污染的防治（略）

七、生产组织形式和劳动力定员

投资概算。(略)

资金来源设想。(略)

八、经济分析

工厂产品成本的估算。(略)

利润估算。(略)

净现值分析。(略)

基准投资收益率。(略)

盈亏平衡分析。(略)

敏感性分析。(略)

九、结论

以上分析研究表明：为开发利用××丰富、易采、质优的钛砂矿，引进国外先进设备，以××化工二厂为基地建设年产×吨（第一期）氯化法金红石型钛白粉是可行的，若不能引进国外先进技术设备，利用国内现有的技术设备在××化工二厂的基地上建设年产×吨（第一期）氯化法金红石型钛白粉厂也是可行的。

××××年××月××日

第五节　经营决策方案

一、经营决策方案概说

经营决策方案是指为实现某种经营目标，依据已掌握的资料和信息，为决策部门提供若干个可供选择的参考预案。

现代经济充满了复杂性和多变性，单纯依靠以往的个人经验进行经营决策，难免会出现失误，使企业蒙受损失。为了减少这种状况的出现，在实施经营行为之前，预先制定若干个经营决策方案，进行反复权衡论证，从中筛选出最佳方案以供实施，就成为企业决策过程中的一个必不可少的环节。

常见的经营决策方案通常有以下几种类型：从决策对象的角度，可分为宏观决策方案和微观决策方案。宏观决策方案主要是针对企业的长期经营大方向，进行全局性决策；微观决策方案主要是针对企业短期的具体的经营活动进行局部性的决策。从决策的性质角度，可分为确定型决策方案、非确定型决策方案和风险型决策方案。确定型决策方案所提供的可供选择的方案通常只有一种可以确定的实施结果；非确定型决策方案和风险型决策方案所提供的可供选择的方案通常其实施结果具有不可确定的多向性，但后者可以用概率进行预测，而前者则不可。

二、经营决策方案的格式和写法

常见的经营决策方案虽有各种类型，但格式和写法大致如下：

（一）标题

标题通常要点出决策主体和决策对象，如《×××集团开拓海外市场的决策方案》、《×××汽车集团并购×××柴油机厂的决策方案》等。

（二）正文

这是经营决策方案的核心部分，一般有以下几个部分构成：

1. 目标。这是经营决策方案的开头部分，要直接点出决策所涉及的主要问题和欲达到的预期目的。

2. 资料。主要包括与决策相关的历史事实、现实状况、调查数据、市场信息等，是制定科学的经营决策方案的主要依据。

3. 方案。作者一般要提供两种以上可供选择的方案，并列出各自的成本、收益、投资方式及实施方法等条目。

4. 论证。这是决策方案的得出结论部分，作者对上面所提出的各项预案进行综合评估、分析比较，对各自的利弊得失和预期结果进行全面的论证，从中筛选出最佳方案以供决策部门参考之用。

（三）落款

落款要写明作者的单位、姓名及写作日期。

三、经营决策方案的写作要求

1. 要尽量避免主观倾向。由于经营决策方案是供决策部门参考之用，一经采纳，将会产生重大后果。如果作者以个人的好恶进行取舍，将会使决策方案带有主观倾向性，有可能导致决策失误，给企业的经营活动带来难以弥补的损失。

2. 选取资料要全面客观。依据的资料不同，论证的结果也会相异。为了能筛选出真正的最佳方案，选取资料时一定要做到全面客观，力求论证结果不会出现大的偏差。

3. 所提方案应具有可行性，要符合实际状况，以免沦为纸上空谈。

[例文六·五]

滨海市粮食交易市场总平面布置决策方案

一、总平面布置的基本原则

根据本项目场址所在地的地理条件以及周围环境，在总平面布置中，应充分贯彻以下原则：

（1）以滨海市城市总体规划的要求为基本依据；

（2）充分满足交易市场功能的要求；

（3）满足交易市场近远期发展目标定位的要求；

(4) 充分结合场址所处的现实地形条件；

(5) 总平面的内外交通组织畅通有序。

二、总平面布置

粮食交易市场位于滨海市双梅镇柯山村，场址东临104国道，南面毗邻枫则江。整个总平面占地面积为66 666平方米（100亩），总投资5 000万元。根据总平面布置原则，以及场地条件，本项目总平面布置共有两个方案，见附图1、附图2。（图略）

根据项目功能要求，该市场分为四个部分：(1) 停车场区域；(2) 交易市场区域；(3) 仓储及管理服务区域；(4) 码头区域。此四部分的划分Ⅰ、Ⅱ两方案基本一致。

两个方案的特点及其比较如下：

方案Ⅰ：

(1) 出入口设置：从整个总平面布置上考虑，沿104国道西侧设置一个主出入口，在枫则江通往码头处设置次出入口，供通过码头吞吐货物之交通需要；

(2) 交易区中心位置设立交易大厅；

(3) 管理服务用房和生活设施用房分别布置，减少干扰；

(4) 周围东、南、西侧布置建设绿化带，以美化交易市场整体环境；

(5) 通向码头的通道采用栈桥式布置。

该方案平面技术经济指标为：

总用地面积　66 666平方米（100亩）

总占地面积　20 000平方米

总建筑面积　22 000平方米

（其中交易用房面积16 850平方米，仓库用房面积2 682平方米，生活与管理服务设施用房面积为2 468平方米）

建筑密度　0.28

容积率　0.314

绿地率　0.25

交易位　360个

停车场车位　120个

方案Ⅱ：

(1) 沿104国道西侧设置一个主出入口，并在东北角设置一个次出入口，在枫则江通往码头处设置一个次出入口，供通过码头吞吐货物之交通需要；

(2) 不设置交易大厅，改为设置交易行情电子显示屏；

(3) 管理服务用房和生活设施用房集中布置，增加仓储区面积；

(4) 在西南侧布置半地下消防水池和泵房；

(5) 通向码头的通道区域采用平面式布置，较为开阔；

(6) 周围东、南、西侧布置建设绿化带，以美化交易市场总体环境。

该方案平面技术经济指标为：

总用地面积	66 666 平方米（100 亩）
总占地面积	20 152 平方米
总建筑面积	22 312 平方米

（其中交易用房面积 16 960 平方米，仓库用房面积 2 784 平方米，生活与管理服务设施用房面积为 2 568 平方米）

建筑密度	0. 302
容积率	0. 334
绿地率	0. 25
交易位	432 个
停车场车位	150 个

经过对两个方案的比较、分析认为方案Ⅱ有以下优点：

(1) 入口停车场区域的入口有两个，有利于众多车辆的出入与运载；

(2) 取消了交易大厅，有利于提高市场建设的整体效益；

(3) 二期码头区域调整得更加开阔，有利于水路商品上岸后车辆的运载；

(4) 方案Ⅱ增加了消防水池与消防泵房；

(5) 方案Ⅱ考虑增加的仓库面积，有利于市场交易商品短期仓储、周转与过渡；

(6) 方案Ⅱ中管理与生活用房相对集中，对其他区域产生的干扰较小。

方案Ⅱ不足之处是：入口停车区域场地相对不足，比较局促。经综合分析比较，推荐方案Ⅱ作为首选方案。

以上方案，请领导裁定。

××规划院

20××年 7 月

三、下面的决策方案中问题与目标部分未写，请予补上。

三路工程按期开工问题的决策方案

问题与目标：

____

____

____

____

依据资料：

1. 三路工程下月开工，遇好天气按期完成任务获得利润 150 万元；遇坏天气，损失 80 万元。

2. 不开工，无论天气好坏，窝工损失 40 万元。

3. 据统计资料，预测下月天气好的概率是 70%，天气坏的概率是 30%。

预选方案：

关于三路工程下月开工问题的处理意见，有两种方案：

1. 不开工。甘愿付窝工损失40万元。

2. 开工。

各机会点损益期望值：

机会点①：（略）

机会点②：（略）

分析比较：

通过计算，①和②机会点或损益期望值互相比较，开工方案比较合理。不开工，不仅耽误工期，而且放弃可成功的机会，甘愿付出窝工损失40万元。开工虽承担一定风险（损失），但两个方案比较，开工的利大于弊。

以上方案请领导裁定。

××建筑工程技术咨询中心

20××年××月××日

第六节　意向书

一、意向书概说

意向书是当事人（单位或个人）双方或多方，在对某个事项达成协议、正式签订条约之前，由一方向另一方表明基本态度或提出初步设想的一种具有协商性的应用文书。

意向书表达初步设想，提请对方留意或供参考，可以约束双方的行动，保证双方的利益；意向书能反映业务工作上的关系，能保证业务朝着健康有利的方向发展。

意向书为进一步正式签订协议奠定基础，是“协议书”或“合同”的先导和前奏，多用于经济、技术合作领域。

二、意向书的特点

意向书的内容是初步意见，具有协商性、灵活性、简略性和临时性的特点。

意向书多用商量的语气，不带任何强制性。有时还用假设、询问的语气。

意向书比较灵活，在协商过程中，当事人各方均可按各自的意图和目的提出意见，在正式签订协议合同前亦可随时变更或补充。同一份意向书里可以提出多种方案供对方选择，或者对其中的某项某款同时提出几种意见或调查，让对方比较和选择。

意向书的内容相对于合同协议要简略些。

意向书不像协议、合同那样具有法律效力。意向书是协商过程中各方基本观点的记录，一旦达成正式协议，便完成了意向书的使命。

三、意向书的结构与写法

意向书的结构是：标题+正文+尾部

1. 标题。标题是项目名称+文种，如《投资合作意向书》，也可只用文种，即《意向书》。

2. 正文。正文的构成是：导语+主体+结尾。

（1）导语。写明合作各方当事人单位的全称，双方接触的简要情况，磋商后达成的意向性意见。然后用承上启下语，过渡到主体，如“本着××原则，兴建××项目”。

（2）主体。分条款写明达成的意向性意见，可参照合同或协议的条款排列。

（3）结尾。写明“未尽事宜，在签订正式合同或协议书时再予以补充”，以便留有余地。

3. 尾部。署名，即签约各方的单位名称、代表人姓名并加盖公章、私章，签约日期。

四、意向书写作注意事项

1. 语言准确，表达清楚。

2. 忠实于洽谈内容。

[例文六·六]

项目合作意向书

项目名称：

甲方： 乙方：

甲乙双方经友好协商，同意以“公司”作为产业化基地，进行“移动通信3G网络塔顶放大器”的产业化实施。具体条款如下：

1. 甲乙双方同意将该项目技术作价人民币捌佰万元；由甲方及参与研发人员提供技术服务，乙方负责产品化及市场营销的实施。

2. 乙方每支付技术费人民币捌万元给甲方，将取得该项目1%的股权。乙方具体出资金额及控股比例，双方另行沟通并签订合作合同书。本合作意向以甲乙双方的合作合同书签订后同时生效。

3. 若乙方支付的技术费高于人民币肆佰万元，即乙方对该项目的控股比例高于51%，甲方不得对项目剩余作价比例进行再转让等处理；若乙方支付的技术费低于人民币壹佰陆拾万元，即乙方对该项目的控股比例低于20%，甲方有权独自继续对项目剩余作价比例进行再转让等处理。

4. 在合作意向书生效后，该项目所有知识产权属甲乙双方共同所有。甲方不得再对该项目的扩充版、升级版、变形版单独转让，且对该项目的核心及相关技术负有保密的义务，违约将追究其法律责任。

5. 甲乙双方将根据具体情况签署阶段性实施计划书。

6. 未尽事宜，双方将友好协商解决。

甲方：　　　　　　　　　　　　乙方：

代表签字：　　　　　　　　　　代表签字：

年　月　日　　　　　　　　　　年　月　日

[**例文六·七**]

意向书

××厂（甲方）　　　　××××公司（乙方）

双方于××××年××月××日在×地，对建立合资企业事宜进行了初步协商，达成意向如下：

一、甲、乙两方愿以合资或合作的形式建立合资企业，暂定名为××有限公司。建设期为×年，即从××××—××××年全部建成。双方意向书签订后，即向各方有关上级申请批准，批准的时限为×个月，即××××年××月××日—××××年××月××日完成。然后由×××厂提出合资企业开业申请。

二、总投资×万（人民币），折×万（美元）。××部分投资×万（折×万）；××部分投资×万（折×万）。

甲方投资×万（以工厂现有厂房、水电设施现有设备等折款投入）；

乙方投资×万（以折美元投入，购买设备）。

三、利润分配：各方按投资比例或协商比例分配。

四、合资企业生产能力：（略）。

五、合资企业自营出口或委托有关进出口公司代理出口，价格由合资企业定。

六、合资年限为××××年，即××××年××月—××××年××月。

七、合资企业其他事宜按《中外合资法》有关规定执行。

八、双方将在各方上级批准后，再行具体协商有关合资事宜。

本意向书一式两份。作为备忘录，各执一份备查。

××厂（甲方）　　　　　　　　××××公司（乙方）

代表：　　　　　　　　　　　　代表：

年　月　日

第七节　协议书

一、协议书概说

协议书是当事人双方或多方为开展合作，保障各自的合法权益，经共同协商达成一致意见后签订的具有契约作用的公务文书。

协议书能够明确彼此的权利与义务，对当事人双方或多方都具有制约性，它能监督各方信守诺言，约束轻率反悔行为。其作用与合同基本相同，具有法律效力。

协议书的签订，应遵守以下基本原则：

1. 协议要贯彻合法的原则。

2. 协议要贯彻平等互利、协商一致、等价有偿的原则。

3. 协议签订者要切实履行规定的义务，信守协议书的约束；违约方必须承担赔偿损失的责任。

口头协议一律无效。书面协议有三种形式，即合同中的条款、独立的协议书及信函、电报、传真、电子邮件等其他书面形式。

二、协议书的格式和写法

协议书是契约性公文，标题、协议的目的和依据、协议条款、落款四部分内容缺一不可。

（一）标题

标题形式有两种：

1. 标题只标明“协议书”。

2. 标题为“协议事由+文种”，例如《技术合作协议》。

（二）首部

协议双方（或多方）名称。

（三）正文

1. 导语。协议的目的和依据。应简要地说明为什么签订协议，以及签订协议所依据的原则、宗旨。

2. 协议条款。可以先分章再分条地写，也可以直接分条写。协议条款应写得准确、简明、无歧义，以便协议各方履行兑现。

（四）落款

1. 协议诸方名称及代表人名字，并盖章签字。

2. 签署日期。

三、协议书与经济合同的区别

1. 协议书的使用范围比经济合同更广泛。

2. 协议书的内容条款比经济合同更具有原则性。

3. 协议书的形式比经济合同更灵活多样。

[例文六·八]

用工协议书

甲方：

乙方：　　　　　　　（身份证号：　　　　　　　　　）

根据国家和本地劳动管理规定和本公司员工聘用办法，按照甲方关于公司新进各类人员均需试用的精神，双方在平等、自愿的基础上，经协商一致同意签订本试用合同。

一、试用合同期限。自××××年××月××日至××××年××月××日止，有效期为×个月。

二、试用岗位根据甲方的工作安排，聘请乙方在________工作岗位，如________。

三、试用岗位根据双方事先之约定，甲方聘用乙方的月薪为________元，该项报酬包括所有补贴在内。

四、甲方的基本权利与义务：

1. 甲方的权利。

(1) 有权要求乙方遵守国家法律和公司各项规章制度；

(2) 有权对乙方违法乱纪和违反公司规定的行为进行处罚；

(3) 对试用员工不能胜任工作或不符合录用条件的，有权提前解除本合同。

2. 甲方的义务。

(1) 为乙方创造良好的工作环境和条件；

(2) 按本合同支付给乙方薪金；

(3) 对试用期乙方因工伤亡，由甲方负担赔偿。

五、乙方的基本权利和义务：

1. 乙方的权利。

(1) 享有国家法律法规赋予公民的一切权利；

(2) 享有当地政府规定的就业保障的权利；

(3) 享有公司规章制度规定可以享有的福利待遇的权利；

(4) 对试用状况不满意，请求辞职的权利。

2. 乙方的义务。

(1) 遵守国家法律法规和当地政府规定的公民义务；

(2) 遵守公司各项规章制度及员工手册行为规范的义务；

(3) 维护公司声誉和利益的义务。

六、甲方的其他权利、义务：

1. 试用期满，发现乙方不符合录用条件，甲方有权不再签订正式劳动合同；

2. 对员工有突出表现，甲方可提前结束试用，与乙方签订正式劳动合同；

3. 试用期乙方的医疗费用由甲方承担90%，乙方承担10%；

4. 试用期甲方一般不为乙方办理各项保险手续，如乙方被正式录用，可补办有关险种，从试用期起算；

5. 试用期，乙方请长病假10天、事假累计超过7天者，试用合同自行解除。

七、乙方的其他权利和义务：

1. 试用期满，有权决定是否签订正式劳动合同；

2. 乙方有突出表现，可以要求甲方奖励；

3. 具有参与公司民主管理、提出合理化建议的权利；

4. 反对和投诉对乙方试用身份不公平的歧视。

八、一般情况下，试用期间乙方岗位不得变更。若需变更，须事先征求乙方的同意。

九、本合同如有未尽事宜，双方本着友好协商原则处理。

十、本合同一式两份，甲、乙双方各执一份，具同等效力，经甲乙双方签章生效。

甲方： 乙方：

法定代表人： 签字：

签约日期： 年 月 日

[例文六·九]

业务咨询合作协议

甲方： （以下简称“甲方”）

乙方： （以下简称“乙方”）

甲方和乙方经过友好协商，在相互信任、相互尊重和互惠互利的原则基础上，达成以下合作协议：

一、甲乙双方在符合双方共同利益的前提下，就企业管理咨询业务合作等问题，自愿结成战略合作伙伴关系，乙方为甲方提供业务资源，协助甲方促成业务与业绩，实现双方与客户方的多赢局面。

二、乙方为甲方提供业务机会时，应严格保守甲方与客户方的商业秘密，不得因已方原因泄露甲方或客户方商业秘密而使甲方商业信誉受到损害。

三、甲方在接受乙方提供的业务机会时，应根据自身实力量力而行，确实无法实施或难度较大、难以把握时应开诚布公、坦诚相告并求得乙方的谅解或协助，不得在能力不及的情况下轻率承诺，从而使乙方客户关系受到损害。

四、乙方为甲方提供企业管理咨询业务机会并协助达成的业务事项，甲方应支付相应的信息资源费用。费用支付的额度视乙方在业务达成及实施过程中所起的作用而定，原则上按实际收费金额的一定百分比执行，按实际到账的阶段与金额支付，具体为每次到账后的若干个工作日内支付。

五、违约责任

1. 合作双方在业务实施过程中，如因己方原因造成合作方、客户方商业信誉或客户关系受到损害的，受损方除可立即单方面解除合作关系外，还可提出一定数额的经济赔偿要求。同时，已经实现尚未结束的业务中应该支付的相关费用，受损方可不再支付，致损方则还应继续履行支付义务。

2. 甲方在支付信息资源费用时，如未按约定支付乙方款项的，每延迟一天增加应付金额的5%，直至该笔金额的全额兑现为止。

六、争议处理：如发生争议，双方应积极协商解决，协商不成的，受损方可向××市仲裁委员会申请仲裁处理。

七、本协议有效期暂定一年，自双方代表（乙方为本人）签字之日起计算。本协议到期后，甲方应付未付的信息资源费用，应继续按本协议支付。

八、本协议到期后，双方均未提出终止协议要求的，视作均同意继续合作，本协议继续有效，可不另续约，有效期延长一年。

九、本协议在执行过程中，双方认为有需要补充、变更的，可订立补充协议。补充协议具有同等法律效力。补充协议与本协议不一致的，以补充协议为准。

十、本协议经双方盖章后生效。本协议一式两份，甲乙双方各持一份，具有同等法律效力。

甲方：

乙方：（公章）

签约日期　　年　月　日

第八节　招标书、投标书

一、招标书

（一）招标书概说

招标，是一方当事人通过对外公开交易的主要条件、要求及有关材料，招请有意合作的企业和个人前来竞争，以便从中择优选定理想的合作伙伴的活动。招标一般分为公开招标和有限招标两种形式。

招标书，是用于招标活动的书面文件，是招标过程中介绍情况、指导工作、履行一定程序的一种实用性文书。

招标书的发布途径主要是通过各种媒体，如报纸、广播、电视、专业杂志等发布。

招标书是招标人招请他人投标制作的文书，主要是用来表达招标的意图以及招标的条件、投标的要求等内容。招标文书主要包括招标书、招标邀请通知书、招标人须知、合同条件、技术条件等。

（二）招标书的格式和写法

招标书一般由标题、正文、结尾三部分组成。

1. 标题。一般由招标单位名称、招标内容和文种构成，如《××股份有限公司××大厦建筑工程承包招标书》。

2. 正文。正文由引言、主体部分组成。引言部分要求写清楚招标依据、原因。主体部分要详实交代招标方式（公开招标、内部招标、邀请招标）、招标范围、招标程序、招标内容的具体要求、双方签订合同的原则、招标过程中的权利和义务、组织领导、其他注意事项等内容。

3. 结尾。应签署招标单位的名称、地址、电话、电报挂号等，以便投标者参与。

（三）招标书的写作要求

1. 招标方案应切实可行。撰写招标书和投标书要遵守国家对招投标工作的有关规定和具体办法，执行国家颁布的技术规范及质量标准。方案的提出一定要建立在充分作好调查研究的基础之上，做到科学、规范、具体、可行。

2. 标准应当明确，表达必须准确。投标企业中标后，经最后确定为中标人时，要按招标书的合同条款和格式执行。在合同条款中，双方对于采购物资设备或工程项目的质量标准，应明确是国际标准、国家标准、部颁标准，还是企业标准。如果没有通用标准，应注明按图纸加工或按样品加工。质量标准，应以适宜为主，不应定得太高，不必要的高质量必将加大成本。文字的表达必须准确、简洁。

3. 规格应当准确无误。招标书中关于技术规格的说明非常重要。如果投标单位在规定的时间内提供的物资或工程项目、技术规格与其说明不符，发生质量事故，投标人或单位应承担法律责任和商务赔偿。技术规格应说明的内容主要有：

（1）投标单位所提供的仪器设备在什么条件下使用；

（2）投标单位所提供的设备规格与投标要求之间的差异范围；

（3）规格数据若有误差，应写明误差幅度，不应写“近似”或“大约”等；

（4）说明书应以性能要求为依据，而不应写某一设备的商标或某一厂家生产的。因为前者利于更多的厂家参加投标，以便投标单位从中选择。

[例文六·十]

京九铁路×××编组站通信工程招标书

为了快、好、省地建成京九铁路×××编组站，经铁道部批准，××铁路建设指挥部对京九铁路×××编组站通信工程进行招标。

一、招标工程的准备条件

京九铁路×××编组站通信工程的以下招标条件已经具备：

1. 本工程已列入京九铁路建设计划；

2. 已有经国家批准的设计单位出的设计图和概算；

3. 资金、材料、设备分配计划和协作配套条件均已分别落实；

4. 本工程的标底已报建设主管部门和建设银行复核。

二、工程内容

1. 站场通信工程；

2. 通信站工程；

3. 无线列调工程。

三、工程范围及主要工程数量

1. 工程范围：×××编组站全部通信工程。

2. 主要工程数量：（略）

四、承包方式

1. 中标单位以包工期、包质量、包造价、包材料的原则承包本工程。

2. 中标单位不包的项目及费用：（略）

五、承包工程的工期（略）

六、工程质量技术安全要求、工程监理、工程验收标准（略）

七、物资供应（略）

八、工程价款的支付和结算

详见本工程临时施工合同条款。

九、投标注意事项

1. 投标文件的编制。（略）

2. 投标文件的递交。

标书要加盖企业及其法人代表的印章，密封后，在1999年4月××日下午4点前派专人送到××铁路建设指挥部（××市××路×号）。逾期交送标书作废标论。

3. 开标、评标时间及方式。

（1）开标时间：1999年××月××日。

（2）评标结束时间：1999年××月××日。

（3）开标、评标方式：建设单位邀请建设主管部门、建设银行和公证处及投标方参加公开开标、审查证书，采取集体评议方式进行评标、定标。

（4）中标依据及通知：（略）

十、其他要求（略）

××铁路建设指挥部（章）

地址：×××××

电话：×××××

电子邮箱：×××××

邮政编码：××××××

联系人：×××

××××年××月××日

二、投标书

（一）投标书概说

投标，是根据招标人的要求、条件，提出自己的具体方案、价格等，以与他人竞争的活动。在法律性质上，投标书应属要约，招标人接受投标书后，选定中标人，即为承诺；经过要约、承诺后，双方就可正式签订合同。投标书，是指投标人在看到招标书后根据招标书中提出的条件和要求，对自身的投标条件进行自我审核后，向招标单位提出自己投标意向的书面材料。

1. 投标申请书。在许多项目招标中，公开招标与非公开招标两种方式要结合起来使用，即在发布招标公告后，招标人要对有意投标的人进行资格预审，然后再邀请合格者正式投标。为此，投标人要制作并提交投标申请书。

投标申请书一般由标题、称谓、正文、结尾、附件五个部分组成。附件一般是投标人的情况及各种有利的投标条件。

2. 投标书。投标书是投标人按照招标文件要求制作的，记载投标人完成招标项目的设想、措施、方案等内容的文书。投标书主要应明确以下问题：

（1）表示愿按招标文件的条件和要求完成招标项目；

（2）标价，这是投标书的核心部分；

（3）为完成招标项目拟采取的措施；

（4）完成招标项目的有利条件和不利因素，以及克服不利因素的办法；

（5）完成招标项目拟达到的各项指标，如工期、质量等级、利润额等，以及实施的具体方案；

（6）声明本投标书对投标人有约束力，如能中标，则成为招标合同的一部分；

（7）其他相关问题。

总之，投标书应针对招标书来拟订其基本内容。

（二）投标书的格式与写法

投标书的格式并无统一要求，可以使用表格式，也可以使用文字叙述式，或者综合运用上述两种方式。

1. 标题。标题有两种写法：

（1）公文式标题。由投标方、投标目标、事由、文种组成。

（2）新闻式标题。分主题和副题两部分，如“有实力，讲信誉——我的投标书”。

2. 主送单位。它也叫抬头，指投标书的受文单位，即招标单位名称或评标机构名称。

3. 正文。一般由前言、主体、结尾三部分组成。前言部分简要交代投标目的和依据，点明投标的项目和内容；主体部分主要有现状分析，并确定投标期限及投标形式；充分提供依据制定具体标的、经营措施，并提出配合与支持的请求。

4. 结尾。签署投标单位及其法人代表名称或姓名，并写明日期。

（三）投标书的写作要求

要有针对性、态度明确、具体可行、行文迅速、文字简洁。

[例文六·十一]

深圳经济特区土地使用权投标书

市政府土地招标小组：

我们审阅了市政府土地招标小组（以下简称招标小组）招标文件，愿意遵照《土地使用规则》的要求和招标文件的有关规定，并愿以×××元人民币获得×××地块的使用权。

1. 本投标书如被采纳，我们愿在接到正式中标通知书后，×××天内动土，并根据投标文件的规定按时按质完成全部工程和按要求合理使用土地。

2. 我们在提交本投标书的同时，提交×××银行开具的资信证明/担保书，本标书如能中标，则该资信证明/担保书即为我们的履约保证书。

3. 我们同意从投标之日起到180天内保留此标，在此期限终止前的任何时间，我们受本投标书的约束并随时接受本标书中列出的所有内容。

4. 在正式合同签订及执行以前，本投标连同由招标小组发出的其他招标文件，将作为政府和我们之间具有法律约束力的合同书。

5. 我们理解招标小组并不限于接受最高价标和可以接受其他任何投标书。

6. 投标书附件：

附件一：本单位注册证书（影印件）

附件二：本单位现状情况简介

附件三：本单位过去三年的年度经营报告与财务报告

附件四：规划设计方案

投标单位名称（盖章）：____________

地址及电话：____________

投标单位负责人姓名、职务：____________

联系人姓名、职务：____________

××××年××月××日

第九节　经济合同

一、经济合同概说

经济合同是法人之间为实现一定经济目的，明确相互权利义务关系的协议。

签订合同是一种法律行为。其主要作用是：有利于维护合同当事人的合法权益和明确当事人的权利、义务。随着《中华人民共和国合同法》（以下简称《合同法》）的实施及合同的普遍采用，合同必将在发展社会主义市场经济中发挥重大的作用。合同主要有四个特点：

1. 合法性。合同的撰写要严格遵守《合同法》的规定。

2. 平等互利性。签订合同的双方或多方的法律地位是平等的，合同是协商协作的产物。合同条款中，权利义务也是相互的、对等的，不能将其建立在损害对方或他方的利益之上。合同内容也应是等价有偿的。

3. 协商一致性。合同的签订是一个协商一致的过程。合同的内容只有表达当事人彼此一致的意愿，其条款才能成立。只有当事人经过充分的协商，将承担的义务和应享有的权利充分表达出来并形成文字，合同关系才算真正建立。因此，没有充分表达意愿，草率成文的合同，是难以保证实施而最终实现经济目的的。同时，在履行合同过程中，如需要变更合同条款，也要重新协商补签，任何不经双方或多方协商一致而改变合同者，要承担违约责任。

4. 规范性。规范性具有两层含义：其一是依法成立的合同对当事人具有法律约束力。其二是指合同的写法和格式需要规范。

合同的种类有多种分法。按时间分，有长期、中期、短期合同。按形式分，有书面合同和非书面合同。按写法分，有条款式合同和表格式合同。按内容分，《合同法》列有15大类：买卖合同，供用电、水、气、热力合同，赠与合同，借款合同，租赁合同，融资租赁合同，承揽合同，建设工程合同，运输合同，技术合同，保管合同，仓储合同，委托合同，经纪合同，居间合同。

二、经济合同的格式与写法

尽管合同的种类各异，但一般均包括首部、主部、尾部三部分。

（一）首部

首部主要包括以下各项：

1. 标题。标题写在合同首页上方正中位置，要明确写出合同的性质，如“买卖合同”、“技术合同”。有的合同还在标题下方书写合同的编号。

2. 合同当事人名称或者姓名。合同当事人是指签订合同的双方或多方的名称或者姓名，要准确写出签约单位或个人的全称、全名，并在其后注明双方约定的固定指代，如一般写“甲方”、“乙方”。如有第三方，可将其称为“丙方”。在对外贸易合同中，有时可指代为“卖方”、“买方”。不论在什么情况下，合同中都不能用不定指代“你方”、“我方”来指当事人。

3. 引言。引言就是合同的开头部分，主要写签订合同的目的或签订合同的依据。常用的表达句式为：“为了……”或“根据……”。

若选用“表格式合同”，则应依据国家工商局和有关部门制定的合同的规范文本要求，填写有关内容。

（二）主部

主部是合同的主要部分，一般多采用条文法。按双方当事人的约定，详细写明主要条款和其他条款的内容。

1. 主要条款。合同的内容由当事人约定。合同一般应具备以下条款：

（1）标的。标的是合同当事人权利义务所共同指向的对象，是合同的基本条款。没有标的的合同是无效合同。标的可以是物、货币、劳务、智力成果等。签订合同的双方对标的要协商一致，写得具体、明确。

（2）数量和质量要求。它是指从数量和质量的角度对标的进行精确度量，它决定双方当事人承担的权利义务的大小、范围。

数量是标的具体的计量，如借款金额、建设工程项目、工作量等。要明确标的的计量单位，如吨、米、件等。

质量要求是对标的质的要求，如产品、商品、工程的优劣程度。应明确标的质量的技术标准（如国家标准、行业标准）、等级、检测依据等。

（3）价款或报酬。这是指合同标的的价格，是合同双方当事人根据国家法律、法规、政策和有关规定，对标的议定的价格，是合同一方以货币形式取得对方商品或接受对方劳务所应支付的货币数量。要明确标的的总价、单价、货币计算标准，付款方法、程序，结算方式，若与外方合作，要写明支付币种。

（4）合同履行的期限、地点和方式。履约期限就是合同的有效期限，是合同法律效力的时限和责任界限，过时则属违约。日期用公元纪年，年、月、日书写齐全。地点是指当事人履行合同义务、完成标的任务的地点。履行方式是当事人履约的具体办法，如借贷合同的出资方要以提供一定的货币来履约；劳务合同的某一方要提供某种具体的劳动服务，如照看小孩、打扫卫生等。

（5）违约责任。这是指合同的当事人不能履约或不能完全履约时，所要承担的经济责任和法律后果。具体包括违约金、赔偿金和其他承担责任的法律形式等。

“违约责任”是履行合同的重要保证，也是出现矛盾分歧时解决合同纠纷的可靠依据。

2. 其他条款。它是指除上述必备条款外，经双方当事人协商确定的其他条款。它包括：

（1）不可抗力条款。这项条款的作用是，如果发生了当事人不能预见的或人力不可抗拒的事故（如洪水、地震、台风等），导致履行合同困难时，当事人可根据这一条款，依据《合同法》规定，部分或全部免予承担责任。

此条款的内容应包括不可抗力事故的范围、后果等。

（2）解决争议的方法。此条款要约定在履行合同发生争议时解决问题的方式和程序，要明确注明是通过仲裁解决、协商解决还是诉讼解决。

（三）尾部

尾部是指合同的结尾和落款部分，主要包括：

1. 合同的有效期限和文本保存。有效期限是指合同执行生效、终止的时间，是合同当事人要求必须具备的条款。

文本保存是注明合同文本的保管方式，即合同一式几份及当事人保管的份数。

2. 落款。这部分是合同特定的内容和格式，即在合同的有效期限和保管条款下方，依次写出当事人的名称、签章、法定通讯地址、法人代表、银行账号、签约日期、地点等。

有些合同有特殊要求，或有附件，也要在尾部注出。通常是在合同正文“其他条款”之后注明：“合同附件、附表均为本合同的组成部分，且有同等的法律效力。”如工程承包合同要在“附件”中列出：工程项目表、工程进度表、工程图纸等。这些附件、附表均标写在合同落款的最下方，即“年、月、日”以后的部位。

由于社会活动多种多样，合同也就有各自的特点和侧重点，拟写一份合同，在遵守国家法律、法规的前提下，还要视实际情况而定。

三、经济合同的写作要求

1. 经济合同的内容不得违反国家的法律和政策。

2. 经济合同的订立要坚持平等互利、协商一致的原则，任何一方都不得把自己的意愿强加给对方。

3. 经济合同写作的格式要规范，内容要完整，表述要周密严谨。

［例文六·十二］

经营租赁合同

出租单位：××五金公司（简称甲方）

承租人：赵××（简称乙方）

一、甲方同意乙方的要求，将原有“××路五金零部件门市部”租赁给乙方经营使用，经双方协商签订本合同，共同遵守。

二、原“××路五金零部件门市部”共有固定资产23万元，其中房屋建筑面积100平方米，经营面积65平方米，货架11个，柜台20节，保险柜1个，办公用具若干。乙方每月按固定资产总额4%的比例向甲方交纳固定资产占用费。乙方每月向甲方交纳占用国家流动资金使用费1 600元。

三、原“××路五金零部件门市部”属微利企业，近5年来平均月盈利额在千元左右，经乙方充分考虑，同意每月向甲方上缴实现利润的10%作为统筹基金，每月一般不低于1 200元。

四、本租赁合同有效期为两年，自2002年6月1日起至2004年6月1日止。

五、合同履行期间，甲方对乙方的经营方向进行监督，负责对乙方的业务进行指导，组织乙方参加各种政治活动，保障乙方在不违反国家政策和规定的前提下自主经营，盈利除足数缴纳租金外自主使用。乙方要及时向甲方汇报业务经营情况，未能按月缴纳租金时，按应缴金额每日罚3%的滞纳金。

六、乙方在租赁经营期间，各种政治待遇不变，拥有自主经营的权力。

七、乙方向甲方缴纳的租金总额为12 000元，每月月初前5天内向公司财务科缴纳，一般缴纳转账支票，如没有在银行另立账户，也可以缴纳现金。

八、本合同正本3份，甲乙及监证机关各1份，副本5份，甲方3份，乙方2份，分别交有关部门备查。

九、其他未尽事宜，由甲、乙双方协商解决。

甲方：××路五金公司负责人签章　　　　乙方：赵××（章）

监证机关：（签章）　　　　负责人：（签章）

××市工商行政管理局监制合字第10号

二○××年××月××日

［例文六·十三］

广告发布合同（样本）

广告客户或代理单位名称（以下称甲方）：________

广告发布单位名称（以下称乙方）：________

甲乙双方根据国务院《广告管理条例》及有关规定，签订本合同，并共同遵守。

一、甲方委托乙方于________年________月________日至________年________月________日期间发布________广告。

二、广告发布媒介为________。

三、单位广告规格为________。

四、广告采用________样稿（样带），未经甲方同意，乙方不得改动广告样稿（样带）。

五、乙方有权审查广告内容和表现形式，对不符合法律、法规的广告内容和表现形式，乙方应要求甲方作出修改，甲方作出修改前，乙方有权拒绝发布。

六、广告样稿（样带）为合同附件，与本合同一并保存。

七、广告单价________元，加急费________元，其他费用________元，扣除优惠________元，扣除代理费________元，播出次数________，总计________元。

八、甲方应在________年________月________日前将广告发布费付给乙方，付款方式________。

九、违约责任________。

十、解决合同纠纷的方式：执行本合同发生争议，由当事人双方协商解决。协商不成，双方同意由________仲裁委员会仲裁（当事人双方不在本合同中约定仲裁机构，事后又没有达成书面仲裁协议的，可向人民法院起诉）。

十一、其他____

____

____________________。

广告客户或代理单位（甲方） 单位名称：（章） 单位地址： 法定代表人： 委托代理人： 电话： 电子邮箱： 邮政编码： 图文传真： 开户银行： 账号：	广告发布单位（乙方） 单位名称：（章） 单位地址： 法定代表人： 委托代理人： 电话： 电挂： 邮政编码： 图文传真： 开户银行： 账号：	根据需要，双方可以向有关部门申请对本合同进行鉴（公）证。 签（公）证意见： 经办人： 鉴（公）证机关章 年 月 日

签订日期： 年 月 日

[例文六·十四]

验资业务约定书

甲方：（委托人）

乙方：××会计师事务所

甲乙双方经充分协商，就甲方委托乙方执行验资业务约定如下：

一、委托目的

(被审验单位) 为申请注册资本变更登记，委托乙方对(被审验单位) 自

________年________月________日至________年________月________日止的注册资本增加（减少）情况进行审验，并由乙方出具验资报告。

二、审验范围

乙方接受甲方委托，对(被审验单位) 自________年________月________日至________年________月________日止的注册资本增加（减少）情况进行审验。审验范围包括与增资相关的出资者、出资方式、出资比例、出资期限、出资币种及相关会计处理（减少注册资本的，审验范围包括与减资相关的减资者、减资金额、减资方式、减资期限、减资币种、债务清偿或担保情况、相关会计处理以及减资后的出资者、出资金额和出资比例等）。

三、双方的责任

（一）甲方

1. 及时提供真实、合法、完整的验资资料，保护资产的安全、完整，将所有对审验结论产生影响的事项如实告知乙方；

2. 为乙方开展验资工作提供必要的条件及合作；

3. 按时足额支付验资费用。

（二）乙方

1. 依照《独立审计实务公告第 1 号——验资》的要求，对被审验单位注册资本的变更情况进行审验，按时出具验资报告，如实反映审验情况。

2. 对在执行验资业务过程中知悉的商业秘密及甲方提供的验资资料保密。

四、时间要求

甲方在本验资业务约定书签订日后________个工作日内，向乙方提供必要的验资资料。乙方在执行验资业务时需要补充验资资料的，甲方应根据乙方的要求及时提供。

乙方在甲方提供验资资料后的________个工作日内，完成审验工作，向甲方出具验资报告。

五、验资收费

根据有关规定的收费标准，乙方执行本次验资业务收取人民币________元。在本次验资业务约定书签订日，甲方向乙方预付验资费用50%，计人民币________元；其余50%，计人民币________元于乙方向甲方出具验资报告时支付给乙方。

甲方承担乙方在执行验资业务时发生的必要支出，包括交通费、食宿费等。

六、验资报告的用途及使用责任

乙方向甲方出具验资报告一式________份，供甲方申请变更登记时使用。验资报告只能合理地保证已验证的(被审验单位) 注册资本的变更情况符合国家相关法规的规定和(被审验单位) 协议、合同、章程的要求，但不应被视为是对(被审验单位) 验资报告日后资本保全、偿债能力和持续经营能力等的保证。

甲方及其他第三方因使用验资报告不当所造成的后果，乙方不承担任何责任。

七、业务约定书的有效期间

本业务约定书一式两份，甲乙方各执一份，具有同等法律效力。

本业务约定书自双方签章之日起生效，在约定事项全部完成日之前有效。

八、约定事项的变更

一方因特殊情况需要变更本业务约定书中的审验范围、时间要求、验资收费等事项，应及时通知另一方，并由双方协商确定。

九、违约责任

甲乙双方应当严格遵守上述约定事项。任何一方违约，致使另一方不能履行约定事项时，另一方可以解除本约定，并要求违约方按××的 10% 赔偿经济损失，依法承担相应的法律责任。

十、双方对其他事项的约定

甲方：(委托人)　　　　　　　　　　乙方：××会计师事务所

(公章)　　　　　　　　　　　　　　(公章)

法定代表人或授权代表：(签章)　　　法定代表人或授权代表：(签章)

年　月　日　　　　　　　　　　　　年　月　日

思考与练习

一、经济活动分析的对象和范围是什么？

二、经济活动分析最常用的方法是哪两种？

三、写经济活动分析报告要注意哪些问题？

四、市场调查报告的构成要素有哪些？

五、应怎样拟写市场调查报告的标题？

六、市场调查报告的前言一般要写出哪些内容？

七、市场调查报告的写作要注意哪些问题？

八、选择你所熟悉的某种日用商品，对其在校园内的销售状况作市场调查，写出一篇小型市场调查报告。

九、经济预测报告有哪些特点？

十、经济预测报告有哪些种类？

十一、[例文六·二] 是什么样的经济预测报告？有什么特点？

十二、可行性研究报告有哪些特点？

十三、可行性研究报告有哪些种类？划分的标准是什么？

十四、可行性研究报告正文部分的论证应从哪几个方面进行？

十五、可行性研究报告的目的在于选择技术上合理、经济上合算的方案，请阅读[例文六·三]并分析此项目为什么是可行的。

十六、经营决策方案有哪几种类型？[例文六·四] 属于哪种类型？

十七、经营决策方案由哪几部分构成？

十八、撰写经营决策方案时应注意什么？

十九、意向书的特点是什么？它和协议书有什么区别？

二十、协议书的特点是什么？它和合同有什么区别？

二十一、协议书的构成可分为哪几个部分？

二十二、招标书写作的要求是什么？主体部分内容是什么？

二十三、投标书应明确哪些内容？

二十四、下面这份投标书的写作格式和语言不符合要求，试加以修改。

致×××公司投标书：

我们看到了×××公司的招标公告，觉得凭借我们的实力一定能够中标。因此，我们决定投标。

1. 货物总报价：50 万元人民币。

2. 货物清单一式三份。

3. 资格审查文件一式三份。

4. 投标保证书一份。

另外，我们必须郑重声明，我们拥有以下权利和义务：

1. 我们将根据招标文件的规定履行合同的责任和义务。

2. 如果在开标之后的投标有效期内撤标，那么投标保证金将归你们所有。

3. 鉴于以上情况，我们认为你们一定会选择我们中标的。

×××设备制造厂

2005 年 10 月 22 日

二十五、《合同法》所列 15 大类合同都有哪些？

二十六、经济合同的主要条款有哪些？

二十七、经济合同的其他条款包括哪些内容？

二十八、经济合同的写作要注意哪些问题？

二十九、指出下列合同的错误并予以改正。

合　同

×××大学（乙方）

立合同人

一、甲方委托乙方建造楼房一座，由乙方负责建造。

二、全部建造费为人民币×××万元左右。甲方在订立合同生效一个月左右，先付给乙方全部费用的百分之×，其余部分在楼房建成能够验收后一次付清。

三、建房所用的各种材料，由乙方根据需要自行解决。

四、大楼从合同签订之日起，用一年以内时间完工交付使用。

五、合同一式两份，双方各执一份为凭，并作为检查督促的依据。

×××大学（甲）

×××公司（乙方）

2005 年 10 月 30 日

三十、根据下面材料写一份购销合同。

新华机电有限公司于 2011 年 6 月向胜利柴油机厂购买一批规格为 135A 的“大力”牌柴油机，质量要求按部颁标准，共 300 台，每台价格 8 500 元，装运地点是广西玉林市，目的地是广州市。要求胜利柴油机厂要在 2011 年 7 月、8 月、9 月每月下旬，分三批（每批 100 台）将货送到新华机电有限公司，运费由需方负担，经需方验收后凭收货单结算。货款分批给付，签订合同后需方先预付货款总额的 10%；其余货款在交货后 15 天内汇到供方银行账户。

第七章 财经应用文（二）

第一节 财务分析报告

一、财务分析报告概说

财务分析报告又叫财务状况说明书。财务分析报告是反映企事业单位财务状况和经营成果的总结性书面文件，包括财务报表和财务状况说明书。财务报表主要包括资产负债表、利润表、现金流量表和有关附表。财务分析报告是对上述诸报表所反映的内容的详细文字说明，也是评价企事业单位财务状况和经营成果的书面材料。财务分析报告的主要内容包括：生产经营情况、利润实现和分配情况、资金增减和周转情况、财务收支情况、税金缴纳情况、各项财产物资变动等情况，对本期或者下期财务状况发生重大影响的因素，资产负债表制出后至报出财务报告以前发生的对企业财务状况变动有重大影响的因素，以及需要说明的其他事项。

（一）财务分析报告的作用

财务分析报告是对企事业单位财务状况和经营成果进行总结和评价的一种手段，是企事业单位财务管理的重要内容，其作用如下：

1. 它有利于评价企事业单位财务状况、盈利能力和偿债能力、资金利用效率，从而评价企业经营管理者的管理水平，为企业经营者、投资者、债权人等进行经营决策提供重要依据。

2. 它有利于揭示企业财务活动中存在的问题，以便总结经验教训，采取积极措施，改善经营管理，提高财务管理水平。

3. 它有利于检查企业在财务活动过程中执行国家财经法规、制度及政策的情况，以便维护投资者、债权人的合法权益，从而端正企业的经营方向。

（二）财务分析报告的种类

1. 简要分析报告

简要分析报告一般围绕企事业单位的主要经济指标或财务上的几个主要问题有重点地进行分析，以观察该单位财务活动的基本情况、发展趋势和财务管理的改进情况。一般月末、季末的月度、季度财务分析，多采用这种类型。

2. 综合分析报告

综合分析报告是在一个季度、半年、年度结束后，根据单位的会计报表和有关资料，对资金、利润、费用、成本、盈亏等方面的情况进行综合分析，以检查和总结一个季度、半年或全年内企事业单位生产、经营、管理以及有关方针、政策、法律贯彻执行的全面情况。

3. 专题分析报告

专题分析报告是根据企事业单位加强经营管理的需要，对某些重大政策性问题、经济措施或某些薄弱环节进行重点调查和分析，以便及时解决问题，采取切实可行的措施，改进财务管理工作。

4. 对比分析报告

业务主管部门对所属企事业单位的某些财务指标，采取分别对比的方式进行分析研究，找出差距，剖析造成差距的原因，以便改进。

5. 典型分析报告

这是指对完成经济指标好的或差的典型单位，或对某些典型事例，采取“解剖麻雀”的方法，有针对性地进行分析和研究，探究先进或落后的主客观原因，以便以点带面，推动全盘工作，或从中吸取教训，防止同样情况的发生。

二、财务分析报告的格式与写法

财务分析报告通常由标题、正文、落款三部分组成。

1. 标题。财务分析报告的标题没有固定的写法，一般包括单位名称、时限、内容和文种四项，如《××公司 2001 年度财务分析报告》。也有的不写单位名称，在报告全文结束后署名，如《××××年×季度流动资金占用情况分析》。还可以用报告中提出的建议和意见作标题，如《关于迅速整顿成品奖金的建议》等。

2. 正文。财务分析报告的正文一般包括开头、主体、结尾三个部分。

（1）开头。它是情况的概述部分，概述分析对象的基本情况和财务活动情况、取得的主要成绩和存在的问题，以及对分析期间财务状况的基本评价等。这一部分既要有文字概述，又要有数据和指标的说明，为下文展开分析做好铺垫，同时使人一看就能对报告期间的财务活动情况有一个总的了解。

（2）主体。这部分是财务分析报告的重点。它主要是对各项指标完成情况以及有关工作情况加以说明，并对影响指标增减变化的原因进行分析。在分析中要总结取得的经验和成绩，同时，要指出存在的问题及原因。分析原因要分清主观原因和客观原因，并指出主要原因是什么。在分析中还要注意不能就数字论数字，就事论事，应透过数字、事实联系财务活动中的实际情况，进行具体的、综合的、本质的分析。

（3）结尾。结尾一般提出存在的问题、改进的意见和建议。这部分应写得具体而简洁，意见要中肯，建议或措施要切实可行，切忌画蛇添足，泛泛而谈。

3. 落款。署上撰写财务分析报告的单位名称和年、月、日。

另外，有的财务分析报告还以附件的形式，附上财务分析的有关表格和有关材料。

三、财务分析报告的写作要求

1. 要有精确的数据。财务分析报告主要分析财务收支状况，分析各项经济指标完成的好坏，要分析就离不开数据，没有数据就没有分析。数据不精确，分析的结果就不正确；数据残缺不全，分析的结果就不可靠。数据有死的，也有活的，死的数据来自计划、报表凭证、账表及其他书面材料；活的数据来自调查研究的第一手资料和对实物的清查，二者不可偏废。只有将二者有机地结合起来，反复核实数据的精确性，以此进行分析，导出的结论才是客观的、科学的。

2. 要深入具体地进行分析。财务分析报告重在分析，要运用科学的方法，对各种经济指标和财务收支情况，通过现象和数据，进行客观的、实事求是的分析，旨在找出创造成绩或造成问题的主客观原因。财务分析报告的价值主要在于能否分析得中肯、深刻、正确。常见的倾向是用数据代替分析，变成“数据文字化”，可以说是财务分析报告的致命伤。

3. 要抓住关键性问题。财务收支可以说是企事业单位经济活动的晴雨表，它全面反映了单位的经济效益和物质文明建设所达到的水平。撰写财务分析报告，不是为分析而分析，为撰写而撰写，而是为了了解单位的整个经济运转状况和经营管理情况，认真分析获得成绩和存在问题的原因，以达到进一步改进工作，改善经营管理的目的。这就要求在撰写财务分析报告时，一定要抓住主要矛盾，抓住关键性的问题，并解决之。

[例文七·一]

×××菜市场××××年上半年财务分析报告

一、主要财务指标完成情况

1. 商品销售额增加。本期商品销售额为 385 万元，比计划额增长 14.34%，比上年同期增长 26.2%。

2. 费用水平下降。本期费用水平为 4.01%，比上年同期下降幅度为 10.09%，相对节约费用额为 1.73 万元。

3. 全部流动资金周转加快。本期全部流动资金周转天数为 10.4 天，比上年同期加快 0.7 天，相对节约流动资金占用额 1.12 万元；其中商品资金周转天数为 7.2 天，比上年同期慢 0.2 天，相对平均多占用商品资金 3 200 元。

4. 利润额增多。本期纯利润额为 16.42 万元，比上年同期增长 47.61%；每百元销售额平均利润 4.27 元，比上年同期上升 16.99%。

二、采取的主要措施

1. 广开进货销货门路。除在市内努力寻找货源、购进紧缺商品外，还向市外积极组织进货，并根据货源情况以及季节变化，积极开展销货业务。对货源充裕的商品，通过增设售货摊棚、延长营业时间、开早晚市，以及打破班组商品经营范围等办法大力进行推销，从而增加了商品的销量，扩大了销售额。如牛肉销量上升了 22%，羊肉上升了 20%，鸡肉上升了 23%，糖果上升了 42%，糕点上升了 32%，水果上升了 91%。

2. 把财务指标与班组评比奖励挂钩。在“百分赛”的评比办法中，把商品销售额、销售利润、费用率、商品资金周转率、商品损耗率等财务指标的实际完成情况，作为班组每月评比奖励的主要依据。这样按劳评奖，多劳多得，调动了职工的积极性。

三、存在的问题

1. 有的班组商品资金占用不合理，以致全场商品资金周转减慢。出现这种情况，是由于部分副食商品价格调高，直接导致了商品资金占用加大，当然，这里有客观因素，不可避免。但有的班组商品资金占用的增长大于销售额的上升幅度，则说明商品资金占用不够合理。如早晚服务部销售额只增长15.79%，而商品资金占用额竟增长了26.98%。

2. 商品损耗率普遍增高。本期计耗的七个班组综合损耗率为0.06%，比上年同期的0.05%上升20%。究其原因，多是在进货验收、挑选整理、搬运摆放以及保管等环节中，不按规定的操作规程办事造成的。

3. 费用开支有浪费。本期修理费开支比上年同期增加44.32%，其原因主要是：(1) 不善于使用与保养机器设备而造成的故障多，修理随之增多；(2) 修建工程设计不周密，盖了又拆，增加了拆改费用。

4. 财产损失加大。本期财产损失比上年同期增加3倍多，其中大部分是当事人失职造成。如放入冷库的25千克对虾，由于保管人员粗心大意，忘记出售，时间长了，质量降低，结果削价处理，损失严重。由此说明，我场有的员工，对待工作存在责任心不强的问题。

四、改进意见

为进一步搞好经营管理，要完善各种必要的规章制度。当务之急是要尽快制定好商品采购工作责任制度，把好进货关。商品资金占用不合理、商品损耗率增高及费用开支有浪费等问题，目前虽与班组定期评比奖励挂钩，已经引起各班组的注意，但为了保证此类问题不再发生，还有必要进一步采取具体措施，加强管理，严格岗位责任制度，做到人人有专责，事事有人管，将管理工作落实到每个人身上，落实到每项工作中。例如，食品组应当把售货场与仓库的商品严格划分清楚，凡进货验收、销售上货、储存检查，都要有专人按规定手续负责办理，彻底解决商品管理上不够认真的问题。

××菜市场销售科

××××年××月××日

[例文七·二]

康佳公司2010年财务分析报告

第一部分 行业分析和公司基本情况分析

一、行业分析

中国家电业已进入品牌制胜的时代。在中国家电业遭遇群体市场寒流的今天，有一个“家族”正在崛起，它以时尚、个性、高雅、方便、实用等为特点赢得了千万家庭的青睐，在赢得市场的同时，也竖起了利润与成长的细分行业大旗——它就是小家电。从无到有、从小到大、从弱到强，时至今日，中国小家电业迈入了茁壮成长期，成为名副其实的“大市场”。与传统家电产品不同，小家电在中国的销售仍然处于发展阶段，随着消费者需求增加，小家电产品的种类和数量都在提升，小家电平均利润率高，为企业带来的收益也高。未来小家电在中国的利润率和增长率均将提升至30%左右。

二、公司基本经营情况分析

公司各业务单元继续深入贯彻价值经营策略，强调进攻的意识、开放的心态、变革与创新意识，加快推进营销组织变革，着力提升研发能力，坚持产品创新，严格质量控制，打造差异化精品，实现了彩电、手机、白色家电等主营业务的快速发展。公司白色家电业务部门把握市场趋势，以节能为主线，以时尚外观、差异化保鲜技术和高性价比打造精品阵容，同时积极拓展康佳白色家电的销售渠道，提高渠道覆盖率，实现白色家电业务的稳步发展。为了争夺平板电视的市场份额，内、外资彩电品牌大都采取降价促销措施，平板电视的价格竞争异常激烈，导致平板电视的毛利率较2009年同期有较大幅度下降。

第二部分　财务数据分析

一、资产负债表分析

2010年12月31日与2009年12月31日资产负债表（略）。

从资产负债表的水平分析来看，康佳公司总资产本期增加2 898 812 436.62元，增长幅度为21.36%，说明康佳公司本年资产规模有较大幅度的增长。流动资产本期增加2 526 405 739.60元，增长幅度为21.69%。

2010年和2009年的分析数据来看：

1. 应交税费账户减少幅度为85.12%，原因可能是企业销售量下滑，说明企业的效益有下滑的趋势。

2. 外币报表折算差额账户减少幅度为197.3%，这个账户减少的原因可能是该公司在对外出售环节出现了问题，再加上近年来我国人民币对外币相对升值幅度提升较高。

3. 应付股利账户减少幅度为88.68%，康佳公司付给股东的利润少了，可能是由于经营规模缩小导致效益下滑。

4. 其他应收款账户减少了75.92%，长期待摊费用减少了20.71%，应收账款账户减少了1.8%，这说明公司销售方向有所改变，自2008年起，公司主要投资在电视机行业上，收入来源有所改变。

5. 从资产负债表的垂直分析的数据来看，2008年至2010年，康佳公司的流动资产都在总资产中占据相当大的比重，其中,2008年占84.9%，2009年占85.8%，2010年占86.1%，账户流动资产过多，有可能是因为公司经营不是太稳定。

6. 2008年短期借款占12.8%，2009年是20.4%，2010年是35.9%，三年来短期借款逐年增加，公司的流动资金不足，经营效果不是太明显，只能靠借款来维持公司的日常的持续经营，从这张表来看，公司有必要改善自身的经营模式，扩大资金的来源。

二、利润表分析

2010 年度与 2009 年度利润表（略）。

利润表分析内容：

1. 从上述分析表格来看，营业收入账户 2009 年增长 8.6%，2010 年增长 29.1%，销售收入有明显的增加，公司致力于电视机一项，在此行业中努力创造出品牌效应，所以，销售方面明显改善。

2. 投资收益账户来看的话，2009 年增长 186.8%，2010 年增长 291.7%，公司决策方面更加明智，选择了好的投资方式为公司带来了翻了几倍的收益。

3. 公允价值变动净收益账户，2009 年为-229.4%，2010 年为-524.8%，该项收益一直在减少，可能是因为公司所选择的成本计量模式与本公司的实际情况不相符合，相关的会计政策有可能也要做出与公司实际情况相一致的改变才能反映真实情况。

4. 营业外收入账户，2009 年增长 2%，2010 年增长 67.1%，公司经营范围较 2008 年、2009 年有所扩大，利益创造的更多。

5. 从利润的结构百分比来看，少数股东的权益在 2009、2010 年分别下降25%和 27.8%，股东的权益没有得到保障，利润中应付股利不多，导致股东没有都获得相应的权益收入。

6. 我们可以看到，2010 年的经营收益是比较成功的，说明康佳公司已经看到了自身发展中存在的问题，做出了相应的政策方面的改变，平时更应该对公司各种数据加以研究才能更好地管理公司的经营。

三、现金流量表分析

2010 年度与 2009 年度现金流量表（略）。

现金流量表内容分析：

1. 2010 年经营活动产生的现金净流量减少了 47.2%，其他与投资活动相关的现金净流量减少了 65.6%，筹资活动产生的现金流量减少了 41.5%，期初现金及现金等价物余额减少了 11.25%，期末现金及现金等价物余额减少了 24.1%，净利润减少了 31.3%。

2. 2010 年经营活动现金流入流出的比率都比较大，2010 年为 71.2%，2009 年为 77.7%，都是流动的现金资产，公司拥有的固定资产并不是太多，经营模式不稳固，受不住较大的金融危机。

3. 由于该公司在 2010、2009 年的现金及现金等价物均为负数，导致与之相关的各项数据均是减少的，其发展都不是靠自身的销售以及经营，更多的还是依赖筹资来发展，从上表我们不难看出，无论是筹资的流入流出都占很大的比率。应该重新研究发展模式。

四、计算反映企业盈利能力的指标

计算略。

五、计算企业营运能力的指标

计算略。

总资产周转率速度的上升，主要是流动资产占总资产的比重上升所致。

本期流动资产周转率下降是由于流动资产垫支周转率下降所致，其对流动资产周转率下降的影响程度明显，而成本收入率稍有上升。

六、短期和长期偿债能力指标的计算

计算略。

从短期偿债能力方面看，公司的营运资金、流动比率、速动比率等指标都较往年有很大变化，且都保持较高的比重，故公司的短期偿债能力还是比较好的；从长期偿债能力方面看，公司的各项指标也都反映出了较好的偿债能力，并且在公司的整个资本结构中负债的比重较少，股权权益的比重较大。说明公司奉行的是较为稳健的财务政策，财务风险的可能性较小。

第二节　审计报告

一、审计报告概说

审计报告是审计人员根据国家有关政策、法规、财经纪律，对被审计单位的财务收支及有关经济活动的真实性、合法性等情况，或对厂长、经理等有关经营者离任经济责任进行审核检查，就审查情况、结果、处理意见和改进建议等，向审计机关或授权部门提交的书面报告。

审计报告按不同标准进行分类，有不同的种类：

1. 按审计报告的内容，可分为财政、财务收支审计报告，财经法纪审计报告，经济效益审计报告，外资审计报告和审计鉴证报告等。

财政、财务收支审计报告，又可分为财政收支审计报告和财务收支审计报告两种。财政收支审计报告，是指对某一级政府的财政收支进行审计所提出的审计报告；财务收支审计报告则是对企业或行政事业单位的财务收支进行审计所提出的审计报告。

财经法纪审计报告，亦称专案审计报告，是对严重违反财经法纪的贪污、盗窃、侵占国家资产、严重损害国家利益等行为进行立案审计所提出的报告，同时也是证明被审计单位的会计报表是否可靠可信，财务状况是否真实、正确，经济活动是否合规合法的报告。

经济效益审计报告，是对被审计单位的经济效益做出审计所提出的审计报告，主要目的和作用是向被审计单位和主管部门提供改善经营管理，挖掘企业内部潜力，提高经济效益的依据和建议。

外资审计报告，是指对引进的外国资金进行审计所提出的审计报告。引进外国资金包括向外国贷款、世界银行援助项目、中外合资和外商独资等。目前我国审计机关已开展的外资审计业务有三种：一是借贷资金审计；二是合资经营审计；三是援助项目审计。

审计鉴证报告，是指对经济案件或经济纠纷案件，经过审计所提出的起证明鉴别作用的审计报告。多数由注册会计师事务所和注册审计师事务所接受委托承担。

2. 按撰写审计报告的主体，可分为外部审计报告和内部审计报告。

外部审计报告，是指国家审计机关或社会审计组织提出的审计报告。

内部审计报告，是指部门和单位的内审机构进行审计后所提供的审计报告。

审计报告还有其他的分类方法，但就我国审计人员所撰写的审计报告而言，不外乎是综合审计报告和专项审计报告两种。

综合审计报告，也称全面审计报告。其特点是审计的范围广，包括财务审计、经济效益审计和财经法纪审计等。在综合性审计报告中，既要对所发现的问题作全面反映，又不需要将所有审查的事项都列出来，主要是对财务工作及其经济效益、遵守财经纪律情况的审计。

专项审计报告，是对一部分财务工作，或影响经济效益的个别问题，或某项财经纪律执行情况的审计结果而写成的报告，如企业承包经营责任审计、被兼并企业资产清查审计、基本建设拨款审计等等，一般都是针对财经工作中特定范围内存在的问题和特定事项进行的审计。

二、审计报告的格式与写法

审计报告在长期的使用过程中形成了较为固定的格式，通常由标题、主送单位、正文、附件、落款等构成。

1. 标题。审计报告的标题一般采用公文式标题，其写法常见的有两种形式：

四项式，标题中写出审计机关、被审计单位、审计内容和文种，如《××市审计局关于×××开发公司经济效益的审计报告》。

三项式，标题中省略审计机关，只写被审计单位、审计内容和文种，如《关于××食品厂 2001 年财务收支的审计报告》。这种写法适用于两种情况：一是审计报告是作为审计机关的文件发出的，文头已标明“×××审计局文件”的字样；二是将审计机关写在具名处。

2. 主送机关。它是指审计报告的受文单位，要写全称或规范的简称，如××市审计局、×××进出口公司等。

3. 正文。审计报告的正文包括导言、基本情况、存在问题、处理意见和建议。

（1）导言。导言即审计报告的开头部分，一般包括以下内容：审计的依据、对象、时间、内容、范围、方式等。这部分结束处往往用“现将审计情况（结果）报告如下”或“现将该厂的评估结果报告如下”等语句过渡下文。

（2）被审计单位的基本情况。它是对审查范围内的基本情况进行概要的说明或评价，一般包括被审计单位的性质、规模、经营范围、相关项目的财务经济情况及规定指标完成的情况等，如在流通企业的利润审计中主营业务收支的情况、其他业务利润收支的情况、营业外收支的情况等。

(3) 审计中查明的问题。对于指明存在问题的审计报告，这部分的内容是审计报告的最重要部分，其中主要写明查证核实了哪些问题，这些问题的性质，造成的不良影响，经济损失程度及后果等。由于这部分内容事关重要，所以在查证反映问题时一定要实事求是，慎之又慎，材料要充分，证据要确凿，引用的法规、制度等文件要准确，这样才能使审计报告更具客观性、公正性。

(4) 处理意见和建议。在查明问题的基础上，引证有关法律、法规、规章和具有普遍约束力的决定、命令的条款，同时根据问题的性质，作出具体、明确的处理意见，如调整有关账目、没收非法所得、补交税金、处以罚款等。对严重违反财经纪律的，甚至触犯国家法律的，应追究其经济责任，或建议行政管理部门进行处理，或建议提交有关司法部门审理。

在做出处理决定后，审计人员还可就如何帮助被审计单位从中吸取教训、提高思想认识、加强制度的管理、改进工作、提高经济效益等提出合理化建议，供被审计单位及其主管部门领导参考和决策。

4. 附件。将查证出问题的证明材料，如有关凭证、账表、证据的影印件等，作为审计报告文字说明部分的补充和佐证，附在正文之后，这也是审计报告结论的依据。

5. 落款。落款要写明审计机构的名称、审计人员的姓名以及审计报告的写作日期，年、月、日必须写全称。

三、审计报告的写作要求

1. 审计报告要尊重事实，客观公正，报告中提出的问题，必须有经过验证的根据，并有充分可靠的材料作为佐证。事实材料既不夸大也不缩小，对于证据不足或未经查明的事项，可暂时搁置，不要轻率地写入报告，以免陷于被动。

2. 审计工作中搜集的材料很多，但写作审计报告时不能面面俱到，要抓住重点，通过典型事例说明问题。

3. 审计报告不但要写明审计中发现的问题，而且要根据有关规定，确定问题的性质，提出审计决定。与此同时，要具体写出切实可行的建议，帮助被审计单位改进工作。

4. 审计报告语言必须准确、精练，合乎逻辑和语法。数字准确无误，一般不用分数。结论性的意见和评价，观点要鲜明，措辞要适当、严谨，如是“贪污”还是“挪用”，是“疏忽”还是“有意”，定性应准确，决不能含糊。

[例文七・三]

关于××有限公司的常规审计报告

××审字【2012 年】00×号

审计委员会：

根据集团公司审计工作计划安排，我们于 2012 年 5 月 23 日至 5 月 31 日对××有限公司 2011 年 1 月 1 日至 2011 年 12 月 31 日的经营状况、财务收支状况及内部管理控制等方面情况进行了调阅审计。目前审计工作已经结束，现将审计情况报告如下：

一、被审计单位基本情况

略

二、公司整体经营情况

略

三、审计发现问题、风险分析及改善建议

（一）会计核算方面的问题

1. 未对“应收账款”计提坏账准备

《会计核算制度》规定“根据每月当期应收账款及其他应收款合计金额的4%计提坏账准备，计入当期损益”；但审计发现财务账面一直未计提坏账准备。

我们认为应收账款的账务处理未能体现会计谨慎性原则，不符合企业会计准则规定；会虚增利润，导致报表有误。

建议按照制度和准则的要求，按期计提坏账准备。

2. “存货跌价准备”的计提有误

《会计核算制度》规定“存货跌价准备：按当期期末库存金额的5‰计提，累计存货跌价准备金额达到当期存货金额的10%时，可以不再计提”。但该公司2011年3月底和6月底在存货跌价准备金额都超过存货金额10%的情况下继续按照5‰计提了存货跌价准备；且是按照期末存货的总额计提，未能采用商品型号或类别按成本价与市场价孰低的计提方法。

我们认为存货跌价准备账务处理未能真正体现会计谨慎性原则，不符合企业会计准则规定；会虚减当期利润，导致报表有误。

建议按照制度和准则的规定，准确计提存货跌价准备。

3. 损益结算及分配处理不规范且违反国家法律规定

略

4. 记账凭证没有附件

财政部《会计基础工作规范》规定：除结账和更正错误的记账凭证可以不附原始凭证外，其他记账凭证必须附有原始凭证。无外来原始凭证的，可以自制原始凭证；但自制原始凭证必须有经办单位领导人或者其指定的人员签名或者盖章。审计期间发现存在大量无附件的记账凭证（例如：2011年×月记计提利息和存货跌价准备）。

记账凭证没有附件既违反国家财务法规，又容易导致审计人员无法判断该经济事项的真实性和会计处理的合理性。

建议严格执行国家财务法规，有外来原始凭证的附外来凭证；无外来原始凭证的，自行编制原始凭证并由相关人员签名或者盖章。

（二）财务管理方面的问题

存在长期呆滞的存货

（三）经营管理方面的问题

1. 未对客户信用进行系统管控。

2. 业务员代客户垫付销售货款。

3. 销售返利的支付存在违规现象。

4. 销售毛利率低下。

四、上次审计发现整改情况跟踪

（略）

五、财务指标评价（经营绩效评价）

详细指标和变动情况，见附件一《修正财务指标分析》。

六、审计结论

我们认为该公司对内部控制制度建设及执行非常重视，现有的内部控制和会计核算制度总体上是有效的，只是在某些方面存在一定的缺陷。

七、审计处理意见

针对本审计报告中提出的问题及审计意见，希望领导及各相关部门认真进行自查、整改、完善，后续审计中再发现此类问题，将按集团公司规定进行相应处罚。

总审计师：×××

主审计员：×××

2012 年××月××日

[例文七·四]

审计报告

ABC 股份有限公司全体股东：

我们审计了后附的 ABC 股份有限公司（以下简称 ABC 公司）财务报表，包括 20××年 12 月 31 日的资产负债表、20××年度的利润表、股东权益变动表和现金流量表以及财务报表附注。

一、管理层对财务报表的责任

按照企业会计准则和《××会计制度》的规定编制财务报表是 ABC 公司管理层的责任。这种责任包括：

（1）设计、实施和维护与财务报表编制相关的内部控制，以使财务报表不存在由于舞弊或错误而导致的重大错报；

（2）选择和运用恰当的会计政策；

（3）作出合理的会计估计。

二、注册会计师的责任

我们的责任是在实施审计工作的基础上对财务报表发表审计意见。我们按照中国注册会计师审计准则的规定执行了审计工作。中国注册会计师审计准则要求我们遵守职业道德规范，计划和实施审计工作以对财务报表是否不存在重大错报获取合理保证。

审计工作涉及实施审计程序，以获取有关财务报表金额和披露的审计证据。选择的审计程序取决于注册会计师的判断，包括对由于舞弊或错误导致的财务报表重大错报风险的评估。在进行风险评估时，我们考虑与财务报表编制相关的内部控制，以设计恰当的审计程序，但目的并非对内部控制的有效性发表意见。审计工作还包括评价管理层选用会计政策的恰当性和作出会计估计的合理性，以及评价财务报表的总体列报。

我们相信，我们获取的审计证据是充分、适当的，为发表审计意见提供了依据。

三、审计意见

我们认为：ABC公司财务报表已经按照《企业会计准则》和《××会计制度》的规定编制，在所有重大方面公允反映了ABC公司20××年12月31日的财务状况以及20××年度的经营成果和现金流量。

××会计师事务所 中国××市

中国注册会计师：×××（签名并盖章）

中国注册会计师：×××（签名并盖章）

二〇××年××月××日

第三节 资产评估报告

一、资产评估报告概说

资产评估报告是由资产评估机构（如审计师事务所、资产评估事务所、会计师事务所）受权对被评估单位的资产（包括固定资产、流动资产、无形资产及其他资产）按照有关法规、制度、规定，运用科学的评估方法，选择适当的评估参数、遵循独立、客观和科学的原则，依据统一尺度对特定的资产进行公正、合理、真实的价值评估，并就评估结果写出书面报告。资产评估报告是对资产评估工作的全面总结。资产评估报告对处理资产、产权交易、入股经营、上级主管部门了解企业资产状况等都有重要作用与价值。

资产评估报告的作用主要是为验证和确认资产评估结果提供依据，是委托人据以进行资产交易的证明资料，也是其进行财务处理的合法凭据。

资产评估报告的种类按内容划分，可分为专题资产评估报告和综合资产评估报告。

1. 专题资产评估报告是资产评估机构向委托单位报告单项资产评估工作结果的一种报告。它是对每个具有可确定存在形态的资产一项一项地进行评估，其评估的范围包括：固定资产、流动资产、无形资产、整体资产等。

2. 综合资产评估报告是评估机构向委托单位报告综合资产评估工作和结果的一种报告。综合资产评估是根据被评估单位整体资产盈利能力和投资环境等因素，对资产进行综合评估。

二、资产评估报告的格式与写法

资产评估报告一般由五个部分组成。

1. 标题

标题一般由被评估单位的名称、资产评估的内容和文种三部分组成，如《关于××公司固定资产实有情况的评估报告》。

2. 委托单位的名称

一般要详细写明委托人名称，不能用简称。

3. 正文

正文包括前言、主体和结尾三部分。

（1）前言。

评估依据，如接受谁的委托，对谁的资产进行评估，同时说明依据什么法律、法规和规定进行评估，作价的依据和资料来源是什么。

评估目的，即说明是股份制改造，资产抵押、拍卖，还是进行中外合资、国内联营、承包、租赁。评估目的影响评估方法的选择。

评估基准日和评估资产项目名称，即根据资产业务情况所选定的评估计价日期。如对××资产的评估，评估的基准日期为何日，何时起作为计价的开始。

另外，有的前言还对资产评估总的情况作简要说明。前言部分结束，常用“现将评估结果报告如下”等语承上启下，过渡到下文。

（2）主体。主体部分是对资产评估具体情况的说明，主要写明各类资产的分布、实有情况、原有的账面净值、评估后的各项价值、增值或减值数额、增值或减值的百分比、增值或减值的原因、评估后资产负债情况、评估使用的方法和计算公式等内容。在写作中，如项目繁多，可用表格式列出，再用文字作简要说明，内容多的还可以根据各类资产分成若干部分来写，每一部分用小标题加以说明。

（3）结尾。结尾是对全文作概要的评估结论（有的结论如在主体中陈述，则无须再作重复），并请被评估单位过目，在无异议的情况下，送交有关国有资产管理局或其他主管部门审核确认。

4. 附件

附件的基本内容有以下几项：

（1）作为评估依据的主要文件，如合同、协议、法律条文的复制件。

（2）财产清单及各类资产评估明细表。

（3）委托单位提供的有关财务会计报表及有关资料。

（4）评估后资产价格情况、增减说明等。

5. 署名和日期

正文结束，在附件的右下方署上评估机构负责人、评估项目负责人、参加评估人员的姓名，并加盖印章。姓名之下写上评估机构名称并加盖公章。最后署上具体的年、月、日。

三、资产评估报告的写作要求

1. 对资产价值的评估要真实、客观、准确，做到评估有原则，计算有依据，方法合理，数据准确，评价客观。切忌从主观出发，用个人感情故意去夸大或缩小某些内容。

2. 报告中对一些大的项目、重要的项目应做具体的文字说明；对一些小的项目，如流动资产的各项内容则可用表格将具体的数额、金额填入其中，做到简洁明了，有详有略，主次分明。

3. 语言要准确严密。资产评估报告的语言运用要具有法律用语的一般特征，因此，要善于采用定义法、限定法对有关概念加以明确。如果模糊不清，存有歧义，则有可能产生误导。

[例文七·五]

××大学明新楼教学设备资产评估报告书

×××会计事务所接受××大学的委托，对学校明新楼教学设备资产作评估工作，我事务所于××××年×月×日开始进行准备工作，现将评估工作分述如下：

一、评估概况与范围

本次评估的对象是明新楼的用于教学用的固定设备，设备分布于明新楼1至6层。本次评估的范围为用于教学，并能够现场调查的教学设备，包括桌椅、多媒体、音响、空调、电风扇、电灯、黑板和讲台共8大类资产。明细如下表：

设备	桌椅（套）	多媒体（套）	音箱（套）	空调（台）	电风扇（深）	电灯（盏）	黑板（块）	讲台（个）
总计	3 771	63	132	83	223	560	63	59

二、评估目的与评估基准日

本次评估的目的是了解明新楼当前教学设备的价值，为相关部门作参考。

评估基准日为2012年4月10日。

三、资产的清查核实过程

1. 确定待评估资产的范围与类别，本次确定的评估范围为8大类教学设备。

2. 现场核实资产的存放位置、存放状态、使用状况。

3. 评估小组人员现场核查、对待评估资产的状况进行数量核实、成新率观测、设备品牌等进行登记。

四、评估方法

本次评估选择成本法与市场法进行评估，基于以下几点原因：一是市场法需要找到市场上能够进行类比的同类资产，本次评估的部分资产可以找到市场上出售的同类资产进而进行比较；二是可以通过采用成本法对部分资产的重置成本进行估算，然后减去经济性贬值、功能性贬值等因素得出被评资产的价值；三是收益法不适合本次评估，因为被评估的资产未来的预期收益无法确定，所以不能够采用该方法。

1. 成本法的表达式为：

资产的评估值=资产的重置成本-资产经济性陈旧贬值-资产功能性陈旧贬值-资产实体性贬值

其中资产实体性贬值的估算方法有观测法、使用年限法等。

2. 市场法的表达式为：

资产评估值=参照物价格×调整系数

其中调整系数包括：时间因素、区域因素、功能因素、交易情况等。

五、评估具体过程

（一）多媒体设备的评估

采用成本法评估其价值

我们从教务处的固定资产清查清单中了解到，多媒体的采购时间为 2008 年 6 月份，设备共包括以下五个部分：多媒体中控讲台、网络中控、中控音频处理模块、云台及护罩、电动幕。

按照当时的采购价格，中控讲台的价格为每套 6 090 元、网络中控的价格为每套5 600元、中央音频处理模块的价格为每套 3 263 元、云台及护罩的价格为每套 1 300元、电动幕的价格为每套 1 500 元，因此每套多媒体的价格=6 090+5 600+3 263+1 300+1 500=17 753（元）。

1. 重置成本的估算

重置成本=账面原值×（1+价格变动指数）+安装调试费用

查阅相关资料，得到 2008 年通货膨胀率约为 5.9%、2009 年为 7%、2010 年为 6%、2011 年为 5.4%，估算每套设备的安装调试费用为 2 000 元。

故重置成本=17 753×（1+5.9%）×（1+7%）×（1+6%）×（1+5.4%）+2 000=24 475（元）

2. 观测法得到多媒体的成新率约为 0.8，即陈旧性贬值率约为 0.2

由于多媒体设备经济型陈旧贬值、功能性陈旧性贬值及实体性贬值很小，故忽略不计。

3. 评估值的确定

每套多媒体设备的评估值=24 475×0.8=19 580（元）

待评估的多媒体设备共 63 套，故多媒体的评估总值为 19 580×63=1 233 450（元）

（二）音响设备的评估

采用市场法评估其价值，我们从教务处提供的固定资产清查清单中了解到，待评估的音响设备为巴顿牌音响。通过网络询价发现，类似巴顿音箱的一套音箱（两个）市场价格约为 1 700～2 000 元，我们确定此次的评估中音箱每套价格为 1 800元，安装调试费约为 500 元。

此次评估的音箱价值=（1 800+500）×132÷2=151 800（元）

（三）黑板价值的评估

网络询价得黑板单价为 130 元/平方米，估算每块黑板的大小为 5 平方米，63 间教室中 6 间阶梯教室的黑板均为 4 块，共有黑板 81 块，共405 平方米。

观察法得出黑板的成新率为 80%，则黑板的评估价值如下：

130×405×80%＝42 120（元）

（四）电灯价值的评估

同类电灯的均价约125元，估算有560盏灯，成新率为60%，安装费为10%，则电灯的评估价值如下：125×560×（1+10%）×60%＝46 200（元）。

（五）空调价值的评估

经现场核查，共有海尔、美的、格力和科龙四类立柜式空调，一台壁挂式空调。

评估方法描述略。

空调资产的评估结果＝7 580×5×（0.6−5%）+7 580×9×（0.55−5%）+7 580×41×（0.5−5%）+7 580×8×（0.4−5%）+7 580×（0.85−5%）+2 299×（0.3−5%）+5 599×6×（0.6−5%）+5 999×3×（0.75−5%）+5 563×（0.6−5%）+5 563×（0.75−5%）
＝222 094+38 028.35+574.75＝260 122.35+574.75＝260 697.1（元）

（六）风扇价值的评估

经现场调查风扇共计223架，其中仍然可以使用的有199架，市场上类似功能的吊扇价格约为115元。可以使用的成新率为0.6，不可使用电扇成新率为0.2。

吊扇估价＝199×115×0.6+24×115×0.2＝14 283（元）

（七）桌椅的价值评估

我们通过现场调查发现，1、2层的桌椅成新率为0.6，其他楼层的桌椅成新率为0.8。

通过网络询价我们得出单独一套的桌椅的价格约为358.8元，连排桌椅一套价格约为81元，如3109教室的桌椅价值＝358.8×50×0.6＝10 764（元）；3201教室的桌椅价值＝150×81×0.6＝7 290（元）。

依次计算其他教室桌椅的价值，并加总得出桌椅的总价值为641 031元。

（八）讲台的价值评估

通过网络询价，我们找到了市场上同类讲台的平均价格约为396元。1、2层的讲台成新率为0.6，其他楼层讲台的成新率为0.8，通过计算得出讲台评估值＝23×396×0.6+36×396×0.8＝16 869.6（元）。

六、评估结果

将以上八类资产的评估值加总得出待评估资产的总值＝2 410 530.7（元）

七.评估小组负责人

×××高级会计师　　评估资格证第×××号

评估小组成员：

×××高级会计师　　评估资格证第×××号

×××高级工程师　　评估资格证第×××号

特作评估报告如上，请予审定。

附件：（略）

×××会计事务所（盖章）

××××年××月××日

第四节 验资报告

一、验资报告概说

验资报告是注册会计师依法接受委托，按照独立审计的要求，对被审验单位注册资本的实收或变更情况实施必要的审验程序，获取充分、适当的证据，并确认其真实性和准确性后，形成审验意见，向委托单位出具的鉴证类应用文书。

出具验资报告，是注册会计师向企业提供的鉴证服务中的一种。随着“入世”带来的变化，我国的经济环境和法律环境都有相应的改变，特别是随着资本市场的发展，企业的组织形式、投资方式、投资主体都发生了较大变化，验资的实施及验资报告的写作，也越来越显示出其重要性。

验资报告主要有两种：

1. 设立验资报告。它是指注册会计师对被审验单位申请设立登记的注册资本实收情况进行审验后出具的验资报告。

2. 变更验资报告。它是指注册会计师对被审验单位申请变更登记的注册资本变更情况进行审验后所出具的验资报告。

二、验资报告的格式与写法

验资报告一般由五部分构成。

1. 标题。标题统一为“验资报告”。

2. 呈递单位或人员。呈递单位或人员是指验资业务的委托人，验资报告应当写明其全称。

3. 正文。正文包括前言、主体、结尾和附件。

前言。前言要写清楚验资对象、范围。

主体。主体主要包括出资者及被审验单位的责任、注册会计师的意见、审验依据和已实施的主要审验程序等。意见部分，是指注册会计师的审验态度。注册会计师在发表审验意见时，应当说明已验证的被审验单位注册资本的实收或变更情况，以及验资报告的用途、使用责任和注册会计师认为应当说明的其他重要事项。

结尾。结尾一般用“特予以验证”作结。

附件。验资报告附件应当包括已验证的注册资本实收情况明细表或注册资本变更情况明细表和验资事项说明等。

验资事项说明应当包括被审验单位组建及审批情况、申请注册资本情况及出资规定、变更注册资本的原因及审批情况、变更注册资本的规定、注册会计师的审验结果及注册会计师认为应当说明的其他事项等内容。

4. 签章和会计师事务所地址

验资报告应当按照国家有关规定由两名具备相关业务资格的注册会计师签名并盖章，加盖会计师事务所公章，标明会计师事务所地址。

有限责任会计师事务所出具的验资报告，签名的注册会计师之一应为会计师事务所主任会计师或其授权的副主任会计师。合伙会计师事务所出具的验资报告，签名的注册会计师之一应为对该报告负最终复核责任的合伙人。

5. 报告日期

验资报告日期是指注册会计师完成外勤审验工作的日期。

三、验资报告的写作要求

1. 要完成预定的审验程序。编写验资报告首先要编制验资计划、方法和步骤，在按计划对被审验单位提供的材料进行充分验审后，才能掌握审验证据。

2. 要取得充分的审验证据。证据是形成结论的基础，只有获得充分证据后，才能做出结论。

3. 要得出合理的审验结论。在对审验证据进行深入分析后，才能提出结论，最终完成验资报告。

[例文七·六]

验资报告（适用于拟成立公司）

××公司（筹）全体股东：

我们接受委托，审验了贵公司（筹）截至××××年××月××日止申请设立登记的注册资本实收情况。按照国家相关法律、法规的规定和协议、章程的要求出资，提供真实、合法、完整的验资资料，保护资产的安全、完整是全体股东及贵公司（筹）的责任。我们的责任是对贵公司（筹）注册资本的实收情况发表审验意见。我们的审验是依据《独立审计实务公告第1号——验资》进行的。在审验过程中，我们结合贵公司（筹）的实际情况，实施了检查等必要的审验程序。

根据协议、章程的规定，贵公司（筹）申请登记的注册资本为人民币________元，由________（以下简称甲）、________（以下简称乙方）各方于________年________月________日之前缴足。

经我们审验，截至________年________月________日止，贵公司（筹）已收到全体股东缴纳的注册资本合计人民币________元（大写），其中以货币出资________元、实物出资________元、知识产权出资________元、以土地使用权出资________元。知识产权出资金额占注册资本的比例为________%。

截至________年________月________日止，以房屋和专利权出资的甲方尚未与贵公司（筹）办妥房屋所有权过户手续及专利转让登记手续，但甲方与贵公司（筹）已承诺，按照有关规定在公司成立以后________月内办妥房屋所有权过户手续及专利权转让登记手续并报公司登记机关备案。

本验资报告仅供贵公司（筹）申请设立登记及据以向全体股东签发出资证明时使用，不应将其视为是对贵公司（筹）验资报告日后资本保全、偿债能力和持续经营能力等的保证，因使用不当所造成的后果，与执行本验资业务的注册会计师及本会计师事务所无关。

附件：

1. 注册资本实收情况明细表；
2. 验资事项说明。

×××会计师事务所（公章）

中国注册会计师：×××

××××年××月××日

[**例文七·七**]

验资报告（变更验资——增资）

××有限责任公司：

我们接受委托，审验了贵公司截至××××年××月××日止新增注册资本及实收资本情况。按照法律法规以及协议、章程的要求出资，提供真实、合法、完整的验资资料，保护资产的安全、完整是全体股东及贵公司的责任。我们的责任是对贵公司新增注册资本及实收资本情况发表审验意见。我们的审验是依据《中国注册会计师审计准则第1602号——验资》进行的。

在审验过程中，我们结合贵公司的实际情况，实施了检查等必要的审验程序。贵公司原注册资本为人民币××万元，实收资本为人民币××万元。根据贵公司××股东会决议和修改后的章程规定，贵公司申请增加注册资本人民币××万元，由××（以下简称甲方）、××（以下简称乙方）于××××年××月××日之前一次缴足，变更后的注册资本为人民币××万元。

经我们审验，截至××××年××月××日止，贵公司已收到甲方、乙方缴纳的新增注册资本（实收资本）合计人民币××万元（大写）。各股东以货币出资××万元，实物出资××万元，知识产权出资××万元。

（如果存在需要说明的重大事项增加说明段）

……

同时我们注意到，贵公司本次增资前的注册资本人民币××万元，实收资本人民币××万元，已经××会计师事务所审验，并于××××年××月××日出具××［文号］验资报告。截至××××年××月××日止，变更后的累计注册资本人民币××万元，实收资本××万元。

本验资报告供贵公司申请办理注册资本及实收资本变更登记及据以向全体股东签发出资证明时使用，不应被视为是对贵公司验资报告日后资本保全、偿债能力和持续经营能力等的保证。因使用不当造成的后果，与执行本验资业务的注册会计师及本会计师事务所无关。

附件：

1. 新增注册资本实收情况明细表；
2. 注册资本及实收资本变更前后对照表；
3. 验资事项说明。

××会计师事务所 中国××市

中国注册会计师：×××（主任会计师/副主任会计）

中国注册会计师：×××

××××年×× 月××日

第五节 税收分析报告

一、税收分析报告概说

税收分析报告是指税务机关从税收经济的整体出发，以一定的经济和税收理论为基础，以准确的税收核算数据为依据，以一定的税收工作实践为出发点，运用特有的分析方法，研究反映税收与经济、税收收入与税收征管以及税收与相关的社会现象之间的内在联系的一种文体。

税收分析报告是在税收理论和税收工作实践中被广泛应用的一个效能工具。通过税收分析，各级税务机关可以清楚地认识税收与经济以及税收自身内在本质的关系，掌握经济活动的规律性，科学地估算一定时期税收收入的总能力，客观地评价税收工作的业绩，全面地总结税收工作的经验、教训，及时地发现税收经济的新动向、新情况、新问题，准确地指导税收工作的方向，不断地完善现行税制，加强和改进税收征管，积极发挥税收杠杆对经济的调节作用，实现经济税收的良性循环。

税收分析的种类因分类所依据的标志不同而有多种分类方法。按分析的内容范围，可分为专题税收分析和综合税收分析；按分析的时期不同，可分为定期税收分析和不定期税收分析；按分析的功能不同，可分为进度分析、典型剖析、税收预测分析；按分析的方法不同，可分为税收计划分析、税收会计分析、税收统计分析和税收宏观分析等。

1. 税收计划分析

税收计划分析是税务机关为实现税收的职能，保证税收计划的完成，对税收计划的编制、分配落实、计划执行情况以及经济税源变化情况等一系列与税收计划管理有关的活动所进行的专题和综合分析。

税收计划分析是整个税收计划管理系统的重要组成部分。它的对象和任务主要集中在税收收入计划的制订、税收收入进度时序分析、税收收入计划执行情况分析、税收收入预测、税收收入与经济的适应性分析和为调整计划进行决策咨询等方面，具有时效性、规范性、前瞻性和数字先导的特点。

2. 税收会计分析

税收会计分析是以税收会计核算资料为主要依据，运用科学的分析方法，对税收资金运动过程及结果进行综合、全面的研究和评价，揭示税收工作的成绩、问题及原因，并提出改进措施，它是税收会计核算的延续。

税收会计分析是会计核算管理工作的最后一个环节，也是会计管理的最高阶段。税收会计分析主要围绕税收会计核算的内容展开，主要包括应征税金分析、欠缴税金分析、减免税金分析、在途税金分析、提退税金分析和入库税金分析，其中对入库税金的分析，是税收会计分析的核心。税收会计分析具有逻辑严密、专业性强、重视微观分析和集中分析税收资金运动的特征。

3. 税收统计分析

税收统计分析是根据税收数据资料和国民经济基础资料，应用统计特有的技术，对税收收入的主要特征以及税收与经济关系的主要方面进行分析，在得到基本数量结论的前提下，提出可供决策参考的咨询建议，形成分析报告的一种税收管理活动。

税收统计分析是统计信息、咨询、监督整体功能的集中表现，是税收统计全过程的一个重要方面。它反映经济税源发展变化情况和税收政策的实施效果，为研究制定国家税收政策、编制和检查税收计划服务。税收统计分析具有数量性、具体性、综合性和广泛性的特点。

4. 税收宏观分析

税收宏观分析是根据税收经济的宏观资料，利用现代经济理论和现代计量经济学技术，对税收经济宏观方面、税收与经济的相互关系等税收宏观经济特征进行分析，为决策者提供与税收宏观方面有关的咨询信息的税收管理活动。

经济宏观方面与税收有关的任何问题、课题都是税收宏观分析的内容，这个宽泛的分析空间相当之大，因此，税收宏观分析具有分析范围的全面性、分析内容的系统性、分析对象的复杂性和分析方法的综合性等特点。

二、税收分析报告的格式与写法

税收分析报告的结构安排具有一定的规律性，一篇完整的税收分析报告通常包括标题、导语、主体和结尾四个要素。但有时为了避免与主体部分的重复，一些税收分析报告略去了导语和结尾部分。此外，还有一些税收分析报告附有背景材料，对税收分析的内容起一定补充作用。

1. 标题

贴切、简洁、新颖，是对税收分析报告标题的总体要求。对于需要以公文形式上报或下发的税收分析，其标题制作就要严肃、规范，一般由制作机关名称、分析期限和税收分析的种类等三部分组成，如《××县国家税务局关于2000年税收计划执行情况分析报告》，也有的只由分析计划期限和税收分析的种类两项构成。

2. 导语

导语是税收分析报告的开头部分，通常是交待撰写税收分析的动机、目的、想法，或说明税收分析所涉及的范围及焦点。

导语的写法，形式多样，常用的有三种：一是开门见山，落笔入题。这种开头方法的特点是紧紧围绕文章和基本观点，简明扼要，直叙入题。二是提问根源，突出中心。在开头先提出令人关心的问题，然后自问自答，或只问不答，造成悬念。这样的提问式开头一般与下文是密切关联的。三是顺水推舟，导出正文。通过一个佳句，或是几个调查要素入题，寥寥数笔，自然而然地进入税收分析报告的主体部分。

3. 主体

主体是税收分析报告的正文。正文部分的写作要求结构严谨、层次分明、条理清晰、重点突出。先写什么，后写什么，哪些写得详细，哪些写得简略等等，所有这些问题都要从实际出发，统筹安排，合理组织，把有关材料组成一个紧密的统一体。对于篇幅较长的税收分析，也可以把主体分为几部分，每部分都冠以提示性或概括性的小标题，使主体的层次结构及每一部分的内容一目了然。

税收分析报告主体的层次结构，通常有三类，即递进结构、并列结构和序时结构。

递进结构又称纵式结构，它的特点是按照事物发展的因果关系或逻辑层次，把税收分析的主体分成几个部分，各部分之间形成发展或递进的关系。这种安排可以使文章的论述层层深入，便于文章的展开和读者的理解。

并列结构又称横式结构，它是按照所要研究事物的本身情况，把报告的主体分成并列的几部分展开的。编写综合性进度报告，一般都使用这种结构。如每年的税收完成情况的统计分析报告，就是按照各税种、各地区及各种经济类型等，横向排列的。

序时结构是指税收分析的主体部分按照时间先后顺序展开的。这种结构多用于反映社会经济随着时间的变化而变化的税收分析中。如《××市“十五”期间的税收发展趋势分析》，就可以按照经济发展的时间顺序来安排。

在税收分析报告主体划分若干层次后，每个层次又可以分为若干段落。为使全文形成一个“针线紧密”、文意贯通的整体，在层次与层次、段落与段落之间，就需要采用过渡段、过渡句、过渡词来实现这种自然转换。在有些税收分析中，有时也不使用明显的过渡，其连接的方式有：运用意义上的连续，表达递进关系；运用段意上的延续，表达呼应关系；运用小标题或用序码接续等。

4. 结尾

结尾是税收分析报告的结束语，通常是对在导语中提出的观点的总结或复述，或是对在导语部分所提问题的回答。税收分析收尾的方法因文而异，可总括全文，可篇末点题，可提问思索，可首尾呼应，可预测未来，亦可建议结尾。

对结尾的基本要求，一是要自然、圆满；二是要简练，不拖泥带水。当然，也有一些税收分析，在主体部分已经把问题讲清楚，结论显而易见。在这种情况下，也就没有必要加结尾部分了。

对于需要上报或下发的税收分析，还要在文章的最后写明编制税收分析的税务机关名称，注明编制时间，并加盖公章。若标题中已写明编制税收分析的税务机关名称，尾部可略去不写。

三、税收分析报告的写作要求

1. 要以理论为基础。以理论为基础就是以经济理论和税收理论及税收与经济的关系为理论基础。税收分析必须以税收与经济的关系为基本理论基础，通过分析税收与经济的关系，找到税收现象的本源。没有理论指导的税收分析只能是现象和数据的简单罗列，一盘散沙，苍白无力。

2. 要以税收数据为基本数据。税收分析是从税收数量变化来研究税收发展变化规律的，因此，税收分析离不开对税源、税收和税政数据的加工整理和分析研究。成功的税收分析所使用的税收统计数据不是个别的、简单的，而应是大量的、全面的，可以反映税收经济中带有着普遍性问题的那类数据。

3. 要应用专业分析方法。税收分析作为经济分析的一个组成部分，同样可应用专业的分析方法，包括统计分组分析法、统计对比分析法、统计指数分析法、相关回归分析法等。用这些专业分析方法计算税收的规模、构成、水平、速度和相互间的比例关系等，说明税收政策和税收计划的执行情况，反映税收的成果及所发挥的调节作用，揭示矛盾，提出解决问题的办法。

4. 要有独特的表达方式。税收分析报告是税收分析的表达方式，是一种把税收核算资料和一定的经济税收理论用于分析税收问题的应用文体，在表达方式上强调以事实叙述，让数字说话，层次清晰，结构简明。

5. 要有精确性。税收分析讲究定性与定量的结合，在对税收和经济现象的总体定性把握的前提下，通过使用统计数据对研究总体的数量方面进行分析，得出精确的定量结论。定量结论既要避免泛泛空论，又要防止任何偏倚。

[例文七·八]

朱仙庄分局2010年度1季度税收收入分析报告

埇桥区地税局：

一季度，我局在埇桥区地税局和地方各级党委、政府的正确领导下，认真贯彻落实全省地税工作会议精神，按照区地税局的总体安排，紧紧围绕组织收入这个中心，及时对经济税源进行全面深入的预测和分析，切实增强组织收入工作的系统性、预见性和主动性。积极采取有力的措施，打好组织收入攻坚战，为促进辖区内经济平稳较快增长奠定基础。现将有关税收收入及分析情况报告如下：

一、基本管户情况

截至2010年一季度末，朱仙庄镇辖区共有各类税务登记户数×××户，其中：个体经营户×××户，各类企业××户。

二、税费收入完成情况

第一季度我分局共组织入库地方税收及教育附加×××元，占全年税收计划25.68%，其中朱仙庄镇×××元，占分局总收入的90.47%；比去年同期多收×××元，同比增收0.43%。同样入库各类基金××万元，比去年同期少收×××万元，同比减收65.89%。

主要来源：一是委托代征入库的税款，朱仙庄镇所辖委托代征单位4户（朱仙庄煤矿、宿州学院、宿州卫校、宿州市华馨新农村建设有限公司），第一季度除宿州学院无税款入库外，其余3户累计入库税款×××元，占朱仙庄镇总收入的63.76%。二是企业正常申报的税款，1—3月份有税申报企业×××户，入库税款×××元。

三、存在的主要困难和问题

（一）实有税源与收入计划任务偏差大。2009年，由于形势变化，国际金融危机对实体经济冲击不断加深加重，国家出台了大规模结构性减税政策，不确定的减收因素不断增多，地税收入面临前所未有的压力。

（二）新增应税项目不多，地税收入效应未能体现。从朱仙庄镇应税项目来看，新增重大应税项目不多，税收增长缺乏新税源支持。

四、二季度税收收入预测

4月份土地使用税、房产税征期将至，土地使用税预计完成×××万元，房产税×××万元，6月底企业所得税汇算清缴结束，企业所得税预计完成×××万元，营业税预计能够完成×××万元，个人所得税预计完成×××万元，二季度预计完成地方各税×××万元。

五、在组织收入工作中我们将主要采取以下措施，全力以赴保收入、促增长。

（一）坚持依法组织收入，确保地税收入平稳较快增长。坚持依法治税，既要坚决制止有税不收和人为调节收入进度，更要坚决杜绝寅吃卯粮收过头税和转引税款，确保组织收入依法规范运行。坚持经济税收观，抓好税收分析预测，准确把握形势，掌控税源潜力，增强组织收入工作的预见性和主动性，逐步健全科学、稳定的收入保障机制。进一步提高收入运行质量，逐步实现组织收入工作由“计划管理”向“质量管理”转变。

（二）围绕经济发展重点，全面落实税收政策。做好重点企业的“一对一”跟踪服务工作，对大项目建设实施全过程跟进服务，帮助企业正确处理在建项目涉及的税收问题，加快办理各项纳税事宜。

（三）整顿和规范税收秩序，集中力量对难点行业、薄弱领域进行专项检查和重点整治。

（四）深入实施科学化、专业化、精细化管理，不断提高税收征管质量和效率。强化基础管理，认真落实《税收征管业务规程》，进一步完善《税收管理员制度》，强化业务培训，通过提高人员素质来缓解征管力量不足的矛盾。

（五）加强税源监控管理，既要抓好重点项目、重点企业等支柱税源的监控管理，把握组织收入大局；也要深入调研，大力抓好房地产出租、饮食娱乐、私营经济等难点、弱点的税收征管，力求做到应收尽收。完善重点税源三级控管机制，整合税源监控指标体系，加强税源预警分析，加大收入考核力度，健全税收计划调整机制，确保收入质量和规模。抓好潜在税源的分析预测，了解区域内企业的发展规划和新办企业及在建工程情况，打牢税源监控基础。

在社保费征缴工作中，一是充分认识做好社保费征收工作的重要性，坚持把社保费征管与税收征管相结合。将社保费收入任务层层分解，落实到人，加大考核力度，充分调动征管人员的积极性和主动性。二是加强对重点费源户的管理。详细掌握重点费源变动情况，严格遵守重点费源调查和统计报送制度，全面掌控社保费收入进度。三是继续加强同财政、社保、国库等部门的联系，坚持对账机制，加大社保费征缴力度，促进收入进度。

××××××（盖章）

二〇一〇年四月十日

第六节 商品广告

一、商品广告概说

广告即“广而告知”。它是一种有计划地、运用一定媒介向广大消费者进行的商品和劳务销售的公开宣传。

“一张广告救活了一个工厂”，“一张广告使滞销商品变成了热销商品”，“一张广告帮助消费者买到了自己最需要的东西”，生活中许许多多这样生动的事例，无不说明广告在商品生产和人们的生活中有着极其重要的作用。它有利于沟通生产、流通、交换、消费各个环节，促进生产，指导消费；有利于介绍新产品，推广新技术，促进科技研究的发展；有利于预测市场经济情况的变化，从而指导产品流向，调整生产幅度，促进产品适销对路；有利于加强各经济组织的横向联系，促进内外交流，提高企业的经济效益。此外，广告综合了文学、美术、摄影、表演、音乐、建筑等多种艺术形式和表现手段，通过网络、广播、电视、报纸杂志、路牌、橱窗等渠道渗透到人们的日常生活中，对整个社会风气也起着潜移默化的作用。

正因为如此，随着商品生产的发展，广告的领域不断扩大，广告的形式不断更新，广告的费用投入不断增多，在经济比较发达的资本主义社会，广告业已成为国家经济的重要组成部分。近年来，随着一些国际大广告公司的合并而形成的更为庞大的广告公司，使世界广告业的发展又呈现出新的趋势。

广告的种类很多，按所用媒介物的不同，可以把广告分为网络广告、报刊广告、音像广告、陈列广告、标牌广告、灯光广告、橱窗广告、印刷品广告等等。按广告的内容分，可以把广告分为销售广告、服务广告、求购广告等。按广告的表现手法分，可以把广告分为商品物象广告和文字广告两种。按广告的用途分，可以把广告分为商品信息广告和商品介绍广告两种。

二、商品广告的格式与写法

如此种类繁多的广告，不可能有固定的格式和写法，但也并不是随意创作即可达到预期目的的。一则广告必须有明确的主题、独到的构思、精巧的结构、熟练的技巧才能够写好；二则必须遵循一定的原则，才能够成功地加以运用。

1. 明确的主题

广告的主题是广告的实在目的。写作之前，必须从做广告的目的出发，使主题明确起来。我们不可能也没有必要在一则广告中，把某种商品的全部材料面面俱到地统统告诉别人；也没有必要不分主次，平均用力地把产品的名称、功能、特点、价格、使用方法、生产厂家、售后服务等统统宣传出去。根据实际需要，有些商品可以从性质功能方面做文章，而不必涉及制造过程；有些商品则从对顾客的重要意义上做文章，而不必涉及制造方法。在商品发展的不同阶段，广告的宣传应有所侧重，以便达到使消费者采取购买行动的目的。一般说来，一种商品的发展大致要经历三个阶段：第一阶段是创牌阶段。这一阶段要着重介绍这种商品的优势和用途，要给消费者一定强度的足够的刺激，以修正以往的消费习惯，产生购买的欲望，并承诺广告宣传的商品能满足其需要。第二阶段是竞争阶段。在这一阶段应着重介绍这种商品与同类商品比较所具有的优点和长处，使消费者承认这种商品质量好于同类商品，不至于轻易改变购买趋向，以在保持基本消费队伍的基础上，尽量争取更多的新用户。在近几年电视广告上的“化妆品”大战中，扬州日用化工厂的“肤美灵”广告就别具一格，它没有用忸怩作态、花枝招展的美人作招牌，而是以一个医生从医学科学的角度来讲“肤美灵”的与众不同之处，从而取得了消费者的信赖，提高了产品的竞争能力，巩固了产品在市场上的地位。第三阶段是信誉阶段。在这个阶段应着重介绍这种商品得到用户的好评或权威机构的评定，宣传老字号可信，质量可靠，以培养原有消费者的品牌忠心，引起其他消费者的从众消费心理，产生消费行为，从而保持产品在市场中的地位。总之，市场是动态的，随时处于变动之中，我们要从研究商品的发展和市场特征出发去确立广告的主题，并努力使之突出、鲜明，这是一则广告成功与否的根本。

2. 独到的构思

明确了主题之后，广告的作者就可以根据主题的需要，从研究购物对象的心理特征入手，选择最恰当的角度和最适宜的表现手法，大胆而富有独创性地去构思，使广告的主题得到完美的表现。日本“西铁城”钟表公司，为了使自己的手表打开澳大利亚的市场，曾经这样做了广告：他们不惜重金买下了澳大利亚几家大报为期一周的主要版面，宣称在某星期日在澳大利亚最大的广场由他们派飞机来空投手表，谁捡到是谁的。于是人们在疑惑之余，届时便驾车前往，以观真相。时间到了，三架直升机出现在广场上空，撒糖块般地扔下了一块块“西铁城”手表。广场上的人们惊叫着捡起手表，手表完好无损。于是，“西铁城”手表顺利地打开了澳大利亚市场的大门。这则广告巧妙地利用了心理学上的异质性原理，给人的刺激是强烈的，印象是深刻的，收效是成功的。

善于创意构思的广告总是善于揣摩购物者的心理的。一句“思华年，使你青春永驻”，赢得了很多妇女的心；一句“强力啤酒，是你真正朋友”，使诸多男子汉回味无穷。这都是成功的心理暗示。而某电器厂生产的电热淋浴器，尽管一再宣传该产品如何设计新颖、节水节电，而唯独没有对大家普遍怕触电的问题作足够的详尽的说明，因而购买者寥寥无几。有的冰箱尽管一再宣传终身保修，人们还是不愿意买。为什么？人们恰恰从终身保修的承诺中感到你的质量不可靠，这不是弄巧成拙吗？

3. 精巧的结构

明确的主题，独到的构思，最终都要落实到结构上。广告的结构比其他文体的结构更要讲究精巧，虽然它也和其他文体一样，是由标题、正文和结尾等部分构成的。

（1）标题

广告的标题在结构中的地位极其重要。它要在周围众多的广告和文章中引人注目，吸引读者读下去，还要用极精练的语言准确、鲜明地点出广告的基本内容，这就要讲究一些技巧。广告的标题最常见的是那种直接标题，即直述商品名称或以商品名称加厂商名来命题，如“海尔电视机”、“北京仿古地毯”、“瓯海光学仪器厂提供 CK—6、CK—8 型多功能自动彩色冲洗扩印机”等。为强调立意，有的在商品名称前加上一些评论的话，如“深受中外宾客欢迎的北京龙眼葡萄酒”、“新时代、新贡献——太极计算机”等。这种直接性的标题简洁明快，通俗易懂。但如果把重要的事实说得过于明白，人们就不想再看下文。为了增强感染力、吸引力，有时可以采取询问、对比、谐音等表达方式，如“您猜猜法国总统的座车是什么牌子”（一则名牌汽车广告的标题）、“书与酒：价格相同，价值不同”（一则书刊广告的标题）、“闲妻良母”（一则洗衣机广告的标题）等。

广告的间接性标题与直接标题相反，标题本身并不立足于介绍事实和情况，而是用迂回的办法加以暗示，劝诱人们饶有趣味地去阅读广告的正文。如一篇推销“洋河大曲”的广告标题：“酒气冲天，飞鸟闻香化凤；糟粕落地，游鱼得味成龙。”看后使读者想看看正文，想品尝一下“洋河大曲”。间接性标题切忌搞得过分生僻或故弄玄虚，使人感到费解，反而不愿再看下去。

（2）正文

正文是广告标题的具体展开，也是具体体现广告主题和构思的部分。它的表达方式有直述式、对话式、证书式、文艺式几种。

①直述式就是用平直的语言，直接写出商品的有关各方面的情况。例如：

进口欧美废旧有色金属——由美商马斯康（集团）公司提供：

- 废铝：铸铝、非铸铝、铝线、易拉罐，铝含量62%～98%；
- 废铜：铜线（缆）、各类紫杂铜，铜含量35%～99%；

● 铝锭：含铝量99.7%；

● 用户要求的其他各类废旧有色金属。

这种直述式的正文，实实在在，有利于准确、清楚地表达广告的内容。目前国内广告大多采用这种方式来安排广告的正文。

②对话式也叫问答式，即用对话的形式，一问一答来展开广告的正文。例如：

电视机图像不清怎么办？

问：我的电视机没有毛病，但常常图像不清，尺寸缩小，声音变低，同步不稳定，为什么？怎么办？

答：最常见的原因是电压不稳定所致。如果供电电压忽高忽低，不仅影响显像质量，还会由于电压的突然升高而使晶体管击穿或烧毁电子管，电视机就坏了。

如果把电视机的插头插在××电器厂的调压器上，上述的问题就可迎刃而解了。

对话式容易激发人们的求知欲望，诱导人们看完或听完广告的全文，借以收到良好的效果。

③证书式，即借助政府和权威人士对商品的评价来介绍商品，展开正文。

这种广告的正文只要把哪一年、哪一机关的什么评比、什么证书及消费者的评价公布就行了，可以省去许多陈述性的文字，且易为广大消费者信赖。

④文艺式，主要是指运用一些诸如相声、动画、诗歌等幽默风趣的艺术形式来展开正文。苏联著名诗人马雅可夫斯基从1923年到1925年，共写了300多篇广告诗，发表在报纸杂志上，印在糖果包装纸上，他自豪地把写广告诗当成“诗人的副业”，称其为“经济鼓励诗”。我们来看他的这样两段广告诗：

（一）

身体
　　肚子
　　　　智力
　　　　　　需要的一切东西
国营百货公司
　　　　　　都能
　　　　　　　　　提供给你。
不必怀疑，
　　　　也无须深思，
买各种妇女用品
　　　　　　　只有上
　　　　　　　　　　国营百货公司

（二）

从城乡各地来到这里，
不必要
　　东寻西找，

磨破鞋底，

到国营百货公司

样样都能买齐。

对路，

迅速，

而且便宜！

这种广告形式生动活泼，容易收到引人入胜的效果。

(3) 结尾

结尾处一般要以简洁、富有情感又很真挚的语言进一步暗示广告的主题，以尽量深刻地来打动读者。例如前面所引进口废旧有色金属的广告结尾写了这样的话："质优价实，节能增值，欢迎洽购。MASCON，美国'ISRI'成员，意味着品质与服务。"结尾之后，要交代广告主的名称、地址、电话、电子信箱等等，以便来人来函洽购。

4. 讲究技巧

写一则成功的广告主要依赖于广告主题的明确、构思的独到和结构的精巧，但也不能完全不要技巧。直截了当、如实陈述的广告看起来似乎没有技巧，其实，对某些产品广告来说，直截了当的陈述正是最大的技巧。所谓广告的写作技巧从总体上看，就是要求以新异的、实在的、适应读者心理特征的、适合特定读者阅读口味的手法，用文字将全部广告策略巧妙地传达出去。写作技巧具体体现在广告标题的制作、正文的撰写以及结尾的处理上。除了采用恰当的表达方式外，这里最根本的是一个语言文字的运用的问题。广告如能插入朗朗上口而又动人的妙语，一听就能让人联想起某些产品，那就产生了极好的效果。

广告语言的运用要做到精当而不虚夸。广告具有商业性质，它的内容务求真实可靠。真实是广告的生命，不可掉以轻心，因此在文字上必须做到精当准确，不能"王婆卖瓜，自卖自夸"。"读者一册在手，可晓天下大事"，这是新华社为《半月谈》杂志写的广告；"车到山前必有路，有路必有丰田车"，这是日本丰田汽车公司在中国作的广告。这两则广告口气很大，但内容切实，用字精确，读后令人不得不信服。而某电器厂在他们生产的40瓦电热褥的广告上写道："聘请清华大学博士当顾问，采用美国的先进技术，具有独特功能"，是"省优质产品"。但事实上，这个产品根本不是什么"优质"，而是被标准计量部门判定的"不合格产品"。这样的广告只能让人啼笑皆非，望而生畏。

广告语言的运用要做到通俗而不庸俗。广告最忌过多地用典或其他故作高深的晦涩文字，读者在广告的丛林中快速浏览时是不会停下来去揣度那些晦涩文字的含义的。我们应当像对顾客交谈一样，把广告的内容高度浓缩，用洗练的语言，自然而然地表达出来。前面所举的一些广告的语言，就具备这种特点。但通俗并不等于庸俗，如果我们把毛发再生药的广告写成"你秃头吗？请用××毛发再生水"；把"老头衫"的降价广告写成"处理老头，原价十块六，现价四块九"，这样的广告对顾客不礼貌，必然引起顾客心理上的反感，反而抑制了顾客的消费欲望。当然，那些低级、淫秽的语言，我们更不能使用了。

广告语言的运用还要做到生动而不造作。广告要讲真话、讲明白话，但这真话、明白话要讲得生动，讲得有魅力。在广告里恰当地使用一些成语、熟语，运用比喻、对偶、排比、反问、双关、谐音等修辞手段，可以达到一定的生动效果，但关键在于通过想象，使本来很普通的字眼，产生出人意料的新意。鲁迅在一则关于书的广告中，谈到版权时，没有使用“版权所有，严禁翻印”等死板的字眼，而写了“有人翻印，功德无量”这八个字，令人耳目一新。一则关于牙刷的广告，用了“一毛不拔”这样一个贬义词，寓褒于贬，令人回味无穷。而“少林可乐”、“崂山可乐”、“人参可乐”等一大批可乐，这样的机械模仿，必然会令人觉得似曾相识。更有甚者使用“××可乐，一代名饮”这样的宣传语，既夸大其辞，又刻意雕琢，使人感到很不舒服。

三、商品广告的写作要求

1. 要讲究广告内容的真实性，不搞“假、大、空”，不欺骗和误导消费者。
2. 语言要新鲜巧妙，幽默生动，通俗易懂，有启发性。
3. 广告的形式应活泼有新意，切忌俗气平淡。
4. 广告中不能含有宣扬迷信、淫秽、反动、恐怖、暴力等的内容，也不能贬低其他生产经营者及其产品，如宣传产品、商品时切忌用“最佳”、“最著名”等词语。

[**例文七・九**]

载梦先锋　与您携手　共创共享

更加富裕更具乐趣的汽车社会

TOYOTA 三大致力主题

多彩选择——不断提供丰富多彩的汽车，以满足消费者日趋多样化的需求

自2000年12月首款车型投产以来，目前有VIOC、COROLLA、CRUISER、LAND、CRUISER PRADO、YEROS及COASTER七大车型在中国生产。作为拥有齐全商品的汽车厂商，今后TOYOTA还将继续投入CROWN等更多车型。

激情体验——努力营造更具乐趣的汽车社会，与您共同开辟汽车新天地

在今年9月首次举办的F1一级方程式中国锦标赛中，TOYOTA将作为一支自主开发赛车发动机和车身地盘的车队迎战。我们期待着能与在赛场及电视机旁的您共享激情。

舒适环境——积极开发环保及安全技术，不断开展社会公益活动，奠定富裕汽车社会的坚实基础

今年TOYOTA将一如既往地致力于对混合动力系统、GOA① 等环保及安全领

---

① GOA：Global Outstanding Assessment（TOYOTA新安全车身构造）。

域最新、最尖端技术的研究和开发。

与您一起共创全新汽车社会、与您共享全新汽车世界。

TOYOTA 与您共同成长！

敬请光临 TOYOTA 网站

http：//www. toyota. com. cn

TOYOTA

第七节 商品说明书

一、商品说明书概说

商品说明书是以说明为主要表达方式，概括介绍商品用途、性能、特征、使用和保管方法等知识的应用文。

商品说明书有以下几种分类方式：

1. 以内容性质为标准，可分为解说阐述性说明书和介绍简述性说明书。

2. 以篇幅长短为标准，可分为完整性说明书和简约性说明书。

3. 以表达形式为标准，可分为文字式说明书，图表式说明书和音像式说明书。

二、商品说明书的格式和写法

商品说明书一般由标题、正文、落款三部分组成。

1. 标题

（1）直接以文种作标题。例如《商品说明书》、《产品说明书》、《使用说明书》、《使用指南》。

（2）以商品名称作标题。例如《三九胃泰》、《紫光扫描仪》。

（3）以商品名称加文种作标题。例如《盖中盖口服液产品说明书》、《步步高 DVD 使用说明书》。

2. 正文

正文是说明书的核心部分。商品不同，需要说明的内容也不同，有的说明用法，有的说明功能，有的说明构造，有的强调成分，千差万别，各有侧重。例如食品说明书重在说明其成份、使用方法及保质期限；药物说明书重在说明其构成成份、基本效用及用量；电器说明书重在说明其使用和保养方法等。正文一般包括以下几个方面：

（1）产品概况（如名称、产地、规格、发展史、制作方法等）。

（2）产品性能、规格、用途。

（3）安装和使用方法。

（4）保养和维修方法。

（5）附件、备件及其他需要说明的内容。

以上内容，可根据需求确定取舍详略和变动前后顺序。正文的表达方式多种多样，如说明文式、条文式、对话式、表格式、故事式、解释式等。

3. 落款

落款要写明产品的制造厂家的名称、地址、邮编、E-mail 地址、电话、传真、电挂及产品的批号、生产日期、优质级别等。不同的商品说明书，落款的项目有所不同，应根据实际需要落款。

[例文七·十]

浓维生素 E 胶丸说明书

维生素 E 是一种对人体生长、发育、促进健康与预防衰老有重要作用的营养物质。早在 1992 年 Evens 等人已发现它可调节生育机能、防治流产和不育。半个世纪以来，就维生素 E 的生理和机理作用，近代分子生物学学者作了详尽研究，在营养及医疗上有了重要发现。

1. 本品能促进人体能量代谢，增强人的体质和活力。

2. 本品能预防因多不饱和脂肪酸（PuFA）异常氧化所致的有害物质积累而损伤正常组织引起的早衰，有延迟衰老的作用。

3. 本品能改善血液循环，促进溃疡愈合。

4. 本品能防止胆固醇沉积，能预防治疗动脉硬化。

5. 本品能调整性机能，预防更年期综合征。

6. 本品能保护肝脏。

[适应范围] 动脉硬化、脑血管硬化、冠心病、间歇性跛行、胃肠溃疡、皮肤溃疡、血栓性静动脉炎、静脉曲张、肝功能障碍、肌肉萎缩、不孕、习惯性流产、性机能衰退、烧伤、冻伤、贫血以及预防衰老。

[用法与用量]

日服量：每次 50～100mg，每日三次或遵医嘱。

[规格] 50mg，100mg。

[贮藏] 密闭、遮光、阴凉处保存。

第八节 商务函电

一、商务函电概说

商务函电是单位或个人在商务往来中用以传递信息、处理商务事宜，以及联络和沟通关系的信函和电讯文书。

商务函电是从事国际经济、国际贸易、电子商务、市场营销、商务交流方面工作的人员经常用到的实务性较强的应用文。其载体形式，广义上讲，除纸质商务信函外，还有电报、电话、传真及电子邮件等。本节主要以商务信函为例，从中探讨商务函电的一般写作规律。

常用的商务信函，从内容上划分，有商洽函、询问函、答复函、请求函、告知函和联系函等。从使用功能上划分，有答复、订货、任命、祝贺、感谢、介绍、邀请、联络、致歉、慰问、唁函、推销函等。

二、商务函电的格式

中文商务信函的写作格式如同一般信函，由开头、正文、结尾、署名、日期等五个部分组成。具体可参考第四章第五节“书信”及本节例文。

涉外商务函电的格式项目较多，各构成要素在信中的排列如下：

Letterhead 信头

Reference Number 案号

Date 发信日期

Inside Address 封内名称及地址

Particular Address 特定收信人名称住址

Salutaion 称呼

Letter Subject 信件事由

Body 正文

Complimentary Close 结尾敬语

Signature 署名

Reference Notation 经办人

Enclosure 附件

Postscript 附言

三、商务函电的写作要求

有人将商务函电的写作特点归纳为：格式化中透出人情味和成熟，规范化中讲究分寸和礼仪。

其具体写作要求是：

1. 主题突出，观点明确

商业信函是为开展某项商务而写的，具有明显的目的性。信文内容应紧紧围绕这一目的展开，一般不涉及其他，以免冲淡中心。向对方提出的问题要明确，回答对方的询问也要有针对性，不能答非所问，或回避要害。例如答复对方订货要求时，必须将供应商品的规格、性能、供货日期、价格与折扣条件、交货方式、经济责任等一一交代清楚，切忌含混不清，以免引出纠纷。

2. 设身处地，换位思考

为促进双方买卖往来，信函应给对方留下好感。写信之前，要设身处地作换位思考：对方的需要、处境、利益与困难，如何在互惠互利的前提下尽可能照顾到对方的愿望，还要考虑对方的地位、身份、专业知识、文化程度和接受能力等。看菜吃饭，量体裁衣，要尽可能使对方乐于接受你信中所谈到的内容。

3. 态度诚恳，谦恭有礼

信文内容要实事求是，态度诚恳，不能言不由衷，虚假应酬。谦恭有礼要贯彻始终，避免用冒犯性的语言。即使不能接受对方提出的要求，也应用委婉的语气加以解释，以求保持良好关系。收到对方来函，应尽快给予答复，拖延回信是很失礼的。

需要提及的是"过犹不及"。任何事情，一旦过了头，效果反而不好。礼貌过了头，可能会变成阿谀奉承；真诚过了头，也会变成天真幼稚。只有把握好"度"，才能达到预期的效果。

4. 结构严谨、首尾圆合

商务信函的特点是开门见山，直接入题，不绕圈子，不说废话。在信的结尾可提出相关希望。

动笔之前，把所要写的内容有机地组织起来，列成提纲或打个草稿，要避免结构松散，首尾脱节。

5. 简洁朴实，语气妥帖

写商务信函并不要求使用华丽优美的词句，而是要用简单朴实的语言，准确地表达你的意思，让对方能非常清楚地了解你想说什么。

用词造句口语化是关键，让你的信函读起来简单、清楚，容易理解。但有些传承习用的文言词语和书面语可以采用，如"敬启者"、"盼尽速回音"等，使文字通俗而不失简练典雅。为了做成买卖，注意写信的口吻和语气是很重要的。在写之前先仔细考虑一下，这封信函是想达到一个什么样的目的，希望对收信人产生怎样的影响，是歉意的，劝说性的，还是坚决的，要求性的。这些都可以通过信函中的语气语调来表现。

此外，用词要准确，不要用晦涩的或有歧义的词语。这是更重要的要求。用词不当，常常会使对方误解，甚至被人利用而导致经济上的损失。

[例文七·十一]

商洽函

敬启者：

我方在《××》杂志上得到贵公司名称和地址，盼与贵公司建立商务关系，特函奉告。

本公司系中国××产品最大的出口商之一，具有18年的商务经验，商誉驰名。我方的服务和产品质量保证会使贵方满意。

对我方的信用，如需作进一步的了解，请向中国银行深圳分行直接查询。

盼尽速回音。

发函者

［例文七·十二］

商洽函

×××公司维修部：

我公司去年购入贵公司复印机一台，由于使用不当，造成故障，希望贵部能派员工上门予以维修，如能及早得到你们的帮助，将令我们感激不尽。

×××公司行政部

［例文七·十三］

询问函

敬启者：

我方在××电视台上看到贵公司的广告，对贵公司的金属箱及各类刀具很感兴趣。

请贵方将附表内之项目，以 CIF 新加坡报价函告，并将最早交货日期、付款条件及经常订购的折扣，亦一并予以说明。

本公司对各类金属日用杂货每年需求量甚大，请贵方惠赠一份目录及详细说明。

发函者

［例文七·十四］

联系函

敬启者：

贵方提醒我方九月十六日付款逾期一函敬悉。本公司本打算付清，但由于季节性贸易不景气，造成我方顾客付款速度缓慢。此种原因，致使本公司暂时不便清偿货款总额。今天本公司通过中国银行以电汇发出部分货款，贵方可在一两天内收到。本公司希望贵方能了解我方困境并给我方以协助。

发函者

思考与练习

一、财务分析报告有几大类？

二、财务分析报告的正文包括几部分？如何撰写？

三、撰写财务分析报告有何要求？

四、财务分析报告的两篇例文在分析重点上有什么不同，它们是怎样分析的？在体例格式上有什么异同？

五、试分析［例文七·一］写作上的优点和不足。

六、审计报告按不同的标准划分有哪些不同的种类？

七、审计报告的正文包括哪几部分，每一部分怎么写？

八、用简练的语言概括一下审计报告的写作要求。

九、资产评估报告有什么作用？有哪些种类？

十、资产评估报告由哪几部分组成？正文包括哪些部分？

十一、资产评估报告在写作上有什么要求？

十二、试分析［例文七·五］的写作特点。

十三、验资报告有几种?

十四、验资报告由几部分构成?正文部分要写清哪些内容?

十五、验资报告与审计报告、资产评估报告有什么异同?

十六、什么是税收分析报告?它由哪些要素构成?

十七、按分析方法划分，税收分析有哪几种?

十八、税收分析报告写作上有什么要求?

十九、广告有哪些作用?

二十、写好一份广告要考虑哪几个方面的问题?

二一、广告的写作要注意什么问题?

二十二、试分析［例文七·九］的写作特点。

二十三、请你为我们这本书写一篇文字广告。

二十四、商品说明书和广告有什么共同点和不同点?为什么必须加以区分?

二十五、商品说明书的内容和形式怎样才适度?

二十六、写一份你使用的电饭锅（或其他商品）的使用说明书。

二十七、商品介绍除了说明式外，还有散文式和故事式写法。请你以当地拳头商品为题材，写一篇散文式或故事式的商品介绍。

二十八、和一般书信相比，商务函电有什么特点?

二十九、按内容诉求的不同，商务函电可分为哪几种?

三十、写商务函电要注意哪些问题?

三十一、根据以下材料写一篇牛黄消炎片的药物说明书。

牛黄消炎片，清热解毒，消肿止痛。用于咽喉肿痛、疔、痈、疮疖。本药品为糖衣片，除去糖衣后显黄棕色，味苦，有麻辣感。宜密封贮藏。有效期是三年。口服，一次1片，一日3次，儿童酌情减少；如果外用，研成细面状调敷患处。药物成分有：牛黄、大黄、青黛、蟾酥、雄黄、珍珠母、天花粉。孕妇不要服用。内包装材料为铝箔和PVC，24片/袋。批准文号是ZZ-3277-黑卫药准字（1995）第200186号。

生产厂家是哈尔滨华雨制药有限公司，地址是五常市牛家镇华雨路1号。

第八章　法律书状

法律书状是指国家司法机关、诉讼当事人（包括自然人和法人）和诉讼参与人，在诉讼的各阶段过程中，为提起诉讼、进行诉讼、处理诉讼而制作的各种文件、材料、凭证的总称。

依照法律规定，刑事诉讼、民事诉讼和行政诉讼活动都必须以法律文书的形式加以记载和确认。由此可见，法律文书是按照法律规定产生的，是法律的具体形式和动态表现。

法律文书包括依法写作的诉讼文书、执法文书和民用非诉讼文书等。本章所要探讨的主要是诉讼类法律文书的写作。

第一节　起诉状

起诉状是当事人向人民法院提出诉讼请求，要求人民法院予以司法保护，依法做出裁定或判决时使用的书面起诉文书。

起诉状是最常用的“兴讼”文书之一，具有引起第一审程序发生的作用，特别是在民事诉讼程序中，任何民事诉讼程序的开始都需要具备起诉行为，没有起诉就没有第一审民事诉讼程序的发生。

按性质的不同，起诉状可分为民事起诉状、刑事自诉状、行政起诉状、反诉状等，这些诉状在构成上有四个要素：

一是诉讼当事人，这是权利义务关系的主体；

二是诉讼请求，这是当事人诉诸法院要求解决争议所依据的法律关系；

三是诉讼理由，这是当事人进行诉讼的事实上和法律上的根据；

四是诉讼证据，这是支持诉讼请求的有关证据。

由于案件性质不同，起诉状在格式和论述方法上也有区别。

一、民事起诉状概说

民事起诉状是公民、法人和其他组织认为自己的民事权益受到侵害或者与他人发生争议，向人民法院提出诉讼，要求人民法院保护自己合法权益的书面请求。民事起诉状是人民法院受理民事案件的依据，它能够促使人民法院及时制止违法侵权行为，平息纠纷，保护当事人的合法权益，是当事人行使诉讼权利的重要手段，也是实用性最强、使用率最高的一种诉状。

民事起诉状分一般民事诉状和经济合同纠纷诉状。民事案件涉及当事人双方甚至第三者的利益，责任重大，所以民事起诉状写作时必须严肃认真。

二、民事起诉状的格式和写法

根据我国《民事诉讼法》和最高人民法院《民事诉讼文书样式》的有关规定，民事起诉状的基本格式由五部分组成，即标题、诉讼当事人事项、诉讼请求、事实和理由、附项。

1. 标题

标题统一为“民事起诉状”，不可简化为“起诉状”，也不可笼统地写为“民事诉状”或错写为“起诉书”，且标题应居中、醒目。

2. 诉讼当事人事项

诉讼当事人事项主要指原、被告自然情况，依次写明：原、被告的姓名（化名、别名）、性别、年龄（18岁以下的在小括号中注明出生年月日）、民族、籍贯、职业、住址。其中原、被告是法人的要写明法人的名称、单位性质、法人代表单位所在地。委托诉讼的，还应写明委托代理人的姓名、单位、职务。

3. 诉讼请求

诉讼请求是起诉的目的所在，应当明确、具体、合法，应写明原告请求人民法院依法解决有关民事权益争议的具体问题。

这一部分主要写清两方面内容：一是民事纠纷的性质和诉讼的具体要求，如债务纠纷、产权纠纷、婚姻纠纷、继承纠纷等。二是诉讼请求的标准及数额。前一方面表明案由和案件来源，后一方面表明原告的请求具体事项。例如：“原告被被告无辜打伤，造成经济损失。受伤后，原告花费医疗费、生活费、护理费、交通费及误工工资5 500元人民币，请求人民法院依法判处被告赔偿原告全部经济损失。”又如：“原告因与被告感情破裂，要求解除婚姻关系，并依法分割家庭财产，请求人民法院依法裁定或判决。”

4. 事实和理由

这部分是民事诉状的主体，是诉讼请求的依托，应当写明：

（1）事实部分：第一，应写明原、被告民事法律关系存在的事实，如婚姻关系、合同关系、赡养关系、近亲属关系、雇佣关系等。法律关系明确，即为叙述案情做好了铺垫。第二，要叙述清楚客观案情要素，即发生民事权益争议的时间、地点、侵权行为、侵害客体、侵害过程、侵害结果、争执焦点等。第三，一般应按时间顺序，客观真实地写明案情，要抓住重点，详述主要情节和因果关系。

（2）理由部分：一般按三个层次论述：第一层，概括归纳侵权事实；第二层，依法分析争执点，明确是非；第三层，强调诉讼请求的合法性。这三个层次应写得简明深刻，连贯严谨。

5. 附项

这部分一般需注明下列事项：

（1）致送人民法院的名称；

（2）起诉状副本的份数（起诉状副本份数应按被告的人数提交）；

(3) 物证、书证的种类及件数；

(4) 原告签名；

(5) 起诉时间。

三、民事起诉状的写作要求

民事起诉状是提起诉讼的当事人指控对方当事人违反民事法律或者阐明有争议的民事权益，维护自身民事权益的诉讼证明，是人民法院进行诉讼的凭证。对双方当事人来说涉及切身利益，具有利害关系，因此在写作时要注意以下要点：

(1) 弄清有无过错和过错大小的程度。分清是非，是制作民事起诉状的首要前提。

(2) 弄清纠纷和争议事实。分清责任，是写作民事起诉状的重要基础。弄清事实就是要全面了解情况，尊重事实和法律，靠证据说话。

(3) 弄清纠纷和争议的性质，正确运用法律，是写作起诉状的关键。

(4) 符合文书基本格式的要求，是写作民事起诉状的重要条件。

[范式1]

民事起诉状

原告：姓名、性别、年龄（出生年月日）、民族、籍贯、职业或工作单位和职务、住址等。

法定代表人（或诉讼代理人）：姓名、职务、电话。

被告：姓名，性别，年龄（出生年月日，确实不知道的，只写年龄），民族，籍贯，职业或工作单位和职务，住址等。

法定代表人（或诉讼代理人）：姓名、职务、电话。

诉讼请求：

事实与理由：

证据来源、证人姓名和住址：

此致

______人民法院

附：1. 本状副本______份；

2. 证据材料______份。

起诉人：（姓名或名称）

______年____月____日

[例文八·一]

民事起诉状

原告：宋×霞，女，37岁，汉族，××省××市人，××市××经销部职工，现住××市××区兴旺街16号。

委托代理人：许××，××律师事务所律师。

被告：宋×成，男，43岁，汉族，××省××市人，××市××机床厂职工，现住××市××区兴安街32号。

诉讼请求：

1. 要求被告返还应由原告合法继承的全部遗产；

2. 承担本案诉讼费用。

事实与理由：

原告宋×霞与被告宋×成是兄妹关系。2009年3月15日原、被告之父宋×病故，死后留有位于本市××区邮政路16号两居室住房一套、牡丹牌21寸彩电一台、海尔165立升冰箱一台及其他一些家具、用品，另有1万元债权。被告宋×成擅自将父亲遗留的电器，家具等财产或搬回自己住处，或出卖，并将该两居室住房出租予秦××居住。当原告向被告要求共同分配父亲遗产时，被告以原告已出嫁，结婚时父亲已陪送嫁妆8 000元为由，拒绝返还原告应得的遗产份额。原告索要多次，均未有结果。

原告认为，其对父亲宋×尽到了赡养义务：原告在结婚后，每月都给予父亲100元生活费。在其父病重期间，原告整日守在医院看护父亲。

根据《中华人民共和国继承法》第八条和第十一条规定，男女享有平等的继承权，且子女同属一个继承顺序，有平等的继承权。而被告无视法律，侵犯原告的合法继承权。故请求人民法院根据事实和法律，保护妇女合法地位和正当权益，依法判令被告返还原告应继承的合法财产，以实现原告之诉讼请求。

证据和证据来源、证人姓名和住址：

原告对父亲尽了赡养义务，有叔叔宋×可以作证。他现住××市××区花园街21号。被告擅自将父亲遗留房屋租予秦××居住，有秦××现居住在××区邮政路16号的事实为证。

原被告之父宋×主要遗产清单：(略)

此致

××市××区人民法院

附：1. 本诉状副本×份；

2. 证人宋×证言一份；

3. 原被告之父宋×遗产清单一份。

起诉人：宋×霞

2009年10月20日

第二节 答辩状

答辩状是案件审理过程中，被告（人）、被上诉人、被申请（诉）人针对起诉状、上诉状、再审申请或申诉书的诉讼请求，根据事实和法律进行回答和辩驳的书状。

答辩状按照诉讼性质不同，可分为民事答辩状、刑事答辩状和行政答辩状；按照诉讼程序不同，可分为一审答辩状、二审答辩状和再审答辩状。

答辩状的作用主要表现在：

1. 有利于弄清案件事实真相。处理案件必须以事实为根据，答辩状通过申诉辩解和反驳，阐明本案发生发展全过程，使关键情节更加明了。

2. 有利于弄清案中是非。处理案件必须分清罪与非罪、违法与合法的界限。答辩状通过辩论言词，阐明当事人的行为动机、目的、根据、结果，使案件法律界限更加清晰。

3. 有利于正确适用法律。处理案件必须“以法律为准绳”。答辩状通过辩论言词，运用法学理论，阐明本案性质，使案件运用法律准确无误。

4. 有利于维护当事人的合法权益。公民和法人的合法权益受法律保护。答辩状通过行使辩护权，对指控进行辩解和反驳，阐述自己的主张和根据，维护自身的合法权益。

5. 有利于人民法院的正确判决。答辩状通过当庭辩论，使审判人员进一步弄清案件事实真相，“兼听”双方意见，以便依法公正裁定和判决。

一、民事答辩状概说

民事答辩状是民事案件中被告对原告的起诉予以答复和辩驳的一种书状。民事答辩状与民事起诉状是相对的，是对民事指控的申诉、辩解和反驳。提出答辩状是法律赋予处于被告地位的案件当事人的一种诉讼权利，是一种自我保护手段，但不是诉讼义务，是否行使由当事人自己决定。《中华人民共和国民事诉讼法》（以下简称《民事诉讼法》）第一百一十三条和第一百五十条规定：不提出答辩状的，不影响人民法院审理。民事答辩状属于应诉文书，是一种富有针对性和驳辩性的重要的法律文书，对于全面披露案情真相，保护答辩人的合法权益有其重要作用。

民事答辩状与民事起诉状、上诉状、再审申请书是针锋相对的，与民事反诉状的写作目的相似，主要特点是：民事答辩状的写作目的主要是削弱对方的诉讼请求的根据，减免答辩人的民事责任；民事答辩状适用于民事诉讼的所有程序；民事答辩状的说理以驳论方式为主，立论方式为辅。

二、民事答辩状的格式与写法

民事答辩状因答辩主体和诉讼程序的不同，可分为不同类型，但在结构上大同小异，一般由三个部分组成：

1. 首部

包括标题、答辩人身份事项。标题统一写作“民事答辩状”。

2. 正文

正文包括三个层次：

(1) 案件来源和案由。一般写成“因……提起……一案，现提出答辩如下”。

(2) 答辩的主要内容。首先写明被告人认定的事实和证据；其次写明对民事指控的回答和反驳；最后阐述是否接受指控的理由和法律根据。

(3) 答辩请求。在阐明答辩理由的基础上，向人民法院提出要求、主张和建议，如驳回原告起诉、部分驳回起诉要求等。

3. 尾部

尾部依次写明致送人民法院的名称及附送的答辩状副本数（与对方当事人人数相当）、证据名称及件数、答辩人签字、日期等。

三、民事答辩状的写作要求

如果说民事起诉状是原告胜诉的基础，那么，民事答辩状就是被告促使原告败诉的基础。因此，写作一份高质量的民事答辩状，对于被告是极为关键的。

(1) 正确提出和论证答辩理由。首先，要做好答辩准备。要全面审查对方诉状内容，寻找争议的关键，列出可辩事项，确定答辩重点。其次，要针对对方诉状的诉讼请求进行回答和辩驳。一般采取以下具体方法：

第一，针对其不实之词进行反驳。采取说明案情真相与举证相结合的写法。

第二，针对其举证错误进行反驳。用确凿的证据指驳对方举证的虚假、不当，是反驳其诉讼请求最有力最简捷的方法。

第三，针对对方理由论证的错误进行反驳。

(2) 概括答辩理由和请求。为了加强答辩效果，最后要在驳辩的基础上，综合答辩内容要点，提出明确的答辩请求。

(3) 符合规范，层次分明；语言准确，朴实得体。

[**范式**2]

民事答辩状

答辩人：姓名、性别、出生年月日、民族、籍贯、职业或工作单位和职务、住址等。

法定代理人：姓名、性别（与答辩人关系）、年龄、民族、籍贯、职业或工作单位和职务、住址等。

委托代理人：姓名、性别、年龄、民族、籍贯、职业或工作单位和职务、住址等（律师只写姓名、工作单位和职务）。

答辩人名称：

所在地址：

法定代表人（或代表人）：姓名、职务、电话。

企业性质： 工商登记核准号：

经营范围和方式：

开户银行： 账号：

答辩人因原告×××（姓名或名称）提起……（案由）诉讼一案，现提出答辩如下：

此致

________人民法院

附：1. 本状副本________份；

2. 证据名称、件数。

答辩人：

________年____月____日

（法人、组织加盖公章）

[例文八·二]

民事答辩状

答辩人：宋×成，男，43岁，汉族，××省××市人，××市××机床厂职工，现住××市××区兴安街32号。

因宋×霞诉宋×成遗产继承纠纷一案，提出答辩如下：我与原告宋×霞因遗产继承发生纠纷受到宋×霞的指控，向人民法院提起了民事诉讼。我收到了宋×霞提交的起诉状副本，其起诉状中所述事实不符合实际，诉讼请求不合理。

父亲病逝后，确实留下两居室住房一套和一些电器、家具。宋×霞确来索要多次，我没有答应和她共同分配遗产。我这样做的原因是：父亲病重时，曾对我说，因他曾替宋×霞还债近万元，所以把住房给我，至于电器和家具，要我与宋×霞一起商量处置。父亲立此遗嘱时，有我堂兄宋×田和王××医生在场作证。父亲病逝后，我原准备与宋×霞商量如何处置父亲遗留的电器和家具，即得知父亲生前1万元债权已由宋×霞向债务人白××收回，而宋×霞却只字不提，所以我才未与她商量，独自处置了这些电器、家具。

根据《中华人民共和国继承法》第五条的规定，有遗嘱的应按遗嘱继承，且父亲的口头遗嘱是符合法律规定的，因而，原告宋×霞要求共同继承父亲遗留住房是没有法律依据的。至于住房以外的其他遗产的分配，如果原告将父亲的1万元债权拿出来与我一起分配，那我愿将我所处置的遗产与她一起分配。

请求人民法院查明事实，依法予以公断。

此致

××市××区人民法院

附：1. 本答辩状副本×份；

2. 堂兄宋×田、××医院医生王××书面证言各一份。

答辩人：宋×成

××××年××月××日

第三节 上诉状

上诉状是诉讼当事人或其法定代理人不服地方各级人民法院第一审尚未生效的裁决或判决，依法提请上一级人民法院撤销、变更原审裁定或判决或者发回原审法院重新审理的文书。上诉状属于第二审程序的诉讼文书，根据诉讼性质的不同，分为民事上诉状、刑事上诉状和行政上诉状三种。上诉状在写作上具有很强的针对性和驳辩性特点。

一、民事上诉状概说

民事上诉状是民事诉讼当事人或其法定代理人不服地方各级人民法院第一审尚未生效的裁决或判决，在法定期限内，请求上一级人民法院撤销或变更原审裁定或判决，或者发回原审法院对案件重新审理的书状。

根据我国《民事诉讼法》的有关规定，提起民事上诉是当事人和第三人的权利，民事上诉是其行使上诉权的手段。民事上诉必须能够引起第二审程序的发生。民事上诉状有助于人民法院公正处理民事纠纷，维护当事人和第三人的合法权益。

二、民事上诉状的格式和写法

依据内容需要，民事上诉状格式及基本写法如下：

1. 首部

首部应依次写明：标题即“民事上诉状”、上诉人和被上诉人基本情况、原审案情及案由。

原审案情及案由一般另起一行，用概括说明的写法：“上诉人因……一案，不服××人民法院××××年××月××日民初字第×号判决（或裁定），现提出上诉。”

2. 上诉请求和上诉理由

（1）上诉请求要写明上诉人请求第二审人民法院依法撤销或变更原审裁定或判决，以及如何解决民事权益争议的具体要求。上诉请求必须合法、明确、具体、条理清晰，应当针对一审判决主文的错误内容及其“错因”提请上一级人民法院做出相应处理决定。

（2）上诉理由应当针对原审裁定或判决的错误决定及其“错因”进行具体驳辩，即明确提出原审裁定在认定事实、适用法律、诉讼程序等方面的错误或不当之处，以确凿的事实和证据反驳原审裁定或判决的不实之词，用法律、法规、政策及事理常情指驳原审裁定或判决结论的非法性，有针对性地阐明自己的上诉请求是合法的。

3. 尾部

尾部应依次写明致送上一级法院名称、上诉状副本数（与对方当事人、第三人人数相应）、上诉人签名。

三、民事上诉状的写作要求

（1）提起上诉须持慎重态度，应符合我国《民事诉讼法》一百五十三条关于改判或发回重审的（二）、（三）、（四）项规定的情形。

（2）语言要准确、恳切，避免言词激烈，切忌“过头话”。

（3）不可把一审法院列为被上诉人，因为案件纠纷的实质是当事人之间的利害之争，而不是法院与当事人之间的利害之争。

[**范式**3]

民事上诉状

上诉人：姓名、性别、出生年月日、民族、籍贯、职业或工作单位和职务、住址等。

法定代理人：姓名、性别（与上诉人关系）、年龄、民族、籍贯、职业或工作单位和职务、住址等。

委托代理人：姓名、性别、年龄、民族、籍贯、职业或工作单位和职务、住址等（律师只写姓名、工作单位和职务）。

被上诉人：姓名、性别、年龄、民族、籍贯、职业或工作单位和职务、住址等。

上诉人因对×××（案由）一案不服××人民法院××××年××月××日民初字第×号判决（或裁定），现提出上诉。

上诉请求：

上诉理由：

此致

________人民法院

附：1. 本上诉状副本________份；

2. 证据材料________份。

上诉人：

________年____月____日

[**例文八·三**]

民事上诉状

上诉人（原审原告）：谢×，女，35岁，汉族，××省××市人，现在美国纽约州留学。

被上诉人（原审被告）：陆××，男，38 岁，汉族，××省××市人，××市××旅游公司职员，现住××市××区××路 41 号。

上诉人因离婚一案，不服××市××区人民法院××××年××月××日（2008）×民初字第×号判决，现提出上诉。

上诉请求：1. 变更××区人民法院（2008）×民初字第×号判决；

2. 改判由上诉人抚养孩子陆×。

上诉理由：

上诉人因与被上诉人陆××感情不和，于××××年××月××日向××区人民法院提起诉讼，要求与陆××离婚，并由上诉人抚养孩子陆×。一审法院判决：准许上诉人与被上诉人离婚，但认为：上诉人在美国留学，不便抚养孩子，故将陆×判由被上诉人抚养。

上诉人同意一审判决中关于准许离婚及财产分割部分的判决，但上诉人认为：一审法院对陆×抚养权的判决所依据事实和理由不正确，上诉人虽然在美国留学，但现在已有一份稳定的工作和较优厚的收入，生活条件优裕，完全有经济能力独立抚养陆×，而且，美国的教学条件和学习环境较国内来说，相对要优越一些，更有利于陆×的学习和成长。而被上诉人陆××平时工作繁忙，经常出差，根本没有足够的时间和精力照顾陆×的学习和生活。

基于上述事实，从有利于陆×的成长教育角度考虑，请求人民法院依法改判，由上诉人抚养陆×。

此致

××市人民法院

附：1. 本上诉状副本×份；

2. 上诉人在美国收入证明×份。

上诉人：谢×

××××年××月××日

第四节　申诉书

申诉书又称申诉状或再审申请书，是指案件的当事人或法定代理人认为已经产生法律效力的判决、裁定有错误而向人民法院提出申诉，要求复查纠正或重新审理的书状。

一、民事申诉状概说

申诉状的性质、作用和上诉状基本相同，它们的不同点是：

1. 范围不同。申诉状是对已经产生法律效力的判决、裁定提出上诉的书状，不仅包括一审判决、裁定，还包括二审的终审判决或裁定，甚至正在执行和已经执行完毕的判决或裁定；上诉状则是针对尚未产生法律效力的一审判决或裁定提出上诉的书状。

2. 时限不同。申诉状不受时间的限制，申诉人不论判决或裁定是否经过上诉，也不论这些判决或裁定是否已执行完毕，都可以提交申诉状。上诉状则有时限规定。

3. 条件不同。申诉书能否引起审判监督程序的发生，是有条件的。经法院审查确有理由的，才予受理，无理由的则不予受理。换言之，申诉状只能被视作决定是否引起重新审判程序的参考材料，不一定能引起重审重判程序的发生。提交申诉状未被受理，不影响判决、裁定的执行。而上诉的提出对引起二审程序的发生是无条件的，只要上诉人对判决或裁定不服，在上诉期限内提交上诉状，不论其理由正确与否，法院都应受理。

二、民事申诉状的格式和写法

依据内容需要，民事申诉状由首部、请求事项、事实与理由和尾部四部分构成。

1. 首部。首部包括标题、申诉人身份信息和案由。

标题应为“申诉状”或“经济纠纷案申诉状”。

申诉人身份信息，包括姓名、性别、年龄等。因为申诉状是针对原审法院判决、裁定有误而要求复审改判的，所以状头可不写“被申诉人”一项。

案由的写法模式如：“申诉人×××对人民法院××××年×月×日×字第×号判决不服，提出申诉。”

2. 请求事项。其一般写法是，先请求撤销原生效裁定或判决，然后请求改判，如：“请求××省人民法院撤销××市法院的裁定，予以重审，依法公正判决。”

3. 事实与理由。这部分是申诉书的重点和核心，要陈述新的事实与新的理由，二者缺一不可，否则法院很难受理。与上诉书要求写明“上诉理由”有所不同，申诉书必须写明新事实、新证据或新的法律依据。具体应注意以下几点：

（1）申诉理由应符合法定条件。根据法律规定，申诉书应指出原审判决的错误，从证据、所运用的法律、审判员的职守等方面提出异议。要强调“新”，一般不宜重复上诉书的理由。

（2）针对原判的关键事实错误进行辩驳。

（3）针对原判定性不准、法律依据不当进行辩驳。

（4）针对原判证据不足、强行结案的错误进行辩驳。

4. 尾部。尾部写明主送司法机关名称，原审生效裁定或判决文书的复印件，申诉的有关证据名称、件数、申诉人签署。

三、民事申诉状的写作要求

1. 对申诉的事实务必求全、求真。原审裁判如果不是依据全面事实裁判的，申诉状应从案情事实、原来的处理经过及处理结果等方面进行归纳叙述，阐明原审裁定的不当之处。

2. 要实事求是。对原审裁定中对的、属实的处理，应承认其恰当而不应反驳，做到实事求是。

3. 尽量列示例证。应将与请求目的相符的人证、物证、书证等在申诉状里明确列示，并加以说明，以实证服人。如能提供有助于说明申诉事实的新证据，将更具说服力。

[例文八·四]

民事申诉状

申诉人（原审原告）：××电脑硬件公司 地址：××市××路××号

法定代表人：×××　职务：经理

被申诉人（原审被告）：××网络公司 地址：××市××路××号

法定代表人：×××　职务：经理

案由：硬件购销合同纠纷

申诉人对××市××区人民法院××××年××月××日×字×号判决不服，特向人民法院提起申诉。

请求事项：

1. 撤销××市××区人民法院×字×号判决；

2. 退还货款××万元人民币并支付违约金××万元人民币。

事实和理由：

（应详述，此略。）

基于上述事实，特向人民法院提起申诉，请求人民法院重新审理本案，撤销原判决，判令××网络公司返还货款××万元人民币并支付违约金××万元人民币，以维护申诉人合法权益。

此致

××省高级人民法院

附：1. 原审判决书一份；

2. 申诉人与被申诉人硬件购销合同一份。

申诉人：××电脑硬件公司（盖章）

法人代表：×××

××××年××月××日

[例文八·五]

申诉状

申诉人：××省 A 县××银行某信用社

地址：A县××街××号

法定代表人：×××主任

被申诉人：×××××××

案由：申诉人A县××银行某信用社因与B县××银行贷款纠纷一案，对××省高级人民法院××××年××月××日××字第×号经济纠纷案判决不服，现提出申诉。

请求事项：

请求重新审理A县××银行某信用社与B县××银行贷款纠纷案，纠正××省高级人民法院××××年××月××日××字第×号经济纠纷判决。

事实与理由：

一、你院终审判决认为，我方并不是与借贷人个体户于某串通，骗取B县××银行的贷款，也不是明知个体户于某拿B县××银行的贷款来抵贷，因而收贷时并没有过错。但事后知道此还贷之款系B县××银行的贷款，就应该退还B县××银行，而保留向个体户于某追收贷款的权利。我方认为，既然收贷时没有过错，就应该保护我方合法的收贷行为，保护我方的合法权益。

二、B县××银行在向个体户于某放贷时，没有进行资信调查，也没有令其提供贷款担保单位，就将大笔款项借贷给他，事后又不监督其用贷，有很大过错。依照法律规定，有过错的一方对造成的经济损失也应承担一定的经济责任。而终审法院令我方全数归还B县××银行贷款，没有体现B县××银行因过错而负经济责任的法律要求，这样使得早一步积极清贷、控制不法分子于某行为的我方反而大受损失，在国家已经收紧银根的时候仍毫无顾忌地向不法分子于某贷款的B县××银行，反而不承担丝毫经济损失，违反了有过错则有责任的基本法律原则。

根据上述理由，请求再审此案，重新作出公正合法的裁判。

此致

××省高级人民法院

附：1. ××××××

2. ××××××

申诉人：A县××银行某信用社（盖章）

法人代表：×××

××××年××月××日

第五节　授权委托书

一、授权委托书概说

授权委托书是当事人把代理权授予委托代理人的证明文书。它可分为民事诉讼代理的授权委托书和民事代理的授权委托书。

（一）民事诉讼代理的授权委托书

民事诉讼授权委托书是民事诉讼当事人为把代理权授予委托代理人而制作的一种法律文书。当民事诉讼当事人要提起诉讼，但感觉自己缺少法律知识或诉讼经验，想请律师作代理人时，首先要与律师所在的律师事务所签订民事诉讼委托代理协议，然后出具民事诉讼授权委托书，表明自己授予律师的权利范围。民事诉讼授权委托书是代理律师行使权利、履行义务的依据，也是衡量代理律师是否越权、是否尽到代理职责的依据，所以，民事诉讼当事人对民事诉讼授权委托书要予以高度重视。

（二）民事代理的授权委托书

民事代理的授权委托书是非诉讼性的委托代理文书，由被代理人委托代理人在一定权限范围内作出民事法律行为，如委托他人出卖、管理房屋等。它同样是根据被代理人的授权而成立的文书。委托人委托的代理权限应当具体明确，不能笼统含糊。

二、授权委托书的格式和写法

民事诉讼授权委托书包括名称、委托人与受托人的个人基本情况、正文、结尾四部分：

1. 名称。委托书名称应写明“授权委托书”。

2. 委托人与受托人的个人基本情况。其包括姓名、性别、年龄、民族、籍贯、职业、工作单位和住址。如果委托人是法人，则应写明法人的全称、地址、法定代表人姓名等。

3. 正文。

（1）委托事项。写明案件名称，如继承案或经济合同纠纷案等。

（2）说明授予代理人的权限范围。这是代理人实施代理行为的有效依据，委托人写时或律师代书时一定要写明确。在民事诉讼代理中，委托代理权分为两种：①一般委托，即委托代理人只能代当事人履行一般的诉讼行为，如代写诉状、出庭、收集和提出证据、辩论、申请财产保全、证据保全等。②特别委托，即除委托代理人履行一般的诉讼行为外，还委托代理人施行某些重大的涉及委托人实体权利的诉讼行为，如委托代理人代当事人承认、变更、放弃诉讼请求；提起上诉或反诉；与对方当事人和解等。如果是特别委托，必须具体写明委托事项，否则在司法实践中按一般委托对待。《最高人民法院关于适用〈中华人民共和国民事诉讼法〉若干问题的意见》第 69 条规定：“授权委托书仅写‘全权代理’而无具体授权的，诉讼代理人无权代为承认、放弃、变更诉讼请求，进行和解，提起反诉或者上诉。”

（3）写明委托的期限和起止时间。

4. 结尾。委托方和被委托方签字盖章，并注明具文时间。

民事代理授权委托书也由四部分组成：

1. 名称。写明“委托书”或“×××委托书”。

2. 委托人和受托人的基本情况（同上）。

3. 所规定的权限内容和范围。如果是一次性有效的委托，应当规定实施某一特定行为的权限；如果是专门委托书，应当规定在某一时期内实施同一行为的权限（如某企业委托某人出卖产品的委托书）；如果是全权委托书，应当规定由于经营财产所产生的各种法律行为的权限（如全权代理处理房产的委托书）。

4. 结尾。委托人和受托人签名并盖章，注明具文日期。

[例文八·六]

民事诉讼授权委托书

委托人：吴××，男，××岁，辽宁省××市人，汉族，××市工商银行××区办事处主任，住本市××路××号

受托人：郑××，××市××区法律顾问处律师

为追索中国农业银行××区办事处拖欠我处的建筑工程垫款，我处已向××市××区人民法院提起诉讼。现自愿委托××市××区法律顾问处郑××律师及我处张××同志为本案诉讼代理人。代理人全权代表我处出庭诉讼，并有放弃或变更诉讼请求、进行和解及提起上诉的权限。

特此授权

委托人：××市工商银行××区办事处（章）

法定代表人：吴××（章）

受托人：张×× 郑××（章）

二〇××年××月××日

[例文八·七]

民事代理授权委托书

委托人：姓名、性别、年龄、民族、籍贯、职业、工作单位和住址、身份证号

被委托人：姓名、职务、工作单位

本人因工作繁忙，不能亲自办理×××的相关手续，特委托×××作为我的合法代理人，全权代表我办理相关事项，对被委托人在办理上述事项过程中所签署的有关文件，我均予以认可，并承担相应的法律责任。

委托期限：自签字之日起至上述事项办完为止。

委托人：（签名、盖章）

被委托人：（签名、盖章）

二〇××年××月××日

第六节 经济仲裁申请书

一、经济仲裁申请书概说

经济仲裁申请书是经济纠纷当事人一方（即申请人或申诉人）为维护自己的合法权益，向仲裁机构提交的请求仲裁自己与他方当事人（即被申请人或被申诉人）的经济纠纷的申请文书。

经济仲裁机构为各级工商行政管理局设立的经济仲裁委员会。仲裁机构不行使经济审判权，不按司法程序解决争议，而主要采用协商、调解的方式处理经济合同纠纷。

在当今的经济活动中，当经济合同出现当事人无法解决的纠纷时，当事人一般都会选择仲裁方式解决。仲裁申请书是带有法律性质的文书，是仲裁机构进行仲裁的主要依据之一。

二、经济仲裁申请书的特点

1. 申述性。经济仲裁申请书具有陈述经济纠纷事实、申述理由的特性。

2. 参证性。经济仲裁申请书提供的事实和理由，能为仲裁机构开展协商、调解提供参考依据。

3. 启动仲裁程序性。递交经济仲裁申请书本身就是对仲裁程序的启动，是产生仲裁程序的条件。

三、经济仲裁申请书的结构和写法

1. 标题。首页居中写“仲裁申请书”。

2. 当事人基本情况。其括当事人的姓名、性别、年龄、职业、工作单位和住所以及法定代表人的姓名、职务、电话等。

3. 案由。概括写明因为何事申请仲裁。

4. 仲裁请求。写明申请仲裁的具体事项、要求达到的最终目的。

5. 事实和理由。概括叙述经济纠纷的事实经过，说明请求仲裁的法律依据，指出有关证据、证据来源、证人姓名和住所等。

6. 尾部。尾部包括呈送仲裁机构名称，按信函格式写“此致”、“×××仲裁委员会”；署名、签章和日期；附件：（1）本仲裁申请书；（2）书证；（3）物证；（4）证人姓名、住址。

四、经济仲裁申请书的写作要求

1. 叙述事实纠纷要实事求是，条理清楚，准确简练，申请理由必须以事实为依据。

2. 通过仲裁达到的目的应当合情合理合法。

3. 语言要得体，避免使用过激言语，以免进一步扩大矛盾。

[例文八·八]

仲裁申请书

申诉方：××县××镇××村村委会

法定代表人：钱××，村长

被诉方：××县××厂，地址：××县城关镇长江路11号

法定代表人：奚××，厂长

案由：被诉方单方终止合同

请求事项：

（一）继续履行协议；

（二）赔偿申诉方经济损失。

事实与理由：

20××年3月5日，申诉方与被诉方签订“联办农具厂协议书”，约定双方共同投资建厂。申诉方投资为1/3，被诉方投资为2/3，投产后利润按投资比例分成。协议书第12条规定：“本协议签订后，双方信守协议，不得以任何理由单方终止。任何一方终止协议，一切后果由提出终止协议方负责。”

双方于20××年5月筹建施工。申诉方与被诉方各投资10万元，计划20××年元月底建成投产。不料被诉方于20××年8月突然提出：“经请示县经计委，不再给农具厂投资。”为此，申诉方多次找被诉方协商，同时主动向县经计委申明情况，希望督促被诉方履约。但被诉方不予理会，公然单方面终止协议，不但不承担任何经济损失，还无理要求申诉方承担被诉方全部投资款项。此外，被诉方还在申诉方不知情的情况下，函告县电力局，要求停止使用用电补贴，故意给筹建工作设置障碍。申诉方多次规劝其继续履行协议，但被诉方却根本不听，置《合同法》和双方签订的协议书于不顾，一意孤行。申诉方在经多方努力毫不见效的情况下，为了维护国家的法律尊严，保护自身的合法权益不受侵害，特向贵会提出仲裁申请，请求依法裁决。

此致

××县工商行政管理局经济仲裁委员会

附：1. 本申请书副本一份；

2. 协议书一份（复印件）；

3. 被诉方擅自终止合同的函件一份。

申诉方：××镇××村村民委员会（盖章）

20××年4月1日

思考与练习

一、法律文书常见语病修改练习

下面摘自法律文书中的话，在用词方面都有毛病，请找出毛病并指出病因。

1. 被告一向不务正业，偷鸡摸狗，横行乡里，民愤极大。

2. 成千上万元的人民币被张×贪污挪用。

3. 刘××对我进行无中生有的控告，使我声名狼藉。

4. 孙×共窃得脚踏车25部。

5. 被告为达到进城告状之目的，竟然在公路上站立，大声喊叫，拦截公共汽车，无理取闹，以致造成汽车晚点的严重后果。

6. 陈××在火车上书写标语。

二、简答题

1. 民事起诉状的事实部分应写明哪些内容？

2. 民事起诉状应如何阐明起诉的理由？

3. 上诉请求的写作要求是什么？

4. 写作答辩内容应注意哪两点？

5. 什么是授权委托书？它主要分哪两种？

6. 民事诉讼授权委托书的写作要注意什么问题？

7. 什么是一般委托？什么是特别委托？

8. 简述授权委托书的写作格式。

9. 什么是经济仲裁申请书？它有什么特点？

10. 简述经济仲裁申请书的写作格式。

三、根据下列案情材料，拟写一份行政起诉状。

2000年4月28日，××工厂在××地扩建厂房，由杜×龙的××工程队承包。在施工中，杜×龙未经王×良（被处罚人）同意，便在王×良的责任田东南角挖池拌灰，直接影响王×良责任田小麦生长。王×良多次劝阻，但杜×龙等人置之不理，继续施工，并说挖池拌灰“没有在你的地里，你管不着”！为制止杜×龙的非法侵害，王、杜双方发生口角，并相互撕扯。同年6月5日，××县公安局依据《治安管理处罚条例》第二十二条的规定，以王×良殴打他人，造成杜×龙轻微伤害为由，对王×良处以50元罚款。王×良不服，向××县人民法院提起行政诉讼。

王×良认为县公安局认定他干扰杜×龙正常施工与事实不符。杜×龙在王×良责任田东南角半米处挖池拌灰，大量石灰粉尘不仅散落在小麦上，而且拌灰时溢出的石灰水直接流进麦田，使小麦受害，部分小麦枝枯叶黄。王×良说：“要求杜×龙改变施工地点，以停止不法侵害，这是保护自身权益的正当行为，根本不存在干扰杜×龙正常施工的问题。”王×良还认为县公安局认定他打人，造成杜×龙轻微伤害，不是事实。在制止杜×龙非法侵害中，双方发生争吵，有过拉扯现象。但双方均未被打伤，在场劝架的群众李×江、赵×景、胡×生均可以证明。杜×龙谎称自己受伤，既无医院诊断书，又无其他证据能够证实。据此，王×良向××县人民法院起诉，要求撤销××县公安局对他的处罚决定。

第九章　新闻报道

第一节　消　息

一、消息概说

消息是用概括叙述的方式，以简明扼要的文字，对新近发生的具有传播价值的事实进行迅速及时报道的新闻文体。

“新闻”一词，有广义和狭义之分。广义的新闻，是消息、通讯、特写、专访、新闻评论等诸种新闻文体的总称。狭义的新闻，则专指消息。消息是报纸、广播、电视最常用、最主要的一种新闻体裁。在现代社会里，国际国内大事的报道，工作情况的交流，各种政治、经济、文化信息的传播，都离不开消息。随着信息社会的到来，消息与人类社会的联系愈来愈紧密，对人类社会的影响也愈来愈广泛和深入。

根据不同的分类标准，消息有不同的分类法。常见的分类法有：

按报道的内容来分，可分为政治新闻、经济新闻、社会新闻、科技新闻、文教新闻、军事新闻、体育新闻、文艺新闻等。

按新闻事实发生的地域和范围来分，可分为国际新闻、国内新闻和地方新闻。

按篇幅的长短来分，可分为长消息、短消息、简讯、一句话新闻和标题新闻。

从写作角度来划分，可分为动态消息、经验消息、综合消息、述评消息和深度报道五种类型。

（一）动态消息

动态消息又称动态新闻，是对客观事物新近变动的信息的报道，以即时事件和突发事件为主，是消息文体中最基本、最大量的报道形式。动态消息大体可分为两类：一类是对新近变动的事实的全面而完整的独立报道；另一类是对正在发生变动的事实的连续报道，每篇报道只反映事实变动至今的现实状态及发展趋向。

（二）经验消息

经验消息也称典型消息或典型报道，是对具有普遍意义的典型经验或典型人物的报道。经验消息主要反映具体单位、部门、行业在工作、学习、生产中得到的成功经验，以及某人在某项工作中取得新成果的典型做法，用以提供样板，带动全局。

（三）综合消息

综合消息是指把发生在不同地区或部门的具有类似性质的事件综合为一体的报道。综合消息鸟瞰式地反映全局性的情况、成就、趋势、动向或问题，以大量的具体材料为基础，通过对材料的分析综合，反映出具有共同性的主题思想。它具有报道面宽、逻辑性强、点面结合、舆论性强的特点，是一种全面、立体的“组合式”报道。

（四）述评消息

述评消息也称新闻述评，它能够抓住当前社会的“热点”、“焦点”，围绕新闻事实加以分析、评论，评价新闻事实的性质或揭示事件的内涵与发展趋势，有助于人们对重大问题的认识，是一种边叙边议、评述合一的报道。述评消息是消息报道中导向性较强的一种类型。

（五）深度报道

深度报道是揭示新闻事实内部联系的一种连续性报道形式。除报道新闻事实外，它还揭示和说明新闻事实产生的原因及结果，透视“新闻背后的新闻”，向读者解释事件的来龙去脉、事件的含义及社会影响，也包括对事件发展做出展望、预测。深度报道反映的题材重大，社会意义深远，其表现形式突破了“一事一报”，多是连续报道、系列报道、组合报道等。

二、消息的特点

（一）真实准确

消息必须完全真实，真实是新闻的生命，也是消息写作的根本原则。事实第一性，消息第二性，没有事实就没有消息。消息写作必须尊重事实，每一个具体的消息报道中的事实，都必须做到完全真实准确、持之有据。新闻事件的主要要素，即“五个 W”必须真实，细节描绘必须真实，所引用的资料、数据必须有可靠的来源，核对清楚，准确无误。

（二）导向鲜明

消息是新闻报道中的主要文体，其基本作用就是通过对“新近发生的事实”的快速及时的报道来满足受众对信息的需求，指导人们的生活。消息报道针对性强，所报道的事实都是人们普遍关注或急需解决的问题。消息的采写总是带有鲜明的社会导向性，绝非毫无选择的“有闻必录”，毫无导向性的消息是不负责任的。

（三）新鲜及时

新闻是一种新鲜的信息。新闻贵新，消息报道的事实必须是新颖鲜活的，是能够给人们带来新信息、新情况、新变化的。及时是消息报道在时间性上的一种规定。消息要在第一时间迅速报道事实的变化，只有及时才能确保新闻内容的新鲜性，才能体现新闻的“新”。

（四）短小精悍

消息是新闻报道中的主角，是反映新闻事实最便捷、最迅速的手段。消息要快速传递变动的信息，慢了就失去了生命，因此消息必须短。随着社会的发展，人们的社会节奏加快，新闻要素齐全、短小精悍的消息更适合信息的获取。消息报道中以短消息居多，甚至出现了一句话新闻、标题新闻。

三、消息的结构与写法

（一）消息的结构

消息的结构一般有三种形式：倒金字塔结构、金字塔结构、复合结构。

倒金字塔结构也叫倒三角结构，即主次结构，一般按新闻事实的重要程度来确定先后顺序。首先是把最重要的事实（常常是结果）放在消息的最前面，然后是重要的、次重要的事实材料。它的长处是符合新闻的特点，突出了重要的、有价值的新闻事实，能吸引读者的注意力，并且便于读者阅读、理解，便于编辑选择、删减。它的局限性是程序固定、单调，易流于生硬、呆板，如掌握不好，标题、导语极易重复。倒金字塔结构适宜写时效性强、事件单一的新闻。

金字塔结构也叫编年体结构，即按事情发生发展的时间顺序组织材料，有头有尾地、完整地叙述新闻事实的原委和过程。事件的开头就是新闻的开头，事情的结局放在最后。这种纵式结构可以使报道朴实自然，脉络清楚，表述比较自由。金字塔结构适合于表现故事性较强的新闻事件。

复合结构也称混合式结构，是一种纵横交织的综合式结构，重大报道、全景式报道往往采用此种形式。从纵的方面显示事件的发展过程，以贯通首尾的时间发展为线索；从横的方面突出事件的几个侧面，根据新闻事实的内在逻辑联系来叙述事实。纵横交织，相互支撑，既能展示清晰的发展变化的时间顺序，又能展示事件在不同发展阶段、不同侧面的重大问题，加强报道的深度。

（二）消息各部分的写法

一篇完整的消息通常包括标题、消息头、导语、主体、背景五个部分。

1. 标题

俗话说，“读书看皮，读报看题”。标题制作的质量如何，往往是一则新闻报道成功与否的重要条件。标题拟得好，一方面能准确揭示新闻的主要内容，另一方面也能吸引读者阅读。标题拟得不好，则易使读者忽略重要的新闻或可能感兴趣的新闻。

消息标题的写作非常灵活，常见的有单一型标题与复合型标题两大类。

单一型标题是只有主题的标题，包括一行题（即一行主题，无辅题），如《重新评估国资增值3.5亿元》、《我国黄金产量正式解密》；双行题（无辅题），如《油价攀新高　股市大跳水》。单一型标题的特点是具体明确、简洁明了。单一型标题必须是实题，以叙事为主，能够准确地概括新闻的主要事实或主题。

复合型标题是由多行标题组成，主要是两行题和三行题，由主题与辅题组成。它的辅题，包括引题和副题两种。复合型标题按组合方式划分，可有引题—主题型、主题—副题型和引题—主题—副题型三种。不论采用何种类型，其中一个必须是实题，其余可虚可实。

引题又叫肩题或眉题，主要用来介绍新闻背景、烘托气氛，揭示主题意义、引导主题。引题位于主题之前，文字简短，以一行为宜。

主题又叫正题或大标题，用来说明新闻中最重要或最引人注意的事实或思想。主题是消息标题的核心部分，含义确切，文字简练。

副题又叫子题或下辅题，用来进一步补充交代事实、问题，说明主题的来源、结果，或者对主题进行补充、印证和注释。副题位于主题之下，宜实不宜虚。

如：

铁路大提速成振兴经济催化剂 （引题）
火车拽着东北飞 （主题）

昨晚6时：终圆亿吨大港梦 （主题）
大连港年货物吞吐量首次突破亿吨大关 （副题）

涉及20多个省市区 （引题）
非法吸存450亿元 （主题）
建国后涉案金额最大金融证券案德隆案开审 （副题）

2. 消息头

报纸上刊登的消息，其篇首部分冠有“本报讯”或“×社×（地）××月××日电”的字样，这就是消息头。

消息头有“讯”与“电”两大类。

（1）“讯”，又称讯头，主要是指用书面递交或邮寄的形式向新闻部门传递的新闻报道。凡是报社通过自身的新闻渠道获得的本埠消息，都冠以“本报讯”；若报道稿件是从外埠寄来的，则应标明发布新闻的时间和地点，如“本报南京9月18日专讯”。

（2）“电”，又称电头，主要是指通过电报、电传、电话、传真或电子邮件等形式向新闻部门传递的新闻报道。各家通讯社向新闻部门传递新闻信息时，多采用此类形式。电头一般由发布新闻的单位名称（简称）、发布新闻的地点、发布时间和发布形式四部分组成，如“新华社北京10月1日电”。

消息头的作用：第一，消息的标志，是消息区别于其他新闻文体的主要特征；第二，“版权所有”的标志，表明此消息是新闻发布单位独家采集的；第三，表明消息的来源，以利于读者做出判断；第四，明确责任，与新闻发布单位的声誉紧密联系在一起。

3. 导语

导语即引导之语，是消息的开头，一般是消息的第一句或第一段。导语是对新闻最新鲜、最重要、最有趣的事实的概括或精辟的议论。

导语的主要特点：一是以经济的笔墨反映出新闻的要点和轮廓；二是引出主题，阐释新闻的主要事实或意义；三是吸引受众注意，最大限度地激发受众的阅读兴趣。

常见的导语写法有：

（1）叙述式，即用叙述的方法，简明扼要地写出新闻中最新鲜的事实，开门见山地给受众总的印象。这是消息导语最常见的方式。如：

随着中国网通集团旗下经营国际业务的“中国网通国际通信股份有限公司”6日在北京亦庄挂牌，业内关注已久的中国网通的重组工作正式启动。

资料来源　赵雷、谭俞雄：《网通国际正式挂牌　网通重组迈出“融合”步伐》，载《中华工商时报》，2003-11-07（5）。

（2）描述式，即对新闻的主要事实或事实的某个有意义的侧面，作简练而有特色的描写，给受众以具体生动的印象。如：

晚上正在吃饭，手机响了，是在河北农村老家务农的妈妈打来的。“我想问问，今年应该种点啥?”“您都这么大岁数了，还为这事操心哪!”“是村里的乡亲们让我打听的，大伙都听说，中央今年发了一号文，文里老百姓成宝贝疙瘩了，还让我问问咋样才好在咱的田间地头落实……”我心头一热，忙挑最要紧的告诉妈妈。

资料来源　《经济时报》，2004-02-28（1）。

（3）提问式，即将新闻的主要事实或主题思想用提问的方式鲜明地提出来，而后用事实加以回答，以引起受众的注意和思考。如：

几乎是一夜之间，繁华的中山路两侧便插满了数百面写有“车缘”字样的广告小旗，昨日的星海会展中心大堂，更成了“车缘”巨大的展台。“车缘”为何物？缘何会在第六届国际汽车暨零部件展上备受关注？几番打探下来，才得知“车缘”是市商业银行汽车消费贷款的品牌。

资料来源　《大连日报》，2001-08-24（1）。

（4）评论式，即在报道的开头对新闻事实直接加以评论，以揭示事实的本质和意义。如：

“宁可不增速度也不欠技术水平的账，宁可不上项目也不搞低水平重复建设。”近年来，天津工业致力于推进结构调整、技术创新和对外开放，积极发展对经济增长有突破性带动作用的高新技术产业；注重运用高新技术和先进适用技术改造提升传统产业；高度重视资源节约与综合利用和环境保护，努力提高经济增长的质量和效益，在新型工业化道路上迈出了坚实的步伐。据中国科学院可持续发展战略研究组综合分析，在全国新型工业化程度方面，2000年和2001年天津已经连续两年走在全国前列。

资料来源　《经济日报》，2004-04-03（1）。

导语的写法除了以上介绍的几种外，还有引语式、对比式、悬念式、结论式等。

制作消息的导语时应注意的问题是：导语必须与报道的主题一致，必须反映出消息的核心和精华，要抓住最主要的新闻事实，不能把附属内容、琐碎细节塞进导语；要讲究可读性，不要将枯燥的数字、名词术语、人物头衔、单位名称等塞进导语；遇到专业性概念，应作通俗化的表述，写得尽可能形象、新颖一点，简短、精练一点。

4. 主体

主体是一篇消息的躯干部分，它承接导语，对导语提及的事实内容作具体的叙述与展开，补充解释导语中未提到的、不完全的新闻要素，使新闻事实更清楚、更具体，突出、深化新闻主题。一篇消息可以没有导语或背景，但不可以没有主体。

常见的主体展开形式有：

（1）按内容重要性递减的顺序展开，就是根据新闻事件内容的重要程度或与受众关系的紧密程度，按照“重要的写在前面”的原则安排先后顺序，最重要的安排在前面，次重要的依次递减安排。多表现为倒金字塔结构。

（2）按事件发展的时间顺序展开，就是按照新闻事实发生、发展的时间顺序来安排材料，清晰地反映新闻事件的来龙去脉，使受众对事件发展的过程一目了然。多表现为金字塔结构。

（3）按事物内在的逻辑顺序展开，就是根据事物内在的联系或问题的逻辑关系来组织安排材料。主体展开各部分之间可以是因果关系、递进关系、并列关系，也可以是主从关系、点面关系、对比关系等等。这种写法有利于反映出事物的内在规律，揭示出事物的本质特点与意义。多表现为复合式结构。

主体写作时要注意：主体与导语要相辅相成，导语是主体的提要和浓缩，主体是导语的展开和深化；围绕一个主题组织材料，主题集中明确，材料典型充分，结构层次分明；变换角度，叙述生动，讲求曲折多变，行文有波澜，顺应受众阅读心理，激发受众的阅读兴趣。

5. 背景

背景在消息中不具有结构形式上的意义，只表现出结构内容上的意义。消息背景又称新闻背景，是有关新闻事实的历史和环境材料，它是为充实新闻内容、烘托和发展主题而服务的。任何新闻的发生都具有客观原因，新事物、新现象层出不穷，报道新闻往往需要对其中的人物关系或事件关系进行适当的补充或交代。新闻背景能够提供比消息本身更深刻的东西，因此被称为“新闻背后的新闻”。

常见的新闻背景材料有：

（1）说明性材料，用来说明新闻事实产生的原因、条件、环境、政治背景、历史演变以及新闻人物出身、经历、身份、特点的材料。

（2）注释性材料，用来注释、解说有关科学技术、名词术语、物品性能特点的材料。

（3）对比性材料，指与报道事实进行前后、新旧、正反等方面对比的材料，从比较中突出事物和人物的意义。

新闻背景材料在消息中具有不可取代的作用：能揭示主题；能帮助受众理解新闻事实；便于作者客观而巧妙地表述自己的观点；使新闻的内容充实饱满，富有立体感，说服力和感染力强。

运用背景材料时应注意：要从消息主题出发，紧扣主题，背景材料虽与新闻事实本身有一些距离，但并不脱离主题的制约，不能游离于主题之外；要因地制宜，背景材料的多与少取决于消息主题和受众的需要，切忌节外生枝、喧宾夺主；背景材料在消息中没有固定的位置，可以灵活穿插在任何一个合理的地方，它可能先行于标题之中，可以穿插在导语中，可以紧接导语独立成段，可以杂糅于整篇消息中，也可放在最后，要根据情况灵活变通，因篇而异。

四、消息的写作要求

消息写作的基本要求是：真实、新鲜、迅速、简短和“用事实说话”，即做到真、新、快、短、实。

（一）真——必须完全真实、准确

真实是新闻的生命。新闻是客观事实的反映，一定要写真人真事，说真话，反映真实情况，不允许有一点虚假，不能有所谓的“合理想象”，也不能掩盖或歪曲事实。

真实就是要实事求是，如实地反映事实。准确就是要把五个“W”和一个“H”——何时、何地、何人、何事、何故和如何，具体地交代清楚；细节、数字、引语等必须是准确的。写得不真实，或不完全、准确，就不可能传播真实准确的、有效的信息，新闻就失去了生命。

（二）新——必须新鲜

新闻姓“新”，新闻事实必须是新近发生变动的事实。新闻要为受众提供新情况、新经验、新问题、新知识。只有新鲜事实才能提供新的、有价值的信息。

新闻要尽可能报道“第一次发生的”、“第一个出现的”东西，新闻界称之为“捉活鱼”。萌芽状态的事物往往有很强的新鲜感，要努力寻找事物的新发展、新变动，看它在同类事物中有什么独特之处。写新闻就要找出新的特点、新的角度。新闻最忌“炒冷饭”、“人云亦云”。

（三）快——必须迅速及时

新闻要讲时效性，力求迅速。时效性与新鲜性密不可分，新闻应尽量多讲“今天”、“昨天”，甚至几个小时以前的事情，尽量避免使用“最近”、“前一时期”等含糊不清的时间概念。新闻要速写、速发，要抢新闻；否则，新闻成了旧闻，不值一文。

（四）短——必须简短明快

新闻要写得精练，篇幅短小，要提倡写短新闻；写得短，发得快，发得多，才能保证事实新鲜，才能在一定的空间、时间里增加信息量。

短新闻一般在八百字以内，以三百至五百字为适度，要求精选事实。“立片言以居要”，文字要凝练，写得简洁明快。新闻的时空性（时效和版面）决定了新闻必须用简洁生动的语言，多用短句，少用长句，表述朴素通俗，形式上也要力求活泼。

（五）实——用事实说话

文学用形象说话，评论用理论说话，那么，用事实说话便是新闻写作的基本要求。新闻是报道事实的，它的作用就在于反映变迁着的事物，用已经发生的客观事实来影响受众，事实是最有说服力和感染力的。

当然，新闻同其他文章一样，总是要表达作者的观点和倾向的，新闻是经过选择的事实，并不是没有立场、观点的客观主义的“有闻必录”。事实上，“纯新闻”是不存在的，“客观”报道的背后隐藏着主观倾向，作者总是自觉或不自觉地流露出自己的观点和倾向。新闻表达观点、倾向的方法，不是讲道理，而是讲事实，显示事实本身的逻辑。

[例文九·一]

浙江鼓励自主创业 放宽服务业准入门槛

新华网杭州1月7日电（记者屈凌燕）为鼓励自主创业，浙江省工商局日前出台了降低注册资本等新政策，进一步放宽服务领域市场准入。

浙江省工商局出台的《关于促进全省民营企业平稳较快发展的若干意见》共19条，也被称为“新经济政策”。政策规定，对一般性服务业企业降低注册资本最低限额，除法律、行政法规和依法设立的行政许可另有规定的外，一律降低到3万元人民币。凡允许外资经营的都允许内资经营；凡允许本地企业经营的都允许外地企业经营；凡法律、行政法规未禁止个体私营等非公有制经济经营的服务行业和项目，都允许其经营。

同时，“新经济政策”围绕推进产业转型升级，对现代服务业、先进制造业、现代农业在注册资本、企业名称、经营范围、取冠省名、组建集团、认定品牌等方面放宽政策。如高新技术、农民专业合作社取冠省名的，注册资本放宽到200万元。文化、旅游、农业开发机构、中介服务企业和拥有自主知识产权的科技型企业组建企业集团，其母公司最低注册资本放宽到1 000万元，母公司和子公司合并注册资本放宽到3 000万元。

最新发布的浙江省民营企业生存状况及发展态势报告显示，浙江个体工商户数量持续增长，截至2008年年底，总量达到191万户，创历史新高，同比增长6.2%。2008年，新设个体工商户达31.7万户，平均每天净增加1 000个创业主体。

资料来源 屈凌燕：《浙江鼓励自主创业 放宽服务业准入门槛》，新华网，http://news.xinhuanet.com/fortune/2009-01/07/content_10617538.htm，2009-01-07。

[例文九·二]

证监会发布《证券期货业信息安全保障管理办法》

新华网北京9月27日专电（记者 赵晓辉 陶俊洁）中国证监会27日正式发布《证券期货业信息安全保障管理办法》（以下简称《办法》），《办法》自2012年11月1日起施行。《办法》的出台标志着资本市场信息安全保障工作迈上了一个新的台阶。

中国证监会有关部门负责人介绍，《办法》系统规范了证券期货业信息安全管理等监管制度，确立了行业信息安全监管的体制，明确了市场主体的信息安全保障责任，提出了信息安全工作的要求。

《办法》从基础设施、信息系统、网络隔离、安全防护和管理制度等方面，明确了行业机构应当符合的基本信息技术要求，作为证监会做出行政许可或者评价考核机构的基本标准；同时，从持续保障信息安全的角度，明确了行业机构信息技术人员经费保障、系统升级变更、数据备份保存等信息安全日常工作的要求。

针对证券期货交易所等市场核心机构，《办法》提出了更加严格的要求，重点强调了核心机构应当具有重要信息系统的自主开发能力，并组织市场相关主体的安全互联，开展应急演练等。

为了对软硬件产品及服务采购活动进行规范管理，《办法》要求行业机构应当加强对供应商的评估和管理，签订合同和保密协议时要明确双方的权利和义务。《办法》中特别要求行业机构与证券期货交易、行情、开户、结算等软件产品或者技术服务供应商签订合同时，应当约定供应商须接受中国证监会及其派出机构的信息安全延伸检查。

据介绍，《办法》发布后，中国证监会和行业协会还将根据证券、基金、期货等行业的实际情况，进一步细化《办法》的各项要求，制定相关的规范性文件、技术指引和技术标准等配套法规，形成体系完备、有机衔接的证券期货信息安全法规体系，促进行业持续提升信息安全保障水平。

资料来源　赵晓辉、陶俊洁：《证监会发布〈证券期货业信息安全保障管理办法〉》，新华网，http：//news. xinhuanet. com/politics/2012-09/27/c_ 113235021. htm，2012-09-27。

［例文九·三］

商务部：四季度外贸以调结构为重点

9月27日，全国商务系统促进外贸稳定增长工作会议在重庆召开。商务部副部长兼国际贸易谈判副代表钟山就贯彻落实《国务院办公厅关于促进外贸稳定增长的若干意见》进行动员部署。

钟山指出，要以科学发展观为主题，以加快转变外贸发展方式为主线，以调整结构为重点，打好第四季度外贸稳定增长“攻坚战”，加快推进“两个布局、三项建设”工作。钟山强调，今年外贸形势十分严峻，7、8月份外贸增速快速回落。当前外部需求严重不足，外贸企业成本上升，国际产业竞争更加激烈，国际贸易环境日趋复杂，做好全年外贸工作任务艰巨。

资料来源　孙韶华：《商务部：四季度外贸以调结构为重点》，新华网，http：//news. xinhuanet. com/fortune/2012-09/28/c_ 123772903. htm，2012-09-28。

［例文九·四］

青岛建设城乡一体化公共服务体系

今年市级财政支持“三农”总投入达九点五亿元

本报青岛12月10日电　12月8日，青岛郊区胶州市九龙镇孙家艾泊村的逄秀琴，打开家里的自来水龙头，一股清澈的水哗哗淌了出来，笑容荡漾在她的脸上。随着青岛市农村自来水化一期工程全部竣工，又有1 050个村庄的74万农民喝上了符合国家卫生饮水标准的自来水。2006年，全市剩余的967个村庄的农民也将全部用上自来水。青岛不断完善农村教育、文化、卫生、社会保障和社会救助等制度，加快了城乡一体化的公共服务体系建设步伐，促进了郊区经济社会协调发展。

山东省委副书记、青岛市委书记杜世成说："要统筹规划，全面扩大公共财政对农村的覆盖面，大力推动社会公共资源向农村倾斜、城市公共设施向农村延伸、城市公共服务向农村覆盖，使广大农民早日享受到与城市居民平等的公共产品和公共服务。"2004年2月，青岛市委、市政府正式做出了城乡统筹、城乡互动、城乡一体发展的决策部署，先后出台《关于加快城市化进程的若干意见》，今年12月2日又下发了《关于进一步完善农村最低生活保障制度的通知》。

家住即墨大信镇的姜梦梦，是即墨一中的学生，她与年近八旬的奶奶相依为命，经济困难。就在姜梦梦打算辍学时，政府为她减免了一切学习费用。即墨市教育局局长孙红松说："我们不让一个农村孩子因家庭经济困难而辍学。"目前，青岛郊区五市高中阶段教育普及率达到82%。

青岛借鉴城市低保规范化建设的经验，全面规范农村低保的申请、审核、审批程序和入户调查评估的标准及办法等，使农村低保工作实现了制度化、规范化。目前，青岛季度发放农村保障金800多万元，除现有低保人员救助水平有所提高外，还有3 000多名困难群众将被纳入农村低保。青岛还帮助2 400多户农村残疾人解决了住房困难。目前，青岛新型农村合作医疗总覆盖人口已达385万人，人口覆盖率接近90%。

青岛市今年内市级财政支持"三农"总投入达到9.5亿元，比去年增加2.66亿元，为历史之最。今年，青岛还将新增专项资金4 440万元，用于建立以大病统筹为主的农村新型合作医疗制度。实施税费改革后，青岛先后取消专门向农民收取的行政事业性收费、政府性基金88项，取消由农民出资、出劳、出物的达标升级活动55项。

资料来源 宋学春：《青岛建设城乡一体化公共服务体系》，载《人民日报》，2005-12-11。

第二节 通 讯

一、通讯概说

通讯，是指以叙述、描写的表现手法，对有新闻意义的人物、事件进行真实、详尽和形象报道的一种文体，是新闻报道的另一种主要体裁。

通讯和消息在文体上有明显的不同：消息的标题有引题、正题和副题，通讯一般只要一个正题，有时在正题下设有副题，用破折号引起，说明记写的对象；消息只进行简短的客观的报道，一般不作详细的描述，而通讯的描述相对详细，作者可以站出来发表议论、抒发情感；消息的开头有消息头和导语，通讯则没有。

在通讯写作中，作者往往借鉴叙事散文的细节描写和文体结构，利用“立体观察，曲线描写”的表现手法，进行深层次报道，弥补消息写作的不足。一件突发事件，往往要求快见报，先发消息，然后再发通讯。

通讯从形式上分多种多样，有特写、速写、侧记、集纳、访问记、巡礼、札记、小故事、见闻等等。一般情况下，通讯从内容上可以划分为人物通讯、事件通讯、工作通讯、风貌通讯、新闻故事五种。

（一）人物通讯

人物通讯是比较详尽、生动地报道新闻人物事迹与形象的一种通讯。它以有新闻意义的典型人物为主，通过对人物的思想、言行、经历、事迹的叙述，展现人物的精神风貌，揭示人物的思想境界，给人们以教育和启示。

（二）事件通讯

事件通讯是以典型事件为内容的通讯。它围绕现实生活中有深远社会意义和思想意义的新闻事件展开情节，记叙事件的发生、发展及最终结局，深刻发掘事件中蕴涵的意义，揭示社会生活的本质，反映时代的风貌。

（三）工作通讯

工作通讯是以介绍工作成绩或经验为主要内容的通讯。它要求介绍的经验具有典型性，能够以点带面，借以指导面上的工作。

（四）风貌通讯

风貌通讯又称旅途通讯，是以反映某一行业、某一地域、某一单位的新气象、新面貌、新成就为主要内容的通讯。报纸上常见的“纪行”、“巡礼”、“散记”等都属于这一类。它常常通过若干侧面，或点面结合的方法来反映整体面貌的变化，给人以鸟瞰式的印象。

（五）新闻故事

新闻故事又称小故事、小通讯，是一种情节生动、篇幅短小的小型通讯。它采用讲故事的方式描述生活中新近发生的某一事件或某一人物活动的片断。

新闻故事虽然含有故事性，但绝不允许虚构，一定要写真人真事，而且要以小见大，主题集中，有一定的情节性，有吸引力。

二、通讯的特点

（一）新闻性

通讯的新闻性，一是指真实性，二是指时效性。通讯与消息一样，要求内容完全真实，不允许有任何虚假的东西存在，不能失实。通讯的内容要新鲜，所反映的内容要尽量是新近发生的事实和最近时期的人物。只有这样，通讯才具有新闻价值。

（二）形象性

“多用形象说话”是通讯的重要特征。通讯本身的价值就在于选择富有形象性的新闻事例，它运用多种表现手法，通过塑造生动、形象的人物和描绘细致的情节来反映社会现实。

（三）评述性

评述性即直接发表议论，表明作者的倾向和意图，抒发情感，揭示其意义，这是通讯的又一显著特征。通讯通过据事直述和客观描写，形成真实而鲜明的形象。在此基础上的画龙点睛式的评议和直抒胸臆，有助于对受众的思维方向和理解轨道产生有效的引导和制约。

三、通讯的结构与写法

一般而言，通讯的结构布局类似于一般的记叙文，比较自由，没有固定格式，多由标题和正文组成。

（一）标题

通讯多采用文章式的单行标题或双行标题，往往以细致的描述、生动的形象和曲折的情节来感染读者，如《如何看待目前负利率现象》、《中国市场：人人都想分享的蛋糕》、《让中国融入世界——写在世界经济发展宣言大会闭幕之际》。

关于通讯的双行标题，其正标题多用来揭示主题，宜适当强化文采；副标题多用来对正标题限制或补充，宜适当突出事实。有些长通讯，在文中常插用若干小标题。此类小标题可长可短，灵活自由，强调写实切旨。

（二）正文

通讯的正文由开头、主体与结尾构成。

1. 开头

开头，即通讯情节的开端或导入。其写作要领是视角新颖，生动活泼，富有吸引力并能扣动受众心弦，以便引导下文。

2. 主体

主体，即通讯的基干部分，旨在把主要情节逐层推向高潮或将事实的本质予以有主有次的展示。其写作要领是注重生动具体，环环扣紧，详略得当，层层深化。主体的结构方式有三种：

一是纵式结构，即按照事件发生、发展的时间顺序来安排层次。许多故事性较强的事件通讯、人物通讯和一些风貌通讯都采用这种结构形式。

二是横式结构，即按照事物的内部联系、事物的性质来组织层次。工作通讯和人物通讯适合用这种结构。

三是纵横式结构，即以时间的变换和空间的变换交叉起来安排层次。这种结构方式适用于事件较多而涉及的空间较广、篇幅较大的通讯。

3. 结尾

结尾，即通讯的尾声部分，旨在自然而有力地收束全文。其写作要领是简洁凝重，合乎情理，富有启迪力并有助于深化主题。

四、通讯的写作要求

通讯应具有较强的深度和可读性。因此，要写好通讯，应注意以下几个方面的问题：

(一) 提炼反映时代精神的主题

通讯的主题，要充分突出时代特征，深刻显示时代内涵，典型体现时代意义。通讯主题的提炼，其独有的个性就在于深入挖掘所选事实材料的新闻意义，以期对社会舆论及其导向产生重大的或较大的影响。

通讯对时代精神主题的反映：一是要站在时代的高度，认清事件发展的趋势，分析人物、事件的时代意义；二是要回答人民群众关心的问题，反映人民群众的意愿；三是要视角新颖，竭力发现新闻人物与新闻事件的新矛盾、新个性、新特征、新内涵和新侧面，反映出个性特征，发掘出新鲜而不落俗套的主题。

(二) 选取具有典型意义的材料

一篇通讯，不可能面面俱到，不可能事无大小都写进去，必须精选材料，这样才能深刻地揭示主题。

通讯所精选的材料，必须是既富有鲜明独特的个性，又富有舆论意义的典型材料。获取典型材料的前提是深入、细致，以至独到的采访。现实生活丰富多彩、复杂而多层面，只有通过深入采访、掌握大量确凿可靠的材料，才能在比较中选择出典型事例。采访材料一要广，二要细。所谓广，就是尽可能全面地占有材料，从广阔的背景中估量材料的意义；所谓细，就是在采访中不放过任何微小的细节，一件小事、一句话、一个动作、一个神态，看似微不足道，却往往包含着很高的价值，深入发掘会增加文章的分量，运用得当甚至能使全文熠然生辉。

(三) 灵活运用多种表达方法

要写出生动形象的通讯，必须灵活运用多种表达方法，着重表现人物的精神世界与事件的丰富面貌。与消息相比，通讯能更为自如地运用叙述、描写、议论、抒情等多种表现手法。

1. 叙述事实生动感人

通讯中的叙述应当直接、具体，把有关的人物、事件、时间、地点和事情的原委交代清楚，忌抽象、笼统。如《世纪大阅兵》的开篇部分：

军号齐鸣，引出一段高亢的旋律。恢弘雄浑的乐曲像骤然而至的海潮，汇成震天动地的交响曲——

“向前，向前，向前，我们的队伍向太阳……”

10 月 1 日上午，北京。激昂的《中国人民解放军军歌》奏响了世纪大阅兵的序曲。

一辆红旗牌检阅车驶出天安门。检阅车上，站立着中共中央总书记、中华人民共和国主席、中央军委主席江泽民。

车过金水桥，阅兵总指挥、北京军区司令员李新良上将驱车迎上前去：“主席同志，受阅部队列队完毕，请您检阅！”

此刻，代表着共和国武装力量构成的42个方队整齐列阵东长安街。这蜿蜒2公里长的受阅队伍，是1万多官兵和400多辆战车组成的钢铁巨阵。

千人军乐团高奏阅兵曲，江泽民乘检阅车徐徐向东。

这是党的第三代领导核心第一次在天安门广场检阅三军部队。

这是共和国本世纪最后一次国庆盛大阅兵。

全文的序曲通过对丰富材料的果断取舍，简要交代了新闻要素，拉开了全面报道的序幕。叙述笔法凝练、利落而又气势磅礴。

2. 恰切传神的描写

通讯中的描写要写出现场感，注意抓特征，恰当地运用比喻、拟人、象征等修辞手法，将描写的事物栩栩如生地展现出来，如闻如见。如《吃休克鱼，长三只眼——访海尔集团总裁张瑞敏》文中有一段对话：

记者：听说海尔有一个三只眼的理论，能否讲一下？

张瑞敏：这三只眼主要是说明企业如何把握各种变化，抓住机遇。计划经济时代，企业只需有一只眼睛盯着政府，按指令办事就可以了。市场经济发展到一定水平时，就需要有两只眼，一只眼盯着内部员工，保证最高的工作效率；另一只眼盯着市场、盯着用户，以争取更大的市场份额。在计划经济向市场经济转轨时期，企业必须是三只眼，不仅要盯员工、盯用户，还要盯政府、盯市场变化……

这是一段实录，通过记者与人物的对话，如实道来，真实写出了新闻人物的声音，极有现场感、真实感。

3. 巧妙地运用细节

用细节描绘事件，可以使事件活灵活现，真切感人；用细节刻画人物，有助于人物形象血肉丰满；用细节描写来介绍环境、渲染气氛，要比单纯的概述给人留下的印象更为深刻。如《永恒的瞬间——中葡澳门政权交接仪式纪实》在“永恒的瞬间”刚刚过去后写道：

掌声如潮。主席台上，观礼台上，人们为澳门的顺利回归而庆贺，此时此刻，作为中国政府代表团一员的卓琳难以抑制眼角的泪水。两年前，她曾带着邓小平“到自己的土地上走一走、看一看”的愿望，出席了香港政权交接仪式。今天，81岁的她来到澳门，替邓小平同志到澳门的土地上走一走、看一看。可以告慰邓小平的是，由他精心设计的“一国两制”蓝图，又在祖国南海之滨的濠江付诸实施。

生动的细节描写，看似信手拈来，但却是新闻背景的适时穿插，伟人的遗憾和后人对他的告慰，就像点睛之笔，回味悠长，令人百感交集，也使这篇通讯内容丰富、充实，主题更加突出、深刻，具有划时代的历史意义。

4. 适当地运用抒情、议论

通讯中的抒情、议论缘事而发，要密切结合新闻事实，要注意抓住火候，议论、抒情要实在，要画龙点睛。通讯中常常把议论和抒情结合起来，二者往往很难分开。如1997年7月1日新华社发的通讯《向着国旗敬礼——香港回归后天安门广场十万群众观升旗》中有这样几段：

在太阳从共和国东方地平线升起的时候，升旗手面向天安门城楼，左手用力向空中一抛——鲜艳的五星红旗在高昂奋进的国歌旋律中冉冉升起。军人们“唰”地立正，向国旗敬礼！广场上的10万群众“唰”地立正，向国旗行注目礼。在“……前进、前进、前进、进——”的吼声中，10万人的心潮随着国旗的上升而澎湃。

这是一面浸透了千万英烈鲜血、展示中华民族尊严与荣誉的旗帜；

1949年10月1日15时，中华人民共和国第一面五星红旗在这里由毛泽东主席亲自升起；

1984年，五星红旗第一次在国际奥林匹克运动会赛场上空升起；

1996年，五星红旗首次搭载中国自行研制的返回式卫星遨游太空；

五星红旗还曾在地球之巅——珠穆朗玛峰，在地球南、北极的上空飘扬……

就在1997年7月1日零点钟声敲响的时刻，五星红旗第一次在香港的上空升起。

显然，没有这样的议论和抒情，五星红旗的价值就难以显现，香港回归带来的自豪之情与伟大意义就无以言表，通讯的思想力量和感情力量也会大不相同。

[例文九·五]

惊心动魄35分钟

——空军特级试飞员梁万俊成功迫降某新型国产科研样机纪实

2004年7月1日13时40分，成都某机场被紧张的气氛所笼罩。

塔台上，机场边，飞机设计单位领导、空军某试飞大队领导、飞机总设计师、科研技术人员……数百人一起把焦灼的目光投向骄阳似火的万里晴空。

此刻，一架失去动力的战机在万米高空正以极大的俯角高速向机场滑降而来！

这不是一架普通的飞机。它是我国正在研制的一种新型战机的科研样机，价值上亿元人民币。

这不是一次普通的飞行。它是该型飞机在定型关键阶段的一次试飞，结论对飞机改进意义重大。

这更不是一次普通的降落。飞机在1.2万米高空试飞，因意外情况燃油漏光，飞机发动机停车。为保全科研样机，试飞员决定从距机场20多公里远的地方空滑迫降。

下落航线与跑道呈70度夹角，下降速度400公里/小时左右，一旦失误，该机就可能冲出跑道坠毁。

惊天一落，危险空前。驾驶战鹰迫降的，就是空军某试飞大队副大队长、特级试飞员梁万俊。

“近了，近了……”转眼间，梁万俊驾驶战机俯冲直下。地面上，所有的人一起屏住了呼吸。

13时44分，战鹰陡然降落，在进跑道450米处接地。在接近跑道的一刹那，机头一昂，轮子在水泥跑道剧烈摩擦，划出两条刺眼的火龙！

500米、800米、1 000米……飞机一气冲出1 700米，在距离跑道尽头300米处戛然停住。

“成功了！”欢呼声震动机场。梁万俊走下座舱，飞机总设计师与他紧紧拥抱，激动地说：“你创造了世界航空史上的奇迹！”

惊天一落救新鹰！

这一落，挽救了价值上亿元的科研样机；这一落，为试飞员处理类似险情创造了成功先例；这一落，飞出了新机优异的空滑性能。

让我们把时钟倒拨35分钟。

这一天13时09分，梁万俊驾驶着该型国产科研样机跃升到1.2万米高空。当他按照预定的科研试飞计划刚刚做完一个规定动作后，突然发现油泵指示灯急剧闪烁。紧接着，油量表指针一路下跌。两分钟之内，指针指向“0”刻度。

梁万俊报告：“发动机空中停车！”

一级空中特情！空军相关条例规定：此时，作为试飞员梁万俊可以视情做出不同选择——跳伞或迫降。

面对这种极为罕见的危险情况，跳伞无可指责，只需0.01秒，便能远离危险。但是，凝聚科研人员无数心血的战鹰就会坠毁，故障原因就难以准确查找，新机型的改进就缺乏依据……没有任何犹豫，梁万俊便做出抉择：危险再大，也要尽一切可能把科研样机保住。

决心下定，梁万俊很快镇定下来，他娴熟而机敏地调整飞机的位置和高度，以争取每一秒的时间。

飞机像大铁砣似的向机场上空逼近。机场上，所有应急车辆全部到位，所有人的心都吊到了嗓子眼。指挥塔台里静得让人窒息，只听见指挥员下达指令的声音：“保持好飞机状态，控制高度、速度，做好迫降准备。”

梁万俊心里很明白，要想将飞机空滑回去，必须准确地通过高度来换取速度，用势能来换取动能。他根据地面指挥员的命令，随时判断飞机状态，修正速度和高度偏差。

飞机滑到机场1 100米上空。梁万俊下降飞机高度加入航线，在跑道头3公里，放起落架，操纵飞机对正跑道，100米、50米……

“准备迫降！”“明白！”天地间，惊人的默契。

于是，机场上出现了惊心动魄的成功一落！

英雄壮举绝非偶然。仰望蓝天，人们看到了梁万俊出生入死、挑战试飞极限的一道道闪光航迹。

1998年，拥有丰富飞行经验的梁万俊，从成空某飞行团副团长的岗位上来到空军某试飞大队。

这是一个英雄辈出的群体，承担着我国自行研制的新型战机科研试飞重任，曾有多名试飞员壮烈牺牲。梁万俊自觉学习老一辈试飞员迎难克险的大无畏战斗精神，每次执行高难度高风险试飞、参加飞行表演等重大任务时，都主动请缨。几年来，他先后自学了飞行力学、空气动力学、航空发动机、自动控制、航空电子等多个学科专业，成为了一名能够熟练驾驶多种机型的高素质试飞员。在试飞中，他先后遇到惯导故障、航电故障、供氧故障等险情数十次，都以过硬的心理素质和精湛的飞行技术化险为夷，圆满完成了国产最新型战机火控系统定型、某型系列战机鉴定、国产某新机首飞等数十项重大科研试飞任务，先后荣立二等功 2 次、三等功 4 次。

此次，梁万俊成功处置国产某新型科研样机重大特情，成都军区空军党委为他报请一等功，并做出向他学习的决定。军委首长称赞他是“一个思想、技术双过硬的优秀试飞员”。

资料来源　谭洁、张金玉：《惊心动魄 35 分钟——空军特级试飞员梁万俊成功迫降某新型国产科研样机纪实》，载《解放军报》，2004-11-08。

第三节　新闻评论

一、新闻评论概说

新闻评论是就现实生活中新近发生的、具有普遍意义的新闻事件和迫切需要解决的问题发议论、讲道理，有着鲜明的针对性和指导性的一种政论文体。新闻评论选取的往往是社会生活中一些带有全局性、代表性、倾向性的事件、问题和现象，及时准确地加以剖析、阐释、引导，既讲明道理，又发表议论，解疑释惑。

消息报道和新闻评论是新闻体裁中最常用的两种文体。消息报道的主要任务是报道新闻事实，传递新闻信息，用无形的意见影响受众；新闻评论则是针对当前发生的各种典型事件和存在的实际问题，从现实出发，旗帜鲜明地评断是非曲直，毫不含糊地表明赞成什么、反对什么、应该怎样，以有形的意见直接指导人们的工作思想和行动。

新闻评论可按其内容和形式两个层面进行分类。

按照评论的内容，可分为政治评论、经济评论、文化评论、社会评论等。

按照评论的形式，可分为社论、评论员文章、短评、编者按语、编后语、专栏评论、述评、思想评论、言论、随笔、广播评论、电视评论等。

日常所见评论的栏目、题头则是多种多样的，如《人民论坛》、《今日谈》、《新世说》、《一夕谈》等等。新闻评论使用什么形式要根据它的内容、背景等因素而定。一般来说，重大事件、重大问题的评论，多用社论、评论员文章；一事一议的意见评述，多用短评；编者对报道进行提示、评论或表明编者态度的，多用编者按语、编后语；比较普遍、群众性的评论则多用思想评论、言论、随笔等。

二、新闻评论的特点

新闻评论的功用在于发表意见，阐明观点。新闻性、政治性和群众性是它的主要特点。

（一）显著的新闻性

和其他新闻体裁一样，新闻评论的首要特征是它的新闻性，这是由新闻传播工具的性质所决定的，也是新闻评论和一般议论文的重要区别。新闻评论显著的新闻性，主要表现在它总是针对当前具有新闻价值的事件和问题进行议论和分析，发表意见和主张。新闻评论的内容具有迫切的现实意义，它所关注的都是实际工作中迫切需要解决的、人民群众最关心、最感兴趣的问题。

（二）鲜明的政治性

新闻评论鲜明的政治性，主要表现在它围绕社会现实问题发表意见和看法，必须直接地反映党和政府的宣传意图，贯彻党的基本路线和方针政策，旗帜鲜明地阐明党的立场和主张。

（三）广泛的群众性

新闻评论论述的内容是实际工作中的重点问题和广大群众最关心、最感兴趣的问题，反映的是人民群众的要求和呼声，是与人民群众的利益息息相关的，因而具有广泛的群众性。

三、新闻评论的写法

写新闻评论，一般有立论、选择论据和进行论证等几个步骤。

（一）立论

立论，就是确定文章所需要论证的观点。立论一定要做到明白、正确、深刻。立论含糊，就无法论证；论点错了，越论证越远离真理；论点见解肤浅，论文必然浮泛。

确立正确的论点，既要有正确的立场、观点、方法，还要具备相当的文化、思想与品德修养。因而，在论点话语的选择上，一定要高瞻远瞩，并拥有鲜活的精神内涵与价值内涵。

（二）选择论据

论据，就是阐明论点的证据。论据越是充分、正确，论点就越能立稳，越有说服力，对错误论点的批驳也越有力。论据一般可分为事实材料和理论材料。

1. 事实材料

事实材料即可以证明论点的事实。这类论据一要真实，二要典型。事实如果是虚假的，不仅不能证明论点的正确，反而等于自己否定自己的论点。事实虽然正确，但却不典型，没有什么普遍意义，论证的力量也会显得软弱单薄。

2. 理论材料

理论材料即经过实践检验的原理、观点，如历史唯物主义的基本原理，古今中外有影响的人物的论述、语录，民间广为流传的格言、警句等。这类论据一要有现实性，二要有权威性，三要引用准确。

（三）进行论证

新闻评论的论证方法，按大类可分为直接论证和间接论证。归纳推理、演绎推理、类比论证等属于直接论证；反证法、淘汰法属于间接论证。

1. 直接论证

（1）归纳推理。这是从个别到一般的推理方法，即以若干个别性事实材料做依据，从中综合推断出具有普遍性和本质意义的结论。归纳推理又可细分为：

①完全归纳，这是从与论点有关的全部事实的综合分析中得出的结论。

②不完全归纳，这是从部分事实中推出结论。新闻评论写作多半采用这种不完全归纳的方法。

（2）演绎推理。这是从一般到个别的推理方法，即运用一般性的原理，证明某一种特殊或个别的结论。演绎推理根据形式逻辑的原则，分为直接推理、假言推理、选言推理三种基本形式。不论哪种形式，一般都包括三个部分：大前提、小前提、结论。

（3）类比论证。这是用两种相同或类似的事物做比较，用已知或公认的事物来推论或证明另一事物。进行类比论证，相类比的两种事物一定要有相通之处，有可比性。而且，已知的一方越是正确、有说服力，这一方的推论或证明的另一方越能站得住脚。如果已知的一方没有什么说服力，类比的另一方就不能让人信服。

2. 间接论证

（1）反证法。反证法即不是直接证明立论的正确，而是通过证明与这个观点相反的观点是错误的，从而间接地证明这个观点是正确的。比如，为了论证“没有调查就没有发言权”这个观点，就可以摆出不调查就发言的种种恶果，从而证明调查研究的必要性。

（2）淘汰法。淘汰法即针对某一个问题或对某一事物的认识，先摆出几种可能的不同观点，然后一一加以剖析，逐个地把错误的认识排除掉，证明只有最后剩下的一种认识才是正确的。

四、新闻评论的写作要求

（1）要中心突出，切忌不得要领。“立片言以居要，乃一篇之警策。”中心论点突出鲜明，高屋建瓴，而分论点又环绕中心，层层展开，这样就可以收到纲举目张、层次分明的效果。

（2）要波澜起伏，切忌平铺直叙。新闻评论要把道理讲清，这是起码的要求。要使读者接受所讲的道理，还有一个能否吸引读者、感染读者、折服读者的问题。“文似观山不喜平”，就是要求文章不仅要道理明白，而且要波澜起伏，引人入胜。

（3）材料要剪裁得当，切忌贪多求全。要写好一篇评论，必须进行充分的调查研究，掌握大量的论据材料，但是在运用这些材料时，一定要分清轻重，根据需要进行适当的剪裁。

（4）要相互照应，切忌顾此失彼；要首尾连贯，前后要呼应，过渡转换自然；章节段落要大体匀称，不要畸长畸短、畸轻畸重。

［例文九·六］

广厦千万 小户安在

据建设部统计，截至4月底，40个重点城市可售商品住房总量约100万套，应该说供应充足，但是在100万套商品房中，面积在80平方米以下的仅23万套，只占两成多。另据北京市建委统计，北京市目前未售商品房的每套平均面积超过150平方米，而北京这样经济发达地区的广大消费者的购房需求面积却是80~120平方米。

以上两组数据说明一个问题，如今的房地产市场是“已得广厦千万间，但庇不得天下寒士”。面对平均面积超过150平方米的“广厦”，广大“寒士”还是“望房兴叹”。所以，一旦有中低价位的房源出现，就会出现数千人扛上铺盖卷昼夜排队抢购的火爆局面。

最近，国务院出台了调控房市的六项措施，其中第一条就是要求调整住房供应结构，加大中低价位和中小户型以及经济适用房、廉租房的供应。此举应该说切中目前国内楼市的要害，也是为广大普通消费者切身利益考虑的利民之举。

一项好措施的关键在于落实。目前，我们不得不面对这样一个现实，嫌贫爱富成为包括房地产开发商在内的几乎所有商家共同遵守的“准则”。房地产开发商热衷于为少数富人建设动辄数百万甚至上千万一套的豪宅，银行对小额账户收费……在此社会风气下，如何把国务院的利民政策真正落实到开发商，看来是问题的关键。

因为，对商家嫌贫爱富你可以从道义上予以谴责，但他这样做并不违法。商家固然要讲社会责任，但更重要的目标是要谋取利润最大化。如果建豪宅有市场、有利润，在此利益驱动下，商家必然会趋之若鹜。因此，笔者认为，要切实调整住房供应结构，有关政府主管部门还必须出台具体的可实施的配套措施，对房地产开发商的行为加以规范。

当然，如果市场无形之手能起决定性作用，让开发商觉得为普通消费者建房比为少数富豪建房更有利可图，即使你不要求，他也会大建中小户型。但这只手至少目前还没有完全发挥作用，因此调控之手就不能缺位。如果没有调控这只手，而仅仅是倡导，寄希望于开发商的良知，让他们主动放弃建设利润高的“广厦”而为天下“寒士”建中小户型，恐怕“大庇天下寒士俱欢颜”也只能是一种理想。

因此还是一句话：国务院的政策虽好，而各地的落实更重要。在天下“寒士”欢呼国家政策的同时，我们也更期待着各地的具体措施，要让老百姓不再为买得起的住房扛铺盖卷排队。

资料来源 冉永平：《广厦千万 小户安在》，载《人民日报》，2006-05-22（6）。

[例文九·七]

跨行查询收费我行我素，“真牛”？

从6月1日开始，银行卡跨行查询收费终于在争议之中实施，工、农、中、建四大银行境内跨行查询每笔收取手续费0.3元。5月25日，新华社曾就此发文提出质疑（《跨行查询收费是哪门子国际惯例》），但这些质疑并未阻止跨行查询收费的如期实施。

笔者注意到，不仅新华社发文质疑，而且，《中国证券报》、《中国青年报》、新华网等主流新闻网站等媒体，也纷纷发表专家意见，对此提出质疑，特别是对所谓的国际惯例进行分析、驳斥。但是，今天看来这些都是枉然，依然阻止不了银行卡跨行查询收费的脚步。我们只能慨叹一声：银行真牛！

这件事情给我们提出了一个大的疑问，那就是在市场经济中如何破解垄断和垄断行业价格定价的问题。市场经济中一般商品的价格，是在完全竞争条件下形成的。在这样的条件下，需求和供给双方价格就会通过竞争而慢慢靠近，最后形成一个均衡点，在这个均衡点上的价格，被称为均衡价格，这是一个需求和供给双方都满意的价格，是一个公平的价格。但是，如果存在垄断情况就完全变化了。所谓垄断，就是一个供给者或者少数几个商品供给者可以影响和左右价格。例如，银行卡跨行查询收费业务是由中国银联和几家大银行说了算，就属此类。

那么，如何破解呢？根本之策就是打破垄断。西方特别是美国之所以在打破垄断上下那么大工夫，就是为了维护市场经济秩序和公平，保障其健康发展，保护消费者和同类产业中的弱小生产者。比如，银行卡系统网络机构问题，美国就不像中国只发展中国银联一家，而是至少发展两家以上。

在打破垄断之前，对于垄断部门产品的服务的定价问题，决不能由垄断部门自行确定。例如，银行卡收费、水电煤气收费、旅游景点等公共服务收费，必须通过召开由主管部门、垄断单位、消费者代表、律师以及社会各界人士参加的听证会，来确定价格，达成共识。

我国目前垄断行业的部门还很多，希望有关部门在垄断行业产品和服务定价问题上深入研究，尽快出台具体管理办法。再也不能谁想收多少就收多少，谁想什么时间收就什么时间收了。

资料来源　余丰慧：《跨行查询收费我行我素，“真牛”?》，新华网，http://news.xinhuanet.com/comments/2006-06/01content_4632174.htm，2006-06-02。

第四节　编者按

一、编者按概说

编者按也称按语，是编者对新闻报道或某些文章所作的说明、提示、点睛式的评论文字，用以表达编辑意图，或宣传党和国家的方针、政策、法令，对读者起着提纲挈领的导读作用。编者按言简意赅，观点鲜明，是编者用来强化新闻效果的一种手段。

编者按一般都放在新闻报道的标题或栏目之下，正文之前，但也有的插入文中或加在文后的。在现代传媒中，编者按的作用日趋明显，它可以引导读者做出自己的价值判断，对事物形成自己的独特理解。

根据其作用和功能，编者按可以分为指导性按语、强化性按语、提示性按语、点睛式按语、思考式按语等等。

二、编者按的特点

（一）依附性

编者按不是独立的评论文章，而是为一则新闻、一篇文章、一组报道或一个新闻栏目配发的评论性文字，具有一定依附性。

（二）导读性

当一则新闻报道反映了党的所有路线、方针、政策的贯彻落实情况，而读者对它的重要性有可能认识不足，或者读者对于有关新闻的背景材料缺乏了解时，按语都会起到提示和导读作用。

（三）论理性

编者按通过简要的说明、议论，往往能抓住新闻事件中带有指导性或倾向性、苗头性的问题，揭示出事物的本质和规律，因此具有较强的论理色彩。

三、编者按的格式与写法

编者按的结构比较单一，没有标题，仅由文种名称和正文两部分组成。

（一）文种名称

一是在第一行，空两格标示“编者按”，后面用冒号，以示领起正文；二是在文章最后，空两格或另起一行标示“编后语”。

（二）正文

编者按的正文一般包括提出问题、展开问题、解决问题这几层内容。编者按的篇幅短小，主旨鲜明，内容集中，富有哲理性和逻辑性，能够帮助读者打开思路、拓宽视野。

四、编者按的写作要求

（1）编者按是代表编辑部表态的，应该加在重要的、具有指导意义的新闻报道中，不可滥用。

（2）编者按的观点要正确、鲜明、集中，对是非曲直要褒贬分明，并要正确地体现党的路线、方针、政策和国家的法律、法规精神，否则就会失去正确的导读作用。

（3）突出读者意识。新闻报道的对象是人民大众，哪条新闻需要加按语，在什么地方加按语，以及加什么内容的按语等等，都要从读者的角度去考虑。

［例文九·八］

编者按：当前，各地正以创新精神，按照“生产发展、生活宽裕、乡风文明、村容整洁、管理民主”的要求，稳步推进社会主义新农村建设。本报从今天起开设“建设新农村”专栏，陆续刊登本报记者深入农村一线采写的鲜活报道，推介各地在新农村建设中的探索、实践。陕西省旬邑县建设社会主义新农村的见闻，是开栏第一篇，敬请读者关注。

资料来源 张建军：《小小苹果托起座座新村——陕西省旬邑县社会主义新农村建设见闻》，载《经济日报》，2006-05-17。

第五节 广播稿

一、广播稿概说

广播，是现代的传媒工具之一。在现代都市生活中，其鲜明的时效性和独特的便捷性体现得更加充分。广播和报纸、电视有很多相同之处，比如报刊上经常采用的新闻体裁也大量地应用于广播。但作为一种文体，广播稿又具有不同于其他媒体稿件的特点。广播稿的特点，简单地说：一是声音；二是速度；三是广泛的群众性。

广播稿的形式主要有以下几种：

（一）录音讲话

录音讲话是直接传播受众和各级负责同志声音的一种重要广播报道形式。它或者是领导在会议上、在某些特殊场合的讲话，经录音以后播出；或者是被采访者的讲话经录音以后播出。录音讲话的优点是能直接表达出讲话人的思想感情，富有感染力。

（二）录音报道

这是以新闻发生的现场音响和记者的叙述（或写文字稿由播音员播读）为手段的一种广播形式。由于内容不同和宣传主旨的需要，录音报道又可分为录音新闻、录音通讯、录音特写、录音访问等。它给人以强烈的现场感，听其言，闻其声，如临其境。但由于录音报道受题材和技术的限制比较大，因而凡是缺少现场音响和捕捉不到典型场面的事物，就不适于搞录音报道。

（三）录音新闻

这是一种比较简短、时间性强、利用现场音响进行报道的广播形式。它应该具备广播新闻所具备的一切要素。报道的事实必须具有新闻属性，必须具有音响场面。需要播出时，录音新闻是由音响和文字两部分共同来表现主题的，因而除了应注意一般新闻稿件写作的基本要求之外，还应注意文字和音响之间的配合。

（四）口头报道

这是一种目击性的报道，只要是记者所到之处，就可以把那儿发生的值得报道的事件用口头播报的形式报道出去，告诉给听众。这种传播方式比录音新闻及其他形式的录音要简单得多、迅速得多、亲切得多。

（五）录音通讯

这是一种运用典型音响进行报道的广播通讯。它跟文字通讯一样，不但有一种过程的叙述，还有一些生动场面和细节的描述。它要求有比较丰富的音响材料，包括人物讲话录音、人物活动以及一些生动场面的实况音响。录音通讯所反映的问题比录音新闻要细致深刻，应用范围也要广。

二、广播稿的写法

（一）文字解说

其作用是说明现场（交代时间、地点、人物），铺叙事件，提示主题。由于现场中的音响效果和人物谈话，还不能够使听众明确地了解报道中的时间、地点和人物的概念，而关于事件的过程及意义，也不是实况录音所能完全表现的，因此在录音报道中必须穿插着文字解说。

解说词要简洁、鲜明、生动，不要过长地赘述。比较理想的方法是，在需要解说背景时，由采访者逐步引导被采访者，用一问一答的形式说出来；或用介绍现场情况的形式来说明；还可用实况作陪衬加以必要的解说。这样就化背景的东西为现场的东西了。如现场实况的录音素材在报道中能说明问题的，就无需再加以解说。另外，文字解说要和音响效果、人物讲话恰当地穿插起来，起止不要太突然，要给人以波澜起伏的感觉。

（二）音响和配乐

音响是广播报道中的有机组成部分，能反映事物的特征，说明典型的环境，并能帮助文字展开情节和表现主题。因此，要善于在复杂的现场中，选录最有特点、最有意义、最能揭示人物精神风貌、最能深刻表现主题的音响素材。为了发挥广播的声音特点，有些广播报道（常见于录音通讯）还可以配乐。在这里，配乐起的是陪衬作用，可以帮助文字描写环境，烘托气氛，表现人物感情，更好地深化主题。

（三）人物谈话

广播报道的主体是受众的活动，因此应该充分体现广播的特点，录好人物的谈话。谈话的内容要能够直接表达主题，而不能不加选择地讲什么，录什么，也不能录多少，用多少。人物谈话要言简意赅，亲切自然。

三、广播稿的写作要求

（一）要通俗化、口语化

报纸是给人看的，广播是给人听的。看起来顺眼的文章，听起来不一定顺耳。

看起来清楚的句子，说起来不一定好懂。因此，写广播稿，一个最重要的要求就是要通俗化和口语化。

通俗，不是庸俗，而是要求朴素自然，不要装腔作势。口语化，不是要使用方言土语，而是要求写的稿子大家都能听得懂。口语化也不是照录说话，而是要简短明白，合乎语法。

（二）要有音响上的特点

报纸的态度，反映在版面上；电视的态度，反映在形象上；而广播，则要在它的音响上做文章，如恰当选择人物谈话、现场音响及制作后期的配音、配乐等。

（三）要新、快、短

新，即要理解新精神，研究新情况，抓住新问题，传播新经验，宣传新人物，给受众以新的观点及新的启发。快，即要发挥广播的优势，快出新闻，快立思路，快播稿件，在各个环节上都要先“声”夺人。短，即要短小精悍，在有限的时间内，为听众提供尽可能多的信息。

[例文九·九]

鸟语花香的陆家嘴金融贸易区

[实况：鸟鸣……]（渐隐）

这些鸟鸣不是在浦东的田间地头，而是在高楼林立的陆家嘴金融贸易区的中心绿地里，这里已经建成和在建的大楼有160多幢，就是在这寸土寸金的地方辟出的一块10万平方米的“中心绿地”，被上海市副市长兼浦东新区管委会主任赵启正称为陆家嘴的“绿肺”。

记者在这块目前上海最大的绿地上采访了几位正在散步的市民：

[实况：（甲）我姐姐住在浦东，当时她从浦西的市中心搬到浦东，还很不情愿，但现在这个概念就完全不同了。（乙）真没想到在这么多高楼中间辟出了这么大的一块绿地，别说是双休日来走走，就是平时路过了看看也很舒服，很满足啊!]

赵启正副市长谈起了建造这块中心绿地的初衷：

[实况：在浦东开发之初，甚至在浦东开发之前，在考虑浦东开发的时候，那时江泽民同志、朱镕基同志还在上海，就有一个比较完整的规划。既然是全社会的进步，当然包括浦东的环境在内，这环境中很大一部分是通过绿化来表现的。]

的确，浦东开发在资金紧张、惜土如金的情况下，毫不动摇地搞绿地，这块中心绿地上原来有3 500户棚户简屋，为了动迁就花了6亿多元，再加上1亿多元的建设费，一共花费了8亿元。行家计算过，陆家嘴金融贸易区每平方米的楼面价在200～500美元左右，紧靠东方明珠广播电视塔的这块10万平方米的绿地如果用于批租建高楼，最少也可以得到人民币20亿元!

浦东绿化还有一个大手笔，就是在未来浦东的行政中心花木地区建造中央公园，它相当于浦西的上海动物园的两倍。

负责中央公园投资建设的浦东土地发展控股公司的副经理朱纯宏说，随着中央公园的部分建成，周边的土地已变得奇货可居。

[实况：中外客商纷纷要求在公园周围置买土地，在目前房地产开发处于低谷的状态下，这种态势的发展是非常令人可喜的。]

这其中就包括日本的三菱商事，他们已决定把中国总部从浦西繁华的南京路迁到浦东中央公园的边上，三菱商事的中国副总代表武田胜男先生操着一口十分流利的中国话：

[实况：选择一个这方面环境好的地方，想来想去我觉得浦东最好。]

这种绿色效应在陆家嘴的中心绿地更是得到了证明，周边数幢大楼的租售率已经在80%左右。

资料来源　上海人民广播电台1997年12月16日播出。

[例文九·十]

学院大学生辩论赛广播稿（节选）

阳光明媚，春风和煦，伴随着这样美好的天气，由院团委、院学生会主办的第五届校园辩论会正如火如荼地进行着。辩手们以他们独特的口才为我院的校园文化生活增添了一抹亮色。通过系部选拔赛，各系中产生出了一批才华横溢、思维敏捷以及具有丰富潜力的优秀辩手。伴随着紧张的氛围，接下来的内容是各系即将面临的半决赛。经抽签决定，半决赛的第一场——计算机系代表队VS经管系代表队，他们将对“网络使人们更亲近or网络使人们更疏远”进行激烈辩论。第二场——机电系代表队VS外语系代表队，他们将对“在校大学生积累知识更重要or在校大学生塑造人格更重要”进行精彩辩论。此外，建筑系代表队在这次抽签中轮空。在接下来的几天里，我们将开辟为期三天的系列追踪报道，敬请关注。

……

追踪报道五：5月15日——建筑系

5月15日，建筑系学生会在时间短暂的情况下，迅速组织成员举办了辩论会。建筑系辩手的实力很强，他们知识面广、幽默风趣、反应敏捷、思路清晰，注重团队配合，从深度、广度去分析问题，将自己的核心观点表达出来。他们在赛场上侃侃而谈，引经据典，迅速总结陈词，博得了场下观众的阵阵掌声。最后，××、××等五位同学因表现突出，而作为建筑系的优秀辩手，并组成代表队参加半决赛。

通过紧张的选拔，各系代表队已初步形成。在即将进行的半决赛中，机电系代表队和外语系代表队将对“在校大学生积累知识更重要or在校大学生塑造人格更重要”这一辩题展开讨论。机电系和外语系强强对话，狭路相逢勇者胜。这两个系在半决赛上的表现究竟如何？想知道，别忘了给他们加油助威哦！

资料来源　佚名：《学院大学生辩论赛广播稿》，范文大全网，http://www.ybask.com/yanjiang/guangbogao/201110/299925.html，2011-10-19。

[例文九·十一]

校园广播稿（节选）

我们每个人都从幼年一步步走向成熟，就像沿着一条河流逆流而上。

年少时，我们都曾有过一些美妙、绮丽而又略显天真和不切实际的幻想，就像河流边那些五光十色的鹅卵石，我们都曾陶醉于那些绚丽的颜色中。渐渐地，我们长大了，目光由脚边的鹅卵石移向前方。河流的源头，屹立着一座雄伟高峻的雪山，令人神往。我们把它称之为理想——一个最美的字眼！

理想，包含着我们对未来的向往，对未来的希望，对未来美好的憧憬。

金色的童年，沉淀着儿时的快乐，沉淀着淡淡的稻香。就像陈年的女儿红，愈久愈香，愈久愈让人不满足于回味。小时候的我，最大的理想就是爸爸妈妈能多给我买一些玩具和好吃的。现在看来，才觉得儿时的我多么天真。

长大后，才渐渐地明白："理想，不在于一朵娇嫩的鲜花，需要我们渴望的目光去滋润，更需要我们用真挚的心灵去呵护。"

的确，每个人都有理想，但要让这美好的理想变成现实，关键还要看自己。在失败中振作，在振作中奋发，在奋发中取胜，这才是我们要的精神。俗话说："有志者，事竟成。"我相信，只要我们努力踏实地学习，一定会使自己的理想成真！

理想是石，敲出星星之火；

理想是灯，照亮夜行的路。

理想是火，点燃熄灭的灯；

理想是路，引你走向黎明。

当然，理想也是一股动力，推动着我们前进永不气馁。

让我们为理想插上永恒的翅膀，让我们一起放飞自己的理想！

每一条走过来的路都有不得不这样跋涉的理由，每一条要走下去的路都有不得不这样选择的方向。人各有志，而"既然已经选择了远方，便只有风雨兼程"。勤奋是舟，勤奋是帆，勤奋是路，勤奋是大智慧。勤奋所及，无不芬芳漫溢。大至人类社会的丰功伟绩，小至个人的每一次飞跃；远达漫漫人生的价值体现，近则只是在校的学业。我相信，辛勤的付出一定会回报给我们一个无比灿烂的笑容！

资料来源 佚名：《放飞理想——希望的萌动》，巨人网，http：//zuowen. juren. com/news/201206/298390. html，2012-06-12。

第六节 电视新闻稿

一、电视新闻稿概说

电视新闻，是运用现代电子技术，通过电视屏幕，形象地向观众传递新闻信息的一种手段。具体地讲，它是通过电视摄影、记者采访、镜头设计、拍摄、剪辑、写解说词、配音等环节综合而成的，它可以系统地、形象化地报道事物发展的过程。

电视新闻稿件作为文字解说，是一种说明性语言，目的是使电视新闻真正做到以形象为主，并使形象与声音色彩、文字融为一体，以增强形象的穿透力与感染力。其特征如下：

（一）较强的新闻性

电视新闻的题材是一个时期内社会政治经济生活中重要的新闻人物及其事迹，或重大的新闻事件，因而具有显著的新闻价值与传播意义。

（二）报道词与画面的有机结合

电视新闻的报道词是与画面相互补充的，而在大多数情况下，报道词担负着叙述新闻人物事迹与事件过程、组织串联画面的作用，因此，除了要处理好声画关系外，还必须讲究报道词本身的写作。

（三）具有较深沉的文化、历史内涵，带有审美属性

有些电视新闻片是新闻纪录片，带有文献性；有些电视新闻片的题材涉及民俗风情、历史文物、名胜风景、文化艺术、典故逸闻、科学技术等，因而带有较深厚的文化、历史内涵。

二、电视新闻稿的结构与写法

电视新闻稿，或称新闻报道词。作为独立的新闻稿，其与报纸消息、广播消息的写作基本相似。

在结构形式上，复杂的电视新闻报道词分导语、背景、主体、结尾四部分；简单的电视新闻报道词只有导语与主体，有的甚至将导语与主体合成一段，而没有结尾段落。

（一）电视新闻稿导语

对于电视新闻报道词来说，导语一般指开头第一段，通常由最新鲜、最重要、最吸引人的事实构成。它或概括全篇，或提纲挈领，或揭示要点，起着开门见山、引人入胜的作用。报道词的导语还应与电视新闻的第一个画面相结合，成为与画面统一的电视新闻导语。

电视新闻导语与报刊的消息报道的导语类似，有叙述型、议论抒情型、描写型等多种类型。每种类型都需要文字与画面形象相符合，互相补充，相得益彰，从而收到良好的提示效果。

（二）电视新闻稿主体

电视新闻报道词作为一篇独立的消息，其主体即是导语的展开段落，应精心选择事实材料，并讲究结构严谨。

首先是精选典型事实，这是电视新闻报道词“用事实说话”、“用事实说理”的关键。优秀的电视新闻《南浦大桥成为上海人民心中的丰碑》，其报道词的主体部分用了三个典型人物事例：一位盲人，在亲人的搀扶下，用双手摸着桥的路径，逼真地反映了人民对大桥的关心。一位在河岸边住了几十年的老太太，是历史的见证人，她兴奋地说：“原来是小舢板、小轮渡，现在啊，大桥，这大桥啊，我像站在云里……”她激动得不知怎么说了。另一位是为造桥而病逝的大桥设计师的爱

人徐为龙，这位中年妇女说："张介望（即大桥的设计师）过早地去世了，没有看到他日夜盼望的大桥通车，他如果知道我能参加大桥的通车仪式，那他在九泉之下也会笑的。"这深沉的话语，几分悲壮，几分豪情，增添了电视新闻的思想深度与感染力度。这条电视新闻只有3分钟时间，画面简洁，语言精辟，信息量丰富，主要得益于精选的典型事实。

其次是讲究结构严谨。报道词主体的结构讲究逻辑联系，或是因果关系，或是点面关系，或是对比关系等等。电视新闻《"老井"已不是那个〈老井〉》报道词的主体，精心安排事实材料，结构十分严谨，依次报道了老井村的用水、用电、住房、日常生活、观念形态、教育、收入、商品经济意识等方面的巨大变化，层层深入挖掘，既有点面材料的结合，又有今昔对比关系，把采访对象、新闻事实的逻辑表述与背景文化有机地交织在一起，又将报道词主题与图像、字幕、特技处理的叠化形象、背景资料等结合在一起，大大丰富了新闻信息量。

（三）电视新闻稿结尾

这里的结尾，指的是电视新闻报道词的最后一段或最后一句。从结尾方式看，可以有归纳总结式、自然收尾式、展望式、论证式、批驳式、提问式、引语式、对比式、提供信息式、积累兴趣式等等。电视新闻报道词的结尾样式繁多，但其立旨却相同。一是首尾呼应，照应全篇，使新闻稿完整圆满，起到概括全篇或补充点题的作用；二是阐明意义，留有余味，或寓意深刻，启发引申。

三、电视新闻稿的写作要求

（一）讲究新闻根据

新闻根据是某一事实所能构成的新闻的客观依据与充分理由，这里指新闻稿所讲述的事实一定要新鲜和富有意义，也指新闻报道的契机与来源一定要真实可靠。

（二）要简明扼要

电视新闻稿的句式要短小精悍，表意要简洁，避免烦琐冗长。电视新闻报道的时间极有限，精短的解说词是必需的。

（三）突出新近点

电视新闻稿，尤其是动态新闻类的新闻报道词，要强调新近的时间（今日、即时）、新近的距离（本省、本市）、新近的心理（与观众切身利益相关的信息，能满足观众的迫切需要，在心理上密切相关），以引起观众的普遍关注，增强传播效果。

（四）语言风格的口语化

电视新闻报道词要适合电视新闻的口头播报，要突出口语化色彩，通俗易懂；要配合画面，做到画面与声音的和谐统一。

[例文九·十二]（见表9—1）

表9—1　　　　空中联欢会

画　面	报　道　词
专机上，空姐在合唱	（歌声、掌声）
江泽民主席等热烈鼓掌	（同期声）各位观众，我们现在是在欧洲一万米的高空。作为主持人，我有幸主持并向大家报道一场别开生面的联欢会。
江主席手握空姐的话筒唱歌	（同期声）江泽民主席唱歌
主持人	此时此刻是葡萄牙午夜12：30，北京时间7：30，葡萄牙在静静地熟睡，北京在悄悄地苏醒。刚刚结束了美国、古巴、巴西、葡萄牙四国之行的江泽民总书记与随行人员正用歌声、笑声洗掉十几天积下的疲劳，带着友谊飞向北京。
钱其琛副总理讲笑话	（同期声）钱其琛副总理的诙谐和幽默引来了机舱内阵阵笑声和掌声。
江主席与大家共唱《歌唱祖国》	这是一个难忘的不眠之夜，正如外交部刘华秋副部长所说，机舱里聚集了世界上最欢乐的人群。14天的紧张出访，传播了友谊，增进了了解。此刻，专机正满载着歌声和笑声飞回祖国。
	这是中央电视台报道的

资料来源　周建国：《1993年度中国电视获奖新闻作品选评》，北京，中国广播电视出版社，1994。

[例文九·十三]（见表9—2）

表9—2　　　　邯钢跨地区兼并部署企业舞钢

画　面	报　道　词
俯拍钢城（全景、中景）	中国冶金行业大型钢铁企业间跨地区、跨权属兼并首开先例。9月8日，河北邯郸钢铁公司兼并了地处河南平顶山市的舞阳钢铁公司。冶金部副部长徐大铨在舞阳宣布了这项决定。
轧板车间（全景）、生产车间（中景）、炼炉车间（中景）、炼钢工人（近景）、生产车间（近景）	舞阳钢铁公司是冶金部直属的特种钢铁企业，装备技术在国内具有一流水平。但由于国家投资体制的变化和管理等方面的原因，舞钢年年亏损，银行负债总额达14.5亿元。邯钢兼并了舞阳钢铁公司的全部债权和债务。

续表

画　面	报　道　词
刘汉章（近景）	（同期）邯钢集团董事长刘汉章："兼并联合以后，邯钢的钢铁产量可以达到100万到120万吨。在中国能够生产100万吨钢模的，并且生产钢板的厚度由6个到250个毫米的，而且能够生产各种品种的钢板的，我看在中国是第一家。"
生产车间（全景）	邯钢如果新上一条特厚生产线，需要投资50个亿，而如今仅需要十几个亿就实现了规模扩大、产品结构优化、资本运营快速高效的目的。舞钢则利用国家鼓励兼并的优惠政策，减债增资，盘活存量有效资产。邯钢兼并舞钢后，邯钢先进的企业管理优势和舞钢一流的设备优势实现了互补，形成了强大的竞争实力。 这是本台报道的（河北电视台1997年9月12日）

资料来源　孟建合：《广播电视新闻范文评析》，北京，新华出版社，2001。

思考与练习

一、简答题

1. 什么是消息？从写作角度划分，消息有哪些种类？
2. 什么是倒金字塔结构？其写作上有什么特色？
3. 什么是消息头？消息头在消息中有什么作用？
4. 消息的背景材料有哪些种类？背景材料在消息报道中有什么作用？
5. 通讯与消息有什么不同？有何特点？
6. 如何选取具有典型意义的通讯材料？
7. 新闻评论与消息报道有何不同？
8. 新闻评论与编者按有哪些异同？
9. 广播稿为什么要强调文字解说与音响效果的同步性？
10. 电视新闻稿为什么要强调字、音、画的统一？

二、阅读下面这两则新闻报道，然后回答问题。

1. 从这两则报道看，消息与通讯的标题制作有何不同？
2. ［文1——消息］采用哪种结构形式？背景材料是什么？有什么作用？
3. 从［文2——通讯］看，通讯的表达手法有何特色？
4. 从这两则报道看，消息和通讯的写作有何不同？各自的报道优势是什么？

［文1——消息］

国际油价一举登上每桶71美元台阶

新华社纽约5月23日电　受美国飓风季节即将来临等因素影响，市场对石油供应的担忧加剧，国际原油期货价格23日明显上涨，一举登上每桶71美元台阶。

纽约商品交易所7月份交货的轻质原油期货价格上涨1.80美元，收于每桶71.76美元；伦敦国际石油交易所7月份交货的北海布伦特原油期货价格上涨1.65美元，收于每桶71.00美元。

另外，纽约商交所6月份交货的取暖油期货价格当天上涨6.63美分，收于每加仑1.9989美元；6月份交货的汽油期货价格上涨5.06美分，收于每加仑2.1080美元；6月份交货的天然气期货价格下跌1.8美分，收于每1 000立方英尺（1立方米约合35立方英尺）6.258美元。

据报道，美国有关气象部门的负责人日前表示，今年美国飓风季节的天气虽不会像2005年那样恶劣，但相对活跃，预计今年美国将面临8～10场飓风。2005年，美国经历了较为严重的自然灾害，其中“卡特里娜”飓风给灾区经济带来了严重的损失。

此外，由于美国夏季汽油消费高峰即将来到，市场对美国汽油供应前景也日益关注。

资料来源 卢怀谦：《国际油价一举登上每桶71美元台阶》，人民网，http：//world people. com. cn/BIG5/41217/4398620. html，2006-05-24。

［文2——通讯］

空调涨价“狼”来不来还要看天色

铜价疯涨，成本猛增，空调涨价势在必行。这句话被厂家接连喊了两年之后，“狼”似乎真的就要来了：本周内，美的、格力、海尔等空调巨头宣布全面提价，涨幅从3%～15%不等。

对于生产厂家的涨价，流通商直言不讳：涨价难以持久。而持续的低温大风天气，似乎也不大支持涨价行为。空调旺季的来临，铜价上涨的题材，给了生产商造势的绝好借口。但生产商的涨价美梦能否实现，恐怕还要看“老天”的脸色。

铜价飞涨：空调涨价不再“羞答答”

今年以来，铜价飞涨，已从去年4.3万元/吨上涨到8万元/吨。据专家分析，平均每台空调机需用铜6～7公斤，仅此一项，每台空调机的成本就上涨100～200元。

这一残酷的市场现实，终于让生产厂家撕下了“温情的面纱”。面对涨价，他们不再“羞羞答答”。“五一”黄金周过后，一些空调巨头采取联合行动，集体喊“涨”，并将全线产品的调价通知单纷纷发给各大卖场，而这只是“照会”并非“协商”。

记者从北京各家电卖场获悉，美的、格力、海尔三大空调巨头本周将全面上涨价格。其中，美的价格上调5%，格力涨幅为3%～10%，海尔最高，涨幅将达到15%。格兰仕、海信、三菱重工、松下、志高、LG、科龙、奥克斯等其他品牌也联合做出3%～15%的涨幅。

铜价上涨非自今日始，但生产商如此赤裸裸地高调了喊“涨”，在近年来的空调界实属罕见。过去，制造商在各种场合反复宣称由于原材料价格上升、能效标准出台等因素，空调价格必然上涨，但在惨烈的市场竞争面前谁也不敢公开提价，更多的是羞答答地以新品提价、新功能提价等方式“曲线救国”。

苏宁电器空调事业部总经理夏建双认为，过去空调涨价都会放在商品推出之时，像今年在销售旺季来临时，众多厂家如此扎堆涨价，表明制造商们真的吃不消了，生存已经代替发展成为空调品牌的第一目标。

市场饱和：流通商不敢轻言“涨”

但对于制造商的涨价行动，流通商的表现并不积极。苏宁电器华北地区管理总部执行总裁范志军直言不讳地认为，厂家的涨价行为很难持久。

范志军的论据有两点。一是空调企业的巨大库存压力。根据权威市场研究公司GFK对全国65个城市空调市场的监测，虽然今年一季度空调市场价格同比上涨5%，但不少厂家却还存在着巨大库存。有资料显示，2005年，全国共有800多万台空调库存。二是空调市场接近饱和。国务院发展研究中心市场研究所副主任陆刃波说，我国大城市的空调市场已经饱和，国内空调市场需求总量增长幅度连续三年呈下降趋势，预计2007年空调需求量首次出现负增长。陆刃波预计，今年市场需求总量增长将由去年的8%下降至6%，而在2003年，增长幅度高达12%。

虽然有充分的不涨价的理由，但流通商依然为制造商的涨价做了充分的准备。苏宁、国美、大中等家电卖场纷纷采取措施“平抑”空调价格，以吸引更多消费者。苏宁电器3月初即签订了三批600万台年度采购大单，目前还有200万台40多亿元的平价空调库存，苏宁将在销售旺季集中投放市场，按照年前平价统一销售，以平抑涨价势头。

涨不涨要看“天”行事

空调是个“看天吃饭”的行业。近几年来，在销售旺季来临之际，空调厂家吹起的一个又一个涨价“泡沫”，都被老天爷“温和”地戳破。

历史常有惊人相似的一幕。2005年年初，各空调厂家借国家推出能效标志及原材料涨价的“东风”，开始了或明或暗的涨价之旅。到2005年5月末，空调厂家实际上已经形成了一个“涨价联盟”，声称2005年空调平均单价比上年同期上涨10%～15%。但去年纵贯南北的绵绵雨带，让空调厂商苦盼了一年的商机就这样悄悄溜走了。所以，6月未过，一些“定力”不足的生产厂家，在销售商的“策反”下，开始密谋“降价起义”。

老天的事谁也说不准。今年的时令已经过了农历小满，南方一直阴雨绵绵，北方虽然晴朗，但大风不断、气温不高，或许今年又是一个“凉爽年”。

回头再看看2005年厂家和商家说的那些话，简直和今年说的如出一辙，甚至连涨幅的高低都像预谋过似的“惊人相似”。难道这是厂商联手制造的又一个“促销蓝图”？假如，今年的天气依然不热，那么，那些拍着胸膛签订“涨价联盟”的空调企业，明年还会找出哪些理由制造涨价的噱头呢？

资料来源　令伟家：《空调涨价：“狼”来不来还要看天色》，载《经济参考报》，2006-05-25。

三、阅读下面这则新闻稿件，为这篇稿件加一个编者按，然后再写一篇300～500字的新闻评论。

跨国公司连称“上海太贵”　二三线城市成投资新宠

在30日召开的第二届亚太区制造业圆桌会议上，美国ITT工业公司亚太区总监艾保罗表示，“在中国建厂的成本已经不那么廉价了”。公司开始考虑到越南、泰国、印度等国家进行零部件供应，而中国的二三线城市现在成为建立生产制造基地最好的选择，“当地政府提供了很多优惠政策”。

据中国青年报报道，艾保罗在会上连称，“上海（的成本）太贵了”。他现在的工作地点是江苏无锡，虽然现在ITT公司在上海有两个制造基地，但已把新的生产基地选在了无锡。

仲量联行最新发布的白皮书《中国新兴工业前沿》指出，在中国，一些二三线城市成为工业投资亮点，目前对跨国公司最具吸引力的城市包括成都、苏州、大连，天津、重庆、哈尔滨和武汉等城市也名列前茅。影响工业选址的关键因素可以归为：经济、劳动力、基础设施、政府、业务环境和房地产。

根据这份白皮书，在综合工业类中，尽管成本较高，上海、北京和广州仍具吸引力，紧随其后的是一些已成气候的热点城市，如天津、苏州、大连和青岛。在研发类中，研发的最佳地点包括一些成熟城市，如上海、广州，海外投资水平较高的新兴城市，以及拥有大量廉价劳动力的城市，如武汉和西安。在低成本制造类中，低价值、大批量制造业务的理想地点是提供较低成本的城市，包括哈尔滨、济南和南昌等在境外不太知名的城市。

根据这份报告，哈尔滨、成都和大连适合相对低成本的业务，业务成本处于中流水平的企业可考虑选择青岛和天津，而上海则是高成本业务中最“物有所值”的城市。

资料来源　周凯：《跨国公司连标“上海太贵”三线城市成投资新宠》，中国新闻网，http：//www.chinanews.com/news/2006/2006-05-31/81737437.shtml，2006-05-31。

四、阅读下面一则广播稿，然后分析其写作特点。

各位听众，在农村帮贫济困中，基层党组织如何发挥战斗堡垒作用？先富起来的湖南桃源县明月村党总支五年如一日帮助山河村的事迹，给人以深刻启示。

中央台从今天起，分两次播送录音专稿：《明月照山河》，由中央台记者黄溪云采写。今天播送上篇。

在湖南省桃源县西北角，流淌着一条清澈的明月溪，溪畔坐落着两个村，溪南明月村和溪北山河村。早些年，两个村子过得差不多，一样穷。可到了1992年，情况就大不一样了。明月村由党总支书记刘永山挑头干，立足本地资源，种果木，办工厂，日子越过越红火，成了桃源的首富村。而山河村呢，面貌未改，山河依旧。全村800多号人，集体经济等于0，还欠下一屁股债。站在低矮的土屋门下，看着溪那边一栋栋高耸的楼房，山河人不禁长吁短叹：假如山河也像明月一样，那该多好啊！

山河人的叹息声，惊动了明月村的刘永山。这位瘦削汉子的心被刺痛了。他也是第二次感受到这种痛楚了。改革开放刚兴起那年，他开了家小商店，率先富了起来。一天，几位村民在一起聊天。一位村民说，老刘，你是党的干部，如今富了，可不能黄牛角、水牛角，各顾各呢！村民话不多，分量不轻。就为这句话，刘永山放弃了小商店，一门心思扑在党总支的工作上，扑在带领全村人致富上。也就是从那以后，“共产党姓共，图的是大家共同富裕”，便成了他常挂在嘴边的口头禅。刘永山抽了一条烟，想了三昼夜，决意伸出手帮山河村一把。他的想法得到了县里、乡里的支持，却遭到了村里人的反对。也难怪人们反对。当时明月村虽然富了，可年产值仅2 200多万元，人均纯收入也不过1 200元，并不是富得到处流油！人们担心种了别人田，荒了自家地。刘永山力排众议，喊出了至今仍在桃源村广为流传的一句话：“尽管自己还在半山腰上爬，也要伸手拉后面的人一把。”他说：

（出自刘永山讲话，混播）

刘永山说，为什么带山河村？明月村总支认为，我们是共产党人，共产党姓共，姓共就必须使人共同富裕。举一个简单的例子，就是明月村人吃肉，不能眼看着山河村人喝粥。我们有责任帮助山河村发展经济，劳动致富。

明月帮山河，帮什么？帮钱帮物，不如帮人。经报请乡党委同意，明月村决定抽派一名党员去山河村担任村支部书记。派谁去？刘永山早已看中一个人，那就是他的副手、总支副书记王桂兰。王桂兰做事有两个特点：一是细致，村上好几对寻死觅活闹离婚的，经她三说两说，全都和好如初；二是泼辣，村里党支书记、突击队长、妇女主任，甚至民兵营长，文的武的，她全干过。那年生头个孩子，临产前5分钟，她还腆着大肚子在工地上凿石开河。然而，当刘永山提出派王桂兰去山河村时，王桂兰急得直摇手。她的娘家就在山河村。她对那里太知根知底了：全乡倒数第一的“空壳村”，已连续10年没完成上交提留。村干部走马灯一样，你方唱罢我登场，轮到1992年换届，18个党员死活都不肯出来当村里的头。王桂兰回忆了当时的情景：

（出自王桂兰讲话，混播）

王桂兰说，组织上要我去山河村，作为我个人来讲，不想去，因为山河村那么一个烂摊子，我一个人怎么能把那里建设好呢？刘永山代表明月村总支做我的工作，意思是说，你是明月村派出的代表，背后还有明月村总支、明月村的群众做后盾，支持你的工作。1991年深秋，肩负着明月村的重托，王桂兰跨过明月溪，踏上了通往山河村的那条黄土路。明月带山河，究竟如何带？且听中央台下篇报道。

五、阅读“电视新闻稿”一节中的［例文九·十二］，回答下列问题。

1. ［例文九·十二］体现了电视新闻稿的哪些特色？

2. ［例文九·十二］中字、音、画三者之间的协调关系是如何表现的？

3. 从［例文九·十二］中看，电视新闻稿的写作有哪些要求？

六、对某个活动做一次现场采访或做一个人物专访，写一篇广播稿。

要求：要点明确，现场感强，注意文字解说与现场音效（背景音响、人物谈话）相结合，适合广播报道。

七、以“西部大开发——年轻人心中的梦想”为题，写一篇电视新闻稿。

要求：要点明确，条理清晰，层次感强，并体现出画面感、乐感与语言内在的节奏感。

第十章 文教应用文

第一节 读书笔记

一、读书笔记概说

（一）什么是读书笔记

笔记有狭义和广义之分。狭义的笔记即读书笔记，它是人们在阅读书籍、报刊时，根据自己的感想、理解或需要而记录下来的文字，这种文字有时还被加工整理成文章。无论是这种片断文字，还是据以整理成的完整文章都是读书笔记。广义的笔记泛指随笔记录的所见、所闻、所读、所感，是一种不拘体例的作品。我们这里所说的笔记是指狭义的笔记——读书笔记。

（二）做读书笔记的作用

做读书笔记是一个极好的学习方法，它的意义和作用可归纳为以下几个方面：

1. 可以加深理解

读完一本书或一篇文章，觉得已经理解了，可是拿起笔来做读书笔记，却往往又写不下去。这就促使你不能不去深入钻研一番，进一步掌握书的主要内容和精神。做笔记的过程，也就是加深理解的过程。

2. 可以加强记忆

做笔记，首先要求对书籍或文章的内容按照自己的认识和习惯的方法作一番组织、整理，形成一个简明的知识系统。这样，就自然地加强了记忆。

3. 可以积累资料

知识是一点一滴积累起来的。平时做读书笔记，注意积累资料，知识面就会越来越宽，对事物的认识也就会越来越深。这是做工作、做学问必须下的一个基本功。

4. 可以练习写作

写读书笔记，不是简单的抄抄写写，而要有一番对学到的知识进行加工制作的过程，这本身就是一种写作训练。勤能生巧，只要勤于动笔，文章就会越写越好。

二、读书笔记的种类和写法

读书笔记有多种形式。采取哪一种，这要由各人的水平和所阅读的书籍的性质来决定。

（一）做记号

如果书是自己的，在阅读时可以在书上标（画）出各种各样的符号，也就是做记号。

记号有许多种，最常见的是在字旁圈点或划线。

1. 圆点（·）或圆圈（。）

这用作着重点，一般是标记全句或全段中最重要的部分。

2. 划线（单线——、双线═══、波浪线~~~~等）

这也是人们常用的一种方法，目的和着重点一样。

有时为了标明内容的层次，还可以在每一个段落的前面加上“一、二、三、四……”或“1、2、3、4……”或“A、B、C、D……”等字样。

在似懂非懂或是有怀疑的地方，可以用铅笔在书上画一个问号，等把问题弄清楚了，再用橡皮把问号擦掉。

除了用各种符号，还可用红、蓝、黑等不同颜色来做记号，其作用也一样。

（二）眉批、旁注

眉批多是对某一段落的评论，如“好”、“绝妙”、“有道理”等。它和记号的作用差不多，但比记号更具体，更明确。旁注是用以解释字句或内容的，也可以写简单的心得、体会、评语、疑问或是内容提要等。

（三）摘录

摘录是把书中的要点照抄下来。读书时，常常会碰到许多重要材料、重要论点，自己欣赏、感受最深的段落，以及名言警句等，为了便于复习或运用，就要依据自己的需要把原文摘录下来。这种摘录，不能改动任何字句和标点。如果需要节录一段中的几句，前后或中间不需要摘录的文字，可以用省略号表示；如果所摘录的原文文字过长，也可以简略地写清这段原文的意思，然后在笔记本上做个索引，以备日后查考。

摘录原文，最好写在卡片上，前面冠以题目（可以用书上的题目或自拟题目）。作资料卡片，一定要把原文作者的姓名、书名以及篇名、页码、出版时间等写在卡片上，以便日后查考。卡片要分门别类地记录储存，如按政治、历史、经济、文化、自然科学、社会生活、格言、谚语、歇后语等分类排列。

[例文十·一]

我从来不把安逸和享乐看做是生活目的的本身——这种伦理基础，我叫它猪栏的理想。……人们所努力追求的庸俗的目标——财产、虚荣、奢侈的生活——我觉得都是可鄙的。

——人为什么活着

资料来源 [美] 爱因斯坦：《我的世界观》，载《中国青年报》，1981-02-08。

[例文十·二]（卡片）

狼孩（豹孩、熊孩，略） 目：语言学理论

最有名的事件发生在印度加尔各答东北的一个卜城米德纳波尔（1920年）。一个牧师打死了一只母狼，在洞穴的深处，找到了两只小狼和两个裸体的小女孩。一个大约七八岁，另一个大约两岁。两个狼孩被送到孤儿院。一个叫卡玛拉，一个叫阿玛拉。阿玛拉两年后死了，卡玛拉活到1929年……1922

年她才会直立，1926 年才学会独立走路。在她的一生中，她一直没有学会说话，四年内只学会六个词，能听懂几句问话，七年内只学会四十五个词……

资料来源 《知识就是力量》，1957（5），7 页，何雷译自捷克《青年科学与技术》，1956（4）。

（四）摘要

摘要就是把书中的要点用自己的话写出来，也可以说是原文的缩写。当然，必要时也可抄些具有关键意义的原文，对一般句、段就简缩改写。

做摘要必须注意以下几点：

（1）要吃透原文。做摘要必须深刻理解原文的内容，准确把握原文的精神实质。

（2）要尊重作者原意。摘要是摘原文之要，所以务必要客观，不能主观曲解或随意发挥。

（3）要善于选择内容。要根据“切实有用”的原则，确定取用哪些，舍弃哪些；何处多写，何处少写，何处不写。可以更换一些词语，甚至改变一些句式和段落，但不可把原文完全打乱，不能面目全非。

（4）要注意原文的结构和逻辑关系。

总之，摘要无论怎么写，都必须反映出原文的主旨和重点。

（五）概述

概述就是把文章或全书内容用自己的话扼要地概括出来。它比提纲详细，比原文简要。这种笔记既可以检查对读过的书是否真正理解，又能锻炼写作能力。写得好的概述，应该是全书的缩影。洋洋数十万言的长篇巨著，可以概述；短篇小说、报告文学、政治论文……同样也可以概述。

[例文十·三]

《复活》故事情节概述：

《复活》，据说也有托尔斯泰少年生活的影写在内。从总体上说，这是象征托尔斯泰精神生活历程的作品。主人公聂赫留朵夫年轻做武官的时候，曾在偶然过访的姑母家里诱惑了一个年轻美貌的使女卡秋莎：她原是好人家女儿，不过由于孤苦，便在老夫人那边陪伴老夫人，且是在老夫人家长大了的。少年军官的聂赫留朵夫原不过满足一时的兽欲冲动，事后他到军队里去了，便把这短时间的情人忘得精光了。但是卡秋莎却怀了孕，事发被主人逐出，就此开始堕落。她过了七年的娼妓生活，已经是没有灵魂的人，却又因被诬偷了狎客的钱，且犯有毒毙狎客的嫌疑被解到法庭。不料从前种了她堕落之根因的聂赫留朵夫恰正做了陪审官，高座堂皇，还认得这阶下囚就是从前可爱的卡秋莎（做娼妓的她已经换了名字），一时就来了良心的责备。

聂赫留朵夫为了要减轻灵魂上的重荷，力主这女犯无罪，但是他的同僚不答应。他又到牢里探视卡秋莎，在她面前自白他的罪过。但是失去了灵魂的卡秋莎已经不是从前的卡秋莎了，她的感情已经麻木，她只有对任何男子献媚求利的习惯，现在她亦同样地对付着掏出良心来给她看的聂赫留朵夫。凄惨生活的折磨已使她完全忘记了从前的事，便是回忆起来也等于她无数次地出卖肉体话剧中的一幕而已。这使得聂赫留朵夫非常痛苦。他明明知道从前天真纯洁的卡秋莎已经实际上不存在了，而他还是决心要救这个没有了灵魂的顶着玛丝洛娃名字的堕落到不可救药的女子。他要救她出牢和她结婚。

他经过了灵魂上的痛苦的挣扎，这才把自己的灵魂净化，立定主意走新的生活的路。

他请了律师给卡秋莎辩护，他又预备请愿书，求皇帝特赦卡秋莎。他用尽了他的力量，但是卡秋莎终于被判决充军到西伯利亚做苦工。聂赫留朵夫又经过了极大的自我斗争，终于毅然不顾贵族的地位和财产，单身跟随卡秋莎一伙的囚犯同往冰天雪地的西伯利亚。

但是卡秋莎最初对于聂赫留朵夫的行为是不了解的。她以习惯的对付狎客的虚伪狡诈对待聂赫留朵夫的真情。她以恶骂回答聂赫留朵夫含着眼泪说的他决定要毁家荡产弄她出牢并且正式和她结婚的话。她以为聂赫留朵夫是怕自己的灵魂入地狱所以如此，所以还是自私的。不错，聂赫留朵夫相信，只有卡秋莎灵魂得救，他自己的灵魂也才得救，所以好像还是自私的，但他这种自私已经成了博大的基督殉道似的精神，他是这样确信着的。

于是在赴西伯利亚的途中，卡秋莎果然又回复到了当初的纯净的卡秋莎。她不再是感情麻木、没有灵魂的人了。她与同行中的一个政治犯有了爱情。明白了这一点的聂赫留朵夫就抛弃了最初想和她结婚的念头，并把保护卡秋莎的责任托给了那个政治犯，他决心要再为卡秋莎以外无数受苦人的幸福牺牲自己。他要把原始的基督教教义还原过来，引导人类走上得救的幸福的路。

《复活》就是这样充满了说教的精神，社会意义自然不及《战争与和平》那么大了。

资料来源　茅盾:《世界文学名著杂谈》，北京，百花文艺出版社，1980。

这是茅盾写的关于托尔斯泰的著名小说《复活》的故事情节概述。《复活》全书共40万字，这里仅用1 200字就把它的故事情节概述清楚了。

（六）写心得

写读书笔记除做摘抄外，还要对摘抄的内在加以评注，写出心得。其中比较容易做到的是对读过的诗文作一点分析，发一点议论。

1. 对摘抄的内容作一点分析

写作的本质在于创造，而创造要有基础，要有深厚的根底。“九层之台，起于垒土。”在体育运动中，成套技术动作，由单个的基本技术动作组成。高难动作，往往是基本技术动作的综合和提高。战术，也是在基本技术的基础上形成的。如果体力不够，则什么技术也发挥不了。因此，运动员要攀高峰，凌绝顶，破前人纪录，夺世界冠军，必须首先掌握牢固、扎实的基本功。同时，古今中外大凡有突出成就的人，在其成长过程中都离不开基本功。优秀的售货员要熟悉商品知识，懂得顾客心理，学会营业礼貌。文学家要深入社会生活，锤炼文字技巧。表演艺术家要天天吊嗓子、练身段。从基本功起步，在苦练基本功中成长，也就是在科学的基础上循序渐进，这是培养造就各类人才的共同规律。

资料来源 《北京日报》，1980-12-19（社论）。

[分析] 这段文字从体育动作和战术说起，然后说到售货员、文学家、表演艺术家，由这些个别的特殊的事例推论出一个共同的结论：从基本功起步，在苦练基本功中提高，在科学的基础上循序渐进，这就是培养造就各类人才的共同规律。这段文字主要使用了归纳推理的方法，可以作为写议论文的借鉴。

2. 从摘抄的诗文引起联想

幽兰在山谷，本自无人识。

只为馨香重，求者遍山隅。

资料来源 陈毅：《冬夜杂咏·幽兰》，见《陈毅诗词选集》，北京，人民文学出版社，1977。

[联想] 前几天在街上遇到卖兰花的人，他手握一束兰花叫卖，夸说是真正福建的兰花。人们纷纷围了过去，我也好奇地挤进人圈。原来久负盛名的兰花生着浓绿细长的叶子，并没有艳丽的外表，看起来平淡无奇。人们为什么这样喜爱它呢？“只为馨香重，求者遍山隅。”这首诗里蕴含着做人的哲理：华美的衣着、漂亮的言词都是次要的，最重要的是要有真才实学，能为人民放出“馨香”。

3. 写出文章的结构提纲

每看一篇文章都要认真分析它的思路，弄清各段的意思和相互之间的联系，弄清文章的主干是什么，全文表现了怎样的中心思想。古人说：“读书破万卷，下笔如有神。”“破”，首先是解破文章构思的谜，会搭作文的“架子”，然后才是进一步修饰语言。我们只有多分析比较各类文章的构思，才能逐渐达到“下笔如有神”的境界。下面是散文《荷叶咏》的结构提纲：

（1）写荷塘景色：由远及近，先写荷香，再写荷塘景色；先写荷花的色彩（粉色、白色）、形态，再写荷叶的色彩、形态。

（2）联想古人对荷花的吟咏。

（3）过渡：为荷叶鸣不平。

（4）文章的主干：荷叶的特点、用处、风格。叙述了它陪衬荷花、护持荷花的特点和对人类的益处，点明它的风格是不争名、不求利、不出风头、不论地位，总是默默地工作。这正是人民的伟大精神的象征。

（5）抒情点题。

（七）编目录

写读书笔记，天长日久积累多了，就要进一步学会编辑整理的工作，其中以编写目录最为重要。目录可以这样编写：

《读书笔记》（一）（1991. 1—1991. 12）

1. 词语摘抄……………………………………………… 1～8 页
2. 谚语警句摘抄
关于人生 ……………………………………………… 9～14 页
关于求学 ……………………………………………… 15～20 页
关于交友 ……………………………………………… 20～25 页
3. 古今人物刻苦学习的事例
贝多芬、舒曼 ………………………………………… 26～29 页
爱因斯坦、居里夫人 ………………………………… 30～36 页
4. 写景状物
荷塘景色 ……………………………………………… 37 页
红叶、兰花 …………………………………………… 38～39 页
5. 几篇文章的结构提纲
《荷叶咏》 …………………………………………… 40～41 页
《后生可畏》 ………………………………………… 42 页
6. 一点心得
从陈毅咏兰诗想起的 ………………………………… 43 页
赞雷锋 ………………………………………………… 44 页

三、读书笔记的写作要求

要记好笔记，应具备这样几个条件：

（1）要有明确的目的。要根据自己的情况来记，是详细还是简略，是写摘录还是写心得，都要从实际情况出发，不要盲目地模仿别人。

（2）对所记的内容要经过分析、思考。要在消化、理解的基础上记，抓住重点，找到“文眼”，切忌盲目抄书。

（3）内容要言简意赅，字迹要清晰、工整。要根据内容适当地分节、分段，以便于复习、阅读。

附：速读八法

速读能力的自我训练可采用以下几种方法：

一、闪示印象回忆法

要提高阅读速度，必须从按字、按词阅读的习惯中解放出来，逐步发展到按句、按行阅读。

二、搜捕法

在扩大视觉幅度的基础上，可以通过扫视，在文章中搜捕自己所需要的内容。一目横扫，务必抓住目标。

三、对照法

许多文章每段的主要内容往往在一段的首和尾，首尾对照，然后迅速地在脑子中归纳出中心意思。

四、摘要法

有的文章可以事先列表或确定摘记纲要，在速读时，要通过扫视迅速理出文章的要素。

五、循序法

有些文章的条理很清楚，速读时可以循着文章脉络，标出文章的要点。

六、衔接法

在具有相当速度的基础上，就可以先读内容提要，然后在一页或两页上扫视两三处，把即刻形成的印象与前面获得的印象衔接起来，逐步拼凑文章。

七、详略法

读长篇文章时，可以在一般速读过程中选择重要章节再仔细阅读，实行大部分略读与部分详读相结合的方法。

八、跳读法

有的书籍，可以先把扫视的注意力放在发现文章布局谋篇的构思上，尤其要注意文章要点出现的规律。掌握了这个规律，有的地方就可以跳过不看，同样能够掌握要点或获得所要的东西。

第二节　财经论文

一、财经论文及其作用

财经论文是探讨与揭示财政经济规律，表述财经领域学术研究成果的文章体裁，具体研究领域包括财税、金融、财务会计、工商管理、投资经济、经济法、保险、经济管理等等。

财经学科属于社会科学的范畴，在当今社会主义市场经济体制建立并逐步趋于完善的时期，财经论文从理论上的指导、宣传方面参与了这一重大历史进程，因此具有重要意义。

二、财经论文的种类

财经论文的种类繁多，根据不同的角度可以分为不同的类型。按学科来分，有财政、金融、会计、税务、保险、经济法、工商管理、投资经济等等；按照经济理论体系的层次来分，有宏观经济论文和微观经济论文；按照作者的身份来分，有调研论文、学级论文和学位论文；按照论文发表的载体和场合来分，有报刊论文、学术年会论文、汇编论文（论文集）等。

宏观经济论文是从价格理论入手，处理通货膨胀、失业、国债、国民收入、汇率、对外贸易等问题。微观经济论文分析产出、竞争、垄断、价格分歧等问题。近年来，不少经济学者运用报刊媒体，发表经济随笔，以普通市民的身份、经济学家的视角，在闲话风以及简练的文笔中，揭示生活中的经济规律，在社会转型期及时地向大众普及了经济知识。

三、财经论文的特点

（一）学术性

在科学的逻辑起点上，由一定的角度深入探索社会经济的客观规律，忌重复选题，体现出前沿性追求，是财经论文的显著特点。不过目前的学术带有“生产”的特点，不少是大量的“复制”。

（二）理论性

财经论文既要有理论的提升，又要有理论的分析和概括，而不是就事论事，停留在经济现象的直录、材料的堆砌，仅谈感想、心得体会上。常常见到有的论文读来平淡不抓人，这就是缺少理论的提升。所谓理论，即人们由实践概括出来的关于自然科学和社会科学知识的有系统的结论。这一结论，来源于实践，又反过来指导实践。理论的高度是作者认识世界、能动地发展经济的标志。所以，理论性也是财经学术论文的重要特点之一。

（三）现实性

中国目前正处于市场经济的发展建设时期，又时值经济全球化时代，经济问题层出不穷，急需理论的指导。现实性自然是财经论文的一大属性。例如《经济全球化正负效应论》一文，就“经济全球化给发展中国家带来的是福还是祸”这个课题，在搞清全球化经济规则的基础上，运用经济理论，进行了深度的分析。

四、财经论文的格式和写法

（一）财经论文的基本结构

财经论文一般包括：标题、内容提要、关键词、正文、结论或结语、注释和参考文献。现择其难点、重点分述如下：

1. 内容提要

内容提要是把论文的主要信息，包括研究的问题、方法、角度、主要观点以及研究意义，以简练的文字完整准确地概括出来，便于读者快速浏览及把握论文情况，一般不超过200字。

2. 关键词

关键词是为文献标引或检索而从论文中选取出来，能表达论文研究对象与主要观点的词。通常选取3~7个词作为关键词，另起一行标在摘要的左下方。

3. 正文

正文通常包括两个部分：导言、导论或引言、前言；本论。

（1）导言或引言。这方面内容必须说明：研究意义和目的；有关研究概况；研究假设；运用的理论和方法。

（2）本论。本论是展开论证、充分表达作者创见的部分，是论文的主体。

写作中应注意以下两点：

第一，论点是文章的灵魂，是内容的核心，也是决定论文学术质量的最重要的指标。所以在材料搜集整理之后，就必须下大力气提炼基本论点，并初步设定相关的论据。论点的提炼与形成必须实事求是，遵循科学的态度，不是主观预设，不是从对既定的理论框架出发，而是通过对大量材料的深入分析研究，用科学的理论方法，进行“去粗存精，去伪存真，由此及彼，由表及里”的加工。现今常看到有些论文不是从材料和事实的分析中自然提升出来的，而往往是为了“做文章”，甚至不惜把简单的问题说得复杂，这样写都是违背科学原则的。

第二，要考虑中心论点与各个层面小论点的罗列组合。要注意每一个小论点前后相关的逻辑联系，比较重要的小论点也可以作为文章的小标题，通常这是比较难的一步。先梳理出思路的线索和组成线索的几个重要的“点”，然后再不断充实和论证这些“点”的存在及其与中心观点的联系。

4. 结论或结语

常见的结论有如下几种：

（1）总结型。这种结论是作者在对本论部分做了充分分析之后，对立论做出的肯定的回答。

（2）科学预见型。这种结论是作者在对文中提出的问题做了一番分析、研究之后，根据其规律所做的某种预见式的结论。这样的结论常常是在文章分析过程中对过渡性结论的逻辑延伸，通过分析揭示规律，然后根据规律预见发展的趋向，乃至提出促进或抑制的措施。这种科学预见型的结论常常具有指导性。

（3）提出问题型。这种结论是作者在文中解决了某种问题后，根据这个结论，按其逻辑延伸出的另外几个新的问题，而这些问题不是该文所要回答的，它可能是作者今后的研究方向，也可能为同行指明研究的新领域。例如，结论部分应兼具结尾充分利用农村经济生活中出现自然灾害及意外事故的时间差、空间差、地域差，从更大范围的保险基金中予以及时足额的补偿和给付。显然，保险所具备的这种保障优势是家庭、集体所无法比拟的。

5. 注释

注释包括脚注和尾注两种。长篇专著、学位论文通常采用单页脚注方式，以便于阅读。期刊论文则要求集中尾注。注释内容主要是说明引用的资料、理论根据的来源，以及相关知识背景、研究情况，通常依照下列顺序准确标明：

作者/编者/译者；

书名/文章题目；

出版地；

出版社/杂志/报纸；

卷期/出版年；

页码等资料用阿拉伯数字统一编码。

注释是体现学术规范的一项重要指标，除了准确，涉及前人已有的成果，必须注明出处。

（二）财经论文的写法

1. 选题

课题选择正确与否，是决定论文成功与否的关键。德国著名的科学家海德堡甚至认为："提出正确的问题往往等于解决了问题的一半。"而且，科研选题本身就是一项科学研究。所以，科学家把能够提出和选择有意义的课题，看做是训练科研工作者科学素养的一种重要的能力。

学术研究的基本目标是创新，创新应包括多方面：创立新理论、提出新观点、开辟新领域（填补空白）、建构新方法、建立新概念、做出新分析、寻求新材料等。一项研究成果，必须至少有其中一项，较理想的研究成果往往有其中多项。因此，在选择研究题目时，要充分考虑前人没有解决或没有完全解决的具有一定学术意义或实用价值的课题。我们在平时的学习中一定会碰到各种各样的问题，有许多是常识性的，或者是前人早已解决了的，只是我们一时没有弄懂就是了。这一类问题的解答不具备学术意义，不宜作为学术论文的课题。选题类型一般有如下几种：

（1）学术界少有关注、前人从未研究或较少研究过的问题，即"填补空白"类型。这类选题虽然是以前有人关心或写过的课题，但研究得不完善、不充分，还有补充与深入探讨的余地。

（2）先前的理论或文献材料解决不了的问题。选这一类课题，要有新的材料，或者能形成新的研究角度，使用新的理论方法，这样才能真正有所突破。

（3）学术界有分歧的问题。由于学术观点或者研究方法上的差异，对一个问题的研究可能存在不同的意见，有时甚至分歧很大。如果选择这一类课题，必须将各种不同的意见进行比较鉴别，找出分歧的实质或焦点，并掌握新的材料，或采用新的视角，科学地反驳与扬弃偏颇的、错误的意见，建立起自己的观点，把研究向前推进。

要较为顺利地完成一篇论文，选题一般要遵循以下原则：

（1）尽可能地了解所涉及的学科和研究领域的历史与现状，避免重复选题。当确定大致的研究方向后，应懂得学科史上提出过哪些相关的问题，这些问题的研究已经有什么成果，问题解决得怎么样。与这些问题相关的学术观点有没有分歧，研究这些课题的难点、重点在哪里等等。我们只有了解学科的历史与现状，才能决定哪些课题有学术意义，可以做；哪些课题已经谈过很多，不值得再去重复。

（2）选题的视野要开阔一些，关注有现实意义的问题，即在选择研究题目时要考虑社会现实的需要，尤其是那些迫切的应用性问题。比如国有企业改革问题、下岗工人问题、西部开发问题等。

（3）选题要适合自己的能力。每个人的能力、水平不同，知识结构以及个性与兴趣也可能有差异。虽然有些课题不错，但有些人能做，有些人不见得能做。要量力而行，充分考虑自己的知识结构和研究能力，扬长避短，充分发挥自己所掌握的知识，做力所能及的课题；同时也要考虑个人的兴趣和性格，喜欢做基础研究的就做基础研究，喜欢做应用研究的就做应用研究，喜欢做开发性研究的就做开发性研究。某些课题特别需要材料的发掘运用，而客观条件又限制了材料的利用，因此即使对题目有兴趣，也不宜去做。总之，选题应当充分考虑某一个课题的性质和难易程度是否适合自己，本人的条件是否大致具备，应选择那些最能充分发挥自己特长与能力的题目来做。

（4）选题要难易适中，初次做论文最好“小题大做”。刚开始写论文的同学往往喜欢题目大一点，这很有可能流于空泛，因此最好选择比较具体的“小题目”，这样便于结合自己学习的实际，容易搜集材料，形成观点，使自己在论文写作中切切实实地受到学术训练。

2. 研究步骤

选题初步拟订之后，就可以着手论文撰写的前期准备工作了。

第一要拟订一个时间表。什么时候搜集材料、初拟提纲，什么时候进入写作，什么时候修改、定稿，都要有安排。写毕业论文的同学，因为忙于找工作或者考研，应及早动手，力戒前松后紧。

第二是围绕问题搜集材料。资料是学术研究的基础。任何一项学术研究，都必须首先从搜集资料开始，然后才有可能进行分析和探讨，最后得出结论。一般情况下搜集材料的过程是：首先搜集第一手资料，其次实地调查资料，最后搜集有关的观点和理论。

第三是撰写论文提纲。熟悉研究情况并搜集了一定的资料之后，就必须撰写论文提纲。当然，有些人可能对有关研究情况比较熟悉，也可以先撰写论文提纲，再根据提纲去搜集资料。论文提纲一般应当包括如下几方面：

选题的价值与意义；

前人相关的研究状况；

论文准备解决的基本问题；

研究的主要角度与理论方法。

五、财经论文的写作要求

财经论文的写作要求包括：

观点正确全面，材料充分贴切，章节安排均衡合理，段落之间的衔接紧密有序，论述层次清晰，引文和数据准确规范，结构完整。

例文见“2012 中国经济走势预测”（本书［例文六·三］）

附：开题报告

一、开题报告及其作用

开题报告是在课题选定之后，向科管部门报送的关于课题的意义和主要内容的书面报告，以便获得主管部门的认可，取得研究资金等方面的支持。

二、开题报告的写作

一般由标题、正文、结尾三部分组成。其中正文包括以下内容：

课题研究的目的和意义。

国内外与该课题有关的研究现状和水平。

研究的主要内容。

研究的方法、步骤、进度。

预期成果和提供成果的形式。

实现本课题的目标所具备的条件。

研究经费预算。

三、写作注意事项

（一）选题的价值

开题报告能否得到科研主管部门的认可，关键在于课题的价值。

（二）体现一定的科研能力

正确评估自身完成课题的主客观条件。

（三）表达明确具体

列出具体探讨的问题，体现出对该课题的把握能力。

第三节 申 论

一、申论概说

（一）申论的由来

2000年，中央国家机关公务员录用考试出现了一门新科目——“申论”，以取代传统形式的作文考试。“申论”即申述、论证，是根据所给材料引申开来，展开议论。

2000年，《中央、国家行政机关公务员录用考试大纲》规定：申论考试“主要测查应试者对给定资料的阅读理解能力、分析归纳概括能力、提出和解决问题的能力以及文字表达水平”。概言之，申论是对应试者综合分析写作能力的考核。

2002年，《中央国家机关公务员录用考试大纲》规定得更具体：申论“主要通过应试者对给定材料的分析、概括、提炼、加工，测查其运用马克思主义哲学、邓小平理论、法律、行政管理等理论知识解决实际问题的能力，以及阅读理解的能力，全部为主观性试题，考试时限150分钟，满分100分”。本项考试给定一篇2 500字左右的背景材料，内容涉及社会、经济、文化等方面。从考试形式和要达到的测评功能看，它是古代策论和现代给材料作文的有机融合。

（二）申论的特点

1. 背景材料的普遍性与基础性

“申论”提供的背景材料一般都是应试者工作、生活中经常碰到的问题，或是某一时期众所关注的社会热点。如2000年“录用考试”，“申论”选择“PPA在全球引起的风波”事件，提供政府、民众、社会各界的不同反应和评价的背景材料。“PPA”问题事关用药安全和人身健康，是当时民众关注的热点，稍微注意时事的人都会知道。申论背景材料对所涉及的方方面面的知识都不作专业性的深入探究，只是提供基础性的内容。语言表述准确规范、清楚明白，不会产生阅读理解方面的歧义。

2. 考查目标的全方位性与综合性

“申论”的考查目标众多，而且彼此间紧密衔接。

以阅读论，背景材料纷繁复杂，内容可以涉及政治、经济、文化、法律等诸多方面，要求应试者必须有足够的知识储备，否则就可能面对试题“束手无策”。考生必须在很短的时间内（一般不超过40分钟）理出头绪，找出主线索与主要问题，并初步完成环环相扣、层层递进的三个问题的构思：（1）对主要问题的概括；（2）针对主要问题的对策，即可行性方案；（3）紧扣背景材料及其所反映的主要问题，阐述对问题的基本看法和解决问题的方法。

以写作论，申论多层次、综合性的特点更加突出。首先，它考查的不仅是文字表达水平，还包括驾驭材料的能力。其次，申论写作的三部分即“概括”、“方案”、“论述”，各自独立又紧密关联。最后，申论写作还能够表现出一般考试无法比拟的表达方式的多层次和综合性。概括部分要运用叙述和说明，方案部分主要是说明，论证部分以议论为主，辅以叙述、说明。

二、申论的格式与写法

申论的写法可以分为四个步骤：第一，要求应试者在认真阅读试卷给定资料的基础上理解其性质和本质，并作整理、分析和归纳；第二，用简要的文字，准确概括出资料所反映的主要问题；第三，针对主要问题提出解决问题的对策和可行性方案；第四，紧扣资料及第二、第三环节所反映的问题，申明、论述应试者对问题的基本看法和解决问题的方法。其中，第一部分是阅读，第二、第三部分是问答题，第四部分即论证部分才是申论的中心，是真正的作文，是给社会问题作政论文。

申论写作的关键是编好提纲。写好了提纲就可以说基本上写好了论文。提纲编写的程序如下：

（一）拟制标题

材料作文要自定题目。

标题类型：应当采用直接标明主题的标题，即标题就是主题如《……是（动词）……》和《……要……》的判断句模式；还可以采用指出内容范围的标题，如《论……》或者《……论》的标题模式。

（二）写主题句

主题，又称中心论点或者总论点，是应试者自己产生的政论文的核心，表现为一个判断句（10 个字左右），只有一个谓语。

主题句最基本的层次是客观层次，即准确地反映所给资料的本质；较高一层的认识是具有科学文化深度和广度的认识；更高一层的认识是具有哲理意味的认识。主题句在论文中的位置应是明晰的。标题大多写出主题句即中心论点这句话。正文的开头，一般要在段尾写出主题句，也可以只写出与主题句相关的论题。正文的中间，在靠后处突出主题句。正文的结尾，重申主题句，可以在字句上变化，或者意义上更深入一步。论文不但要围绕着而且要穿插着主题句来写，要有一个“提出—强调—重申”主题句的三段式过程。

（三）简述内容

它包括主题和层意以及要点，计 30 字左右。

（四）结构形式

1. 并列式

提出几个小论点，结合资料对主题横向分析。各层次独立性强，但共同为说明主题服务。往往运用第一层序码“一、二、三”。此法的好处是概括面广，条理性强。

2. 递进式

结合资料对主题进行纵向深入论证。如：一是问题的危害，二是问题的原因，三是解决问题的对策。各层次层层递进，每一层次都不可缺少，前后顺序也不能颠倒。此法的好处是逻辑严密，能说明问题。

在一篇文章中，两种结构形式可以交叉运用，即以一种形式为主，在某一层次中用另一种形式。

（五）标明层义

层义的写法包括：一是标题写法，二是句子写法。两种方法最好交替使用，在简单明了的地方用标题写法，在复杂的地方用句子写法。这是全文的纲。

（六）写段意及要点

申论行文中多用规范段。规范段犹如小论文，前后都有论点句（后一个有变化），中间论证（或分析，或举例，或引证）。

首先，申论写作一定要编写提纲，有时限于时间而不写草稿，但提纲应该详细编写。其次，参考论文模式，政论文结构一般有论点、论证、结论三部分，通称“三段式”。

[标题] 大多写出主题句即中心论点。

[开头]（1）极其简要地复述资料，要有所强调，即突出与论点有关的部分。（2）引出尽可能深刻、新颖的论点——判断句（有一个谓语），约100字。

[中间]（1）分析法为主，围绕资料分析“为什么”和“怎么办”，各分两三条即可。（2）穿插其他论证方法，如例证法、引证法。（3）揭示资料所反映的社会普遍现象的深刻含义，联系社会现实，强调、突出中心论点——小中见大，约1 000字。

[结尾] 概括或者重申论点，可以在字句上变化，或者更深入一步——发出感慨，约100字。

三、申论的写作要求

（一）写作步骤和方法要得当

申论的整个答题过程可以分为阅读材料—概括主题—提出对策—阐述观点四个步骤，按此循环渐进地答卷才是正确合理的。

阅读材料是申论考试的基础环节。应试者只有通读全部资料，才能把握事件的全貌和内容实质，才能区分复杂事件中各方面的主次轻重，才能准确概括主要问题。不少考生常犯的毛病是急于求成，匆匆浏览一遍，没有理解更没有深入思考就仓促动笔，结果欲速则不达，不是写不下去，不得不回头来重新看材料，就是概括不准，结果偏离材料的主旨。

概括主题在申论写作中是承上启下的环节。一方面，它是对阅读步骤的小结；另一方面，它又是对策和立论的依据和基础。概括主题如果稍有偏差，对策和立论就不可能正确，因此要慎之又慎。

提出对策是申论写作的关键一环。它旨在考察应试者的思维开阔度以及解决实际问题的能力。应试者应尽可能自出机杼，提出解决方案。有两点应特别注意：其一，对策是针对背景资料反映主要问题的，有很强的限制，一定不能超出资料给定的范围和条件。其二，方案应切实可行，要做到这一点，除了应与材料吻合外，还要考虑到国情、民情、政策、法律等综合因素。

阐述观点是申论写作的最后环节。在一定意义上说，这才是名副其实的“申论”。应试者应充分利用给定的资料，切入问题要害，阐述见解，论证方案的合理性。这部分字数多、分值高（占总分的60%以上），是申论的核心，而且论证是否有力还关系到方案能否被认可。应试者在阐述观点时应拟一个简要的提纲，这样有利于文思畅通、逻辑严密。

（二）文风要质朴

申论的写作完全以实用为目的，与此相适应，文风要力求质朴。这要求文章结构要条理清楚，语言要朴实简明。一切套话、空话、浮华的辞藻都应戒除，拟人、夸张之类的修辞手法也不宜使用。叶圣陶先生曾说：“公文……必须写得一清二楚，十分明确，句稳词妥，通体通顺，让人家不折不扣地了解你说的是什么。”

除了上述两大要领之外，应试者还应注意时间的合理分配使用，以防止先松后紧，导致无法完成三项写作任务，或者虎头蛇尾、草草收场。写作字数的限制性要求也应注意。申论规定：概括问题不超过150字；解决方案不超过350字；论证分析1 200字左右。前两部分的字数以不少于规定字数的10%为宜，字数再少则不容易讲清问题。议论部分的字数应在规定字数的10%上下。字数少于10%要扣分；超过10%，增加写作量，必然会占用时间，进而影响写作的质量。

附：2012年中央、国家机关公务员录用考试《申论》试卷（一）省级以上（含副省级）综合管理类

（满分100分　　时限150分钟）

题号	（一）	（二）	（三）	（四）	总分	核分人
得分						

一、注意事项

1. 申论考试与传统的作文考试不同，是分析驾驭材料的能力与表达能力并重的考试。

2. 作答参考时限：阅读资料40分钟，作答110分钟。

3. 仔细阅读给定的资料，按照后面提出的作答要求依次作答在答题纸指定位置。

4. 答题时请认准题号，避免答错位置影响考试成绩。

5. 作答时必须使用黑色钢笔或圆珠笔，在答题纸有效区域内作答，超出答题

区域的作答无效。

二、给定材料

1. 某报记者在调查食品安全领域问题时，发现了一个地下黑加工点。记者暗访了该加工点利用双氧水、工业碱等有害添加剂，发制、漂白百叶、毛肚等食品的全过程。记者发现，雇用工小张的工作就是用煮、晾、泡等工艺制作百叶、茄参、毛肚等水发食品。制作过程中加入起增重作用的工业碱，起漂白、防腐作用的双氧水和起中和碱作用的盐酸。平时厂房里就小张一个人负责加工，产品有专人运往市场。据小张讲，利用工业碱、双氧水等食品添加剂制作水发产品，在这个行业不占少数。另外，在其他行业也有类似运作。

这个地下黑加工点，有自己的运货车、批发点、销售点，有毒、有害的水发制品从生产到销售只需要两天时间。每天生产 1 000 斤左右的水发制品，在凌晨三四点钟用专门的运货车将成品运到老板指定的海鲜市场出售。“我知道做这项工作是昧良心和不道德的，实际上也是违法的，整日生活在恐惧中。但看着老板不断地加薪，我的心又开始活动了，我从心里也在说服我自己，不就是加点添加剂，吃的时候用高温水烫一下也就没事了。况且干了这么长时间，政府也没有一个单位有人来管。”小张向记者坦言。

这个地下黑加工点一个月就销售非法加工的茄参 2.6 万斤，销售额 30 余万元，毛利润能达到 10 万元。记者向有关单位反映地下黑加工点的情况时，发现处理此事牵涉工商、质监、农委、公安等多家单位。“三个和尚没水吃”，在实际管理过程中，出现了“好事人人都管”、“坏事人人管不了”的现象。

2. 在 2011 年央视“3·15”晚会上，曝出了一则消息：H 省不少养殖户在养猪时添加国家明令禁止的“瘦肉精”，让人难以置信的是，这些吃了“瘦肉精”饲料的“健美猪”，竟然过五关斩六将，突破多个监管关口，一路杀向一些大城市，甚至杀进了肉制品生产企业，最终走上百姓的餐桌。有人戏谑：我们应当“感谢”食品行业，它让我们从大米中认识了石蜡、从火腿中认识了瘦肉精、从辣椒酱里认识了苏丹红、从火锅里认识了福尔马林、从蜜枣中认识了硫黄、从木耳中认识了硫酸铜、从奶粉中认识了三聚氰胺……还有人说到地沟油问题，这起继三聚氰胺后的重大食品安全事件，再度引起社会公愤。一个涉及 14 个省市的地沟油制售网络，已经使地沟油流入市场，其所产生的危害，怎能不令人深以为忧？

2010 年 6 月召开的第二届中国食品安全高层论坛上，某市食品添加剂行业协会的名誉会长 P 先生认为：食品行业是一个特殊的行业，如果不讲良心，任何环节都可能出问题。该市食品研究所技术总监 M 先生认为：食品企业应当将自律提到很高的位置，但在中国的现实环境中，不能把食品安全的“宝”全部押在从业者的良心上，还应该强调“他律”，以真正实现食品安全。

改革开放初期，不讲诚信，假冒伪劣、以次充好者有之；坑蒙拐骗、赖账不还者有之；欺行霸市、以不正当竞争手段毁坏他人声誉者有之；大做虚假广告、以不正当手段推销者有之。这些行为不仅破坏了经济秩序，也败坏了社会风气。回过头去看，那些企业有哪一家真正做大、做强了？据统计，在市场经济条件下，无论是国内的同仁堂、稻香村等老字号企业，还是进入世界500强的中外企业，无一不是严守法规、诚实经营才有今天的辉煌，没有任何一家企业能够靠造假而发展壮大。

3. 发达国家并非生来就是“世界上食品供应最安全的国家”。类似的“食毒时代”，他们也经历过。1906年2月，美国长篇小说《屠场》面世，揭露肉联厂工人非人道的劳动状况，“本想打动公众的心，不料却击中了他们的胃”。

“从腌肉车间里取出的猪肉常常发酸，就搓上苏打粉，去掉酸臭味，经过化学处理，需要什么颜色、什么香味、什么味道就能有什么颜色、什么香味、什么味道，然后卖到自助午餐柜台上去。”“凡是已经腐烂得再也不能派任何用场的臭肉，连同地面铲起的渣滓一道，用来制成罐头，或者剁碎制成香肠。已经生霉发白没人买又运回来的食品，用硼砂和甘油处理之后，又作为原料重新制成正品。”据说，当时的美国总统罗斯福在白宫边吃早点边读这本小说。看到这令人作呕的描述，总统大叫一声，跳起来，把口中尚未嚼完的食物吐出来，又把盘中剩下的一截香肠用力抛出窗外。《屠场》导致美国肉类食品消费和出口急剧下降，瞬间引发人们对食品安全和卫生的强烈关注。在舆论压力下，美国国会当年6月通过了《纯净食品和药品法》和《肉类制品监督法》，由此逐步进入了食品安全管理法制化的时代。

1927年，美国农业部成立了一个新的下属机构：食品、药品和杀虫剂组织。1930年，该机构名称改为“食品药品管理局”，也就是我们今天所熟知的FDA。和FDA一起在联邦层面上负责食品安全的，还有疾病控制和预防中心、农业部下属的食品安全和检验局、动植物卫生检验局等机构。20世纪以来，美国政府陆续通过了近20部重要的食品药品监管法律，赋予FDA更多的职权。对于被查出问题的食品，FDA毫不手软，生产商和销售商都会受到处罚，并且要花巨额费用召回相关食品。

4. 2011年9月，某报刊登了一篇评论员文章。文章指出，在“陌生人社会”里，多数人会本能地希望把必须要相处的陌生人变成熟人，托关系、人找人，因为“熟人信得过”、“熟人好办事”。对偶然相遇的陌生人，则首先选择不信任。文章还认为，互不信任增加了社会运行的成本。一方面对陌生人处处提防，认为这是让自己利益免受伤害的必要方式；另一方面抱怨“人性冷漠”、“道德滑坡”。一方面指责他人“麻木不仁”、“见死不救”；另一方面又提醒亲人朋友遇事别“出手”、少“出头”。伦理学家指出：在漫长的封建社会中，中国传统的伦理道德，既有反映统治阶级要求，为维护封建统治服务的观念和规范，又有反映中华民族优秀品质的观念和规范。比如，孔融让梨中的谦让、孟光梁鸿举案齐眉中的和睦、乐羊子妻断机劝夫中的深明大义……每个故事都反映出一个时代所提倡的社会道德风尚，也成为今天我们增进人际和谐、维护社会稳定的参考教材。但封建伦理道德中宣扬的“三纲五常”、“男尊女卑”，则是糟粕，应该否定。正如毛泽东同志所说：“从孔夫子到孙中山，我们应当给以总结，继承这份珍贵的遗产。”

中国传统的道德观念以儒家的性善论为主流，在实践中，儒家以礼与法的结合作为人性修养在他律方面的补充。然而在一个道德松弛、舆论不张、管理乏力的社会里，“他律”的作用会大打折扣。某省委宣传部E部长认为：解决他律问题，道德教化也是一种比较有效的方法。当前主要应进行中华传统美德教育，通过教育，使人们的爱国主义情感、集体主义情感、人道主义情感、正义感、自尊感等都有正确的发展方向。当人们形成了良好的道德观念，建立了具有良好公德共识的体系时，一个社会的发展便将获得前所未有的巨大的推动力。

5. 不久前，中央美院油画系研修班第一届部分同学在一家报纸中发表声明，称2010年6月，某拍卖行以7 280万元高价拍出的徐悲鸿油画《人体蒋碧薇女士》系他们1983年的临摹习作。商人谢某自行伪造“金缕玉衣”，出钱请出国内五位鉴定专家为其鉴定。在收取了不菲的评估费后，专家用了不到一个小时的时间就联合签署了一份估价24亿元人民币的鉴定报告。谢某由此向银行骗贷5个亿。近年来，随着民主政治的进步、互联网的普及，以及网民意愿更加畅通的表达，每个公民都有自由言说的空间。从“天价烟局长”周某的落马，到在敦煌撒泼的新疆生产建设兵团某团副团长夫妇的被免职等等，一系列的案例说明，网民意愿、网友监督，在国家民主政治的进程中，作用越来越大。但著名文化学者、某大学Z教授认为：媒体和网络是一把双刃剑，本应站在客观公正的立场，去引导社会舆论，但有时部分媒体和网络却在没核实、没法甄别真伪、不明真相的情况下，充当了造谣者的“帮凶”。2011年3月，一位母亲为获捐款，抱着患眼癌的女儿跪地前行，这是职业网络推手精心策划炒作的“母亲跪爬求助”事件。推手已向“跪爬母亲”致歉，“跪爬母亲”也向社会道歉，表示愿将得到的二十余万元捐款退回。对于此事，人们看法不一，有的人觉得利用谎言炒作募捐不道德，有的人认为救命远比道德更重要……央视某主持人说：网络推手出于善意目的制造“缺德炒作”，对社会诚信造成的损害是不可估量的。

某网站针对所谓“社会道德危机”，曾组织网民在网上进行讨论。

网民A认为：道德失范的根源应归咎于市场经济的快速发展。市场经济与生俱来的盲目性、自发性、趋利性、等价交换性等致命弱点，必然导致拜金主义和极端主义的滋长、蔓延和泛滥，引发社会秩序混乱、道德沦丧、诚信缺失。

网民B认为：市场经济大潮的冲击和物欲主义的侵蚀，使不少人越来越远离向内心的叩问，在不少人身上，理想、信仰的感召力在减弱。人们应当重拾信仰，让信仰不再缺席。

6. 某媒体报道：当前医疗领域，个别医生不讲医德，“开单提成”收受医药产品销售回扣的现象屡禁不绝。更有甚者，将病人视为唐僧肉，不从病情出发，多开贵重药品，动辄作“CT”、上“核磁”，徒增患者负担，为小团体牟利。另有报道指出：在教育界，也有一些学校出现少数教师借补课、家访、排座位、安排班干部等事务，公然收取好处的现象。某市一中学给学生家长每人寄了一封信，在信上，学校划定了20本名著，要学生到“指定书店”购买。很多家长认为，学校给指定的书店打广告，其中原委令人生疑。还有个别领导干部忽视自身的道德建设。出了事故，主管领导极力隐瞒事实真相者有之；面对群众的质疑，搪塞推诿者有之。还有些干部利欲熏心，玩弄数字游戏虚报功绩，甚至大搞损害民生的“政绩工程”，希望换来个人的升迁。

7. 近年来，“讲文明、树新风”志愿服务、关爱空巢老人志愿服务、敬老爱老志愿服务，成为社会主义精神文明的显著标志和重要推动力量。上海世博会上，200 余万名社会志愿者参与世博活动的志愿服务；广州亚运会、亚残运会期间，59 万名志愿者投身其中；汶川特大地震发生后，不到一个月时间就有 20 万人次志愿者到灾区帮助抗震救灾；玉树地震、舟曲特大山洪泥石流发生后不到一天，志愿者就成为救援大军中的重要力量。这种来自民间、集中爆发的志愿精神，诠释了民族精神新的时代内涵。

汶川大地震，这场突如其来的灾难，人类无法抗拒，但面对灾难，举国上下凝聚成了震撼人心的精神力量。大地震当夜，成都街头就出现了无数个献血点和医疗站，前来献血的人站满整条街；成灌高速路上，数百辆出租车开着应急灯奔赴都江堰灾区，没有人给他们一分钱，更没有任何人有过要求和命令；唐山市组织了医疗队和抢险队，从抗震纪念碑启程，赶赴四川灾区。曾经有过同样伤痛的唐山人，在互联网上深情地留言：“告诉灾区人民，我们和你们在一起。”唐山人曾被别人感动，在汶川大地震中，他们则感动着别人。唐山某村 13 名老乡，自发组成了一支救援小分队，赶往四川北川救灾现场，用最直接、最朴实的行动，对“感恩”一词进行了完美的诠释。

前不久，一位普通农妇刘女士在骑电动三轮车赶集的归途中，遇到同村 76 岁的李老太太及其孙女步行回村，遂热心搭载她们坐“顺风车”。不料路上三轮车侧翻，三人均受伤，其中李老太太伤情最重，经抢救无效去世。出于愧疚，刘女士主动提出给予经济赔偿，而李老太太家属四次坚决拒绝。刘女士说：“如果不是我好心办坏事，老太太就不会走得这么早。无论花多少钱都必须补偿！”李老太太家属则说：“我们不能让好人做了好事，却得不到好报。”

8. 2010 年 2 月 9 日，腊月廿六。在北京做建筑工程的孙先生回到天津，原定与暂住在天津的家人和弟弟聚一天再回武汉，但他查看天气预报了解到，此后几天，天津至武汉沿线的高速公路，部分地区可能因雨雪封路。他决定赶在封路前回到武汉，给先期回武汉的民工发放工钱。春节前发放工钱，是他对民工的承诺。当晚，孙先生提取 26 万元现金，带着妻子和三个儿女出发了。次日凌晨，他驾车驶至南兰高速开封县陇海铁路路桥段时，由于路面结冰，发生重大车祸，20 多辆车连环追尾，孙先生一家五口全部遇难。第二天早上，弟弟打电话回家，发现哥哥仍未到家，手机也联系不上。预感不妙的弟弟开车沿途查找，结果在河南兰考县人民医院太平间发现了哥哥及家人的遗体。弟弟撬开撞得扭成一团的轿车后备箱，捆好的 26 万元现金还在。“我们家这个年是过不成了，但不能让跟着哥哥辛苦一年的工友们也过不好年。”沉浸在丧痛中的弟弟含泪决定，先替哥哥完成遗愿。腊月廿九，两天未合眼、没吃饭的弟弟赶回家中，通知民工上门领钱。因为哥哥离世后，账单多已不在，弟弟让民工们凭着良心领工钱，大家说多少钱，就给多少钱！钱不够，弟弟就贴上了自己的6.6万元和母亲的1万元。就这样，在新年来临之前，60多名民工都如愿领到工钱，弟弟如释重负。孙先生弟弟在接受记者采访时说："新年不欠旧年薪，今生不欠来生债。包工头也要讲诚信，不能赚昧心钱，这是自己的良心账。"

徐先生是N市某希望小学教师，在婚检时被查出患有严重的肾衰竭及尿毒症。得知病情，他毅然和未婚妻解除婚约，做出一个旁人想象不到的决定——回到讲台前，将自己的余生奉献给教育事业。多年来，他忍受常人无法想象的痛苦，坚持自己在宿舍完成透析，坚守在教师岗位。2008年年初大雪封山，他不顾病情严重，一次又一次护送山里的孩子回家；汶川大地震发生后的第二天，他就主动捐出了当月工资寄往灾区；多年来，他一直默默地从微薄的薪金中抽出钱来资助那些需要帮助的孩子，即使在他病情危重时，也从未间断过。徐先生在日记中写道："我无法选择自己的命运，但我可以选择对待命运的态度；我无法延伸生命的长度，但我却可以拓展生命的宽度！"

31岁的年轻母亲吴女士有一个她始终都有些不好意思接受的新名字——"最美妈妈"。2011年7月2日，某市一住宅小区，2岁女童妞妞从10楼的窗台坠落。在楼下人们惊呼的一刻，吴女士甩掉高跟鞋、伸开双臂向妞妞掉落的位置冲去，在即将落地的一刹那，她接住了妞妞。"事情发生在一瞬间，我根本来不及多想。我只知道她是一个孩子，我是一个母亲，孩子是母亲的心头肉，母亲救孩子是天经地义的事！"为了接孩子，吴女士左臂尺桡骨断成了3截，可她的脸上仍挂着明朗的笑。在家人看来，吴女士能这样做，"既意外也不意外"。她丈夫说："她继承了父母的朴实和善良，她今天所做的事情是平时养成的善良之心，关键时刻只是这种善良的习惯性流露。"吴女士所在社区的居民们自发以系黄丝带和点燃蜡烛的方式为吴女士和妞妞祈福，该省省委书记也于第一时间前往病房探望。美联社等欧美媒体赞扬她"勇敢"、"无私"，是真正的"守护天使"。

9. 2011年全国两会期间，温家宝总理在回答网友提问时曾指出，一个国家，如果没有国民素质提高和道德的力量，绝不可能成为一个真正强大的国家、一个受人尊敬的国家。2010年9月20日，我国正式实施了《公民道德建设实施纲要》；2007年7月，中央文明办，全国总工会、共青团中央、全国妇联共同发起了评选表彰全国道德模范的活动。三届道德模范评选，160多位全国道德模范的名字深深印刻在人们心中。近十年来，我国不断把社会主义核心价值体系融入到国民教育、思想道德建设和群众性精神文明创建活动全过程，充分发挥道德模范的榜样引领作用，在全社会推动形成知荣辱、讲道德、促和谐的文明风尚，用榜样的力量凝聚起全党全国各族人民团结奋斗的强大精神力量，构建起我们共同的精神家园。

三、作答要求

（一）认真阅读资料，回答以下两道题目。(20分)

1. 给定材料2～6反映了市场经济背景下社会生活中的种种问题，请对这些问题进行概括和归纳。(10分)

要求：准确、全面、有条理、不超过250字。

【参考答案】

从总体上看，在市场经济背景下，社会生活中出现了道德水平下降的问题。

具体表现：

一是食品生产领域出现严重问题，使用有害添加剂、地沟油等食品安全事件层出不穷。

二是“陌生人社会”现象，本能依靠熟人和关系，对待陌生人首先选择不信任。

三是商业领域造假，部分唯利是图的商人联合专家共同造假，欺骗消费者。

四是媒体不实报道，恶意炒作，错误引导社会舆论。

五是个别医生医德下降，收取回扣，从患者身上谋取不正当利益。

六是部分学校收取好处，收取学生好处。

七是个别领导干部忽视自身道德建设，隐瞒事实、搪塞推诿、虚报政绩，搞政绩工程。

2. 给定材料8介绍了最近社会上涌现出的先进人物事迹，某单位党委决定编印一期《内部学习资料》，宣传他们的事迹，号召本单位全体人员向先进人物学习，请你为这期《内部学习资料》撰写一则“编者按”。(10分)

要求：概括全面准确，揭示各位先进人物的精神实质，200字以内。

【参考答案】

编者按

提高公民道德修养是社会道德建设的重要内容，它关系着社会进步、国家发展和民族振兴。

包工头孙先生为给农民工发工钱而在路上遇难，其弟弟帮助哥哥完成遗愿，这是对诚信的坚守；希望小学徐老师身患重病仍坚守在教育岗位上并资助孩童，这是爱心的奉献；“最美妈妈”不顾自身安危果断营救坠落女童，这是善良无私的流露。他们身上的优良品质值得每位公民学习。

加强社会道德建设，党员干部应做好带头作用，让社会焕发新的精神面貌。

（二）给定材料5中提到，某网站曾组织网民进行了一场讨论。请你根据给定材料，反驳“网民A”的观点。(20分)

要求：(1) 观点明确，分析透彻，论据真实；

(2) 语言流畅，层次分明，有说服力；

(3) 不超过400字。

【参考答案】

网民 A 的观点是错误的。道德失范的根源在于自律和他律效能失范，与市场经济的快速发展并无直接联系。

伴随着市场经济的快速发展，在一些社会领域，确实如网友 A 所说，出现了拜金主义和极端个人主义的滋长、蔓延和泛滥的现象，但各地也不断涌现出了讲诚信、讲奉献、勇敢无私的先进人物，社会上“讲文明、树新风”等志愿服务精神也诠释出了民族精神的新内涵。所以说，经济发展是道德失范的根据是站不住脚的。

道德失范的原因有很多。一是道德教化缺失。人们的爱国主义情感、集体主义情感需要正确的引导，形成良好的道德观念。二是对待传统道德，没有做到很好的总结和扬弃。既没有继承传统道德的优点，也没有避免一些糟粕。三是法律不健全，监管不严格。礼法结合导致不法分子钻法律的空子，赚取不义之财。四是在具体领域的实际管理过程中，各部门权责不清。这很容易出现“好事人人都管”、“坏事人人管不了”的现象，也给一些违反道德的行为提供了生存空间。

（三）给定材料 1 中反映的问题需要妥善处理，假定你是市政府职能部门的工作人员，领导安排你处理此事，请你提出解决问题的具体措施。(20 分)

要求：条理清楚，所提措施具体，有针对性，不超过 400 字。

【参考答案】

反映的主要问题：一是很多行业存在地下黑加工点，非法使用有害食品添加剂；二是加工者利欲熏心且对添加剂的危害缺乏认识；三是地下黑加工点牵涉的相关职能部门职责不清、监管不力。作为市职能部门的工作人员，我将从自律和他律这两方面着手解决上述问题。

一方面，强化从业者自律。对其实施道德教化，进行中华传统美德教育，使其人道主义情感及正义感、自尊感等有正确的发展方向，以良好的道德观念和公德共识体系为引导，良心从业；通过宣传添加剂相关知识，使从业者对其危害性有正确认识。

另一方面，加强他律建设。一要制定完善的《食品安全法》、《食品监督法》等法律，逐步推进食品安全管理法制化；二要成立专门负责食品安全的组织机构，赋予其职权，统一管理食品安全问题；三要明晰工商、质监、农委、公安等单位的权责；四要依法取缔类似的地下黑加工点，加大对违法生产商和销售商的处罚力度，建立完善的食品召回制度，加大后期追踪及监察力度。

（四）给定材料 7 中讲述了农妇刘女士和李老太太家人之间发生的一段感人故事，请你以这个故事为话题，自拟题目，写一篇文章。(40 分)

要求：(1) 结合给定材料，并注意联系当前社会实际和自身体会；

(2) 观点明确，内容充实，层次清楚，语言流畅；

(3) 总字数 800 ~ 1 000 字。

【参考例文】

人无德不立　国无德不兴

——大力加强道德建设　促进社会和谐发展

中华民族历来有崇德重德、尚德倡德的传统。常言道，“人无德不立，国无德不兴”，强调的就是道德对于个人修身立业和国家长治久安的重要作用。普通农妇刘女士出于好心搭载同村李老太太及其孙女，不料路上三轮车侧翻，致李老太太伤情严重，对此，刘女士主动提出给予其经济赔偿却遭对方家属四次坚决拒绝。这一动人故事的背后，折射出的是社会公德之美，它犹如一股清泉，浸润了我们每一个人的心田。

随着改革开放和社会主义市场经济的不断发展，我国的社会意识出现了多样化态势，人们思想的独立性、选择性、多变性、差异性日益增强。但随之而来的各种道德范畴内的问题却屡屡出现，社会一些领域和一些地方道德失范，是非、善恶、美丑界限混淆，拜金主义、享乐主义、极端个人主义有所滋长，见利忘义、损公肥私行为时有发生，不讲信用、欺骗欺诈成为社会公害，以权谋私、腐化堕落现象严重存在。在全面建设小康社会、加快推进社会主义现代化、构建社会主义和谐社会的新时期，高度重视和大力加强道德建设，显得尤为重要。

加强道德建设需要以教育为根基。早在战国时期，孟子就曾提出“善政不如善教之得民也”。当前，随着经济全球化的深入发展和社会生活各领域的深刻变革，人们思想多元化的趋势日益明显，主流价值观和基本道德规范在一定程度上受到挑战。但市场经济的发展不能以牺牲社会道德为代价，道德教育在任何时候只能加强，不能削弱。只有把社会主义核心价值体系作为道德教育的主题，融入到整个国民教育当中，不断丰富教育内容，创新教育方式，充分发挥道德模范的榜样作用，抓细节，抓具体，持之以恒，才能推动良好道德风尚的形成，更好地助推经济社会的健康发展。

加强道德建设需要法律和制度作保障。德以劝善，法以诛恶。要使道德教育由软变硬、由虚变实，必须有一套严格的法律和制度来规范和保障。法律是道德规范和社会文明的风向标，必须把道德观念渗透到社会管理之中，把道德规范体现到法律法规的制定之中，并通过法律法规和各项制度的严格执行，扶正祛邪、惩恶扬善，使外在的道德规范内化为人们的行为自觉。唯其如此，人们从善的信心才能得到提升，整个社会的道德基石才能坚实稳固。

加强道德建设需要每个人从自身做起。国家者，积人而成。遵守社会主义道德既是觉悟、也是义务，道德大厦的建设需要每个社会成员添砖加瓦。全社会都要讲公德，只有人人修身自律，躬行实践，才能积小流而成江海，积小善而成大德，富强、民主、文明、和谐的目标才能真正实现。加强道德榜样的宣传，辩证吸取中华传统道德的精华，去其糟粕，才能适应当今社会，提高中国人民的整体素质。

康德曾说：“世界上有两件东西能够深深地震撼人们的心灵，一件是我们心中崇高的道德准则，另一件是我们头顶上灿烂的星空。”相信随着公民道德建设的大力提倡，我国公民道德建设会取得长足的进步与发展，社会主义精神之花必将灿烂绽放，吾国必将长治久安。

第四节　博　客

一、博客概说

博客，英文为 Blog 或 Weblog，字面意思是网络日记。它是一种由个人管理、不定期张贴新的文章的网站。

博客（名词）：

（1）Blogger，是指写作或是拥有博客的人。

（2）Blog 或 Weblog，是指网络日志，是一种个人传播自己思想、带有知识集合链接的出版方式。

博客（动词）：是指在博客的虚拟空间中发布文章等各种信息形式的过程。

博客上的文章即博文，新写的列在前面，整体上呈倒时序排列。

许多博客属于个人的日记；其他博客则是在特定的课题上提供评论或各抒己见的平台，能够让读者以互动的方式留下意见。通过博客，博主可以简易、迅速地发布自己的心得，及时、轻松地与他人进行交流。

一个典型的博客结合了文字、图像、其他博客或网站的链接，以及其他与主题相关的媒体，是集丰富多彩的个性化展示于一体的综合性平台。

由于沟通方式比电子邮件、讨论群组更简单和容易，因此博客已成为家庭、公司、部门和团队之间越来越盛行的沟通工具。

博客是互联网时代的必然，是人类的天然需求，是社会进步的体现。博客大军高举“思想共享”的大旗，倡导“博客写作方式”，乃是人类信息表达方式迎合并适应网络时代诉求而发生的崭新变革。

（一）博客写作的特点

文字表达是我们在互联网中表现自己存在的基本方式。博客作为信息交流的网站或平台，读者甚众，传播迅捷，与以往各种媒体的沟通方式有质的区别。鉴于此，在博客领域，我们应该超越传统的写作观念、写作方式和写作目的，而倡导全新的博客写作。

和传统写作不同，博客写作具有如下特点：

1. 全民写作或超职业写作

写作不再是少数人的特权，不再是一种特定的职业，也不再是特别的天赋。在网络空间中，写作可以超越职业，是一种自然写作。写作是自我存在的表现方式，任何人都以写作表达自己、展现自己、发展自己。

2. 超商业写作或生活写作

文字“出版”不再是或不单纯是按斤论两计价的商品，不再是或不单纯是兑现利益的手段。写作可以成为生活的一部分，超越商业目的。我们每天习惯了看书、看电视、做家务，而从来不问报酬，因为这是生活的一部分。博客写作也将成为许多人生活的一部分，成为一种生活方式。

3. 业余写作或快乐写作

我们把每天 8 小时献给商业，支持着经济社会的运转和一个人基本生存的需要，但是我们还有双倍的时间留给业余。业余写作也可以成为自己的风景线。博客写作可以获得友谊、获得交流、获得快乐。为了自我的兴趣和爱好而写作，是快乐的源泉，也是终极的回报。

4. 率性写作

博客写作没有时间限制，没有题目限制，想写什么就写什么，任意发挥，随意而为。晒晒心情、晒晒琐事、寄托思念都可以，不需要顾虑编辑、顾虑媒体取向、顾虑各种现实约束。博客写作从自己内心出发，以性情为本，“嬉笑怒骂，皆成文章”，是回归自我的写作。

5. 农民式写作

发博文和发帖子都是发文章，但是有很大的不同。博文发在博客上，而博客的知名度要高一些，相当于你一个网络上的家，知道你家地址的都能来看。发帖子通常是在一些论坛或公共网站上，这就好比你加入了一个组织，在这个组织里发言，只有知道这个组织的人才能看到，范围小一些。博客是互联网上新兴的农民群落，耕作既是劳动也是生活，既是生产也是消费。博客写作就是与“包产到户”一样的一种写作方式。

6. 三位一体写作

博客的作者是编辑，也是自己博客的读者（而不是媒体的读者）。博客写作就是作者、编辑和读者的三位一体，是一种全新的体验模式。

7. 增值写作

互联网的内容异常丰富，而且每天都在积累。因此，博客写作无需全部自己码字，无需刻意搜罗自己的思想，而可以坦然地站在别人的肩上，以互联网中的各种资源为素材，通过推荐、整理、点评和综合，产生和展现新的价值。

8. 互联网写作

互联网是巨大的素材资源，也是我们自己巨大的版面。没有互联网，就不可能实践博客写作。没有互联网，博客作品就会失去表现力、失去生命力、失去源代码、失去读者群。

9. 链接式写作

链接是指与其他内容相关的网站地址，点击就可以进入查找相关内容，也称友情链接。我们无需四处复制搬运，浪费时间和精力，只要通过链接就可形成关于某个主题的丰富多彩的集体创作。

（二）博客的作用

（1）作为网络个人日记，博客是抒发个人思想感情的地方。它既可以记录一些日常琐事及自身心情，还可以有自己的故事、小说、照片等。

（2）言论自由，不受限制，个人可以自由表达和出版。

（3）知识过滤与积累，也可以转载其他博客上好的、自己感兴趣的博文。

（4）展示自己某个方面的空间，让更多人了解你。这是网络上深度沟通的新方式，是学习交流的地方，是网络交友的平台。

（5）博客营销。博客的概念要比日记大得多，它不仅仅记录关于自己的点点滴滴，还注重提供的内容能够帮助别人，能让更多人知道和了解。博客永远是共享与分享精神的体现。通过博客，企业可以展示自己的企业形象或商务活动信息。

（6）话语权。著名的中文搜索引擎优先提供合格博客的观点信息，这是博客的另一个重要的作用。一个优秀的博客就像一个媒体、一面旗帜，其出现率、感召力、影响力是一种不容小视的话语权。

（三）博客的分类

根据用户的不同，博客可分为个人博客和企业博客。

根据存在方式的不同，博客可分为托管博客、自建独立网站的博客，附属博客和独立博客。

根据形式或文章长短的不同，博客可分为基本博客和微型博客。

1. 基本博客

基本博客是最简单的形式，是单个作者对于特定的话题提供相关的资源，发表简短的评论。这些话题几乎可以涉及人类的所有领域。

2. 微型博客

微型博客即微博，是目前全球最受欢迎的博客形式。微博作者不需要撰写很复杂的文章，只需要抒写140字以内的文字即可。这顺应了当代人信息焦虑的特点，即要在最短的时间内获取众多的信息。

此外，按内容性质的不同，微博软文可分为广告式、分享式、炒作式和创意式。

1. 广告式

这种微博软文常见于各商家的官方微博，它是站在商家的角度，广告式地宣传商家最新推出的产品及最新推出的活动。

2. 分享式

与上一种方式不同，这种微博软文一般是站在第三方的角度，通过分享的方式来宣传某件商品，这点有些类似于论坛软文的操作方法。

3. 炒作式

这类微博软文通过挑衅的方式，甚至是对骂的方式来提高网友的关注，引起网友对微博的转发，最终达到广泛传播的目的。

4. 创意式

这类微博软文一般具有新鲜、有趣、好玩的特点，一眼看上去不像广告，更像是一则笑话，或者是一篇微型小说。这类微博软文的关注度非常高，而且网友都乐意转发这种微博。

二、博客写作的思路与技巧

通过阅读大量优秀博文，并参考一些探讨博客写作技巧的论文，经过归纳整理，我们提炼出如下八个要点：

（一）知我所当言，有的放矢

知己所欲言，悉彼所欲知，综合二者而确定吾所当言。

（1）知己知彼，择言而录，靶向发文。

（2）写微博时，要平衡“你想要大家看的”和“大家想看的”，既不要把微博变成纯粹的个人流水账，尽写些别人不感兴趣的内容，也不要纯粹依照大家的喜好来写，丢掉了自己的个性特点。一个有效的做法是：在符合自己个性特点的前提下，多发些大家想读的内容，同时在里面穿插一些你想让他们读的内容。

（3）你需要了解读者有什么需求，他们都对什么样的话题感兴趣，这样你才可以提供他们想要的内容。要提供有价值的内容给你的读者，而不是你认为有价值的内容给读者。

（4）首先应该了解自己的目标用户在哪儿？而营销就得顺着这个方向，并告诉自己的潜在用户“应该”知道什么。

（二）选择人们关注的话题

老生常谈，陈词滥调，在信息爆炸的时代，实难夺人眼球。当前的大事件、奇闻与异事、利害之攸关等，都极易引起人们的关注。

吸引人的主题可分为以下几类：

1. 争议型热门话题

写热门话题，当然引人注目，但有时还要改变写法。例如，一个重大事件出来当天，一位博主写了一篇客观的评论，结果反响平平。于是，第二天他写了一篇争议型评论，里面融入了惊世骇俗的阴谋论观点，引用了网友不专业的分析及与大众观点完全相反的观点，同时融入了可给人启迪的哲学理念，结果博文发后迅速火爆了起来。

关键点：

（1）话题要有争议；

（2）留下可被攻击的漏洞。

2. 故事案例型话题

新鲜的、典型的故事和案例，总是引人关注的，因为有情节，有悬念，内容鲜活，生动形象，能满足人们的好奇心，并给人提供具体的感性材料。从心理学角度上讲，故事和案例在吸引人的方面比空头理论有着天然的优势。

例如，某博客早先写的内容都是一些有特点的、让人震撼的，同时给人启发的故事和案例，结果都异常火爆。特别是一篇《中国最××的个人网站××××××》，更是引起了整个互联网圈的关注。前一段，他写了几个关于他的学员的故事，也非常受欢迎。

关键点：

（1）故事要与众不同；

（2）故事要有启发性。

3. 经验分享型话题

这类话题既已经效于世间，不必尽出于己手。谁都想早日从别人的经验教训中吸取一些有用的东西，使得自己少走弯路。

例如，某博客过去几年写的大部分都是《如何××××》或者《××××的策略》，都是他个人的实战经验分享，这类文章虽然不会异常的火爆，但是可以获得非常巨大的转载量。又如，《新手如何做英文网站赚美元》这篇文章在过去两年，已经给他带来了超过1万美元的收入。

关键点：

（1）是许多人需要的经验；

（2）内容要朴实有启发性。

4. 评比排名类话题

大部分人的攀比心比较强，所以也喜欢看评比类的话题文章。例如，中国十大美女排行、2011年十大关键词、四大恶事、四大牛人、十大案件等等。只要你去搞一下评比，就会吸引非常多的目光。

关键点：

（1）围绕大众关注的焦点来评；

（2）适当地制造一些争议让人讨论。

（三）凸显个性，展示自我，与众不同

优质的博客需要有个性，有表现欲，会表达并展示自我。

（1）很多人写文章，为了严谨，总写得像八股文一样，枯燥无味。其实，只要你表现出一种个性，肯定会有人喜欢，当然也会有人骂。很多人总怕别人骂自己，其实没啥怕的，一个人最重要的是需要自己来肯定自己，然后去影响周围的人，这样这个人才是一个快乐的人。但是有非常多的人，总希望从别人的肯定中去找到自己，这种人肯定会活得非常累，时常烦恼，自己折磨自己。

（2）要有自己的观点，要有自己的脊梁，不用怕自己的观点是如此与众不同，不要重复那些浅显老套的东西，要勇敢地表达自己的思想，因为这是你自己的地盘。当然，这不是说要你钻牛角尖，傲慢自大显然是丑陋的。

（3）文章好不好看，除了内容好与差之外，还要在字里行间融入一种情绪和倾向。这样，不管你的观点正确与否，别人在看你的文章时，就可能被你的情绪所感染，自然而然地就喜欢读下去，而且读完之后可能还会帮你转载，甚至和其他朋友分享讨论。

(4) 古人云：情生文。文章要有情绪，有性情，方能感动人。

(5) 多参考优秀的博客，看看别的博客都在做些什么，发现优秀博客的套路和方法，再联系自己的特点和优势，然后另辟蹊径，做一些别人没有做的方面。

(6) 选取一个独特的利益领域或者一个小小的主题，使自己与众不同，区分于大家。博客的成功经验是"越专越好"，没有必要去链接那些到处都在链接的内容。这并不是说你什么都要创新，而是要有自己的选择性，并且加入自己的特色。内容广泛芜杂，是博客之大忌。

(7) 企业微博的自我介绍需要深思熟虑，最好能用一句话来表达整个企业的文化或者气质。如果自我介绍能幽默或者具有标志性那最好不过；需要时，自我介绍还可以给出公司的网址链接。

(四) 生动有趣，求新趋时

语言要有趣，内容要更新，紧跟上时势。

(1) 你的博文不要写得很沉闷，应当让它富有情趣，并注入幽默感，不要把自己当做一个教书先生。行文力避呆板教条，沾染八股腔，枯燥无味。

(2) 出语清新，生动有趣，字里行间融入诙谐，有幽默感。

(3) 最好能提供有价值的甚至是独家的信息，并切记每天要更新，至少要经常更新。

(4) 时不时地张贴一些你自己的原创内容，这是一个很好的方式，人们会很慷慨地给予你赞美。

(5) 跟记者打打交道，挖掘一些没有报道过的内容，发掘一个新颖的角度，寻找主流媒体的空白，报道一下。

(6) 链接一些新颖的信息源，同时与别人一起共享，尤其是其他博客。当然，你也可以给自己留一手，但是应该拿出一些你自己的好东西。

(7) 微博的灵魂是文字表达。通常企业在选择微博的写手时会注重两点：专业度和热情度。百思买就是让 2 500 名"最热情、最有产品知识的员工"来建设微博。对人要善于沟通，对物则要具备专业知识。

(8) 企业微博的内容需要尽量与时下的热点相结合。像 IT 公司，就可以多与苹果、移动互联网或三网融合等热点相结合；而快销产品则可以搭载广告明星、社会热点、公益事件等。

(9) 到百度找一找或者问一问读者，他们最近都在论谈什么话题。如果你是做化妆品的，你就要了解最近你的潜在顾客都在谈关于化妆品的什么话题。

(五) 布局合理，短小精悍

首句标其目，篇终接混茫。立片言以居要，乃一篇之警策。"临去秋波那一转，我便铁石人也意惹情牵。"

(1) 有好主题和好标题，你就成功了90%。

(2) 每天网络上都产生非常多的文章，大家在浏览的时候都是根据标题来选择是否点击阅读，可见文章的标题是至关重要的因素，并因此有了“标题党”的出现。当然，只有诱惑人的标题，没有吸引人的主题，一样无法真正火起来。

（3）140字如何布局也是能否引起关注的重要因素。微博达人们总结的攻略颇有道理：第一句话和最后一句话最为关键。第一句话应当直入主题，语气不能过于平淡；最后一句话最好用问句来结束，这样更能引导用户积极参与。

（4）每条微博最好单独说明一个观点，如无非常特殊的情况，不要通过两条或三条微博说一个问题。文字尽可能简洁明了，少用长句、偏僻的字词、转义词，内容不应有歧义。转发的观点和自己的观点之间，要有明显的区别，便于读者分辨。

（5）微博之所以流行，是因为它迎合了现代人信息焦虑的需求：在短时间内迅速了解自己身边及整个世界正在发生的事情，得到一种信息的满足。所以，微博虽然不是小说的肥沃土壤，却可以是发表评论的绝佳地盘。一句极具概括性的总结，一种犀利独到的观点，都可以快速引起共鸣，而以这种共鸣为动力催生的“转发”行为，也会使个人的发现成为集体的声音，从而起到制造舆论的效果。此外，参与舆论制造带来的快感，会让每个微博用户更加乐此不疲，这是阅读微博小说永远不能带来的。

（六）他山之石，可以攻玉

独创固然重要，但封闭自己、孤芳自赏就会走向反面。Blog被译为“博客”，即赋予了广博与好客之意。博采众家是写好博客的捷径。

（1）“博客”有较深的含义：“博”为“广博”；“客”不单是“Blogger”，更有“好客”之意。看博客的人都是“客”，而在中国台湾，其则被音译成“部落格”（或“部落阁”）及“部落客”，认为博客本身有社群的含义。凭借博客，我们可以将网络上的网友集结成一个大博客，成为另一个具有影响力的自由媒体。

（2）应充分利用微博的话题功能、群功能及其他分类功能，聚焦相关主题，也可通过微博搜索相关的博主（人）或博文内容（目前主流的微博服务都提供搜索服务，搜索网站也陆续提供微博内容的搜索）。

（3）微博内容可以是各种主题、各种外观布局和各种写作风格，但是文章内容必须以“超链接”作为重要的表达方式，可以充分提炼和精选其他网站其他作者的精彩观点。这是真正的“Web Inside”。

（4）博客精神就是互相共享。链接是博客的生命，而不仅仅是工具。如果有人因为你链接了他，也友情地回报一个链接，这样的博客当然值得尊敬。但是，最好还是不要期望有任何回报，为了获得链接而链接是一件可怜的事情。给别人的链接，最好是那些名气还不大，但的确很有价值的博客。

（七）利用视觉效果

利用图片、音响等形式，赋予信息以直观的形象，是提高传递效果的有效手段。

（1）在你的文章中，尽可能多插入图片，这样你的文章会更诱人，更吸引读者的注意力。

（2）可用图形、相关链接、相关视频、相关音频以及微盘等作为补充。但应注意，即使不点开链接，也不影响阅读的完整性，读者也能根据其他内容对其中包含的内容范围有一定的了解。

（八）要有思想深度，并耐得住寂寞

文以意为主。情真语自当，意深文自高。

（1）当然，并不是坚持每天更新博文就能成为知名博客，博主的文章还得有思想，有深度，文笔也要好。建议一些初写博客的朋友，在没有超强文笔和行业经验的情况下，最好别追求每天更新，与其每天更新一篇没质量的，还不如一周更新一篇有质量的博文。

（2）重要的是质量而不是数量。张贴好内容远比每天都张贴更重要，这当然不是说你可以经常偷懒，而是说不必勉强。

（3）名博=原创常更新+文笔好+有思想、有深度

（4）做专业微博，要有平常心。专业就意味着小众，选择圈内交流，就不应该过于追究转发数、评论数，有效回复比转发次数要有价值得多。

（5）许多优秀的网站都门庭冷落，都被人低估，甚至无人发现。好酒不怕巷子深，只要有特色、有新意，总会有人注意的。即使你的博客无人光顾，也要自得其乐。

另外，博客写作的布局、排版也有许多小技巧。由于篇幅所限，这里从略。

上面所列八条，不要奉为圭臬，不要被限制，不要变成规则的奴隶。文无定法，可以打破一些规则。古人讲，做文章要如风行水上，自然成文，这极有道理。做文章就是要不拘一格，因题制宜，因时制宜，因语境制宜，博客写作更是这样。例如，“篇终接混茫”是一种含蓄的写法，指结尾留有寓意，给人启迪，引发哲学思考，但不可篇篇如此。“卒章显其志”，其意思明了，干净利落，无需再费心琢磨，是更常见的写法。总之，看菜吃饭，量体裁衣，取法自然，形式多样，到什么山上唱什么歌，才能渐臻文章妙境。

上面归纳的这些写作思路和技巧，很多是微博达人们在实战中总结出来的经验。其中有些是为了夺人眼球，提高访问率或转载率而采取的一些特殊手段。如评比排名、别出心裁、标新立异等，这类技巧或可适当选取，但不能滥用。那种片面追求点击率的做法并不可取，虽可能得意于一时，但若舍本逐末，甚至故弄玄虚，必定是昙花一现，难以持久。文章内容的真、善、美才是第一位的。内容真实、有深度、有价值，才经得起时间和历史的考验，这是做文章乃至做人的根本态度。态度不同，取法各异。追求真理、坦诚率真，方能从根本上解决思路或技巧问题。

三、博客写作的注意事项

首先，博文的内容应当有选择性，不可有文必录，如前所述。博文中的某一类文章，虽然看似写日记，但其实还是想给人看的。既然想让人看，就要让人家有所

收获，不要言之无物，故弄玄虚。若使人读了就后悔，感到“可怜无补费精神”，那就是无端地浪费人家的时间，就等于鲁迅所说的“谋财害命”。因此，博客写作要尽可能多地使人受益，就要在选材、立意和文字斟酌上多下工夫，就要“有真意、去粉饰、少造作、勿卖弄”。博文要表现出自己的水平，至少应爱惜自己的羽毛。

此外，博客写作还应当注意：

1. 时常更新

时常更新不仅是因为读者喜欢新鲜的内容，还因为可以增加搜索引擎的偏好度，可以让你的博客经常被列入搜索的结果中。不断更新，一旦让搜索引擎信赖，便能提高博客在搜索结果中的排名。

2. 多和其他博主交流

应主动关注行业内的博主，只有相互关注，才有交流的机会，才能擦出“思想的火花”。

（1）在开设专业微博时，应限定微博谈论的领域，可以适当定得广一点；如有需要，也可以适当延伸范围，但核心领域不应变化太大，因为很多粉丝就是冲着这些领域来的。限定领域后，尽可能少发与关注领域关系不大的内容，更不要刷屏。

（2）与专业人士（包括兴趣爱好相同的一群人）交流，更能发挥微博的价值，打破时间和空间的界限，实现思维的碰撞。

（3）建立利益同盟是企业或个人成功经营博客的关键。对大部分企业而言，这个同盟中混杂着博客写手、新资源、业界有影响力的人士，以及员工、合作伙伴、供货商及顾客等。对个人而言，你的利益同盟是你的朋友和与你有相同兴趣爱好的人。大家通常发现新博客的一种方式就是通过共同的链接，如果可以参与其中，便能获得更多的流量，就能与其他博客写手及他们的读者建立关系。

3. 积极回应评论

在每篇文章的下面提供评论框，可以鼓励读者评论你的文章。要通过电子邮件或在自己的评论框中回应他们的意见，以进一步讨论，让访问者意识到你非常重视他们的意见。

（1）主动参与专业圈内的讨论，回复圈内博主的问题，最好明确说出自己的看法。考虑到回复、转发的方便，字数在50字以内为佳。

（2）博文的评论（或回复），如果观点有价值，最好给予积极的回应；如果是谩骂、粗俗的内容，不用理会即可。千万别对骂，否则可能被人“死缠烂打”，浪费时间。除非特别恶劣的、只为人身攻击的微博，否则不要拉黑。多拉黑一个圈内人，就少了一个沟通渠道。

（3）其他博主在博文中向你提出专业问题时，不必像即时通讯工具那样需要马上回复，可以延迟一小段时间。回复前要注意发问的环境，注意措辞，在有限的字数内，简单明了地说出你的观点。如果自己不清楚，可直接表示这个问题不清楚；如果确实不好回答，也可不回答，切勿使用模棱两可的回答。

4. 随时纠正错误

如果发现自己的观点有错误，或引用内容有误，应第一时间修正，最好不要删除此前已有网友讨论过的博文。

5. 开放权限

多与好友交换友情链接，扩大自己的博客圈子。与好友交换友情链接，不仅可以获得很多直接的访问量，还可以扩大博客交往圈子，让好友的好友也了解。交换链接的意义实际上已经超出了是否可以直接增加访问量这一范畴。

6. 让访问者很容易 Digg（掘客）

诸如 Digg 等网站，可以让读者给自己喜爱的博客和文章投票评论。在每篇文章的底部都包含这些网站的链接，使访问者能够轻松地将文章提交给这些网站并进行投票评论。一旦你的文章被 Digg 到这些网站，就有更多的人看到，并可以对你的文章进行投票和评论。你可以加入一个网页说明如何订阅，并附上很多博客都使用的橘色 XML 图示，表示这个网站是可以订阅的。应该让读者有权自行决定是否订阅，尽可能减少障碍，使访客变成读者。

四、结束语

博客是一种由个人管理、不定期张贴新的文章的网站。博文是在这种网站上发的文章的统称。所以，博文不是一种文体，博文中的许多文章都不是应用文，如随感类的抒情或议论文字，以及诗歌、小说等文学体裁。由于博文不是一种文体，更不是应用文，所以从逻辑划分上来讲，博文不在本书讨论之列。

但博文这个概念的外延中有很多都是应用文，这一点从本节前述博客的作用上即可以看出。很多博文都具有直接应用性，属于应用文字。例如，本书第四章第六节中引用的 4 篇微简历，就是应用文。那些大学生正是通过微博得到相应的职务的，你能说那些博文不是应用文吗？

而且，由于现在是网络时代，博文盛行，世界上每天都在产生着数不胜数的博文，用以记录、表达、沟通、交流，其使用频率之高，效益影响之大，远远超过了传统纸质应用文字。一些博文甚至形成舆论势力，对人们的日常生活乃至政治和经济都产生着重大的影响。所以，博文的实用性委实不可低估，应当专门研究它的写作方式和写作规律。

博客写作研究，既可以是研究博文中某一类文体的写法，如博客日志、微博求职信等的特点、格式和写法（由于博文信息的沟通平台与传统的交流方式不同，因此博文中的应用文体在格式、写法上也与传统的文体有所不同），也可以是研究出现在共同场景，即网站的各种博文的抽象的、共同的特点、格式和写法。博文这个大类虽不是一种文体，也没有相对固定的格式，但特定场景决定了好的博文还是有其共性特征和形式规律可循的。我们通过研究大量优秀博文的一些共性现象，就可以归纳总结出如何才能写好博文，如何才能取得最佳沟通、交流的效果，即归纳整理出博客写作的一般规律和技巧。

“定体则无，大体须有”，这是古人对文学创作规律的总结。这句话用于博文研究也完全适用。研究各类博文的内容或形式的特点，分析各类博文及普通博文在立意、选材、结构或语言上的特色，归纳总结出具有指导意义的博客写作原则或较具体的规律技巧，可以迅速提高博主们的博客写作水平，从而提炼更好的主题，找到更好的表现形式，使思想感情得到更广泛、更快捷的传播，这应当是一种极有价值的探索。

关于博客，由于它是新生事物，是一种正在蓬勃发展中的网上信息交流形式，而且由于其内容的广泛性、复杂性，形式的多样性、灵活性，因此，对其写作规律和技巧的科学探索也十分复杂和艰难。虽然在这方面已经有不少研究，诸多博客达人也多有论述，但见仁见智，良莠不齐。由于笔者经验有限，因此所归纳、整理、提炼出的前述写作常规，尚需在实践中检验和充实，谨供博主们在写作时参考。

需要提及的是，博文虽然只有百余字，但也应当有主题，有起承转合。“麻雀虽小，五脏俱全。”由于博文也是文，因此传统写作的基本知识，如本书提及的《写作概念、规律与技巧》，博客写作也应当用得到。

思考与练习

一、请结合你的读书经验，谈谈写读书笔记的方法和价值，并形成一篇千字文章。

二、读新近出版的《人民文学》中的一篇小说，写一篇读书心得。

三、读《科学的颂歌》(见［例文五·一］)，写一篇读书心得。

四、论文选题类型与选题原则有哪些?

五、论文导论或引言部分主要有哪些内容?

六、就自己感兴趣的问题写一篇研究心得。

七、什么是申论?申论写作包括哪几个环节?

八、申论写作要求写作者具备哪些素质?请结合自身谈谈如何提高这些素质。

九、解释下列名词：

博客　博文　微博　链接　思想共享

十、与传统写作不同，博客写作有哪些特点?

十一、从不同的角度考虑，博客的分类有哪些?

十二、博客写作的思路与技巧有哪些?

十三、博客写作要注意哪些问题?

十四、下面选录了几段微博作品，其中不乏机敏和幽默。试分析每段话的写作特色。(每段下面括号内的话是解读原文的一种提示)

1. 微博段子

搞笑大作战：钱包里有1 800元钱，老婆看到后说，我帮你凑个整吧，我说好啊，然后她就拿走了800元，拿走了……

(话语的双向解释：歧义)

我们爱讲冷笑话：国庆放假，在亲戚家看到小朋友在做作业，小朋友拿着作业本问我一道题怎么做。我看了看，一元二次方程，便问他是不是每次假期功课都超多，是不是觉得自己的时间太少，是不是觉得学校和家庭的压力太大，是不是好想痛痛快快玩几天？小朋友瞅了我一眼：你是不是不会做啊？

（小朋友也幽默，是不是用了修辞方式?）

微博语录总汇：十一前几天在家上网，一位久不联系的大学同学突然间QQ、微信都在线了，还给我发了个祝福短信。我的第一反应就是这家伙要结婚了，于是我果断地编了个理由回他短信："哥们儿，我十一订婚，你来不来参加我的订婚宴啊?"果不其然，他回答："不好意思，我十一结婚，看样子你也来不了了。"省了500元。

（以攻为守，吝啬也有技巧）

新青年网站：今天吃完饭，胃痛。同学叫我一起去买东西，我说："不去了，我觉得有点恶心。"同学说："是吗？我早就觉得你恶心了。"

（骂人的话不要说，双关例外）

2. 微博语录

5号0：44的车票，我5号23：00到火车站，等指针指到0：00时，悲剧的事情发生了，日期就这么跳到了6号。

（误解，很可能发生的故事）

"你吃了膨大剂了吗?""不，我只是放了个假。"

（言简意赅，切勿贪食）

3. 有感于旅途拥挤而晒晒心情的微博

世上本来有路，走的人多了，也就没了路。

（推陈出新，变换也是机敏）

国庆长假回家，看买的是站票，遂自作聪明带了个小板凳。结果十几个小时，全程把小板凳顶在头上回来了。

（人多、车挤、行路难，小中见大）

写作概念、规律与技巧

章节	概　念	规律与技巧
绪论	应用文；应用写作的研究对象 应用写作的综合性 应用文的性质（实用性、工具性、程式性、时效性、简明性） 中西写作理论的主要差异	写作“三化”律 （意化律、序化律、形化律） 写作上的真功夫 权威著作思路分析法 以读者为中心作文法 修改文章的方法
第一章	写作基础训练	
第一节	造句因素 成分异同；词序；构造层次；结构关系；潜在关系；重音语调	歧义分化与消除： 添加语境法；变换句式法
第二节	词义辨析 词义、义项；词语的理性意义；感情色彩 同音词、多义词 同义词、反义词	结构分析比较法 因文定义法 语境考察替换法 反义对照推究法
第三节	语病与逻辑 主客颠倒 属种并列 划分不当 判断不周 判断的绝对化	同一律 充足理由律 语感审读法 主干紧缩法 逻辑分析法 仿造类比法
第四节	语境与修辞 语境；上下文语境；社会语境 修辞的原则；消极修辞；积极修辞	切合题旨；适合情景 语境的解释功能 语境的恰当运用
第二章	行政公文	
第一节	概说 狭义公文；广义公文 公文特点；公文格式 行文关系；行文方式；行文规则 发文办理；收文办理	事信言文的原则 公文的文体感悟 公文的结构：起承转合 公文的语言要求
第二节	公告 重要事项公告 法定事项公告 专业性事项 公告	公告的写作要求： 简洁准确；通俗庄重；注意文种的选择

续表

章节	概　念	规律与技巧
第三节	通告 告知类通告 禁令类通告 缘由；事项；结语	通告的写作要求： 政策性；法令性；分条列项；条理清楚 通告与公告的区别
第四节	通知 颁布性通知；指示性通知；周知性通知；会议通知	通知的构成： 依据、事项、要求；事项要素构成法 会议通知六要素
第五节	通报 表彰性通报；批评性通报；情况通报	通报的构成： 事件的真实性、典型性、教育性；通报事项表达法
第六节	报告 工作报告；情况报告；答复报告	材料选择安排法 处理好点与面的关系；事与理的关系；详与略的关系
第七节	请示 政策性请示；工作请示 请示缘由；请示事项；请示语	请示层次诉求法 理由充分；事项明确；语言得体
第八节	批复 批复格式 批复根据 批复意见	写作要求：态度明朗；措辞庄重
第九节	函 公函；便函；来函；复函；商洽函；请批函	换位思考法；因人造语法 对不同的行文对象采用不同的语气
第十节	会议纪要 会期 议题 决议	写作要求：真实、正确、鲜明、清晰
第三章	事务文书	
第一节	计划 指令性计划；指导性计划 规划；纲要；打算；设想；要点；方案；安排 目标；步骤；措施	计划正文三要素的安排 掌握好计划的预见性、可行性，注意留有余地
第二节	简报 简讯；公文摘编；工作研究 报头；版面；报尾；按语	围绕工作热点、难点选材；编写的简报快、简、新、准

续表

章节	概　念	规律与技巧
第三节	调查报告	
	反映情况的调查报告；总结经验的调查报告；揭露问题的调查报告；推广新生事物的调查报告	全体调查法；抽样调查法；个案调查法；典型调查法；专家调查法；跟踪调查法；问卷调查法
	调查报告主体部分的结构形式	针对性；新颖性；真实性；典型性
第四节	总结	
	综合总结；专题总结	从事实中找规律；观点与材料的统一；
	工作回顾；经验；差距；教训；今后意见	总结的一般层次结构
第五节	会议记录	
	会议概况；会议议题；会议决议	如实记录；详细记录与摘要记录相结合
第六节	法规、规章	合法合度；分条列项；严谨清楚
第四章	日常应用文	
第一节	条据	
	借条、收条、请假条	简明、精确、周全；数字汉字化
第二节	启事	
	个人启事；公务启事	告知性；明确性；简洁性；多样性
第三节	海报	
	文字海报；图文海报	广告特色
		宣传性；号召性；艺术性
第四节	赠言	
	赠语；赠诗；赠文	根据对象题写；文笔简练；质朴真挚；合宜得体
第五节	书信	
	普通书信，专用书信	格式与要求
		称谓；缘起语；主体文；祝颂语
第六节	个人简历	
	个人基本信息	简历类型：循序法；倒序法
	经历；自我评价	突出个性；展现风采
	求职愿望	个性化三原则
	第三方推荐	自荐信的广告艺术
	微简历	个人简历写作六忌
第七节	日记	
	备忘式；记实式；随感式	时间性；主体性；真实性；灵活性
第八节	对联	
	正对；反对；串对；横批	对联的写作要求
		分节奏；调平仄
		对联的修辞技巧

续表

章节	概 念	规律与技巧
第五章	演说类文体	
第一节	演讲稿	
	演说三要素：有声语言；态势语言；演说的时空环境	“上口”与“入耳”；演讲内容、语言风格与听众心理趣味相符；演讲稿的富于变化和感情色彩；开场白的吸引力；高潮的设计；结束语的警策性
	演讲稿的社会性、声传性、临场性、整体性；开场白；正文；结束语	
	即兴演讲	开场白与听众迅速建立联系；事、理、情有机融合；文气充沛
	即景生情；有感而发；时境感强；借题发挥	
第二节	致词	
	欢迎词；答谢词；祝酒词	口语化；看人弹琴；感情真挚；措辞得体
第三节	开幕词、闭幕词	对会议的宏观把握；语言富于鼓舞性
第四节	竞职演说	
	竞职条件；施政目标	围绕主旨展开
	竞职演说内容的程序性（五步曲）	总结性；号召性；竞争性；鼓舞性
第五节	述职报告	
	工作职责；履职过程和思路；履职能力	客观全面；分清主次；个性鲜明
第六节	辩论稿	
	辩题；立论；驳论	辩题透彻；立论充分；针对性强；破与立的对立统一
第六章	财经应用文（一）	
第一节	经济活动分析报告	
	经济活动	综合分析；专题分析；简要分析
	分析资料	对比分析法；因素分析法；连锁替代法
	宏观与微观	分析原因；对策可行
	检验性与指导性	
第二节	市场调查报告	
	市场；环境调查；供需关系调查；技术调查；产品调查；竞争对象调查	围绕“商品与消费者”进行调查；掌握市场因素；以叙为主，叙议结合
第三节	经济预测报告	
	预测判断；宏观经济预测；微观经济预测	以经济理论、市场调查为依据；运用专业分析法
第四节	可行性研究报告	
	项目可行性；技术评估；经济评估；社会评估	全面、精确地考察项目；经济效益与社会效益并重

续表

章节	概　念	规律与技巧
第五节	经营决策方案 经营目标；决策预案	 预设几种方案，通过分析比较，综合评估，筛选最佳方案
第六节	意向书 导语；主体；结尾 意向书与协议的区别	 协商性；灵活性；简略性；临时性
第七节	协议书 契约性 目的和依据	 协议的三原则 协议与合同的区别
第八节	招标书、投标书 招标方式；招标条件；招标合同；招标方案；投标标价	 明确项目标准及技术规格，针对招标书拟订基本内容
第九节	经济合同 法人；民事主体；权利；义务；合同主要条款；标的；协议书；购销合同；租赁合同	 合同条款的审慎写作 确定标的的数量与质量；明确当事人的责任、权利、义务；指明违约责任
第七章	财经应用文（二）	
第一节	财务分析报告 综合分析；专题分析；简要分析 财务活动状况 主要财务指标分析；资金分析；商品流通费用分析；利润（盈亏）	 数字对比与文字表述的结合；数字确凿；态度客观
第二节	审计报告 审计目标；审计情况；审计意见	 对各种可能情况要充分估计；目标要有必要的弹性
第三节	资产评估报告 资产；评估；历史同期比较	 准确、真实
第四节	验资报告 验资范围、依据、程序；审核意见	 实事求是；客观公正
第五节	税收分析报告 税收业绩；经验；教训	 以税收数据为基本依据；运用专业分析法
第六节	商品广告 广告文案的结构 广告标题；广告口号；广告正文	 广告文案的写作原则 广告语言的风格
第七节	商品说明书 解说性说明书 介绍性说明书 说明的内容	 说明书的表达艺术 多样性与灵活性 面向需求，因品制宜

续表

章节	概　念	规律与技巧
第八节	商务函电	
	商务事宜	格式化中有情味；规范化中讲礼仪
	商洽函；联系函	主题明确；换位思考；诚恳谦恭；简洁
	商务信函的特点	朴实
第八章	法律文书	
第一节	起诉状	
	诉讼当事人事项	事实清楚；援引法律准确
	诉讼请求；事由与理由；反诉状	
第二节	答辩状	
	案由；答辩请求；答辩理由	驳论为主，立论为辅；针对性
第三节	上诉状	
	原审案情和案由；上诉请求；上诉理由	针对“错判及错因”进行驳辩
第四节	申诉书	
	申诉理由；新事实，新证据	找出关键事实；富有论辩性
第五节	授权委托书	
	委托代理协议	委托事项明确；代理权限清楚
	代理授权委托书	一般委托；特别委托；一次性有效委托
	专门委托书	
	全权委托书	
第六节	经济仲裁申请书	
	经济仲裁机构	仲裁申请的特点：
	当事人；他方当事人	申述性；参证性
	案由；仲裁请求	启动仲裁程序性
	事实和理由	实事求是；条理清楚
	协商调节的方式	合理合法；语言得体
第九章	新闻报道	
第一节	消息	
	动态消息；经验消息；综合消息	用事实说话；导语引人注目；主体富于
	消息头；导语；主体；背景；结尾	概括性；用背景丰富消息内涵；新鲜及
	新闻真实；新闻价值；新闻导向	时；简短精悍；倒金字塔结构；金字塔
		结构；复合结构
第二节	通讯	
	新闻事件；新闻人物	用形象说话；叙议结合；提炼时代主
		题；选取典型材料；灵活运用多种手法
第三节	新闻评论	形象论述；深度导读
第四节	编者按	依附性；导读性；读者意识
第五节	广播稿	口语化；声文并茂；短、新、快

续表

章节	概　念	规律与技巧
第六节	电视新闻稿	新闻切入点；声、色、文一体
第十章	文教应用文	
第一节	读书笔记 眉批；旁注；摘录；摘要；概述；心得 阅读提纲；读书笔记目录	 提要勾弦法；采花酿蜜法
第二节	财经论文 宏观经济论文；微观经济论文；内容提要；关键词；导言；本论；注释	 选题的原则；材料研究法；论证展开法；综合结论法
第三节	申论 主观性试题；申论三步曲：概括、方案、论证；考核综合分析写作能力	 阅读、归纳、概括的方法；对策因素的综合思考；具体分析；对症下药；古代策论和现代材料作文的融合
第四节	博客 博客；博文 网站；思想共享 基本博客；微博 互联网写作；链接 博客营销；话语权 搜索引擎	 博客写作特点 广告式；分享式；炒作式；创意式 知我所当言，有的放矢； 选择人们关注的话题； 凸现个性，展示自我，与众不同； 生动有趣，求新趋时； 布局合理，短小精悍； 他山之石，可以攻玉； 利用视觉效果； 要有思想深度，耐得住寂寞